宋史研究丛书·第四辑

先秦两汉史学步集

王汉昌 著

河北大学出版社
·保定·

出 版 人：朱文富
责任编辑：王红梅
装帧设计：王占梅
责任校对：李天雪
责任印制：靳云飞

XIANQIN-LIANGHAN SHI XUEBUJI

图书在版编目（CIP）数据

先秦两汉史学步集 / 王汉昌著 . -- 保定：河北大学出版社，2020.4

ISBN 978-7-5666-1617-3

Ⅰ . ①先… Ⅱ . ①王… Ⅲ . ①中国历史－秦汉时代－文集 Ⅳ . ① K232.07-53

中国版本图书馆 CIP 数据核字（2020）第 009013 号

出版发行：河北大学出版社

地址：河北省保定市七一东路 2666 号　邮编：071000

电话：0312-5073033　0312-5073029

邮箱：hbdxcbs818@163.com　网址：www.hbdxcbs.com

经　　销：全国新华书店

印　　刷：保定市北方胶印有限公司

幅面尺寸：148 mm × 210 mm

印　　张：15.875

字　　数：380 千字

版　　次：2020 年 4 月第 1 版

印　　次：2020 年 4 月第 1 次印刷

书　　号：ISBN 978-7-5666-1617-3

定　　价：60.00 元

本书由教育部省属高校人文社科重点研究基地河北大学宋史研究中心基地建设经费、河北省人文社科重点研究基地建设经费、河北大学历史学强势特色学科建设经费、河北大学中国史学科“双一流”建设经费、河北大学燕赵文化学科群建设经费资助出版。

目　录

禅让制研究
——兼论原始政治的一些问题 …………………………（ 1 ）
中国奴隶制政治制度 …………………………（ 14 ）
先秦人事制度述论 …………………………（ 27 ）
中国早期封建制政治制度 …………………………（ 51 ）
春秋战国时期政权体制的变化 …………………………（ 75 ）
从周公制礼到孔子办学 …………………………（ 89 ）
燕召公事迹述略 …………………………（102）
老子及其思想 …………………………（106）
韩非的法治思想与人性学说 …………………………（123）
人性善恶片论 …………………………（128）
秦朝统一的封建中央集权政治制度的建立 …………………………（140）
汉初政治与黄老之学 …………………………（152）
论陆贾 …………………………（167）

汉文帝登基 ……………………………………………………………… (179)
汉文帝初政 ……………………………………………………………… (188)
汉初法制琐谈 …………………………………………………………… (201)
汉武帝好贤不倦 ………………………………………………………… (210)
汉武帝与司马迁 ………………………………………………………… (219)
汉武帝恤农治水事略 …………………………………………………… (228)
汉武帝封禅的再认识 …………………………………………………… (235)
应当怎样评价董仲舒 …………………………………………………… (241)
董仲舒与汉武帝
——纪念董仲舒诞辰2185周年 ……………………………………… (256)
“巫蛊之祸”究竟是怎么回事 …………………………………………… (269)
刘秀的改革与东汉帝国的复兴 ………………………………………… (287)
东汉末年的改革思潮 …………………………………………………… (316)
试论秦汉时期的改革 …………………………………………………… (333)
汉朝中央集权的政治制度的巩固和发展 ……………………………… (347)
关于邪马台国的几个问题
——兼论汉魏时期中日之间的友好往来 ……………………………… (388)
郭嘉对曹操统一北方的贡献 …………………………………………… (409)
三国两晋南北朝的政治制度 …………………………………………… (413)
唐初政治家集团与唐代政治的刷新 …………………………………… (426)
从佛教的“出世”“入世”说到中国古代哲学的“境界” ……………… (433)

佛教与佛学 …………………………………………………………… (440)
《中国古代政治制度史略》前言 ……………………………………… (452)
《中国古代人事制度》前言 …………………………………………… (456)
《雄才大略汉武帝》前言 ……………………………………………… (461)

附录：新编历史京剧《徐福东渡(根据秦汉之际的一个历史故事改编)》…………………………………………………… (469)

后　记 ……………………………………………………………… (497)

禅让制研究

——兼论原始政治的一些问题

古今史家对尧“禅让”谈论得很多。一种最新也是最古老的解释，是把它说成选贤让位制度，认为尧舜的品德高尚得不得了，他们选贤让位的做法为历代选官和我们今天选拔干部树立了榜样，大家应当努力学习。①

这是对禅让制的一种误解。禅让是让位的意思，但我们不能简单地从字面上理解它，而应当分析那个时代选举继承人的做法，从中得出比较接近实际情况的结论。很多同志已经讲过禅让制就是我国上古时代的原始民主选举制，但缺乏具体的科学的分析，本文试图在这方面做一些努力，希望得到同行师友的指教。

一条基本原则

根据摩尔根的研究，原始民主选举制有一条“一致同意才能决定”，“才能生效”的基本法则。他说，在易洛魁人的氏族社会里，所有的公共问题必须得到全体首领的一致同意才能决定，每一项公共

① 最近几年出版的一些讲选贤纳贤故事的小册子，大都是这么说的。

法令也只有得到全体首领的一致同意才能生效。这是联盟的一项基本法则,他们采取了一种方法,用不着投票就可以确定大会成员的意见。此外,他们完全不知道会议中少数服从多数的原则。他们在大会上是以部落为单位来表决的,在做出决议时,每一个部落的首领们必须代表一个统一的意见。①

恩格斯也强调说,易洛魁人的"联盟议事会的一切决议,须经全体一致通过","必须一致赞成,决议才算有效"。② 易洛魁人处在母系氏族社会发展阶段。在已经进入父系氏族社会的古罗马氏族社会,"除了已经完成向父权制的过渡这一点以外,都完全是易洛魁氏族的权利与义务的再版"③。

中国尧舜禹时代的情形如何?据《尚书》《孟子》等古籍记载,当时决定部落联盟首长的办法是实行民主选举。《尚书》中有"四岳"一词,《汉书·百官公卿表》说:"四岳谓四方诸侯",实际上是四方部落酋长。帝尧"咨四岳",就是部落联盟首长尧召集所属部落酋长们开会议事。

关于选举尧的继承人的程序,《尚书·尧典》记载:

> 帝曰:"畴咨若时登庸?"放齐曰:"胤子朱启明。"帝曰:"吁!嚚讼,可乎?"
>
> 帝曰:"畴咨若予采?"驩兜曰:"都!共公方鸠僝功。"帝曰:"吁!静言,庸违,象恭滔天。"
>
> 帝曰:"咨!四岳:朕在位七十载,汝能庸命,巽朕位?"岳

① 参见摩尔根《古代社会》上册,北京:生活·读书·新知三联书店1957年版,第135页。

② 恩格斯:《家庭、私有制和国家的起源》,《马克思恩格斯选集》第四卷,北京:人民出版社1972年版,第92页。

③ 《家庭、私有制和国家的起源》,北京:人民出版社1972年版,第120页。

> 曰："否德忝帝位。"曰："明明扬侧陋。"师锡帝曰："有鳏在下，曰虞舜。"帝曰："俞！予闻，如何？"岳曰："瞽子，父顽，母嚚，象傲。克谐，以孝烝烝，乂不格奸。"帝曰："我其试哉！"

选鲧治水的情形与选举继承人类似：

> 帝曰："咨！四岳，汤汤洪水方割，荡荡怀山襄陵，浩浩滔天。下民其咨，有能俾乂？"佥曰："於！鲧哉。"帝曰："吁！咈哉，方命圮族。"岳曰："异哉，试可乃已。"帝曰："往！钦哉。"①

选鲧治水这一条是大家熟悉的，但一般只解释一个大意，忽略了细节。我们这里试着把它翻译成现代汉语：

尧说："唉！四岳啊，浩浩荡荡的洪水漫天遍野，包围了山陵，百姓忧苦，有谁能够平息呢？"大家都说："喂！我们都赞成举鲧。"尧说："唉！不行啊，他会违抗命令，危害邦族的。"四岳说："我们的意见不同，还是让他试试吧。"尧说："好，你去吧，可要谨慎地干啊。"

这些记载反映了如下的事实：

第一，继承人的问题由部落联盟首长在联盟议事会上提出来，但提名一般不由他而由别的酋长提出。

第二，被提名不一定获得通过，联盟首长可以反对酋长们的意见，酋长们也可以反对联盟首长的意见。

第三，最关键的，是只有一致同意才能做出决定。选举舜作尧的继承人和派鲧去治水，都是在一致同意的情况下决定的。

上述过程，可以说贯穿着彻底的民主精神，和易洛魁人、古希腊

① ［清］孙星衍：《尚书今古文注疏》卷一《虞夏书·尧典》，北京：中华书局2004年版，第23—30页。

古罗马氏族社会实行的“一致同意”原则基本相同，而和古今选贤让位说有原则区别。

但从目前掌握的材料来看，《尚书·尧典》所描述的上述原始民主选举制，大约只存在于尧舜以前的三皇五帝时代。从舜传禹开始，情况就有些不同了。一个明显的变化，是四岳作用的下降。禹被决定为舜的继承人的过程，《尚书》里没讲。《尚书》只说他当了“司空”：

> 舜曰：“咨！四岳。有能奋庸熙帝之载，使宅百揆，亮采惠畴？”佥曰：“伯禹作司空。”帝曰：“俞，咨，禹，汝平水土，惟时懋哉！”①

这里还可以看到四岳起作用的记载。“司空”一词和下文将要出现的“司徒”“纳言”，都是进入阶级社会以后的官名，是后人的附会。

禹被定为舜的继承人，见于《孟子·万章上》：

> 昔者，舜荐禹于天，十有七年。舜崩，三年之丧毕，禹避舜之子于阳城，天下之民从之。

这里已经没有四岳起作用的记载了。

《史记·夏本纪》也只有“帝舜荐禹于天为嗣”一句话。

什么叫“荐禹于天”？还不是他自己说了算，他不再征求四岳的意见了，他要自己做主把禹当成自己的继承人。当然，这有一个禹

① ［清］孙星衍：《尚书今古文注疏》卷一《虞夏书·尧典》，北京：中华书局2004年版，第61—62页。

治水成功，威信很高，多次受到赞扬，似乎无须再征求意见了的因素。但不管怎样，毕竟在程序上与以前不同。后来，禹如法炮制，"以天下授益"。从此以后，再也没有关于四岳的记载了。

舜当部落联盟首长时，四岳作用的下降，还可以从决定九个人的职位一事看出来。当时共决定了二十二人的职位，《尚书·尧典》中记载了其中九人，即禹为司空，弃为后稷，契为司徒，皋陶为士，垂为百工，益为虞官，伯夷为秩宗，夔为典乐，龙为纳言。这九人中，舜只就禹、垂、益、伯夷四人的职位征求了四岳的意见，其余五人的职位，都是舜一人拍板，不管四岳同意不同意。

这就是说，个人权力开始出现了，部落联盟首长开始有了一些特殊的地位，并依仗这些特殊地位来扩充自己的势力。四岳的销声匿迹，说明尧舜禹时代的原始民主选举制，正在跨越"一致同意"的原则，说明到了那个时代，"我们就走到文明时代的门槛了"①。

家庭形态问题

在20世纪三四十年代，郭沫若、翦伯赞、吕振羽曾提出这样一种看法：尧舜禹时代处在母系氏族社会发展阶段，尧不把酋长职位传给儿子丹朱而传给舜，舜不把酋长职位传给儿子商均而传给禹，不是因为尧舜大公无私，也不是因为丹朱、商均是不肖之子，而是因为丹朱、商均分别属于他们生母所在的氏族。因此，当时的选举，通常是死亡酋长的兄弟或他们的姐妹的儿子，即同一氏族的男性成员

① 《家庭、私有制和国家的起源》，北京：人民出版社1972年版，第162页。

当选。[①]

这些观点，现在谈论得少了[②]，很多同志的意见，是把发展阶段提前到父系氏族社会。还有提前更多的，认为夏代以前就已经出现了阶级，形成了国家。[③]

究竟该如何看待尧舜禹时代的家庭形态呢？

说明那个时代处在母系氏族社会的材料是不少的。如：

赤龙与庆都（尧母）合婚，有娠，龙消不见，而乳尧[④]；

舜母"见大虹，意感而生舜于姚墟，故姓姚氏"[⑤]；

禹母"见流星贯昂，梦接意感，既而吞神珠……而生禹"[⑥]。

尧舜禹都是母亲和某种神秘的东西交感而生的，"知有母而不

① 见郭沫若著《中国古代社会研究》、翦伯赞著《中国史纲》（第一卷）、吕振羽著《史前期中国社会研究》。新中国成立后，他们的观点有些变化，如郭老主编的《中国史稿》已把尧舜禹时代提前到父系。但三书是公认的史学名著，至今仍然具有代表性，应当学习和讨论。

② 白寿彝主编的《中国通史纲要》似乎还持类似的看法。该书说，禹、契、弃是同时代的人，都有神奇的诞生经历，他们"作为神的儿子，实际上反映了母系氏族社会只知有母不知有父的状况"。

③ 见田昌五《古代社会形态研究》，天津：天津人民出版社 1980 年版，第 184 页。这种说法，在迄今连夏代尚无地下的文字记载发掘出来的情况下，是太过头了，笔者将另有文章讨论。

④ ［清］赵在翰辑：《七纬》卷二八《春秋合诚图》，北京：中华书局 2012 年版，第 547 页。

⑤ ［清］阮元：《十三经注疏 · 周易正义》卷八《系辞》，北京：中华书局 2009 年版，第 180 页。

⑥ ［清］郝懿行：《竹书纪年校正》卷二《夏纪一》，济南：齐鲁书社 2010 年版，第 3830 页。

知有父”，这是母系社会的重要特征之一。

二千多年前的屈原也看出了其中的一些奥妙，指出：

“闵妃匹合，厥身是继”①，闵妃寻找配偶，是为了她的血统有继承人。

“女歧无合，夫焉取九子？”②女歧没有丈夫，她为什么生了九个儿子？

大禹治水三过家门而不入。他的家在哪儿？据《尚书·虞书》记载，他的家就在他妻子所在的涂山氏那里。“予创若时，娶于涂山，辛壬癸甲。启呱呱而泣，予弗子，惟荒度土功。”辛壬癸甲指四天，子当为字，抚问之意。就是说，与涂山女结婚后三天，他就走了，启生下来也没去照看，一直忙着治水。

但也有说明当时是父系氏族社会的材料，如：

> 《尚书·尧典》：“瞽子，父顽。”是说舜是瞽瞍的儿子，其父心术不正。
>
> 《孟子·万章》：尧之子“丹朱之不肖，舜之子亦不肖”。
>
> 《史记·夏本纪》：“禹之父曰鲧，鲧之父曰帝颛顼。”

这里，关于禹和启的出生问题，很值得注意。据《山海经》和《初学记》上说：“鲧死三岁不腐，剖之以吴刀”，“是用出禹”。

启的出生，除前引《尚书》所说“启呱呱而泣”的记载外，还有一种说法，据说，禹为了治水，必须打通轘辕山，他化为一只大熊凿山开路，涂山女送饭来，“见禹方作熊，惭而去。至崇高山下，化为石，

① 金开诚等：《屈原集校注》，北京：中华书局 1996 年版，第 338 页。

② 金开诚等：《屈原集校注》，北京：中华书局 1996 年版，第 293 页。

方生启。禹曰：'归我子！'石破北方而生启"①。

这些神话传说很怪诞，但我们可以从中看到一些古代社会演进的痕迹。禹从其父鲧肚子里生出来，可以看作是要求父系代替母系的反映。按照母系的习惯，启当然应该留在涂山女的氏族。但禹不干，要把儿子争夺过来。石破生启，禹得到启，说明父权制的胜利。涂山女失败了，她化作石，作为母权制失败的象征留在那里。

是母系，还是父系？单凭这些材料本身难以判断。倒是老一辈史学家把家庭形态和原始民主选举结合起来的做法，给我们打开了思路。恩格斯说：

> 如果说在希腊人中间，在父权制统治之下，巴赛勒斯的职位通常是传给儿子中的一个，那么这仅仅证明，儿子们在这里很有可能通过人民选举而获得继承权，但决不是说不经过人民选举就承认继承合法。在这种情况下，我们在易洛魁人和希腊人中间所看到的，是民族内部的特殊的显贵家庭的最初萌芽，而在希腊人那里，还是未来的世袭元首或君主的最初萌芽。因此，可以推想希腊人巴赛勒斯，正像罗马的"王"（勒克斯）一样，必须是或是由人民选举的，或者为人民的公认的机关——议事会或人民大会——所认可的。②

根据恩格斯的这段话，联系母系氏族社会的情况和进入阶级社会以后的情况，我们是不是可以这样理解：父系阶段的原始民主选举与母系的不同，是后者没有世袭的因素；和进入阶级社会以后的

① [汉]班固：《汉书》卷六《武帝纪》颜师古注引《淮南子》，北京：中华书局1962年版，第190页。

② 《家庭、私有制和国家的起源》，北京：人民出版社1972年版，第103—104页。

不同，是它虽然开始父传子了，但必须得到议事会或人民大会的认可，而阶级社会里的世袭制则完全不需要这种认可。

这样看来，郭老、翦老、吕老三四十年代认为尧舜禹时代属于母系社会的观点仍然是有道理的。当时已经知道父子关系而不传子，不说明是父系而说明正处在母系社会的末期——对偶婚阶段。

对偶婚最基本的特征主要有两点：

（一）“一个男子有许多妻子中有一个主妻，而他对于这个女子来说也是她的许多丈夫中的一个主夫。”①

（二）“除了生身的母亲以外，它又确立了确实的生身的父亲。”②

《史记·夏本纪》中关于“元妃”的记载，可以说明第一个特征。“禹之元妃，涂山氏女。”也就是涂山女是禹的主妻。传说中的舜、象兄弟和娥皇、女英姐妹，“眩弟并淫，危害厥兄”③。“娥皇为后，女英为妃”④，也可以解释为舜是娥皇的主夫，娥皇是舜的主妻。

主夫主妻的确立，是确认生身父亲的前提。两性关系相对稳定了，主夫当然就是其主妻所生子女的父亲。当然，传说中的尧之子丹朱、舜之子商均，也可能是他们的母亲和其次要之夫生出来的，但这种“误差”可以忽略不计。因为，一个人生下来后，他所遇到的是已经存在的家庭关系，在这种家庭关系中，一个女人所生的儿子，他的父亲只能是女人的主夫，社会承认这一点而不过问其他。

我国父系氏族社会出现的时间，应当划在禹与启之间。禹本身

① 《家庭、私有制和国家的起源》，北京：人民出版社1972年版，第43页。

② 《家庭、私有制和国家的起源》，北京：人民出版社1972年版，第52页。

③ 金开诚等：《屈原集校注》，北京：中华书局1996年版，第379页。

④ [清]阮元：《十三经注疏·尚书·虞书·尧典》，北京：中华书局2009年版，第260页。

没有传子[①]，但当时已经出现了许多父系大家庭，这是拥护世袭制的力量，他们把启推举出来，是因为启是"吾君之子"[②]。《孟子·万章上》说，"讴歌者，不讴歌益而讴歌启"，《史记·夏本纪》说："诸侯皆去益而朝启"，和希腊氏族社会用举手或欢呼表示通过的做法类似[③]，这不正是父系社会父传子又必须得到议事会或人民大会认可的反映吗？

说尧舜禹时代是母系社会，那为什么男子当联盟首长呢？这个问题，我想肯定与血族复仇有关。其实，典型的原始氏族社会就是母系社会。"古代血仇的习俗……开始于氏族。"[④]在那个时代，人们为了维系母族的稳定，扩大地盘和抵抗异族的侵入便成为很自然的事情，这就必然引起摩擦和斗争。在易洛魁人那里，甚至语言的不同也成为"引起土著相互间不断斗争的有力因素"[⑤]，而打起仗来，"总是男子从事于战争"[⑥]，这是成年男子生理上的特点使然。男人不像女人那样怀孕、生孩子，他们由领导战争进而当选为酋长、联盟首长，酋长、联盟首长这些"父亲式"的职位也由"男性成员递补"[⑦]，就成为很自然的事情。

关于原始政治

《政治学研究》1985 年第 3 期发表了张克明同志讨论原始政治

① 禹先选皋陶作继承人，皋陶先禹而死，禹又"荐益于天"，七年后禹崩。

② [清]阮元：《十三经注疏·尚书正义》卷七《甘誓》，北京：中华书局 2009 年版，第 328 页。

③ 参见《家庭、私有制和国家的起源》，北京：人民出版社 1972 年版，第 103 页。

④ 马克思：《摩尔根〈古代社会〉一书摘要》，北京：人民出版社 1965 年版，第 81 页。

⑤ 《摩尔根〈古代社会〉一书摘要》，北京：人民出版社 1965 年版，第 119 页。

⑥ 《摩尔根〈古代社会〉一书摘要》，北京：人民出版社 1965 年版，第 34 页。

⑦ 《摩尔根〈古代社会〉一书摘要》，北京：人民出版社 1965 年版，第 79 页。

的文章。我同意张文原始社会存在政治现象或原始政治的结论。按照我的想法，我们讲到了原始民主选举制，也就讲到了原始政治。选举是政治，原始社会的选举也是政治。前文讲到决定部落联盟首长继承人的过程，也就是当时的一个具体的政治活动过程。

张文根据大量的历史文献写成，引用了不少马克思主义经典作家的论述，读来很受启发。我这里不想从概念上多讲，仅就《尚书·尧典》中所见尧舜禹时代的政治现象做一些考察。在《尧典》里，除了原始民主选举的政治以外，至少还说到下面一些政治现象：

1.尧舜禹时代存在一个由部落联盟首长和“四岳”组成的联盟议事会作为“最高权力机构”。

2.部落联盟首长是当时的正式领袖，他负责处理日常公共事务，召集所属部落酋长们开会，领导祭祀宗庙和社稷，代表整个联盟说话，受到人民发自内心的尊敬。

3.惩罚“四凶”，“流共工于幽州，放驩兜于崇山，窜三苗于三危，殛鲧于羽山，四罪而天下咸服”。

4.“五刑有服”。服者，用也。看来是把流传的习惯法加以整理。解释成“制定五刑”似乎不妥。

5.设置管理民政、农业、司法、宗法等项事务的“官职”。

因为尧舜禹时代还不存在阶级和阶级斗争，所以上述政治现象都不带有阶级斗争的性质。“政治就是阶级斗争”，不等于说政治只能是阶级斗争，更不等于说只有阶级斗争是政治，别的一些现象就不能成为政治。阶级斗争是政治，管理国家大事也是政治。管理阶级社会的国家大事是政治，管理原始社会部落及部落联盟的大事也应当是政治。在阶级社会里，当然最大的事是阶级斗争，但生产管理的事也不小。在原始社会里，选举，部落联盟会议及其下属的各类“官职”，惩罚给公共事业带来巨大损失的人(鲧)，对付外来侵扰，都是大事，都应当是政治现象。

按照马克思主义的基本原理，一个社会有什么样的生产力，就有什么样的生产关系，并必然会在这个基础上建立起相应的政治、法律和意识形态等上层建筑。我们上面列举的那些构成我国原始社会上层建筑的东西，不是政治现象又是什么呢？我们今天对未来共产主义社会还认识得不够具体，但有一点是肯定的，那就是阶级和国家要消亡。如果阶级斗争以外没有政治现象，那么，未来共产主义社会还存不存在政治？

研究尧舜时代的最大困难是缺乏材料。考古发掘呢，至今连夏代都还没有地下的文字记载出土，所以古书上的传说得不到印证。但有一点大家公认：尧舜禹时代和夏代在时间上是紧相连着的，它大致应当存在于公元前2200年—公元前2100年左右。这一时期，尧舜禹活动的中心地区——河南洛阳到郑州一带的出土物，正是龙山文化的中期。[①] 主要遗址是洛阳王湾第二期文化和后冈第二期文化。出土物，拿后冈来说，有石斧、石锛、石镞、骨凿、骨镞、骨铲、鱼镖、光面黑陶、光面灰陶，以及压纹、画纹、篦纹、绳纹、席纹、力格陶片等，都是龙山文化中常见的遗物。

从这些生产工具中，我们可知尧舜禹处在新石器时代，当时的主要生产活动是农业生产。传说中的治水，不管怎么个治法，显然都与农业生产有密切关系。凿井技术也是在这个时期发明的，“伯益作井”[②]，后冈二期文化中发现的圆形井是有力的证明。[③] 伯益是与禹同时代的人，曾佐禹治水，为古代农业的发展做出了巨大贡献。但当时还没有金属工具，新石器意味着不可能产生较大数量的剩余

① 参见尹达《新石器时代》，北京：生活·读书·新知三联书店1979年版，第75页。

② [汉]宋衷：《世本·作篇》，北京：中华书局2008年版，第39页。

③ 参见《洛阳矬李遗址试掘简报》，《考古》1978年第1期。

劳动，人们只能共同劳动，共同生活，大家都是平等的，连大禹治水也带头干，“身执蘽垂，以为民先”①。这一切，不就是原始政治赖以存在的物质基础吗？

（原载《北京大学学报》1987 年第 6 期）

① ［清］焦循：《禹贡郑注释》卷下《导山四》，南京：凤凰出版社 2015 年版，第 241 页。

中国奴隶制政治制度

一、夏代奴隶制国家的起源

(一)从“传贤”到“传子”

我国是人类文明的重要发祥地之一,有着悠久的历史和光辉灿烂的文化。通过地下发掘出来的人类化石,我们迄今所知道的中国境内最早的原始人,是大约一百七十万年前的元谋猿人。经过漫长的繁衍进化,我国原始社会完成了从原始人群到氏族制度的转变。在大约六七千年前的仰韶文化时期,我国发展到母系氏族社会的繁荣阶段;而到四千多年前的龙山文化时期,便开始从母系社会转变为父系氏族社会。从此,原始公社开始走向瓦解,奴隶社会的因素开始萌芽。正如毛泽东同志所说:“中华民族的发展(这里说的主要地是汉族的发展),和世界上别的许多民族同样,曾经经过了若干万年的无阶级的原始公社的生活。而从原始公社崩溃,社会生活转入阶级生活那个时代开始,经过奴隶社会、封建社会,直到现在,已有了大约四千年之久。”①

从原始社会到奴隶社会之间，有一个过渡的时期，其间发生过多次部落与部落之间的冲突和掠夺战争，以及错综复杂的分化组合。这个过渡的时期，在中国历史上可以追溯到传说中的黄帝时代，经尧、舜、禹，直到夏代前期。关于夏代以前的社会，《礼记·礼运》有一个大略的描述：

> 大道之行也，天下为公，选贤与能，讲信修睦。故人不独亲其亲，不独子其子，使老有所终，壮有所用，幼有所长，鳏寡孤独废疾者皆有所养。男有分，女有归，货恶其弃于地也，不必藏于己。力恶其不出于身也，不必为己。是故谋闭而不兴，盗窃乱贼而不作，故外户而不闭，是谓大同。

这个“大同”社会，实际上就是建筑在公有制经济基础之上的氏族社会。在这个社会里，完全没有人剥削人和人压迫人的现象，没有贫富差别，没有盗窃和欺诈，因而也就没有国家机器。社会的各个成员都过着平等、自由的生活，民主精神体现在社会生活的各个方面。大家都要求有一种维护氏族利益的行为规范，即每个人都必须遵守的传统习惯，一切按照具有普遍约束力的传统习惯行事。“仁义不布而万物蕃殖，赏罚不施而天下宾服”②，“刑政不用而治，甲兵不起而王”③。管理氏族、部落或部落联盟公共事务的首领由选举产生，氏族成员选举氏族首领，参加部落或部落联盟的首领推

① 毛泽东：《中国革命和中国共产党》，《毛泽东选集》第二卷，北京：人民出版社1991年第2版，第616页。

② 刘文典撰，冯逸、乔华点校：《淮南鸿烈集解》卷二《俶真训》，北京：中华书局2013年版，第49—50页。

③ [清]孙诒让：《商子校本》卷四《画策》，北京：中华书局2014年版，第72页。

举部落或部落联盟的首领，首领不称职时可以撤换。历史上关于尧、舜、禹相继“禅让”的传说，就反映了当时推举部落联盟首领的情形。我们可以把“禅让”理解为一种原始民主选举制。

但是，与极端低下的生产力水平相适应的这种原始民主制度，随着生产力的发展，必然要走向瓦解。按照传统的说法，原始民主制是被禹破坏的，禹被认为是夏朝的第一个君主。其实，根据古老的传说，夏朝的建立者不是禹，而是他的儿子启。

舜当部落联盟首领时，用禹治水。禹花了十年左右的功夫治理了水患。他“尽力乎沟洫”，“身执虆垂，以为民先”①，带头劳动，开垦荒地，发展农业生产。由于禹治水有功，当舜年老了在联盟议事会上提出继承人选问题的时候，大家都推举禹作部落联盟的首领。禹年老时也曾在部落联盟议事会上提出继承人选问题，大家推举皋陶；因为皋陶先禹而死，大家又推举伯益。但是，由于生产力的发展和私有财产的产生，当时很多人都已拥护世袭制，他们借助禹的余威，推举出禹的儿子启。“朝觐讼狱者，不之益而之启”，“讴歌者，不讴歌益而讴歌启”。② “禅让”制失去了存在的基础，“传贤”被新的“传子”世袭制度代替了。《礼记·礼运》说：

> 今大道既隐，天下为家，各亲其亲，各子其子，货力为己，大人世及以为礼，城郭沟池以为固，礼义以为纪，以正君臣，以笃父子，以睦兄弟，以和夫妇，以设制度，以立田里，以贤勇知，以功为己，故谋用是作，而兵由此起。禹、汤、文、武、成王、周公，

---

① [清]焦循：《禹贡郑注释》卷下《导山四》，南京：凤凰出版社 2015 年版，第 241 页。

② [宋]朱熹：《四书章句集注·孟子集注》卷九《万章上》，北京：中华书局 1983 年版，第 308 页。

由此其选也。……是谓小康。

“家天下”始于启。“益干启位，启杀之。”[①]益显然是为维护禅让制度而被杀的。一个叫有扈氏的部落，指责启破坏了旧制度，也被启在甘（今陕西户县）打败。有扈氏战败的成员被罚作“牧竖”，这可能意味着当了集体奴隶。《淮南子》上说：“有扈氏为义而亡。”[②]“义”者，当然就是被启破坏掉的原始民主制原则。《史记·夏本纪》上还有启“灭有扈氏，天下咸朝”的记载，其他部落是眼看着有扈氏的反抗失败以后才终于“咸朝”的，说明当时反对“世袭”新原则或对它持保留态度的部落还不在少数。

由“天下为公”到“天下为家”的演变，也就是由原始社会到阶级社会的演变。正是这种演变，促成了奴隶制国家的产生。恩格斯说：“掠夺战争加强了最高军事首长以及下级军事首长的权力；习惯地由同一家庭选出他们的后继者的办法，特别是从父权制确立以来，就逐渐转变为世袭制。人们最初是容忍，后来是要求，最后便僭取这种世袭制了，世袭王权和世袭贵族的基础奠定下来了。”[③]中国历史上王位世袭制的出现，也经历了这样一个发展过程。

（二）奴隶制国家的雏形

根据《竹书纪年》的记载，夏从禹开始，到桀灭亡，共传十七世，经历了四百多年。这大约相当于公元前二十一世纪或再早一些，直到公元前十六世纪。

夏的活动地区，处在黄河流域的冲积黄土地带，气候温和，雨量

① ［清］郝懿行：《竹书纪年校正》卷二《夏纪一》，济南：齐鲁书社2010年版，第3832页。

② 何宁：《淮南子集释》卷一一《齐俗训》，北京：中华书局1998年版，第788页。

③ 恩格斯：《家庭、私有制和国家的的起源》，《马克思恩格斯选集》第四卷，北京：人民出版社1972年版，第160—161页。

丰富，土质松软。这种适于农业生产的自然条件，使夏人有可能在主要使用木石工具和骨、蚌器的基础上，发展农业生产。农业的发展又推动了畜牧业和手工业的发展。属于夏文化遗存的觚、爵等酒器的发现，说明当时人们生产的粮食除食用外已经有了剩余，没有多余的粮食，就不可能做酒。夏代已使用了铜器，但用于农业生产的可能性不大。

剩余产品的出现使人对人的剥削有了可能。于是氏族内部发生了贫富的分化，少数氏族部落首领，利用职权多占本氏族本部落成员创造的剩余产品，并将战俘和本氏族本部落中最困苦的成员变为奴隶，于是出现了最初的阶级划分——奴隶主和奴隶。阶级的出现为国家的产生提供了政治基础。“国家是阶级矛盾不可调和的产物和表现。”①作为剥削者的奴隶主阶级为了强迫奴隶劳动和镇压奴隶的反抗，就必须建立起国家这一暴力机器。“古代的国家首先是奴隶主用来镇压奴隶的国家。”②从本质上讲，夏王朝就是建立在奴隶制基础之上的对广大奴隶和平民实行镇压的奴隶主专政的国家。

恩格斯指出，国家具有两个区别于氏族组织的基本特征：一个是“按地区来划分它的居民”，不再单纯以血缘关系来划分社会集团；另一个是建立了国家这一特殊的“公共权力”。据说夏朝在征服了一些部落以后，曾把它所统治的地区划分为“九州”，即所谓“茫茫禹迹，画为九州，经启九道”③。这虽系传说，但也可以把“九州”理解为给夏朝纳贡的九个部落。随着生产的发展和最初的产品交换

① 列宁：《国家与革命》，《列宁选集》第三卷，北京：人民出版社 1962 年版，第 175 页。

② 《家庭、私有制和国家的起源》，北京：人民出版社 1972 年版，第 168 页。

③ [清]阮元：《十三经注疏 · 春秋左传正义》卷二九“襄公四年”，北京：中华书局 2009 年版，第 4197 页。

的出现，特别是部落之间的掠夺和征伐之战的频繁进行，各部落之间的交往增加了，夏朝自上而下划分的“九州”，也就不会再是以单纯的血缘关系来区别的九个部落了，而应当是带上了按地区划分的性质。

关于夏代的国家机器，据记载，在“夏后氏官百”①中，就有执掌畜牧的“牧正”，造车的“车正”，管理王族膳食的“庖正”等职官。《尚书·甘誓》和《史记·夏本纪》都说，夏启在攻打有扈氏之前曾宣布“用命赏于祖，弗用命戮于社，予则孥戮汝”，即所谓“师出以律”②，这是否说明从启开始就有了军队呢？即使攻打有扈氏的不是后来意义上的军队，而是过去由全体部落成员组成的武装力量，也能说明当时已经产生了最初的强力机器。“孥”是父系大家族中的妻和子女，“孥戮”就是罚为奴隶，用作祭社的牺牲。

“夏有乱政，而作禹刑。”③说明当时已经有了对付奴隶反抗的刑罚。但那不大可能是禹时制定的，而可能是后来夏朝法律的总称，以禹为名表明夏人对禹的崇敬和怀念。

夏代不仅有了刑法，而且有了最初的监狱。《竹书纪年》说：“夏帝芬三十六年作圜土。”据《释名·释宫室》解释：“狱又谓之圜土，筑其表墙，其形圜也。”

为了维持国家机器的开支和满足奴隶主贵族的奢侈生活，夏朝

---

① [清]阮元：《十三经注疏·礼记正义》卷三一《明堂位》，北京：中华书局2009年版，第3232页。

② [清]阮元：《十三经注疏·周易正义》卷二《师》，北京：中华书局2009年版，第48页。

③ [清]阮元：《十三经注疏·春秋左传正义》卷四三“昭公六年”，北京：中华书局2009年版，第4438页。

已经有了税收制度。“自虞夏时，贡赋备矣”①，“夏后氏五十而贡”②，就是有关这方面的记载。

以上这些，可以说明夏代已经产生了我国历史上最初的国家。但是，我们不应该把夏朝的建立看作是奴隶制国家已经完全建立起来了，而只能看作是原始公社向奴隶制国家的过渡。私有制的产生是渐渐地进行的，维护氏族制度的旧势力也不会在短时间内消灭。启子太康失国于后羿，就是夏政权并不稳固的证明。后羿利用“夏民”的怨恨，拒绝出外打猎的太康回来，夺了王位。“夏民”怨恨太康的原因，一个是太康荒淫；另一个，也可以解释为一部分“夏民”反对启和太康父子的传子世袭制。后来，后羿被他的亲信寒浞所杀，太康之弟仲康的孙子少康，才又以武力恢复了王位。所谓“少康中兴”，就是少康又得到了这个世袭的职位。少康死后，其子杼继位。杼发明了防御的甲，并“征于东海”，因此被夏人看成是能够继承大禹的人而受到崇敬。传子世袭制是建立在私有制基础之上的新的进步的制度，经过长期的斗争之后，这种制度终于代替了传统的推选制度。

我们主张夏代处在奴隶制国家形成时期的观点。夏代建立了国家，但那只能是一个国家的雏形，虽然“少康中兴”以后有所发展，但仍然很不完善。《史记》上说，夏之政“忠”，殷之政“敬”，周之政“文”。③ 就是说，和后来商、周讲“威仪”的管理方法相比较，夏人还没有完全脱离原始社会的那股“质厚”劲。目前，关于这方面的史料，还仅限于古籍上的一些传说和记载，而有些记载，如说“夏后氏

---

① [汉]司马迁：《史记》卷二《夏本纪》，北京：中华书局1982年版，第89页。

② [宋]朱熹：《四书章句集注·孟子集注》卷五《滕文公章句上》，北京：中华书局1983年版，第254页。

③ [汉]司马迁：《史记》卷八《高祖本纪》，北京：中华书局1982年版，第393页。

正刑有五,科条三千"①等,又显然是后人的附会,不足为凭。所以,对夏代国家起源问题的研究,还有待于地下发掘进一步加以证实。

二、商代奴隶制政治制度

(一)商代社会各阶级

商是黄河下游的一个古老的部落。其始祖契曾佐禹治水。夏代末年,商已由氏族社会过渡到奴隶社会。《史记》说"自契至汤八迁"②。他们的活动范围,大抵在今天的山东、河南及河北一带。商一直臣服于夏,到公元前十六世纪,夏朝阶级矛盾十分尖锐,特别是夏朝最后一个国王桀暴虐无道,因而众怨沸腾。于是商汤利用人民的怨恨,打败了夏朝,建立了商朝。商朝从汤开始到纣灭亡,共传十七代三十一王,历时六百年左右。约在公元前十三世纪,商王盘庚迁都于殷(今河南安阳)。此后,一直到商朝灭亡,"二百七十三年,更不徙都"③。所以商又被称为殷、商殷或殷商。

商代社会,最主要的阶级,是奴隶主和奴隶两大对立的阶级。当时在农业、手工业、畜牧业中,都已广泛使用奴隶。奴隶的主要来源是战俘,甲骨文中有许多"俘人""获羌"的记载;也有一些平民因犯罪沦为奴隶的,叫"罪隶"。当时从事农业生产的奴隶叫"众""众人""羌""多羌"等;从事手工业的叫"工";从事畜牧业的叫"刍""羌刍""牧";"臣""妾""婢""奚""仆"等,则是从事家内劳动的奴隶。奴隶们往往在额上打有火印,作为奴隶主的私有财产的标记。他们被强迫从事极为繁重的劳役,像牲畜一样集中管理。他们的生命毫无

① [唐]魏徵:《隋书》卷三三《经籍志》,北京:中华书局 1973 年版,第 973 页。
② [汉]司马迁:《史记》卷三《殷本纪》,北京:中华书局 1982 年版,第 93 页。
③ [清]马骕:《绎史》卷一九《文王受命》,北京:中华书局 2002 年版,第 238 页。

保障，除像物件一样被赠赏、像猪羊一样被屠杀外，还大量被当作“人殉”。已经发掘的商代贵族陵墓，有的“人殉”竟达四百人之多。奴隶主在祭祀天地祖先的时候，也经常用奴隶们作“牺牲”，即把奴隶杀死，献诸神灵。

除奴隶外，从事劳动生产的还有所谓“小人”。“小人”从贵族那里得到小块土地进行生产，同时在国王或贵族土地上耕作，作为对国王或贵族贡纳的租赋；还必须服军役，被用作战争的工具。因此，他们虽然名义上是自由的平民，身份比奴隶高，也和贵族一样有姓氏，但实际上社会地位很不稳定，是所谓“百姓”中的最下层，时常因为犯罪、负债等沦为奴隶。

商代奴隶主阶级由商王及其亲属、官吏和臣服于商王的其他部落的贵族们组成。他们掌握着国家权力，对广大奴隶和平民进行残暴的统治。他们垄断了全部土地和一切生产资料，残酷剥削和压榨奴隶劳动以满足其荒淫无耻的生活。诚然，奴隶社会比原始社会进步，奴隶主在组织奴隶制生产和消除氏族制落后残余方面，起到过应当肯定的历史作用。但他们的残暴统治和剥削，特别是任意屠杀奴隶，经常用奴隶作“人殉”“人祭”，又破坏和束缚了社会生产力的发展。奴隶主和奴隶这两个阶级，从一开始就处在不可调和的对立状态，甲骨文中的“丧众”“逆众”，就是奴隶们反抗奴隶主贵族的斗争记录。

（二）商代的政治制度

商是迄今为止我们所见到的最早有文字（甲骨文和金文）记载的朝代。对甲骨文和金文的研究表明，奴隶主贵族为了镇压奴隶和平民的反抗，为了对其他部族进行战争以掠夺土地和奴隶，他们不断加强自己的奴隶制国家这一暴力机器。

商朝的国家形式是以王为首的贵族政体。商朝贵族，同时也是大家族的族长，所以商的国家组织，也就像一个家族的扩大。“王族”是国家组织的主体，它联结着许多旁系、支系贵族大家族所构成的统治网。商王自称“一人”或“余一人”，至高无上，唯我独尊。他既是“王族”的族长，又是同姓贵族的大家长。他掌握着国家大权，成为最大的土地和奴隶所有者以及国家的最高支配者。其王位的传授，是“兄死弟及”和“父死子继”①相结合。盘庚迁都以后，“父死子继”的情况有所增加，说明出现了宗法制度的苗头和王权加强的趋势。

商代国家机器的强化，除表现在建立这种以血缘为纽带的“亲贵合一”的统治网之外，还表现在设置大批官吏上面。商朝百官大体上可分为三类。一类是政务官，有“尹”“卿士”，是商王的辅佐，地位最高，权力最大。第二类是宗教官，掌管神权，同时掌握着文化知识，地位也相当高，权力也相当大。第三类是事务官，主要是管理各种奴隶的“小臣”，管理农事的叫“小耤臣”，管理众人的称为“小众人臣”，管理手工业奴隶的叫“司工”。这类职官有一定实权。商朝的统治区大致分为两部分：一部分是商王直接统治的区域，在这里为王室服务的官又叫“内服”职官；另一部分是隶属于商王的分封区域，在这里设立诸侯，叫“外服”职官。在商王直接统治区内，还设置了“里君”等基层职官。

商朝拥有很强大的武装力量。当时已有征兵制度，甲骨文中有“登人”的记录，“登人”即征兵之意。军队有左、中、右三师②，以青铜武器武装。商代后期，战车成为作战的主力。每辆战车驾马两匹，车上有甲士三人：一人驭车，一人持戈或矛，一人操弓箭。战车的两旁和后面还有徒兵配合。

① 参见[清]阮元《十三经注疏·春秋公羊传注疏》卷九，北京：中华书局 2009 年版，第 4874 页。

② 参见郭沫若《殷契粹编》，北京：科学出版社 1965 年版，第 597 页。

商朝还设置了监狱，制定了十多种刑法。甲骨文中有“圉”字，像一个罪犯带着刑具被囚在监狱。商朝的刑罚极为残酷，有砍头、炮烙、剖腹、活埋、刖足、割鼻以及醢、脯等。就甲骨文所见，用刀锯断足的刖刑，动辄数以十计，最多的一次记录有一百人之多。①

但是，商朝还没有形成一个结构严紧的官僚体系，各种官职之间没有十分明确的职权划分，有些官职临时因时因事而设，繁杂而凌乱。宗法制度也很初步，如连亲属称谓都很简单，对生父的弟兄都称为“父”，对“父”的配偶都称为“母”，因而直系、旁系还不能很清楚地体现出来。这些，对于奴隶制国家确立不久的商朝来说，应当说是很自然的现象。

(三)卜筮

商朝政治制度一个明显的特点，就是给卜筮以很高的地位，利用宗教迷信来加强奴隶主阶级的统治。

商人把至高无上的神称为“帝”或“上帝”，人间各种大事，像天气的晴雨、收成的丰歉、战争的胜败，都受帝的主宰；而商王是代表帝到人间来管理土地和人民的，他生为人主，死后成神，活着的时候管活人，死后还要管死人。代表商王掌握神权的，是前文已经提到的宗教官吏。如“多卜”和“占”，是管占卜的；“筮”，是充当人神之间的媒介的；“作册”，是史官。商王和贵族们的活动，事无大小，都要求告于祖先。他们用龟甲兽骨进行占卜，据说这样可以沟通人神，占卜的吉凶体现着神和祖先的意旨。《尚书·洪范》关于占卜的记载，很能说明这种活动在指导国家重大行动中的决定性作用：

> 立时人作卜筮：三人占，则从二人之言。汝则有大疑，谋及乃心，谋及卿士，谋及庶人，谋及卜筮。汝则从，龟从，筮从，卿

① 参见胡厚宣《殷代的刖刑》，《考古》1973年第2期。

士从，庶民从，是之谓大同；身其康强，子孙其逢吉。汝则从，龟从，筮从，卿士逆，庶民逆，吉；卿士从，龟从，筮从，汝则逆，庶民逆，吉；庶民从，龟从，筮从，汝则逆，卿士逆，吉；汝则从，龟从，筮逆，卿士逆，庶民逆，作内吉，作外凶。龟、筮共违于人，用静吉，用作凶。

这段话可以用下表表示出来：

表1 占卜吉凶对照表

赞同	反对	赞同	反对	赞同	反对	赞同	反对	赞同	反对	赞同	反对
王 龟 筮 卿士 庶民		王 龟 筮	卿士 庶民	龟 筮 卿士	王 庶民	龟 筮 庶民	卿士	王 龟	筮 卿士 庶民	王 卿士 庶民	龟 筮
(一)大同 (大吉)		(二)吉		(三)吉		(四)吉		(五)做内事吉，做外事凶		(六)不行动吉，行动凶	

在龟筮一致赞同的情况下，即使国王和其他一种人反对，事情仍然吉利，可以进行；龟和筮意见不一致，就不可对外行动；龟筮如果一致反对，即使王、卿士、庶民都赞同，也不可行动。这说明，龟筮有决定行动的权力。

《尚书·盘庚上》说："古我先王，亦惟图任旧人共政。"盘庚把成汤建国以来的政权体制称为"旧人共政"，大概指的就是这种国王与龟、筮、卿士、庶人一起决定国家重大行动的制度。这说明商代奴隶制国家脱离原始社会还不很久远，还保留着不少原始社会末期的遗风。

此外，商人还崇拜土（社）、山川、日、云等自然神，经常举行盛大的祭祀。这也可以看成是原始社会万物有灵观念的残余。无怪乎《礼记》上说："殷人尊神，率民以事神，先鬼而后礼。"①

① ［清］阮元：《十三经注疏·礼记正义》卷五四《表记》，北京：中华书局 2009 年版，第 3563 页。

先秦人事制度述论

一、从“选贤与能”到“世及以为礼”

（一）传说中的“选贤与能”

中华民族历史悠久。早在远古时代，我国境内就已经存在广泛的人类活动。“有了人，我们就开始有了历史。”①在大约公元前一百多万年到公元前二十一世纪，是我国历史上的原始时代。历史古籍对那个时代有很多描述。比如，《吕氏春秋》的恃君篇说：“昔太古尝无君矣，其民聚生群处，知母不知父，无亲戚、兄弟、夫妻、男女之别，无上下、长幼之道，无进退、揖让之礼，无衣服、履带、宫室、蓄积之便，无器械、舟车、城郭、险阻之备。”

这正是原始社会的生活状况。

原始社会有没有人事制度？那个时代，不存在阶级出现以后按照统治阶级意志制定的人事制度，但已经出现了识别、推举（或考察、罢免）公共事务管理者的问题。当时，人们把最能干的人推举出来作为首领（或把不称职者罢免），他们按照习惯那样做，没有任何

---

① 恩格斯：《自然辩证法》，北京：人民出版社 1971 年版，第 19 页。

硬性的规定。尽管是习惯做法,但已经有了一套程序。这套程序,就是我们所理解的原始社会的人事制度。

根据摩尔根的研究,这套程序,在易洛魁人中间要分两步走。"每逢一个首领死去时,本氏族的成员就举行一次会议来提名继任人。……每一个成年的男女都被召集来,让他或她表示赞成选谁的意见,得到最大多数人同意的候选者就成为被提名的人。"这是第一步。第二步,这位继任者必须得到与本氏族处在同一部落的其他氏族的认可,并经过部落联盟的授职,才能就任。①

摩尔根在谈到部落联盟表决公共事务的时候说:"他们采取了一种方法,用不着投票就可以确定大会成员的意见。……他们在大会上是以部落为单位来表决的,在作出决议时,每一个部落的首领们必须代表一个统一的意见。"②

据史籍记载,在我国的尧舜禹时代,有两件大事采取了类似的做法。一件是选举尧的继承人,一件是决定治水的人选。

关于继承人的问题,据说,尧年老了的时候,召集各位酋长商议继任者的人选。一个叫放齐的酋长说:"嗣子丹朱开明。"尧生气地说:"吁!顽凶,不用。"尧又问四岳能不能"践朕位",四岳都推辞说不能胜任。于是尧让大家推荐隐居在民间的贤才,大家推举舜。尧欣赏舜的德行,把自己的两个女儿嫁给他,还叫他到山林、川泽及暴风雷雨中去锻炼。结果,"舜行不迷",尧把联盟酋长的位子让给了他。③ 我国古书上把这种选择继承人的方法叫作"禅让"。

关于治水人选的问题,《尚书·尧典》说:

---

① 参见摩尔根《古代社会》上册,北京:生活·读书·新知三联书店 1957 年版,第 71 页。

② 参见摩尔根《古代社会》上册,北京:生活·读书·新知三联书店 1957 年版,第 135 页。

③ 参见[汉]司马迁《史记》卷一《五帝本纪》,北京:中华书局 1982 年版,第 22 页。

帝曰:“咨!四岳:汤汤洪水方割,荡荡怀山襄陵,浩浩滔天。下民其咨,有能俾乂?”佥曰:“於!鲧哉。”帝曰:“吁!咈哉,方命圮族。”岳曰:“异哉,试可乃已。”帝曰:“往!钦哉。”①

意思是说,尧在一次联盟议事上提出治水的人选问题,要大家讨论。他说,如今洪水浩荡,漫山遍野,民众忧苦,由谁去治理呢?四岳都说鲧行,尧开始反对,四岳又说,先试试看吧。最后尧同意了大家的意见,派鲧去治水。

尧征求意见的四岳,是当时四方部落的首领。不同他们进行商量,得到他们的一致同意,尧是不能做出任何决定的。

孔子很推崇这种做法,把它称为“选贤与能”。他说:“大道之行也,天下为公。选贤与能,讲信修睦。故人不独亲其亲,不独子其子。”②当时的社会生产力很低,没有剩余财产,从而也就没有私有财产,大家共同劳动,共同消费,所有的成员一律平等,民主精神体现在社会生活的各个方面。在那个时代,一个人被选为酋长或委以重任,只是由于他的“个人的勇敢、处理事务的机智或在会议上的雄辩口才”,“酋帅们虽然没能凌驾于氏族之上的权威,却总是才能出众的人物”。③ 当酋长意味着贡献大,出力多,经验丰富,而不意味着索取什么。所以,在那种条件下,人们不需要也不可能去追逐权势,不需要也不可能搞任人唯亲。也正因为如此,人们对酋长的尊

① [清]孙星衍:《尚书今古文注疏》卷一《虞夏书·尧典》,北京:中华书局2004年版,第26—27页。

② [清]阮元:《十三经注疏·礼记正义》卷二一《礼运》,北京:中华书局2009年版,第3062页。

③ 摩尔根:《古代社会》上册,北京:生活·读书·新知三联书店1957年版,第70页。

敬是自愿的，发自内心的，连“文明时代最有势力的王公和最伟大的国家要人或统帅，也可能要羡慕最平凡的氏族酋长所享有的，不是用强迫手段获得的，无可争辩的尊敬”①。传说中的神农氏之所以受到尊敬，是因为他教会了人们从事农业生产；燧人氏之所以受到尊敬，是因为他钻木取火，给人们带来了光明和熟食；尧舜禹之所以受到尊敬，是因为他们任人唯贤又带头劳动。韩非说：“古人让天子者，是去监门之养而离臣虏之劳也，故传天下而不足多也。”②意思是说，古代的酋长让位，只不过是摆脱了奴仆般的劳累和苦役，并不值得赞美。这显然已经带上了某些阶级偏见。原始社会当酋长既然不是阶级社会的“当官”，也就不可能把没有阶级社会当官的特权而只做贡献看成一种痛苦。

“选贤与能”的做法实行了很长的时间，到舜当联盟酋长的后期，开始出现了一些实质性的变化。

很多历史书上说，舜年老了的时候，他也学着尧的样子，把酋长的位子传给了禹。这其实有些不确切。《史记·夏本纪》说：“帝舜荐禹于天为嗣。”什么叫“荐禹于天”？还不是他自己说了算，他不再与四岳商量了，他要自己做主把禹当成自己的继承人。当然，这有一个禹治水成功，威信很高，似乎无须讨论了的因素。但不管怎样，毕竟在程序上与从前不同了。后来禹如法炮制，“以天下授益”，但由于“益之佐禹日浅，天下未洽，故诸侯皆去益而朝启”③，从此以后，再也没有四岳起什么作用的记载了。

这种情况说明，随着社会生产力水平的提高，联盟酋长身上逐

① 《家庭、私有制和国家的起源》，北京：人民出版社 1972 年版，第 169 页。

② [清]王先慎：《韩非子集解》卷一九《五蠹》，北京：中华书局 1998 年版，第 444 页。

③ [汉]司马迁：《史记》卷二《夏本纪》，北京：中华书局 1982 年版，第 83 页。

渐出现了一些新的东西，也就是发生了部分质的变化。我们知道，典型的原始民主制是一种朴素的直接的民主制，氏族酋长是由全体成员直接选举产生的。形成部落联盟以后，联盟酋长就不再由直接选举产生了，而是由部落酋长（他们从氏族酋长中产生）间接选举产生。这样，联盟酋长就不再对他下面的氏族成员负直接的责任，而一般只对部落酋长负责（部落酋长对氏族酋长负责）；联盟酋长和氏族成员之间的直接联系显著地减少了，他开始有了一些特殊的地位，并依仗这些特殊的地位来扩充自己的势力。四岳的销声匿迹，正说明了联盟酋长个人权力的扩大。

（二）夏代世袭制的出现

尧舜禹时代处在中国原始社会的末尾，再进一步，就是阶级社会了。《礼记》礼运篇说：

> 今大道既隐，天下为家，各亲其亲，各子其子，货力为己，大人世及以为礼，城郭沟池以为固，礼义以为纪，以正君臣，以笃父子，以睦兄弟，以和夫妇，以设制度，以立田里，以贤勇知，以功为己，故谋用是作，而兵由此起。禹、汤、文、武、成王、周公，由此其选也。

按照《礼运篇》的说法，禹以前没有私有财产，没有阶级和剥削，是“大同”社会。禹以后，随着私有财产和私有观念的产生，“天下为公”变成了“天下为家”，变成了夏的“家天下”；部落联盟的酋长，也由“禅让”变成世袭的了。

但是，按照古老的传说，第一个实行世袭制的不是禹，而是他的儿子启。禹治水成功，被舜立为继承人。禹年老时也按照舜的办法，举皋陶为继承人；因皋陶先禹而死，禹又“以天下授益”。虽然没有征求四岳意见的记载，但毕竟还不是世袭。然而随着生产力的发展和私有财产的产生，世袭制的出现是一种必然的历史趋势。事实上，当时社会上已经出现了大量的父系大家庭，这些人拥护世袭制。禹死后，他们借助禹的余威，推举禹的儿子启为王。“朝觐讼狱者，不之益而之启”，“讴歌者，不讴歌益而讴歌启”。① 禅让制失去了存在的基础，它被新的“传子”世袭制代替了。

马克思说：“世袭继承制在凡是最初出现的地方，都是暴力（篡夺）的结果，而不是人民的自由许可。”②古代中国世袭制的最初出现也是如此。

《韩非子·外储说右下》说：“古者禹死，将传天下于益，启之人因相与攻益而立启。”《战国策·燕策》及《史记·燕召公世家》的说法略同。唯《竹书纪年》说“益干启位，启杀之”③，似乎有些矛盾。金景芳先生说，《纪年》颠倒了事实，“事实上不是益干启位，而是启干益位。因为位是属于益的”④。

这种说法不无道理。但是，如果我们把《纪年》上这句孤零零的话，理解为说的是启篡益位以后的事，不也是可以的吗？但不管怎样，益显然为维护禅让制进行过斗争，他失败了，被启所杀，看来是没有什么疑问的。

世袭制的出现是“暴力的结果”，它的确立——“大人世及以为礼”——也是经过了激烈的斗争的。启上台后，一个叫作有扈氏的部落，指责启破坏了传统制度，也被启在甘（今陕西户县）打败。有

① ［宋］朱熹：《四书章句集注·孟子集注》卷九《万章上》，北京：中华书局 1983 年版，第 308 页。

② 马克思：《摩尔根〈古代社会〉一书摘要》，北京：人民出版社 1978 年版，第 123 页。

③ ［清］郝懿行：《竹书纪年校正》卷二《夏纪一》，济南：齐鲁书社 2010 年版，第 3832 页。

④ 金景芳：《中国奴隶社会史》，上海：上海人民出版社 1983 年版，第 24 页。

扈氏战败的成员被罚作“牧竖”，这可能意味着当了集体奴隶。《淮南子》上说：“有扈氏为义而亡。”①“义”者，当然就是被启破坏了的禅让制原则。《史记·夏本纪》上还有启“灭有扈氏，天下咸朝”的记载，其他部落是眼看着有扈氏反抗失败以后才终于“咸朝”的，说明当初反对世袭制新原则，或对它持保留态度的部落不在少数。

从启子太康失国于后羿到“少康中兴”，是世袭制并不稳固的又一证明。

后羿是夷人首领。他利用“夏民”的怨恨，拒绝出外打猎的太康归来，夺了王位。“夏民”怨恨太康的原因，一个是太康荒淫；另一个，也可以解释为一部分“夏民”反对启和太康父子的传子世袭制。后来，后羿被他的亲信寒浞所杀，太康之弟仲康的孙子少康，才又以武力恢复了王位。所谓“少康中兴”，很大程度上是指少康又得到了这个世袭的职位。少康死后，其子杼继位。杼发明了防御的甲，并“征于东海”，因而被夏人看成是能够继承禹事业的人而受到尊敬。传子世袭制是建立在私有制基础之上的新的进步的制度，经过长期的斗争之后，这种制度终于代替了传统的推选制。

少康中兴，八传至孔甲，“夏后氏德衰，诸侯畔之”②，又三传至桀而夏亡。桀是一个暴君，荒淫无度，信用小人，疏远贤者，民怨沸腾，阶级斗争日趋尖锐，奴隶主阶级内部分崩离析，很快被新兴起的商所灭。

（三）商代人事制度

商是迄今为止我们所见到的最早有文字（甲骨文和金文）记载的朝代。但讲到人事制度，材料依然很少，以致我们无法全面描述，只能简略地有重点地加以介绍。

---

① 何宁：《淮南子集释》卷一一《齐俗训》，北京：中华书局1998年版，第788页。

② ［汉］司马迁：《史记》卷二《夏本纪》，北京：中华书局1982年版，第86页。

商代已有培养官吏的最初的学校。在殷墟甲骨文中有,即后来的“学”字。但据有关专家考证,“古人言语施受不分,如买与卖,受与授,籴与粜,本皆一辞,后乃分化耳,教与学亦然”①。

《孟子·滕文公上》说:“夏曰校,殷曰序,周曰庠。学,则三代共之,皆所以明人伦也。”这已经把当时的学校教育整齐化了。其实,商代的学校还是很初步的,还没有发展到坐而论学的程度。郭沫若同志早在《殷契粹编》中就说到商人教子弟刻写文字之事。刻字、写字、学干支、记月日、学射、学礼、学乐舞,这些大约都是商代学校教育的内容。当时,卜巫集团强大,事无大小,都要经过占卜才能做出决定。所以,向卜巫学习占卜,也应当是商代学校教育的重要内容之一。

商代是奴隶制社会。商代学校教育的目的,从根本上说来,是为奴隶主阶级培养人才,从而使国家机器按照奴隶主贵族的意志运转。但商代学校培养出来的人才,如何被任命为官吏,由于史料缺乏,我们还无法说清楚。一般说来,贵族子弟上了学,学到一些统治本领,成年以后,要按照父系家长制继承其父职位。商代奴隶主国家政权实行“亲贵合一”的组织原则,只有贵族才能参与政权管理,也只有他们的子弟才有资格进学校。贵族子弟上学、依世袭制出任国家官吏,应当是当时最主要的官吏任用途径。

但是,从商王的继承情况来看,王位的传世,在盘庚以前的大半个朝代,大多实行“兄终弟及”,盘庚以后才变成了以父死子继为主。这种历史现象如何解释呢?这是因为,在奴隶制国家建立的初期,奴隶的主要来源是战俘。没有战争,就没有战俘,光靠少数平民犯罪罚为奴隶,或者,因为穷困负债沦为奴隶,奴隶来源就无法满足社会需要。所以当时商王亲自指挥战争,把大批战俘变为奴隶。甲骨

① 杨树达:《积微居金文说》卷7,北京:中华书局1997年版,第191页。

文和卜辞中商王亲率出征的记载很多。因此，在一般情况下，商王必须兼任军事首领。老王死后，其子有兼任军事首领的条件，当然就传子，但多数情况下，其子年幼或不能兼任军事首领，于是不得不“传弟”。

表1　殷世数异同表①

帝名	殷本纪	三代世表	古今人表	甲骨文字
大乙(汤)	主癸子	主癸子	主癸子	一世
大丁	汤	汤子	汤子	汤子二世
外丙	大丁弟	大丁弟	大丁弟	
中壬	外丙弟	外丙弟	外丙弟	
大甲	大丁子	大丁子	大丁子	大丁子三世
沃丁	大甲子	大甲子	大甲子	
大庚	沃丁弟	沃丁弟	沃丁弟	大甲子四世
小甲	大庚子	大庚弟	大庚弟	
雍己	小甲弟	小甲弟	小甲弟	
大戊	雍己弟	雍己弟	雍己弟	大庚子五世
中丁	大戊子	大戊子	大戊弟	大戊子六世
外壬	中丁弟	中丁弟	中丁弟	
河亶甲	外壬弟	外壬弟	外壬弟	
祖乙	河亶甲子	河亶甲子	河亶甲子	中丁子七世
祖辛	祖乙子	祖乙子	祖乙子	祖乙子八世
沃甲	祖辛弟	祖辛弟	祖辛弟	
祖丁	祖辛子	祖辛子	祖辛子	祖辛子九世
南庚	沃甲子	沃甲子	沃甲子	
阳甲	祖丁子	祖丁子	祖丁子	祖丁子十世
盘庚	阳甲弟	阳甲弟	阳甲弟	阳甲弟十世
小辛	盘庚弟	盘庚弟	盘庚弟	盘庚弟十世
小乙	小辛弟	小辛弟	小辛弟	小辛弟十世
武丁	小乙子	小乙子	小乙子	小乙子十一世
祖庚	武丁子	武丁子	武丁子	武丁子十二世
祖甲	祖庚弟	祖庚弟	祖庚弟	祖庚弟十三世

① 此表见王国维《观堂集林》卷9，北京：中华书局1984年版。

续表

帝名	殷本纪	三代世表	古今人表	甲骨文字
廪辛	祖甲子	祖甲子	祖甲子	
庚丁	廪辛弟	廪辛弟	廪辛弟	祖甲子十三世
武乙	庚丁子	庚丁子	庚丁子	庚丁子十四世
大丁	武乙子	武乙子	武乙子	
帝乙	大丁子	大丁子	大丁子	
帝辛	帝乙子	帝乙子	帝乙子	

除了奴隶主贵族集团内部的世袭制以外，在官吏的任用上，商代也出现过一些“选贤与能”的例子。

据《史记·殷本纪》记载，商的创立者成汤善于收揽人才。当时有个贤者伊尹隐居乡间，“汤使人聘迎之，五反然后肯往从汤……汤举任以国政”。伊尹辅佐成汤，对于打败夏桀，建立商朝，起了重大作用。① 据《尚书·盘庚》记载，盘庚也是主张任用贤才的，他说：“朕不肩好货，敢恭先生，鞠人谋人之保居，叙钦。”译成现代汉语就是：我不任用那些贪财的人，而任用那些为民致富的人，凡能想办法使百姓安居乐业的人，我都按他们贡献的大小尊敬他们。但总的讲，这类商王选任贤者的例子是很稀少的。

商朝历三十一帝五百余年。末代的纣王，“知足以距谏，言足以饰非；矜人臣以能，高天下以声，以为皆出己之下”②。大臣微子数谏不听，微子与太师、少师一起逃离纣王。比干是纣王的叔父，他冒死进谏被剖挖心肝，吓得另一个忠臣箕子装疯逃跑。纣王的残暴统治使人才尽去，他自己变成了名副其实的孤家寡人，最后被西周所灭。

① 参见[汉]司马迁《史记》卷三《殷本纪》，北京：中华书局 1982 年版，第 99 页。

② [汉]司马迁：《史记》卷三《殷本纪》，北京：中华书局 1982 年版，第 105 页。

二、西周人事制度

(一)培养贵族子弟的“官学”

西周社会等级森严。当时的文化知识为封建领主贵族所垄断,“学在官府”,学校教育是为贵族子弟学习统治本领而开设的,一般老百姓根本进不去。

西周已有大学、小学之分,设在周天子王畿内的大学叫“辟雍”,设在诸侯国的大学叫“泮宫”。据蔡邕《明堂月令章句》说,辟雍“四面周水”,中间有一块高出水面的陆地,陆地上建有大学校舍。诸侯国的泮宫,宫前则有一个半月形的水池。西周初年的大学具有多种功能,因而也就产生了不同的名称。《文献通考·学校考》说:

> 天子之学谓之辟雍,班纲布令,享帝右祖,则以为明堂;同律候气,治历考详,则以为灵台。诸侯之学谓之泮宫,太师旅则将士会焉,大狱讼则吏民期焉,大祭祀则始祖享焉。盖其制皆于国之胜地,披水筑宫为一大有司,国有大事则以礼属百官群吏下民而讲行之,无事则国耆老子弟游焉,以论鼓钟而修孝弟。

蔡邕《明堂月令章句》也说:

> 明堂者,天子大庙,所以祭祀、飨功、养老、选士,皆在其中。取正室之貌,则曰大庙;取其正室,则曰大室;取其堂,则曰明堂;取其四时之学,则曰大学;取其圆水,则曰辟雍,其名别实同。

这就是说,辟雍和泮宫,除了作为大学之外,还有多种用场:上朝布令、大狱诉讼、祭祀始祖、观测天象，等等。这说明，西周的学校教育还处在初始阶段。但《礼记》说周代学校“春秋教以礼乐，冬夏教以诗书”①，“春诵、夏弦、秋学礼、冬读书”②，看来其主要功能是教育则无疑。

《礼记·学记》说：“古之教者，家有塾、党有庠、术有序、国有学。”“国有学”的“学”即大学，也就是辟雍和泮宫。“序”“庠”“塾”，说法不大一样，大概比京都的辟雍、泮宫低，相当于小学。关于“塾”，《学记》郑玄注云：“古者仕焉而已者，归教于闾里。朝夕坐于门，门侧之堂谓之塾。”意即古代做官退休的贵族，回到家乡，就在家乡做教育工作。办法是他早晚坐在门那儿，门旁房间就是学生受教育的地方——塾。当然，即使是这样的乡村学校，一般老百姓也是很难进去的。

西周学校教育的内容，主要是“六艺”：礼、乐、射、御、书、数。当时实行宗法制度，把周天子推行的一切制度都称之为“礼”，其中特别注意“忠”“孝”，提倡“尊尊”和“亲亲”，以巩固周天子的最高统治地位。

西周的学校教育，乃至整个社会，都十分重视“乐”。这主要不是为了娱乐，而是为了利用它作为思想统治的工具。《礼记·乐记》说：“礼以道其志，乐以和其声，政以一其行，刑以防其奸，礼乐刑政，其极一也，所以同民心而出治道也。”说明了“乐”的极端重要性。

西周初年还在战争的环境里，所以提倡勇武精神，把射箭、驾战车（御）的技术也列为学校的主要课程。

---

① ［清］阮元：《十三经注疏·礼记正义》卷一三《王制》，北京：中华书局 2009 年版，第 2905 页。

② ［清］阮元：《十三经注疏·礼记正义》卷二〇《文王世子》，北京：中华书局 2009 年版，第 3042 页。

“书”，当时指写字，所谓“读书”，是后来才出现的说法。“数”指算术，也包括天文、历法之类。在当时，大学与小学的主要区别之一，是小学只学书、数，大学才学礼、乐、射、御。

还有一点可以说明西周的确是“学在官府”，就是学校教师均由官员兼任。师、保本为王的左右重臣，他们同时教国子以德行礼道；官府中的乐官也就是大学里的舞乐教员；司马是管军事的官员，要兼教射御。总之，西周时期的学校教育和后世是很不一样的。西周统治者通过这样的“官学”，培养了一批又一批为封建领主阶级服务的官吏。

（二）世卿制和乡举里选

讲到世卿制，离不开分封制和宗法制。西周初年，周天子把土地分给自己的子弟或同姓子弟，是为诸侯国；诸侯又把自己分得的土地分给自己的子弟，是为“采邑”，任命他们为卿大夫；卿大夫又把自己分得的土地分给自己的子弟，是为“禄田”，任命他们为士。与这种分封制相适应的宗法制，其具体内容是：天子世世相传，由嫡长子继承，奉祀始祖，这叫大宗。嫡长子是土地和权位的法定继承人，其地位最尊，称为宗子。嫡长子的同母弟及庶兄弟封为诸侯，叫作小宗。诸侯也由嫡长子继承父位，奉始祖为大宗，他的同母弟及庶兄弟封为卿大夫，为小宗。卿大夫也由嫡长子继承父位，奉始祖为大宗，他的同母弟及庶兄弟为士，是小宗。士的长子仍为士，余诸弟为平民。诸侯对于天子是小宗，但在本封国是大宗。卿大夫对于诸侯是小宗，但在本族又是大宗。这种由嫡长子世袭的制度，在官制上，就是世卿制。西周的大贵族们，就是按照这种制度世代为官，世袭地享有卿的政治地位，掌握政权的。

拿周公旦来说，他死后，他的长子伯禽封于鲁，称为鲁公；他的次子就世袭周公，成为王朝卿士。宣王时周公、召公辅政，这个周公当然是周公旦的后代。关于后代周公的记载一直持续到春秋时期。

如《左传》桓公五年有周公黑肩，庄公十六年有周公忌文，文公十四年有周公阅，成公十一年有周公楚。可见，周公世代都是周室的卿士。

世卿制体现了封建领主贵族专政的特点。清代学者俞正燮说，在西周春秋时期，“君所任者，与共开国之人及其子孙。上士、中士、下士、府吏、胥徒，取诸乡贤兴能。大夫以上皆世族，不在选举也”①。按照这种说法，大夫以上的官职大都世袭，一般低级的、辅助性的官吏，还是要选贤的。《周礼》和《礼记》也有类似的说法。《周礼·大司徒》说，乡大夫之职，“正月之吉，受教法于司徒，退而颁之于其乡吏，使各以教其所治，以考其德行，察其道艺。三年则大比，考其德行道艺，而兴贤者能者”。这就是所谓“乡举里选”。周代国都百里之内为乡，二百里之内为遂。按照《周礼·地官遂人》的说法，里是管二十五户的基层单位（在乡曰闾，在遂曰里）；从里到乡遂，每一行政单位的长官，都要负责下属乡民的教化荐举工作。《大戴礼》说，在我们前文讲到的西周官学中，有“政之教大夫，官之教士，技之教庶人”的区别。世袭贵族的子弟，不管学习成绩如何，因为学习的内容就是如何从政，所以他们可以世代为官。一般人的子弟，由于所学内容是技术性的，所以只能是“执技以事上者”，具体职务是“祝史射御医卜及百工”②。也就是担任低级的技术性的官职，不能与世袭贵族相提并论的。

《礼记·王制》说：“命乡论秀士，升之司徒，曰选士。司徒论选士之秀者而升之学，曰俊士。升于司徒者不征于乡，升于学者不征于司徒，曰造士。”“大乐正论造士之秀者……而升诸司马，曰进士。”

① 俞正燮：《癸巳类稿·乡兴贤能论》，清道光十三年（1833年）求日益斋刻本。

② ［清］阮元：《十三经注疏·礼记正义》卷一三《王制》，北京：中华书局2009年版，第2908页。

这就是说，当时乡举里选分为三步：第一步，由乡大夫初试，取中了称为“秀士”，秀士中的优秀者上报司徒，称为“选士”；第二步，司徒再试选士，中者为“俊士”，其中优秀者称为“造士”；第三步，从造士中再选择优秀者，司马也参加选优的研究，选中者称为“进士”。这些被选出来的人，由司马“论辨官材，论进士之贤者以告于王，而定其论。论定，然后官之。任官，然后爵之。位定，然后禄之”[①]。特别优异者要作为贡士推荐给周天子，即《初学记》引《大戴礼》所说的“古者诸侯贡士”。但这里的定爵定禄和被举为贡士，显然是贵族们的事。

史书关于周文王访姜尚委以左师而周室大振的记载，堪称古代纳贤的楷模，但这样的例子，在当时是极个别的。

（三）述职与巡守

后世人事制度有对官吏的考绩与监察。西周时期如何考核官吏的政绩，监察他们的工作呢？主要是通过述职与巡守。“述职者，述所职也”[②]，就是诸侯定期向周天子朝觐，汇报自己的政绩。巡守则是天子定期视察诸侯们的工作。《礼记·王制》说：诸侯之于天子也，比年一小聘，三年一大聘，五年一朝。天子五年一巡守。二月东巡守，至岱宗。五月南巡守，至于南岳。八月西巡守，至于西岳。十有一月北巡守，至于北岳。这里说的“聘”，是指诸侯派卿大夫前往中央；“朝”是指诸侯亲自到王廷朝觐述职，报告工作。“五年一朝”当为后来的规定，西周初年，次数要频繁些。据记载，伯禽被封为鲁

① ［清］阮元：《十三经注疏·礼记正义》卷一三《王制》，北京：中华书局 2009 年版，第 2908 页。

② ［宋］朱熹：《四书章句集注·孟子集注》卷二《梁惠王章句下》，北京：中华书局 1983 年版，第 216 页。

公，就国“三年而后报周公”，周公嫌他耽搁的时间太长了，问：“何迟也？”①

《礼记·王制》还记载着周天子对一些违背周礼者的处罚规定：“山川神祇（地神），有不举者为不敬；不敬者，君削以地。宗庙有不顺者为不孝；不孝者，君绌以爵。变礼易乐者为不从；不从者，君流。革制度衣服者为畔；畔者，君讨。”而对“有功德于民者”，则“加地进律”。《孟子·告子》也说，天子到诸侯那里去巡守，“入其疆，土地辟，田野治，养老尊贤，俊杰在位，则有庆，庆以地。入其疆，土地荒芜，遗老失贤，掊克在位，则有让”。《孟子·梁惠王》还讲到天子出巡各地帮助解决生产生活方面的问题：“春省耕而补不足，秋省敛而助不给。”

除述职和巡守外，《周礼》还讲到对官吏考核的一些具体办法，如说太宰以八法治官府、小宰以六计课群吏等。

《礼记》和《周礼》已公认为后人的拟议之辞。虽然如此，但其中汇集了西周至战国时期的大量史实则无疑，至今仍不失为研究西周典章制度的重要参考文献。

三、春秋战国时期人事制度的变动

（一）世卿制的破坏和“士”阶层的形成

春秋时期，由于生产力的发展，特别是铁制农具的广泛使用，西周以来的封建领主土地所有制内部萌发了新的生产关系——地主土地所有制。与这个变动过程相适应的，是土地所有权的下移和政治权力的下移。西周时期的封建领主土地所有制，实际上是贵族多

① ［汉］司马迁：《史记》卷三三《鲁周公世家》，北京：中华书局1982年版，第1524页。

级所有制，周天子是最高所有者；到春秋时期，原来被分封的诸侯迅速发展自己的势力，变得无法控制，有些诸侯的实权则落入了卿大夫手中。周天子的“共主”地位消失了。实力强大的诸侯和卿大夫毫无顾忌地冲破西周以来的世卿制，他们率先选用一些不是贵族而才华出众的人担任要职，为他们战胜旧势力、打开新的活动天地开辟了道路。如齐桓公重用的管仲，原是小商人，曾一度成为罪隶；秦穆公重用的百里奚，虽出身贵族，但后沦为奴隶。据《左传》哀公二年记载，晋国的赵鞅曾在誓师时说：“克敌者，上大夫受县，下大夫受郡，士田十万，庶人工商遂，人臣隶圉免。”这就是说，一般普通人，只要立了战功，也可以“按军功行田宅”，获得土地，取得做官资格。奴隶还可以复为平民。这些新的法制，焕发了新兴地主阶级的朝气，是我国建立封建官僚制度的最早的尝试。

春秋时期兴起的养士之风，在官僚制取代世卿制的过程中起了重要作用。范文澜先生说，士处在统治阶级的最下一层，他们“能上达但不能顺利上达，怕下降但可能失职下降。士在军事上任作战骨干，政治上任中下级官吏，文化上学得古今知识”①。“谁给士衣食，士就给谁出力”②。可以说，封建官僚是由士直接发展而来的。在世卿制之下，世卿家内有不世袭的家臣，这是最初的士的来源之一；后来卿大夫势力膨胀，使士的需要量不断增加，于是养士之风大兴，并有以专门训练士为职业的人出现。孔子打破西周以来的“官学”，首创私学，实行“有教无类”的原则，培养了一大批士，就是一个最典型的例子。孔子有其阶级的和时代的局限，但他作为士的典型，作为我国古代文化人的优秀代表者的伟大品格，是谁也否定不了的。他曾经为推行自己的政治主张周游列国；他教导弟子们不留恋乡

① 范文澜：《中国通史简编》第一编，北京：人民出版社 1964 年版，第 188、201 页。
② 范文澜：《中国通史简编》第一编，北京：人民出版社 1964 年版，第 188、201 页。

士，要志在四方[①]；如果自己的主张不能实现，就干脆像颜回或原宪那样，居陋巷穷闾，以箪食瓢饮过活。[②] 这些为我国历史所颂扬的东西，也夹杂着一些糟粕，但其主要之点，却铸成了我国古代文化人特有的精神气质。

士阶层的形成，还与分封制度本身有直接关系。按照分封制度，贵族支庶旁系子孙，是随着每世的分封降低身份的。到春秋末年，已有很多贵族子弟被抛到了“士”和庶民的行列。社会的动乱使他们的社会地位进一步恶化。他们已经不大可能再依靠血统做官，唯一的希望是依靠掌握的文化知识，也就是依靠自己的本领向上爬。他们使尽浑身的解数，或向当权者献计献策，以取得官职；或聚士讲学，一边以收学费谋生，一边宣扬自己的政治主张。孔子及其先世的经历本身，就是这个变化过程的很好的说明。《史记》说“孔子贫且贱”[③]。可他的祖先（九世祖）弗父何曾经是宋闵公有继承权的嫡长子，但弗父何很清高，他让国于其弟厉公，他的曾孙正考父仍然是上卿。正考父的儿子孔父嘉为华督所杀，孙子逃到鲁国。孔子的祖先初到鲁国，仍然是一个有相当地位的封建主。直到孔子的父亲叔梁纥才降到了士的阶层。孔子不是长子，按照继承法，他只能当一名庶民了。

我国古代出现并形成士的阶层，是一个巨大的历史进步。因为

---

① 《论语·宪问》：子曰：“士而怀居，不足以为士矣。”[宋]朱熹：《四书章句集注·论语集注》卷七《宪问》，北京：中华书局1983年版，第148页。

② 《论语·雍也》：子曰：“贤哉回也，一箪食，一瓢饮，在陋巷，人不堪忧，回也不改其乐。贤哉回也。”[宋]朱熹：《四书章句集注·论语集注》卷三《雍也》，北京：中华书局1983年版，第87页。《史记·仲尼弟子列传》：“子贡相卫，而结驷连骑，排藜藿，入穷闾，过谢原宪。宪摄敝衣冠见子贡，子贡耻之，曰：‘夫子岂病乎？’原宪曰：‘吾闻之，无财者谓之贫，学道而不能行者谓之病。若宪，贫也，非病也。’子贡惭。”[汉]司马迁：《史记》卷六七《仲尼弟子列传》，北京：中华书局1982年版，第2208页。

③ [汉]司马迁：《史记》卷四七《孔子世家》，北京：中华书局1982年版，第1909页。

他们打破了完全依靠血统继承的世袭制，从而使人的聪明才智在历史舞台上闪光的机会大大增多了。

(二)各国的变法和人事制度的革新

我们这儿讲的人事制度的革新，仍然是针对西周以来的世卿制讲的。这种革新，我们在上一个题目里已经涉及了。但直到春秋末年，却仍然没有形成一整套新的系统的制度。这种新的人事制度，是战国时期通过一系列变法建立起来的。

战国时期最早的变法，始于魏国。魏文侯时，任用李悝为相进行变法，其中涉及人事制度的内容是：宣布废除世卿制，“夺淫民之禄，以来四方之士”①，按照“食有劳而禄有功”②的原则，把禄位授予有功之人，任用那些非贵族出身的有才能的人，惩治那些无功而富有的过奢侈生活的旧贵族。

魏国变法之后，赵、韩、楚、齐、秦等国也进行了类似的改革。赵国实行“选练举贤，任官使能”的政策③；韩国任用申不害为相，实行授官予贤能、听其言察其实，“治不逾官，虽知弗言”的政策④；楚国任用吴起为令尹，宣布“使封君之子孙三世而收爵禄……损不急之枝官，以奉选练之士”⑤；齐国在齐威王初即位时很不景气，他大力整饬吏治，选贤任能，齐国很快强盛了起来。⑥

各国变法中，影响最大的是公元前356年的秦国商鞅变法。商

① 向宗鲁：《说苑校证》卷七《政理》，北京：中华书局1987年版，第166页。

② 向宗鲁：《说苑校证》卷七《政理》，北京：中华书局1987年版，第165页。

③ 参见[汉]司马迁《史记》卷四三《赵世家》，北京：中华书局1982年版，第1797页。

④ 参见[清]王先慎《韩非子集解》卷一七《定法》，北京：中华书局1998年版，第399页。

⑤ [清]王先慎：《韩非子集解》卷四《和氏》，北京：中华书局1998年版，第97页。

⑥ 参见[汉]司马迁《史记》卷四六《田敬仲完世家》，北京：中华书局1982年版，第1889页。

鞅变法中关于人事制度的内容是:奖励军功,废除世卿制,"宗世非有军功者,不得为属籍","有军功者,各以率受上爵"。① 军功爵二十级,不论贵族、平民,只要有军功,就按功劳大小赏给爵位、田宅、官职。②

商鞅变法远比东方六国彻底。变法以后的秦国人事制度给出身低微者和外来之士提供了较大的进身和升迁的机会,所以吸引了东方六国的人才西流。秦惠文王时,魏人张仪入秦,以连横打破了合纵;秦武王时,楚人甘茂入秦,帮助秦国取得了三川之地;秦昭王时,魏人范雎入秦,提出远交近攻政策,"蚕食诸侯,使秦成帝业";之后是燕人蔡泽入秦,为秦的最后统一进行策划。昭王死后,孝文王继位,卫国大商人吕不韦入秦,也受到重用。吕不韦有门客三千,人才济济,大家合编了一部对当时和后世影响很大的《吕氏春秋》。可以说,秦国之所以能统一中国,在很大程度上得力于它的人事制度吸引了大批人才。李斯的《谏逐客书》说:

> 昔穆公求士,西取由余于戎,东得百里奚于宛,迎蹇叔于宋,求丕豹、公孙支于晋。此五子者,不产于秦,而穆公用之,并国二十,遂霸西戎。孝公用商鞅之法,移风易俗,民以殷盛,国以富强,百姓乐用,诸侯亲服,获楚魏之师,举地千里,至今治强;惠王用张仪之计……遂散六国之从,使之西面事秦,功施到今;昭王得范雎,废穰侯,逐华阳,彊公室,杜私门,蚕食诸侯,使秦成帝业。

---

① [汉]司马迁:《史记》卷六八《商君列传》,北京:中华书局1982年版,第2230页。

② 商鞅变法规定:凡在战争中杀敌甲士一人并取得其首级者赐爵一级,田一顷,宅九亩;若为官可当五十石俸禄之官,得二甲首者可为百石之官;还可役使一人(或一家)为自己的农奴。(见《史记·鲁仲连列传》集解、《商君书·境内》《韩非子·定法》等)

李斯的这段话，是反映了秦国重用人才、由弱变强的实际情况的。

经过一系列变法，战国时代的各国先后产生了一整套新的人事制度。这套新的人事制度，主要有以下三个方面的内容：

1.官吏的选任制度。当时选任官吏的主要办法有：(1)以功仕进。各国变法都有奖励军功的规定，“有功也爵之，而卑其士官也”①。韩非说的“明主之吏，宾相必起于州部，猛将必发于卒伍”②，也是重视实际经验，从有政绩、有战功者中选拔官吏的意思。(2)荐举仕进。如著名军事家孙膑由齐将田忌推荐而被齐威王任用为军师。又如儒门弟子子夏、田子方、段干木由魏成子推荐，法家人物李悝、吴起、西门豹由翟璜推荐，都得到魏文侯的优礼和任用。(3)献策仕进。一些大国的国王(或国君)如楚悼王、燕昭王、秦孝公等发出策问征询对策，一些人如吴起、商鞅对答得好，便当了大官。另有一些人为了当官主动向君主献策，献策被采纳，便可身居要职。这种做法战国时代风行一时，《战国策》就是记录这方面内容的一本书。

另外，也有靠亲属关系入仕者，用钱买官者，“今世近习之请行则官爵可买”③，但主要是上述三种途径。当官要靠才能，选官要任人唯贤，这是新兴地主阶级发展壮大自己的需要，也符合从春秋时期就开始活跃起来的“士”阶层的要求。

2.官吏的考绩制度。当时主要是通过“上计制度”对官吏进行

---

① [清]王先慎：《韩非子集解》卷一九《五蠹》，北京：中华书局1998年版，第448页。

② [清]王先慎：《韩非子集解》卷一九《显学》，北京：中华书局1998年版，第460页。

③ [清]王先慎：《韩非子集解》卷一九《五蠹》，北京：中华书局1998年版，第455页。

考核。年初,官吏把一年的赋税收入预算写在木券上,交给国王,国王把木券剖为二,国王执右券进行核实,这就是上计。高官对下级官吏也采取同样的办法。用赋税收入作为考核政绩的标准,说明了赋税对维持官僚机构和军队的重要意义。

3.秩禄制度。这是封建国家酬劳官吏政绩的一种制度。按照官僚制,官吏被任命以后,食俸禄而不享有采邑,临民而不领土。战国时官吏领取的俸禄是实物(粮食)。高官的俸禄在三百石以上,也有“食禄千钟”或三千钟、万钟者。百石、五十石是小官之俸。

在那个大变动的时代,我们国家出现了一大批光彩夺目的大思想家,如孟子、荀子、韩非等,他们的用人思想,为建立新的人事制度起了巨大的推动作用。

这几位思想家,不管是儒家,还是法家,都提出了“尊贤”“用贤”的主张,认为对贤能的态度关系到国家的存亡。

孟子说:“不用贤则亡”①,“不信仁贤,则国空虚”②。荀子说:“尊圣者王,贵贤者霸,敬贤者存,慢贤者亡,古今一也。”③他进一步说:“明主急得其人,而暗主急得其势。急得其人,则身佚而国治,功大而名美……不急得其人而急得其势,则身劳而国乱,功废而名辱,社稷必危。”④韩非也主张用贤,但角度有些不同,他更强调“能”。他说:“官贤者量其能,赋禄者称其功。”⑤他反对用人唯亲,主张用人唯贤,认为:“亲臣进而故人退,不肖用事而贤良伏。无功贵而劳

① [宋]朱熹:《四书章句集注》卷一二《告子章句下》,北京:中华书局 1983 年版,第 342 页。

② [宋]朱熹:《四书章句集注》卷一四《尽心章句下》,北京:中华书局 1983 年版,第 366 页。

③ 梁启雄:《荀子简释》卷二四《君子》,北京:中华书局 1983 年版,第 341 页。

④ 梁启雄:《荀子简释》卷一二《君道》,北京:中华书局 1983 年版,第 158 页。

⑤ [清]王先慎:《韩非子集解》卷二《八奸》,北京:中华书局 1998 年版,第 57 页。

苦贱，如是则下怨，下怨者，可亡也。”[1]

吕不韦主编的《吕氏春秋》，其中有很多篇谈到用人问题，也把贤能政治看成治理天下的重要原则，如“身定国安天下治，必贤人”[2]。只有得贤，才能维护住统治，“贤主得贤者而民得，民得而城得，城得而地得”[3]，“主贤世治，则贤者在上；主不肖世乱，则贤者在下”[4]。

如何判断贤还是不贤呢？孟子提出的标准相对来说最为彻底。他说：“左右皆曰贤，未可也；诸大夫皆曰贤，未可也；国人皆曰贤，然后察之，见贤焉，然后用之。”[5]也就是以老百姓的赞成与否为标准，这是十分可贵的。荀子和吕不韦提出了看人主要看大节的标准。荀子在《王制》篇中说：“大节好，小节也好，是上等君主；大节好，小节有出入，是中等君主；大节不好，小节即使无可挑剔，那也不值一提，是不合格的君主。”《吕氏春秋》提出“君子责人以人”，就是说，应当用一般人的条件来要求人，如果“以人之小恶，亡人之大美”，那肯定要失掉贤才。这是和孔子提出的“赦小过，举贤才”一脉相承的。

荀子还主张打破用人上的等级观念。他坚决反对“以族论罪，以世举贤”[6]，提出“无德不贵，无能不官”[7]。“虽王公士大夫之子孙也，不能属于礼义，则归之庶人；虽庶人之子孙也，积文学，正身行，

---

① ［清］王先慎：《韩非子集解》卷五《亡征》，北京：中华书局 1998 年版，第 113 页。

② 许维遹：《吕氏春秋集释》卷二二《求人》，北京：中华书局 2009 年版，第 613 页。

③ 许维遹：《吕氏春秋集释》卷一六《先识览》，北京：中华书局 2009 年版，第 395 页。

④ 许维遹：《吕氏春秋集释》卷一六《观世》，北京：中华书局 2009 年版，第 400 页。

⑤ ［宋］朱熹：《四书章句集注·孟子集注》卷二《梁惠王》，北京：中华书局 1983 年版，第 220 页。

⑥ 梁启雄：《荀子简释》卷二四《君子》，北京：中华书局 1983 年版，第 340 页。

⑦ 梁启雄：《荀子简释》卷九《王制》，北京：中华书局 1983 年版，第 106 页。

能属于礼义，则归之卿相士大夫。”①

关于人才的培养、锻炼问题。孟子考察了很多古代贤人的成长道路，提出贤才不是生来就有的，而是在逆境中磨炼出来的。他说：“天将降大任于斯人也，必先苦其心志，劳其筋骨，饿其体肤，空乏其身，行拂乱其所为。”②韩非子也认为高官大将是从基层锻炼出来的；要知道官吏的实际水平，应当“试之官职，课其功伐”，好像使马驾车观察马最后所能达到的路程终点一样。③

但韩非主张君主驾驭臣子要用权术。君主把权术藏在脑袋里，绝对保密，把自己打扮得高深莫测，可望而不可即。他对谁都不表露真实的感情，对谁都若即若离，“若天若地，孰疏孰亲，能象天地，是谓圣人”④，从而达到指挥一切的目的。这样的主张，是不可取的。

（原载《中国古代人事制度》，劳动人事出版社 1986 年版）

---

① 梁启雄：《荀子简释》卷九《王制》，北京：中华书局 1983 年版，第 99 页。

② [宋]朱熹：《四书章句集注 · 孟子集注》卷一二《告子章句下》，北京：中华书局 1983 年版，第 348 页。

③ 参见[清]王先慎《韩非子集解》卷一九《显学》，北京：中华书局 1998 年版，第 460 页。

④ [清]王先慎：《韩非子集解》卷二《扬权》，北京：中华书局 1998 年版，第 49 页。

中国早期封建制政治制度

一、西周封建领主制社会

(一)武王伐纣和周公东征

公元前十一世纪末到公元前八世纪，是中国历史上的西周时期。从这时候起，中国进入了封建社会的早期阶段，出现了封建领主制国家。

周是渭水中游黄土高原上的一个古老的部落。传说他们的始祖弃，在尧舜时做过农官，善于耕种，被尊为农神，号称“后稷”。这说明，周人很早就是从事农业生产的。周本来臣服于商，后来它迅速发展起来，到灭商前的周文王时，已“三分天下有其二”①。文王宣布了“罪人不孥”“有亡荒阅”的法令②，又推行“耕者九一”即“九一而助”的办法，把劳役地租制度化，使其内部变得越来越巩固。文

① [宋]朱熹:《四书章句集注·论语集注》卷四《泰伯》，北京:中华书局1983年版，第102页。

② [宋]朱熹:《四书章句集注·孟子集注》卷二《梁惠王》，北京:中华书局1983年版，第218页;[清]阮元:《十三经注疏·春秋左传正义》卷四四“昭公七年”，北京:中华书局2009年版，第4447页。

王死，武王继位，迁都于镐（今陕西长安县），积极准备伐商。这时，商的统治已经濒于崩溃，阶级矛盾达到空前尖锐的程度，“如蜩如螗，如沸如羹”，整个社会像开了锅一样。公元前1027年，武王率战车三百辆，虎贲三千人，甲士四万五千人，并联合了庸、蜀、羌、卢、濮等西南方各族武装，大举进攻商纣。武王的军队顺利地渡过了黄河，很快进逼商都朝歌郊外的牧野（今河南汲县北）。纣王发兵仓皇应战，结果很多商军在阵前倒戈，战争很快以武王的胜利而结束。

牧野之战灭亡了商朝，但没有彻底消灭商朝奴隶主贵族的势力。商纣的儿子武庚被封在商都统治殷遗民。商王畿被分为三个封区，分别由武王弟管叔、蔡叔、霍叔统治，以监视武庚，谓之“三监”。

武王死后，子成王诵年幼，由武王弟周公旦摄政。管叔、蔡叔对此不满。以武庚为首的商代奴隶主贵族便乘机串通管叔、蔡叔，联合东方的一些小国和部落，一同举行大规模武装叛乱，企图推翻周的统治，恢复奴隶制度。

周公主张武力讨伐叛乱，他协调了统治阶级内部的分歧，率兵东征。经过三年的残酷战争，削平了叛乱，压服了参加叛乱的东方小国和部落，杀死了武庚、管叔，流放蔡叔。至此，周的势力才扩大到了黄河下游。周公还决定营建一座成周城（今洛阳东三十里），把“殷顽民”迁到那里，并派大兵震慑。

（二）西周统治思想的跃进

周公熟悉历史，深知商纣灭亡的原因。他参加了武王伐纣，又亲自镇压了武庚管蔡叛乱。这些事实使以周公为代表的有头脑的政治家产生了新思想，和殷商相比，可以说周人在统治思想上出现了一次跃进。

前文已经说过，殷人迷信上帝、鬼神，绝对相信天命，事无大小，无不占卜。周人也相信天命，但不像殷人那样迷信。周公曾经教导康叔说:“天畏(威)棐(非)忱(诚),民情大可见,小人难保。”“肆汝小子封,惟命不于常,汝念哉!”[①]意思是说,天威,即天命,不是可靠的,是不常在的,即不常在一姓,叫他不要迷信天命,要注意“民情”,重视人民的意愿。他还说:“我亦不敢宁于上帝命,弗永远念天威越我民。罔尤违惟人。”“天不可信,我道惟宁(文)王德延。”[②]即他不敢安心于天命,是否会产生过错和邪恶,都事在人为。天命既然不敢知又不可信,就只有依靠人,依靠文王传下来的德,依靠“后嗣子孙”。

重人轻天,重人轻鬼神,这是周人思想上的一个飞跃。在这个基础上,周公又提出了“明德慎罚”[③]的主张。“明德”是对周初君臣说的,是治国的办法。既然尚德,当然就要重在教育,先教而后刑。《周书》各篇实际都是教,“诰”字就有教的意思。周公警告成王说:“乱罚无罪,杀无辜,怨有同,是丛于厥身。……嗣王其监于兹!”[④]这是说,乱杀乱罚无罪的人,人们都怨恨你,把怨恨集中在你身上,那就很危险了。这就是“慎罚”的用意所在。

既然天命是不常的,即不常在一姓的,那么,“革命”在周人看来就是合理的了。《尚书·多士》用殷革夏命、周革殷命的历史说明了这个道理:“我有周佑命,将天明威,致王罚,敕殷命终于帝。肆尔多士,非我小国,敢弋殷命,惟天不畀。”“上帝引逸,有夏不适逸……厥惟废元命,降致罚,乃命尔先祖成汤革夏,俊民甸四方。”“惟殷先人

① [清]孙星衍:《尚书今古文注疏》卷一五《周书六·康诰》,北京:中华书局2004年版,第362、371页。

② [清]孙星衍:《尚书今古文注疏》卷二二《周书十三·君奭》,北京:中华书局2004年版,第447页。

③ [清]孙星衍:《尚书今古文注疏》卷一五《周书六·康诰》,北京:中华书局2004年版,第359页。

④ [清]孙星衍:《尚书今古文注疏》卷二一《周书十二·无逸》,北京:中华书局2004年版,第444—445页。

有册有典,殷革夏命。”

上述这些思想,在当时是很先进的,起到了巩固初期中国封建社会的作用。

(三)周初大分封

西周统治者原系偏居西北的“小邦周”,灭商之后面临着如何有效地控制幅员辽阔的疆土,统治刚刚被打败的殷商旧贵族的重大问题。当时被认为最好的办法,就是分封诸侯。

周初分封的诸侯,绝大多数是同姓子弟。《荀子·儒效》说,周公“兼制天下,立七十一国,姬姓独居五十三人”。这些同姓诸侯,都是文、武、周公的后裔。他们的重要封国有:武王弟康叔的卫国,都朝歌(今河南汲县北);周公长子伯禽的鲁国,都奄(今山东曲阜);姜太公吕望的齐国,都营邱(今山东临淄);成王弟叔虞的晋国,都唐(今山西翼城);周贵族召公奭的燕国,都蓟(今北京);等等。周统治者企图通过这样的分封,来建立他们统治的屏障,即所谓“封建亲戚,以藩屏周”。被封的还有归顺周朝的异姓小国首领,以及殷商贵族。比如微子启,原为商纣王的庶兄,武王灭商时他肉袒投诚。后来武庚叛乱,他也没有参加。周公东征后便封微子启于宋(今河南商丘),治理部分殷民。

封建诸侯,要举行一种隆重的仪式,谓之锡命。在仪式上,受封者从周天子手里接受册命,称为册封。《左传》说到封康叔时,“命以康诰而封于殷虚”。《康诰》就是册封康叔的册命。

按照规定,受封的各诸侯国有相对独立性,在它们受到外来侵袭或发生内讧时,周天子要给以保护或进行处理。但它们必须实行周室的政令,如命令鲁国“法则周公,用即命于周,是使之职事于鲁,以昭周公之明德”,卫国要“启以商政,疆以周索”,叔虞要“启以夏政,疆以戎索”,等等。各诸侯国执行这些因地制宜的措施情况,要随时向周室报告。

此外，各封国对周天子还负有一系列义务：(1)派军队去王室戍守或随王出征，讨伐不从王命者，以保全周天子的权威并镇守边疆；(2)诸侯定期去王廷朝觐述职；(3)缴纳贡物；(4)派人为王室服徭役，其中主要是为王室修筑宫室及城墙等。

分封之后，虽然各诸侯国有相对独立的行政、军事和经济权利，但相对于夏商那种原始性的小邦林立现象来说，多少含有统天下于一尊的意义，这显然是一个进步。而强迫被占领的多数地区接受周朝的封建制度，更是一个重大的进步。

(四)阶级关系的变化

王国维在《殷周制度论》中说："夏殷间政治与文物之变革，不似殷周间之剧烈。"殷周间的大变革，是"旧制度废而新制度兴，旧文化废而新文化兴"。这种说法，是基本上反映了实际情况的。夏商社会是奴隶制社会，主要由奴隶主和奴隶两大对立阶级构成。武王灭商以后，通过大分封，把文王开始实行的封建制度[①]逐步推广到全国大多数地区。孔子说，周公定贡赋法有三条原则：施恩惠要厚，用民力要平，收租税要轻。[②] 古书多言文王施仁政，孔孟不用说了，连墨家亦主此说。[③] 所谓"仁政"，也就是从文王开始的封建制度比奴隶制度进步了。

分封是连同土地上的人民一同封赐的。周天子分封诸侯，诸侯分封大夫，大夫分封士，这样就产生了一个封建领主阶级。连同土地被封赐的人民，被封建领主阶级所奴役，是附着在土地上的农奴阶级。农奴当时被称为农人、农夫，又称为庶人、庶民或"野人""小

---

① [宋]朱熹：《四书章句集注·孟子集注》卷二《梁惠王下》，北京：中华书局 1983 年版，第 218 页。

② [清]阮元：《十三经注疏·春秋左传正义》卷三一"哀公十一年"，北京：中华书局 2009 年版，第 4232 页。

③ [清]孙诒让：《墨子闲诂》卷四《兼爱中》，北京：中华书局 2001 年版，第 110 页。

人”,他们是农业劳动的主要承担者。以“无君子莫治野人,无野人莫养君子”①。这两句话道破了剥削者和被剥削者的关系。

古文献上说,周代实行一种叫作“井田制”的土地制度。“方里而井,井九百亩,其中为公田,八家皆私百亩,同养公田,公事毕,然后敢治私事,所以别野人也。”②当然不会是那么整齐,但看来把土地分为公田和私田是没有问题的。“雨我公田,遂及我私”③,也是存在公田私田的说明。农奴们有自己的家室、少许财产和农具,他们先给领主把田种好,然后再种自己的小块土地。很明显,所谓“井田制”,实质上是一种劳役地租制。除这种劳役地租外,农奴们还要向领主提供各种贡物,并负担繁重的兵役和徭役。

西周进入封建领主制社会,并不排除奴隶制残余的存在。铜器铭文中有关赏赐“人鬲”“臣妾”的记载,就指的是奴隶。但西周杀殉奴隶已经成为极个别的现象。这也是一个进步。

二、西周的政治制度

(一)宗法制

前文已经谈到过的分封制可以用下图说明:

① [清]阮元:《十三经注疏·孟子注疏》卷五《滕文公上》,北京:中华书局2009年版,第5877页。

② [清]阮元:《十三经注疏·孟子注疏》卷五《滕文公上》,北京:中华书局2009年版,第5878页。

③ [清]阮元:《十三经注疏·毛诗正义》卷一四《大田》,北京:中华书局2009年版,第1023页。

- 周天子
  - 诸侯(邦)
    - 卿大夫(采邑)
    - 卿大夫(采邑)
    - 卿大夫(采邑)
  - 诸侯(邦)
    - 卿大夫(采邑)
    - 卿大夫(采邑)
    - 卿大夫(采邑)
  - 诸侯(邦)
    - 卿大夫(采邑)
      - 士(禄田)
      - 士(禄田)
      - 士(禄田)
    - 卿大夫(采邑)
      - 士(禄田)
      - 士(禄田)
      - 士(禄田)
    - 卿大夫(采邑)
      - 士(禄田)
      - 士(禄田)
      - 士(禄田)

周天子把土地分给自己的子弟或同姓子弟,是为诸侯国;诸侯又把自己分得的土地分给自己的子弟,是为“采邑”,任命他们为卿大夫;卿大夫再把自己分得的土地分给自己的子弟,是为“禄田”,任命他们做士。与这种分封制度相适应,周统治者还建立了一套完整的宗法制度。所谓宗法,即宗族之法。其具体内容是:天子世世相传,每世的天子都以嫡长子的身份继承父位,成为下一代天子,奉祀始祖,这叫作大宗。嫡长子是土地和权位的法定继承人,其地位最尊,称之为宗子。嫡长子的同母弟与庶兄弟封为诸侯,叫作小宗。每世的诸侯也由嫡长子继承父位,奉始祖为大宗,他的诸弟封为卿大夫,为小宗。每世的卿大夫也由嫡长子继承父位,奉始祖为大宗。他的诸弟为士,是小宗。士的长子仍为士,余诸弟为平民。诸侯对于天子是小宗,但在本国是大宗。卿大夫对诸侯是小宗,但在本族又是大宗。这种由嫡长子世袭的制度，叫作“世卿世禄”制度。

宗法制度可用下图示意：

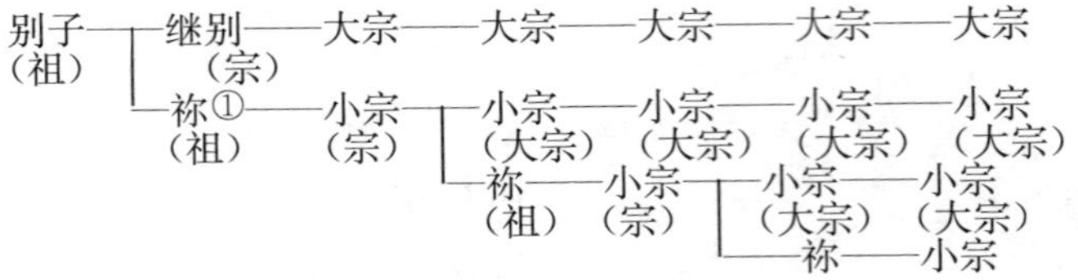

宗法制度起着调解统治者内部矛盾和巩固分封制的作用。我们知道，商代王位继承曾经实行过“兄终弟及”，那种办法容易引起争位的矛盾。嫡长子世袭制有效地避免了这种矛盾。王国维在《殷周制度论》中说舍弟传子之法，实自周始：

> 由传子之制而嫡庶之制生焉。夫舍弟而传子者，所以息争也。兄弟之亲本不如父子，而兄之尊又不如父，故兄弟间常不免有争位之事，特如传弟既尽之后，则嗣立者为兄之子欤？弟之子欤？以理论言之，自当立兄之子。以事实言之，则所立者往往为弟之子。此商人所以有中丁以后九世之乱，而周人传子之制正为救此弊而设也。

当然，商朝统治者争夺王位的原因，不能完全归结为“兄终弟及”的继承方式，还应当从其奴隶主贵族的阶级本性中去寻找，而这是王国维所不知道的。但是，王氏“夫舍弟而传子者，所以息争也”的看法，不能不说是很有眼光的。

---

① 古时父亲的庙称为祢。

宗法制度提倡尊祖，对祖先的尊敬表现在祭祀上，但不是所有的子孙都有祭祖的资格，只有大宗才有主祭始祖的特权。必须尊祖而自己又无权祭祖，就只好敬那个能祭始祖的大宗。这样，大宗的地位便因有主祭特权而重要起来，嫡长子继承父亲的国土，诸庶子分封，也就变成无可争辩的了。可见宗法制度是维系着分封制度的。层层分封，宗族有序，族权与政权相结合，实际上是把宗法组织变成了国家组织，形成了一个“王臣公，公臣大夫，大夫臣士”[①]的宝塔式政治等级结构。处在这座宝塔最下层的，是广大被剥削被压迫的农奴。

（二）官制与兵制

西周的政权是封建领主阶级的政权，这个政权的基础是封建领主阶级的土地世袭制。由于土地层层分封以及由此形成的土地所有的等级结构，就使这个政权既有地方分散性又具有等级从属关系。

周王是封建领主的最高首领，是诸侯们的共主，称为天子。实质上，周天子只是土地的封建领主所有权的人格化。以周王为首的西周政府是封建领主阶级的中央政府，也是这个阶级的最高行政机关。这个政府对它所封建的侯国，保有一定程度的控制权，但它直接统治的地区，则只限于王畿之内，即以镐京和成周为中心的一些地区。

周天子下面，最有权力的是太师、太保、太傅，号称三公。三公是周王的最高顾问，其职责是协助天子总理天下，又是官僚机构的总管。周初成王亲政时，周公旦为师，召公奭为保。他俩都是开国功臣，总揽军政大权，地位非常重要。但三公并不常设，往往因人而

① [清]阮元:《十三经注疏·春秋左传正义》卷四四“昭公七年”，北京：中华书局 2009 年版，第 4447 页。

置。再下面设有“三事大夫”，即：常伯——管理民事地方行政的职官，又称“牧”；常任——管理政府官吏的选任工作，又称“任人”；准人——管理司法，又称“准夫”①。中央政府的官吏除三事大夫外，还有“六卿”（太宰、太宗、太史、太祝、太士、太卜）和“三司”（管理土地的司徒[金文作“司土”]，管理筑墙、开沟、修路等工程的司空[金文作“司工”]，管理军政的司马）。“六卿”又称“卿事寮”。与“卿事寮”并列的，还有一个以太史为首，由左史、右史、乍册等史官组成的“太史寮”。西周的宗教官吏仍然很多，六卿大多与宗教事务关系密切，但与商代相比，其地位显然地降低了。

周朝的地方政权就是诸侯国。诸侯的爵位最初只有“侯”“男”两种，后来把家族中的称号“伯”和“子”也变成了爵位名称。“公”是“君”的转音，是由王以下国君的通名转化为爵名的。除“公”以外，其他爵位原先并无严格的等级差别。最初把善于骑射的人封为“侯”，善于耕种的封为“男”。到西周中期以后，才出现了公、侯、伯、子、男五等，等级意义也逐渐严格起来。

各诸侯国在自己的封地内也都仿照周室的样子，建立了相应的一套行政机构。诸侯下面最重要的职官是“卿”。一般是“大国三卿”“次国三卿”“小国二卿”②。在周室力量强而诸侯力量尚未强大时，侯国的某些官吏还要由天子任命，一般是“大国三卿皆命于天子”，“次国三卿，一卿命于其君，二卿命于天子”，“小国二卿皆命于其君”。③ 如果诸侯任命的官吏超过了这个限度，就要受到周天子

① [清]孙星衍：《尚书今古文注疏》卷二五《周书十五·立政》，北京：中华书局 2004 年版，第 472 页。

② [清]阮元：《十三经注疏·礼记正义》卷五一《王制》，北京：中华书局 2009 年版，第 2869 页。

③ [清]阮元：《十三经注疏·礼记正义》卷五一《王制》，北京：中华书局 2009 年版，第 2869 页。

的讨伐。

地方行政的管理方法，主要是划分为“国”和“野”“都”和“鄙”。大小领主和为他们直接服务的工匠、商人、奴隶，居于“国”中，从事农业生产劳动的农奴居住在“野”“鄙”，即所谓君子居国，小人居野，“都鄙有章，上下有服”①。居住在“野”的农奴，若干家为一邑，设里胥和邻长等官吏；邑上有乡，设乡师掌管政教禁令；乡上是遂，由遂大夫管理。

和商代相比，西周的军队有很大发展。周初军队组织的最大单位可能是师，每师为二千五百人。② 驻在镐京周围的有六师，由周人组成，守卫西土，所以金文谓之西六师。“殷八师”主要由殷遗民组成，由周人充任将帅，驻洛邑以监视殷人。这两部分军队加在一起，大约有三万五千人左右。西周后期军队扩大，最大单位变成了“军”。据说天子有六军，每军一万二千五百人③，总数为七万五千人左右。在战术上，西周以战车为主，车上是甲士，车下是徒兵（步兵）。

（三）礼与刑

商代奴隶主贵族一味尊敬上帝，不重视民心。周代统治者总结了商朝垮台的历史经验，认为“敬天”很重要，但更重要的是注意治民之道，系统地提出了一整套治民之术。在这套治民术中，最突出的是“礼”与“刑”。

《左传》文公十八年有“先君周公制礼”的记载，指的是周初周公

---

① ［清］阮元：《十三经注疏·春秋左传正义》卷四〇“襄公三十年”，北京：中华书局 2009 年版，第 4372 页。

② 参见［清］阮元《十三经注疏·周礼注疏》卷二八《夏官司马》，北京：中华书局 2009 年版，第 1792 页。

③ 参见［清］阮元《十三经注疏·周礼注疏》卷二八《夏官司马》，北京：中华书局 2009 年版，第 1792 页。

旦整理原有的礼仪规则，使之成为法定的典章制度。

西周的礼内容十分广泛，涉及社会生活的各个方面，直到个人言行。礼首先是等级名分制度的体现，是维护封建秩序的工具。荀子说："礼者，贵贱有等，长幼有差，贫富轻重皆有称者也。"①礼很强调"亲亲"和"尊尊"。亲亲为孝，尊尊为忠，亲亲与尊尊，也就是维护王权与族权的统治。"天无二日，土无二王，国无二君，家无二尊，以一治之也。"②说明了族权与王权的统一。

礼又是调整社会、婚姻家庭等各方面行为规范的总则。"礼，经国家，定社稷，序民人，利后嗣者也。"③"事无礼则不成，国家无礼则不宁。"④大凡有关君臣上下、父子兄弟的衣食住行、婚丧嫁娶、风俗习惯、政教禁令，以及鬼神祭祀等，都必须按照一套固定的礼制行事。可见，礼在封建领主制的上层建筑之中，占有极为重要的地位。

为了镇压人民，西周统治者制定了一套完整的"刑法"。《左传》文公十八年说，西周有刑书九篇。《尚书·吕刑》说周代有墨、劓、剕、宫、大辟五刑，五刑之属多至三千。"礼不下庶人，刑不上大夫。"⑤说明了礼与刑的鲜明阶级性。礼是封建领主阶级的礼，刑则专门对付广大农奴及其他劳动人民。但礼对庶人也具有普遍的约束力，违礼则入刑。贵族、官吏犯法，有的可以"金作赎刑"，有的可

① 梁启雄：《荀子简释》卷十《富国》，北京：中华书局1983年版，第120页。

② [清]阮元：《十三经注疏·礼记正义》卷一八《曾子问》，北京：中华书局2009年版，第3016页。

③ [清]阮元：《十三经注疏·春秋左传正义》卷四"隐公十一年"，北京：中华书局2009年版，第3770页。

④ 梁启雄：《荀子简释》卷二《修身》，北京：中华书局1983年版，第16页。

⑤ [清]阮元：《十三经注疏·礼记正义》卷三《曲礼上》，北京：中华书局2009年版，第2704页。

以降低爵位抵罪。死刑也与庶人不同，“赐死而无戮辱”①，庶人死刑是“杀之于市，与国人共弃之”，“王之同族有罪不即市”。② 这种同罪不同罚原则，是“刑不上大夫”的具体运用，目的仍然是维护封建领主阶级的特权。

三、春秋战国时期政治制度的变化

（一）大国争霸和兼并战争

西周后期，封建领主与农奴间的阶级矛盾及统治集团内部的矛盾日趋尖锐。王室衰落，诸侯强大，使周天子的“共主”地位产生了动摇。到周夷王时，“诸侯或不朝，相伐”，王室不能制；或来朝，夷王亦不敢坐受，他甚至还要“下堂而见诸侯”③。幽王继位后，发生了争夺王位的斗争。幽王宠爱褒姒，废申后及太子宜臼，以褒姒为后，立褒姒所生的伯服为太子，引起了申侯的叛变。公元前 770 年，申侯引进犬戎，入攻西周，杀幽王于骊山下，西周遂亡。

幽王死后，宜臼继为天子，是为周平王。由于镐京残破，又为犬戎控制，平王乃迁都洛邑，史称东周。东周的前期是中国历史上的春秋时代（前 770—前 476 年），后期是战国时代（前 475—前 221 年）。

东迁之后，周室地位一落千丈，直接控制的王畿面积比过去缩小了一多半。原来的封建从属关系逐渐松弛，中原各诸侯不再定期

---

① [南朝宋]范晔：《后汉书》卷三三《朱浮传》，北京：中华书局 1965 年版，第 1147 页。

② [清]阮元：《十三经注疏·周礼注疏》卷三五《小司寇》，北京：中华书局 2009 年版，第 1887 页。

③ [清]阮元：《十三经注疏·礼记正义》卷二五《郊特牲》，北京：中华书局 2009 年版，第 3135 页。

向天子述职纳贡。周王室实际上已和一个小国差不多，它不但不能对各诸侯发号施令，反而在政治和经济上依附于强大的诸侯，因而失去其共主地位。各个强国都想取周天子的地位而代之，但他们又怕公开夺取王位引起其他诸侯的反对，于是打起了“尊王攘夷”的旗号以争霸位。“挟天子以令诸侯，天下莫敢不听。”[①]争霸的实质是为了迫使各国向霸主贡赋，获取周天子过去享受的政治经济特权。

春秋时期邦国林立，见于史书的不下一百多个。各国为了争当霸主，必须增强自己的力量，因而有必要进行一些相应的改革。各国间的争霸与它们内部的改革交织在一起，呈现出十分复杂的政治局面。

春秋时期最先成为霸主的是齐国的齐桓公。桓公任用管仲为相，整顿了内政，经济获得发展，齐的国力大为充实。稳定了国内局势之后，桓公积极展开对外活动。他拉拢宋、鲁等国，救邢、卫于北狄之患，打败了侵燕的山戎。公元前 656 年，桓公率鲁、宋、陈、卫诸国之师与楚对峙于召陵（今河南偃师），阻止了楚的北进，成为中原霸主。

齐桓公死后，宋襄公争霸未遂，晋国通过文公的改革[②]强盛起来。公元前 632 年，晋、楚会战于城濮（今山东濮县），楚人战败，晋文公在践土（今河南荥泽）会盟诸侯，逼周天子封他为侯伯（霸主）。但楚并未认输，之后楚、晋相互厮杀不下五六十年，形成并霸局面。

在这期间，秦在西北崛起，虎视中原，出现晋、楚、齐、秦四强并立。但长年战争加剧了各国内部的矛盾，于是在宋国的建议下，各国于公元前 546 年在宋都开弭兵之会，晋、楚、齐、秦、宋、卫、郑、鲁

① 何建章：《战国策注释》卷三《秦策》，北京：中华书局 1990 年版，第 102 页。

② 《国语·晋语四》载：晋文公任用狐偃等，实行“轻关易通，通商宽农”“明贤良”“赏功劳”等改革。

等十四国与会，一时出现了休战局面。之后是吴越在东南突起，争霸中原，但这已经是争霸的强弩之末了。

经过春秋时期的争霸战争和不断兼并，到战国初年，原来的一百多国还剩下十几国。其中最强大的有秦、魏、赵、韩、齐、楚、燕，即所谓"战国七雄"。

战国初期，魏国李悝变法，成为"七雄"中最强大的一国。因此魏国十分骄横，连续进攻别国。公元前354年，魏攻赵。次年，齐派兵往救。齐军在孙膑指挥下，袭击魏大梁（今河南开封），迫使魏军回救，而在中途拦腰截击，大败魏军于桂陵（今河南长垣县西），魏主将庞涓被活捉。[①] 这就是中国战史上有名的"围魏救赵"的战役。公元前341年，齐军又败魏军于马陵（今河北大名县东南），使魏国从首强地位跌了下来，齐上升为东方强国。

魏国的削弱，为秦国打开了向东发展的大门。秦国通过商鞅变法，已经变得十分强大，这使六国害怕起来，于是出现了倡议从燕到楚南北结成反秦联盟的"合纵"。但六国矛盾很大，"合纵"只是一种松散的联盟；后来秦国以"连横"的办法，利用矛盾，各个击破，打破了"合纵"。公元前314年，秦乘齐燕交战之机，进攻魏、韩，占领魏国的焦和曲沃，大败韩军，并迫使魏、韩与自己结盟，与当时已经结盟的齐、楚形成两大对立集团。公元前312年，楚攻韩，秦根据盟约攻楚，齐根据盟约进攻韩、魏，一时胜负难分。为了各个击破，秦派张仪到楚，鼓动楚背齐联秦。楚怀王利欲熏心，上当受骗，最后被秦打败。

战国晚期，秦国进一步占了优势。公元前260年，秦、赵长平（今山西高平县）之战，赵大败。公元前230年，秦灭韩。此后九年，

① 《史记》中的《魏世家》《田敬仲完世家》《孙子吴起列传》谓孙膑败庞涓在公元前341年的马陵之战。这是根据1972年山东临沂出土的《孙膑兵法·擒庞涓》写的。

又先后灭了赵、魏、楚、燕、齐。

(二)封建领主制向地主制的过渡

周王室东迁以后,周天子丧失了共主的地位,同时也就丧失了对全国土地的最高支配权。从那时候起,各诸侯国的区域就已不再是天子划定的了,而是要由它们各自的实力来决定。它们之间的争霸和兼并战争,说到底还是为了争夺土地和人口(在当时地广人稀、生产力落后的情况下,人口的多寡也是实力强弱的重要标志)。实力强的侯国积极向外扩张,地盘随之扩大;弱国小国则有的被兼并,有的割地或归顺。春秋中期以后,各诸侯国内部也展开了争夺土地的争斗。在各国的争战中,卿大夫们率领他们封邑中的居民参战,结果他们有了自己的武装,扩大了自己的实力,也仿效着诸侯们扩大自己的土地,并把自己的采邑看作“私土”“私邑”“私田”,诸侯们无权过问。这种情况,自然也会影响到卿大夫下面的士所占有的“禄田”。

春秋时代土地关系变动的总趋势是土地所有权的下移。周天子的最高支配权消失了,诸侯国的土地也逐渐落到卿大夫的手中。卿大夫为了扩大自己的势力,尽量拉拢民众支持自己,这样,其中一些人就会适应现实经济发展和阶级关系变化的趋势,改变已经过时的劳役地租剥削方式。

春秋时代,已经大量使用铁器。“铁使更大面积的农田耕作,开垦广阔的森林地区,成为可能。”[①]同时,人们也知道了用牛耕田。生产工具的变革,使新开垦的私田大量增加。农民不愿意再到领主的“公田”上劳动去了,他们用怠工或逃亡的办法反抗贵族们的剥

① 恩格斯:《家庭、私有制和国家的起源》,《马克思恩格斯选集》第四卷,北京:人民出版社 1972 年版,第 159 页。

削。“无田甫田，维莠骄骄。”①甫田，指齐侯的田。贵族的土地荒芜，莠草长得很茂盛，说明农民不肯在公田上出力。有的地方庄稼熟了，烂在地里无人收割。为了改变这种状况，领主们想出新办法，就是放弃共耕公田，而代之以收实物税。齐桓公时管仲所实行的改革之一，就是实行“相地而衰征”，即把土地分给农民，按土地的好坏分等征税。公元前594年，鲁国宣布“初税亩”，即履亩而税，取代传统的“借田以力”的劳役地租。其后，各国陆续推广，为领主经济转变为地主经济开辟了道路。

随着“初税亩”的推广，井田制崩溃了，地主所有制得到国家法律的确认。与此同时，出现了买卖土地的现象。春秋末年，晋已有卖住宅、园圃者。到战国时，土地买卖之风更盛。“今括一旦为将……王所赐金帛，归藏于家，而日视便利田宅可买者买之。”②秦“用鞅之法，改帝王之制，除井田，民得买卖”③，土地买卖促进了新兴地主的形成和发展。后来汉人说到秦商鞅变法以后的土地占有情况，常用“富者田连阡陌，贫者无立锥之地”来形容。

和地主阶级对立的农民主要由农奴转化而来。他们大部分租种地主的土地，并承担政府的各种赋役。有的农民为了逃避繁重的赋役，被迫充当豪强地主的依附农民。“附托有威之门，以避徭赋，而上不得者万数。”④即使自耕农的生活也是很苦的，他们“仰不足

① [清]阮元：《十三经注疏·毛诗正义》卷五《甫田》，北京：中华书局2009年版，第747页。

② [汉]司马迁：《史记》卷八一《廉颇蔺相如列传》，北京：中华书局1982年版，第2447页。

③ [汉]班固：《汉书》卷二四《食货志》，北京：中华书局1962年版，第1137页。

④ [清]王先慎：《韩非子集解》卷一七《诡使》，北京：中华书局1998年版，第412页。

以事父母，俯不足以畜妻子，乐岁终身苦，凶年不免于死亡”①，但总的看来，新建立起来的生产关系适合生产力发展的要求。因此，地主土地所有制确立以后，推动了社会生产力的发展，农业、手工业、商业，都出现了蓬勃向上的趋势。

（三）各国的变法

各诸侯国为了适应争霸和兼并战争的需要，同时，随着封建领主经济向地主经济的转化，上层建筑也势必有所调整。战国初年，各国相继进行了一系列变法活动。

最早变法的是魏国，始于魏文侯。文侯任用李悝为相进行变法，主要内容有：

第一，废除世卿世禄制，“夺淫民之禄，以来四方之士”②。按照“食有劳而禄有功”③的原则，把禄位授予有功之人，任用那些非贵族出身的有才能者，惩治那些无功而富有的过奢侈生活的旧贵族。

第二，“尽地力之教”“重农抑末”。即尽可能地多开垦荒地和提高产量，保护农业发展而对手工业和商业加以限制。同时实行“平籴法”，丰年由国家平价收购粮食，荒年再以平价卖出，防止大地主大商人囤积居奇和农业劳动力的流动，稳定社会秩序。

第三，制定刑法，加强封建统治。李悝总结了当时各诸侯国的法律，制定了一部新法典。这是我国历史上第一部成文法，后人称为《法经》。《法经》特别注意处罚“盗”“贼”，以保护地主阶级的私有制，对盗窃符、玺者要处重刑，这是王权加强的反映。《法经》还规定：“群相居一日以上则问”，三日以上要处死，这是为了镇压人民的

① ［宋］朱熹：《四书章句集注·孟子集注》卷一《梁惠王上》，北京：中华书局 1983 年版，第 211 页。

② 向宗鲁：《说苑校证》卷七《政理》，北京：中华书局 1987 年版，第 166 页。

③ 向宗鲁：《说苑校证》卷七《政理》，北京：中华书局 1987 年版，第 165—166 页。

反抗活动。

李悝的这些措施,使魏国很快强大起来。

魏国变法之后,韩、赵、楚、齐、秦等国也相继变法,其中影响最大的是公元前 356 年的秦国商鞅变法。商鞅变法的主要内容有:

第一,"废井田,开阡陌",从法律上确认地主土地所有制和土地买卖的合法性。为了保证国家的财源和兵源,发展一家一户为单位的小农经济,一方面实行"重农抑商"政策,凡"僇(努)力本业,耕织致粟帛多者复其身(即免除徭役),事末利及怠而贫者,举以为孥"①;另一方面,又规定"民有二男以上不分异者,倍其赋"②。

第二,奖励军功,废除世卿世禄制。"宗室非有军功论,不得为属籍","有军功者,各以率受上爵"。③ 军功爵二十级,不论贵族、平民,只要有军功,就按功劳大小赏给爵禄、田宅、官职。

第三,建立封建中央集权制。取消分封制,"集小乡、邑,聚(村落)为县,置令丞凡三十一县"④,使地方直属中央国君。同时,还统一了境内的度量衡。

秦商鞅的变法,在时间上迟于东方各国的变法,但正因为如此,秦国能够吸收东方各国变法的经验。加上秦国的旧势力比较薄弱,因此实行得比较彻底。变法巩固了秦国的地主经济,使秦国由落后一跃而成为当时最先进的强国,为统一六国奠定了基础。

(四)封建官僚制度代替世卿世禄制度

前文谈到,春秋时期出现了土地所有权下移的情况。与此相适应的是政治权力的逐步下移,由过去的"礼乐征伐自天子出",变成

---

① [汉]司马迁:《史记》卷六八《商君列传》,北京:中华书局 1982 年版,第 2230 页。
② [汉]司马迁:《史记》卷六八《商君列传》,北京:中华书局 1982 年版,第 2230 页。
③ [汉]司马迁:《史记》卷六八《商君列传》,北京:中华书局 1982 年版,第 2230 页。
④ [汉]司马迁:《史记》卷六八《商君列传》,北京:中华书局 1982 年版,第 2232 页。

了“礼乐征伐自诸侯出”，甚至出现了“陪臣执国命”①的状况。过去维护周天子“共主”地位的许多制度已经名存实亡或名实俱亡，诸侯国的职官不再由天子任命，完全由诸侯自己掌握；诸侯的爵位不再由天子赏赐，而由诸侯自封，楚君则索性称王。“朝觐制度”也破坏了，在春秋二百几十年中，就连天子近族鲁君，也只朝觐三次。

与此同时，各国卿大夫的权力不断膨胀。因为频繁的兼并战争削弱了诸侯国的力量，卿大夫在带兵打仗中扩充了自己的实力。有些卿大夫垄断了侯国的政权，鲁国的三卿，齐国的田氏，晋国的韩、赵、魏三家，都是明显的例子。这些卿大夫为了争取人民以压倒国君，支持并率先在自己的土地上推行实物地租制，成为新兴地主阶级的代表人物。

新兴地主阶级要求充分发展私有经济，要求登上政治舞台推行自己的政治主张，于是他们把斗争矛头指向维护封建领主特权的世卿世禄制度。经过长期斗争，他们终于在春秋中叶以后战胜了旧势力，为自己的政治活动开辟了新的天地。一些不是贵族的人担任了要职，如齐桓公重用的管仲，原是小商人，曾一度成为罪隶；秦穆公重用的百里奚，虽出身贵族，但后来沦为奴隶。一些“庶人工商”立了战功，由于实行“按军功行田宅”②的办法，他们获得了土地，取得了做官的资格。这些人和代表新兴地主阶级力量的卿大夫相结合，建立了我国历史上最早的封建官僚制度。

春秋时期兴起的养士之风，在官僚制度取代世卿制度中起了重要作用。士是一个很复杂的阶层，有所谓“游士”“辩士”“武士”“隐

① [宋]朱熹：《四书章句集注·论语集注》卷八《季氏》，北京：中华书局1983年版，第171页。

② 晋国的赵鞅曾在誓师时说：“克敌者，上大夫受县，下大夫受郡，士田十万，庶人工商遂，人臣隶幸免。”[清]阮元：《十三经注疏·春秋左传正义》卷五七“哀公二年”，北京：中华书局2009年版，第4682页。

士”“任侠之士”，甚至引车卖浆者流，都可以成为士。士一般具有一定的文化知识和技能，有的很善于玩弄权术，因此很得国君和卿大夫们的赏识和重用，武士充当武官，文士被委以重要官职。例如，孔子曾任鲁国司寇，墨子曾任宋国大夫。士成了新官僚的重要来源。“得士者昌，失士者亡”，成为当时流行的谚语。

到战国时期，新兴地主阶级先后利用取得的政权进行变法。通过变法运动，摧毁了世卿世禄制度，确立了以国王为首的封建官僚制度。

战国时期各国的国体，都是地主阶级对农民的专政，其政体都采取君主专制制度，国君是最高统治者，国君下面是一套以丞相和将军为文武百官之长的封建官僚机构。

丞相（或称相、相国）是协助国君总理全国行政事务的最高官职。“相者，论列百官之长，要百事之听，以饰朝廷臣下百吏之分，度其功劳，论其庆赏，岁终奉其成功以效于君，当则可，不当则废。”①丞相由国君随意任免，说明了国君的至高无上。有的诸侯国有时设左、右相，以右相为正。七国之中，只有楚国沿袭春秋官制称令尹。丞相是我国封建政治制度的重要组成部分，对后世影响很大。

将军（或称将）是武官之长，其地位略次于丞相。七国之中仅楚未设将，而设相当于将的柱国（或称上柱国）。将亦非世袭，由国君任免。

我国古代官制，文武分职始于战国。这与战国时代兼并战争频繁、军队数量激增有关。在中央机构中，除将相外，还有如下重要官职：

尉，是次于将的武官，有的诸侯国叫中尉或都尉、国尉；

御史，掌管外来“献书”和充当国君的记录，也有某种监察的

① 梁启雄：《荀子简释》卷一一《王霸》，北京：中华书局1983年版，第154页。

职能；

尚书，或称“掌书”“主书”，是在国君左右掌管文书、奏章的官职；

郎中，国君的侍从武官，统率保卫国君的禁军；

卫尉，秦国负责宫廷警卫的官职；

廷尉，最高法官，齐称大理，楚称廷理；

主客，负责接待宾客；

内史，秦、赵官，掌管财政；

少府，韩官，掌管手工业和军事生产。

(五)君主专制制度的初步形成

春秋时期，仅楚国国君称王，其余各国国君都称公侯。至战国时期，比较强大的侯国国君都纷纷自封为王。称号的改变，说明君主专制制度已经初步形成了。因为称王的侯国中，国君都毫无例外地独揽一切军政大权，拥有至高无上的统治地位。各级文武官吏都必须由国君选任和调动，都必须按国君的命令行事。

各国根据“尚贤使能”[①]的原则任用了不少的士。比如，魏文侯礼贤下士，儒法并用，他既师事儒门弟子子夏等人，又任用李悝、西门豹。商鞅、范雎、李斯都是先后受秦国重用的名士。士的任用，是打破世卿世禄制度，建立君主集权制的重要步骤。

官僚制度代替世卿制度以后，由于官吏直接由国君任免，便产生了与此相适应的玺符制度、酬劳官吏的俸禄制度和考核官吏的上计制度。

玺就是官印。国君任用官吏时发给印玺，免职时收回。符是兵符，虎形，所以又称虎符。虎符分为两半，右半由国君掌握，左半由将帅掌握。凡用兵五十人以上，必须与国君掌握的右半个虎符相合

① 梁启雄：《荀子简释》卷九《王制》，北京：中华书局1983年版，第102页。

才能行动。玺符制度的普遍建立，反映了君主专制制度的确立。

俸禄制度是封建国家酬劳官吏政绩的一种制度。战国时领取的俸禄是实物（粮食）。高官的俸禄在三百石以上，有“食禄千钟，或三千钟，万钟者”。百石、五十石是小官之俸。各级官吏的经济来源不再是他们独占的封地，而是以国君为首的封建国家，从而也加强了君主专制制度。

所谓上计制度，就是官吏将一年的预算收入写在木券上，然后把“券”剖分为二，国君执右券，臣下执左券。年终臣下必须向国君汇报执行情况，这就是上计，国君持右券进行考核。成绩佳者升迁，成绩不佳者往往当场收玺免职。高官对下级官吏，也采取同样的办法。用赋税收入作为考核官吏政绩的标准，说明了赋税对维特官僚机构和军队的重要意义。这一制度不仅从财政上加强了中央对地方的控制，而且有利于维护专制主义中央集权的国家制度。

总之，战国时期出现的玺符制度、俸禄制度、上计制度，都体现了加强君主集权的精神，对于废除世卿世禄制度，巩固和发展封建官僚制度，促使中国由分裂走向统一，起着积极作用。

（六）郡县制度的确立

春秋中叶以后，由于土地私有制的发展和世卿世禄制的崩溃，采邑制已经成为社会发展的阻碍，成了国君进行战争统一调度全国人力物力的绊脚石，因而一些大国改而采取由国君直接控制的郡县制。开始时郡大抵设于边境，地位低于县，所以有“上大夫受县，下大夫受郡”的规定。后来为了抵御外来侵略，国君赋予边境上的郡守以应付突然事变的大权，郡的地位才逐渐比县高了。齐国、晋国和秦国是较早设置郡县的诸侯国。

郡设郡守，县设县大夫（或县令、县尹）。郡守和县大夫均由国君任免，食俸禄而不享有采邑，不得世袭，这是与过去分封大夫的主要区别，也是郡县作为中央直接管辖的地方机构有利于加强国君集中统治的原因。

到战国时期，随着采邑制的迅速崩溃，各诸侯国很快形成了郡、县地方政权的组织体系。

边境地区地广人稀，最初设在那里的郡，面积都比县大。到了战国中期，由于兼并战争的发展，人口的增多，生产的发展，经济的繁荣，郡内又划分为若干县，从而进一步提高了郡的地位，确立了郡县体制。郡守有权征发一郡壮丁出征，有权征收本郡的军赋。但东方的齐国始终未设郡，只设相当于郡的都，都长官称“大夫”。

县是地方基本行政单位。战国时，各国已普遍设县，负责征收地方赋税，征发兵员。战国的县长官大都改称县令，令下有丞，魏、韩、秦等国县令下还设有御史。县令列县内的重大事项必须报请国君，无权自作主张。

县以下设乡、里、聚等组织。乡官有“三老”“廷掾”等，里有里正。乡里农民按什伍组织编制，五户为伍，十户为什，不得随便迁徙，一户有罪互相株连。这样，广大农民就被牢固地束缚在土地上，成为君主专制国家各种租、赋、徭役的承担者。

春秋战国时期政权体制的变化

春秋战国时期政权体制的变化，可以用这样一句话来概括：以封建地主土地所有制为基础的君主集权制代替了以封建领主土地所有制为基础的贵族君主制。有的同志把君主集权政体的形成和秦的统一混为一谈，把这两个问题说成一回事，我们觉得不够确切。在一定意义上可以说，秦的统一是战国时期已经出现的君主集权政体的发展。已故著名马克思主义史学家翦伯赞指出："秦国的统一，不是由于别的什么原因，而是历史的进程使封建专制主义的原则在当时的中国占了优势。"①这是史学界很有影响的一个论断。封建专制主义的原则，反映在国家组织形式上，就是君主集权政体。可是，当时君主集权政体究竟怎样取代了贵族君主制，又怎样推动和促成了秦的统一？学习翦老和史学界关于这段历史的论述，感到问题还没有说得很清楚，有进一步深入研讨的必要。

还有一种观点认为，中国古代一进入阶级社会就建立了君主专制制度。这种观点，与不能科学地看待封建史家往往以君主专制制度的模式去描述三代制度有关，比如大史学家司马迁写的夏商周各本纪，就很难从政治格局上和秦汉区别开来。至于风靡一时的《河

① 翦伯赞：《秦汉历史上的若干问题》，《历史学》1979年第1期。

殇》说“黄河文明”产生了东方式的专制国家，那是用零碎的东西拼凑起来的，在严密的科学论证面前不攻自破。

一、政权和土地所有权的分离

君主集权政体出现的最基本的前提，是土地所有权和政权的分离。西周的分封制度，在诸侯和卿大夫的封地内，土地所有权和政权合一，是一种复合体，不能形成专门从事管理国家的官僚队伍，从而也就不可能形成君主集权政体。春秋时期，产生了最初的私有土地，随之产生了土地所有权和政权的最初分离。战国时期，各国为了兼并战争的需要，形成了一个声势浩大的变法运动。这个运动大规模地改变了土地占有关系，出现了大量的私有土地，土地自由买卖变成了正常的合法的现象，①造成了土地所有权与政权的分离，从而确立了封建专制主义中央集权的政权体制。

迄今所见谈论春秋战国社会变动的著述，还很少涉及土地所有权与政权的分离问题，其实，这种分离是土地私有制产生的必然结果。

第一，土地私有，意味着土地所有者使用、支配、处理自己土地的完整的权利，不存在由于分封或授予土地而带来的附加条件。对中央王权来说，土地是国家的领土，这种领土主权通过税收实现，通过官僚队伍管理。

第二，由于土地自由买卖，土地所有权流动性很大，个别地主逐

① 商鞅变法：“废井田，开阡陌。”商鞅变法后，“除井田，民得卖买”。《汉书·食货志》，北京：中华书局 1962 年版，第 1137 页。赵国大将赵括把赵王赐给他的金帛“归藏于家，而日视便利田宅可买者买之”。《史记·赵奢列传》，北京：中华书局 1982 年版，第 244 页。

渐衰败和个别农民上升为地主也成为现实可能。这种土地占有关系的不稳定性和政治统治所要求的稳定是矛盾的，中央王权不可能再赋予地主们政治权力，而必须通过超越这些地主的官僚系统来进行统治。

第三，地主对农民进行租佃剥削但不占有人身，因为农民属于国家而不属于个别地主。那些不租种地主土地的农民当然更与地主没有什么关系。这也与封建领主土地所有制之下的人身依附有很大的不同。在封建领主那里，土地所有权与政权的合一，造成了完全的人身依附，不需要依赖领地以外的特殊系统进行强制。也就是说，在封建领主那里，经济剥削和超经济强制是统一进行的。地主就不同了，地主一般只能对租种其土地的农民进行剥削（地租剥削），而不能用经济以外的力量进行人身强制。所以在地主制之下，封建生产关系本身具有的超经济强制的职能，是与租佃剥削分离的，它由国家的官僚系统实行。也就是用国家机器对农民实行人身强制，以保护地主对农民的剥削。

从文献上看，这种超经济强制从封建主那里转移到国家手里的变化，早在春秋末年就已经出现了。公元前543年，子产在郑进行改革，实行"庐井有伍"的政策，把原来依附于领主的农奴编入国家的什伍组织，即"取我田畴而伍之"①，就是说的这种转移过程。战国时期，这样的变化遍及各国。商鞅变法规定"废井田，开阡陌"，破坏领主的地界，又"令民为什伍而相牧司连坐"②，剥夺了领主对农奴的占有权。商鞅变法还规定："民有二男以上，收不分异者倍其

① ［清］阮元：《十三经注疏·春秋左传正义》卷四〇"襄公三十年"，北京：中华书局2009年版，第4372页。

② ［汉］司马迁：《史记》卷六八《商君列传》，北京：中华书局1982年版，第2230页。

赋。”[①]贾谊解释说，这个规定，指的富家子弟。[②] 现代史家都讲了这个规定对发展生产的积极作用。按照贾谊的解释，我们还可以看出它的防止富者各自为政、变成割据一方的豪门大族的用意。富者有二男三男四男，都分出来，实力小了，就不得不老老实实服从国家，老老实实向国家纳税。分离出来的户口越多，向国家纳税的户口也就越多。这是加强中央集权很高明的一招。

在这里我们应当提一下商品经济对上述变化过程的作用。恩格斯在《家庭、私有制和国家的起源》一书中说商品经济“包含着随之而来的全部变革的萌芽”，是瓦解旧制度旧秩序最强有力的因素。中国当时的商品经济已经活跃到了相当的程度，对土地私有和买卖、土地所有权和政权的分离起了积极的推动作用。司马迁描述当时的商人说：“工虞商贾，为权利以成富，大者倾都，中者倾县，小者倾乡里，不可胜数。”[③]但是，中国当时（和以后一个很长的历史时期）的工商业没有独立性，更没有形成政治上独立的商业城市，中国的工商业者一直在封建社会的政治中心活动，处于政治势力的控制之下，其发展一直受到限制。可以这样讲，战国时期靠兼并战争建立起来的地域性君主集权和后来的秦朝中央集权，主要不是依靠工商业者的力量，而是依靠农民和士人。农民提供了兵源和财源（赋税），士人充当了新兴地主阶级政权的官僚。为了保证在兼并战争中取得胜利，这些新政权一开始就毫无例外地大搞重农抑商，以保证其耕战政策的实行。这一点，对中国历史后来的发展有不小的影响。

---

① ［汉］司马迁：《史记》卷六八《商君列传》，北京：中华书局 1982 年版，第 2230 页。

② 贾谊《新书·时变》：“秦人有子，家富子壮则出分；家贫子壮则出赘。”阎振益、钟夏：《新书校注》卷三《时变》，北京：中华书局 2000 年版，第 97 页。

③ ［汉］司马迁：《史记》卷一二九《货殖列传》，北京：中华书局 1982 年版，第 3282 页。

二、垂直统治代替等级统治

春秋时期开始的上述土地所有权与政权分离的过程，贯穿于战国时期变法运动的始终。伴随着这个过程出现的另一个巨大变化，是垂直统治代替等级统治。在西周和春秋时期，是层层分封，逐级而治的。虽然名义上周天子是最高统治者，诸侯是封国的最高统治者，但由于这种统治权是和分封联系在一起的，所以无论是诸侯对于周天子，还是卿大夫对于诸侯，都有相当大的独立性。周天子在行使权力的过程中要受到很大的限制。他和诸侯之间是上下级关系，又彼此相互制约。这应当是一种封建贵族君主制。[①] 战国时期，各国通过变法，普遍推行了郡县制度、秩禄制度、上计制度、符玺制度、军功制度，使上述情况发生了根本的变化。这些变化，集中于一点，就是：打破了原来的等级，确立了君主对全国发号施令的原则，从制度上保证了君主的最高统治地位。

（一）郡县制度

郡县制度出现在春秋中叶以后，开始时郡大抵设于边境，地位低于县，所以有“上大夫受县、下大夫受郡”的规定。后来，为了抵御外来侵略，国君赋予边境上的郡守以应付突然事变的权力，郡的地位才逐渐比县高了。边境地区地广人稀，设在那里的郡的面积比较大。到了战国时期，由于人口的增多，生产的发展，郡内又划分为若干县，从而进一步提高了郡的地位，确立了郡县制度。这种县统于郡的制度，最早出现在三晋。《史记》上说，秦惠文王十年（公元前

① 夏商也谈不上建立君主专制，如《史记》记载伊尹处罚商王的例子，《尚书》有商王决疑时“谋及庶人”的记载。

328年),“魏纳上郡十五县”给秦[①],说明上郡至少下属十五县。另据《战国策》记载,赵的上党郡有二十四县[②]、河间郡有十二县以上[③],燕的上谷郡有三十六县[④],韩的上党郡有十七县[⑤]。秦、楚、燕等国的郡县制度是效法三晋的。郡的长官为郡守,县的长官为县令,他们都是由国君直接任命,直接对国君负责。这就扫掉了由分封制造成的一个一个的封建壁垒,建立了一套由国君直接对地方发号施令的组织体系。

(二)秩禄制度

这是封建国家酬劳官吏政绩的一种制度。按照官僚制,官吏被任命后,食俸禄而不享有采邑,临民而不领土。战国时官吏领取的俸禄是实物(粮食)。高官的俸禄在三百石以上,也有“食禄千钟”或三千钟、万钟者。百石、五十石是小官之俸,各级官吏的经济来源不再是封地,而是以国君为首的封建国家。

(三)上计制度

这是国君考核官吏政绩的一种制度。年初,官吏把一年的赋税收入预算写在木券上,交给国君,国君把木券剖为二,国君执右券,臣下执左券。年终臣下向国君汇报执行情况,这就是上计,国君执右券进行考核。成绩不佳者往往当场收玺免职。高官对下级官吏,也采取同样的办法。用赋税收入作为考核政绩的标准,说明了赋税对维持官僚机构和军队的重要意义。

(四)符玺制度

玺就是官印。官僚制代替世卿世禄制以后,官吏都由国君直接

---

① 参见[汉]司马迁《史记》卷五《秦本纪》,北京:中华书局1982年版,第206页。
② 参见何建章《战国策注释》卷九《齐策》,北京:中华书局1990年版,第345页。
③ 参见何建章《战国策注释》卷七《秦策》,北京:中华书局1990年版,第279页。
④ 参见何建章《战国策注释》卷三《秦策》,北京:中华书局1990年版,第90页。
⑤ 参见何建章《战国策注释》卷三《秦策》,北京:中华书局1990年版,第90页。

任免，任用官吏时发给印玺，免职时收回。符是兵符，虎形，所以又称虎符。虎符分为两半，右半由国君掌握，左半由将帅掌握。凡用兵五十人以上，必须与国君掌握的右半虎符相合才能行动。

（五）军功制度

各国变法都有奖励军功的规定。“其有功也爵之，而卑其士官也。”[①]韩非说的“明主之吏，宰相必起于州部，猛将必发于卒伍”[②]，也就是重视实际经验，从有政绩、有战功者中间选拔官吏的意思。秦国实行军功制最为彻底，规定“宗室非有军功论，不得为属籍”，“有军功者，各以率受上爵”。[③] 变法后的秦国，军功爵分为二十级，不论贵族、平民，只要有军功，就按功劳大小赏给爵禄、田宅、官职。

由于上面这些制度的建立，国君的意志就可以由各级官吏直接表达出来，由分封时代的等级统治变成了垂直统治。这种垂直式的统治，是封建君主集权政体的一个重要特点。

下面两个例子可以进一步说明，战国时期的七雄政权虽然是地方性的，但它们的确具备了封建专制主义中央集权的性质。

一个例子，信陵君救赵。他那么贤，养那么多士，有那么高的威信，救赵时却让如姬夫人窃虎符，带一个屠户朱亥晋鄙，夺了兵权。说明他没有一点实权，军政大权都操在他哥哥魏安釐王手里。[④]

另一个例子出自《史记·廉颇蔺相如列传》：

---

① [清]王先慎：《韩非子集解》卷一九《五蠹》，北京：中华书局 1998 年版，第 448 页。

② [清]王先慎：《韩非子集解》卷一九《显学》，北京：中华书局 1998 年版，第 460 页。

③ [汉]司马迁：《史记》卷六八《商君列传》，北京：中华书局 1982 年版，第 2230 页。

④ 参见[汉]司马迁《史记》卷七七《魏公子列传》，北京：中华书局 1982 年版，第 2380 页。

> 赵奢者，赵之田部吏也。收租税，而平原君家不肯出。赵奢以法治之，杀平原君用事者九人。平原君怒，将杀奢。奢因说曰：“君于赵为贵公子，今纵君家而不奉公，则法削，法削则国弱，国弱则诸侯加兵，是无赵也，君安得有此富乎？以君之贵，奉公之法，则上下平。上下平则国强，国强则赵固，而君为贵戚，岂轻于天下邪？”平原君以为贤，言之于王，王用之治国赋，国赋大平，民富而府库实。

从这段文字中我们可以看到：赵国已经设立了一个田部，它专管为国君征收田赋，很有权威，国家内部不允许有独霸一方的割据势力存在，国之贵戚也不例外，违者要受到惩处，赵奢之所以不畏权贵，执法如山，是由于他背后不仅有国君的支持，而且有一个以国君为首的强有力的中央政权。所以解决问题的关键，不在于赵奢给平原君讲了一通他是赵国贵戚，应当带头奉公守法的道理，也不在于平原君能够顾全大局，以国为重，而在于他不掌握实权，只好忍气吞声。

三、士阶层的活跃与官僚化

战国时代的封建专制主义官僚机构中，那些大小官僚都是从哪里来的呢？可以说，他们主要来源于士阶层。

士阶层出现于春秋，春秋末期的孔子和他的一大批门人，是一个典型的士阶层群体。战国时期，士阶层的力量进一步发展壮大，养士之风大兴，齐国的孟尝君，赵国的平原君，魏国的信陵君，楚国的春申君，都养士数千。卫国的吕不韦入秦后受到重用，“亦招致士,厚遇之,至食客三千人"[①]。士阶层的数量和能量大大增加,在社会上显得十分活跃。他们代表大变动中的各阶级、各阶层、各派政治力量的利益和要求,提出了许多不同的社会政治观点、治国方略、政策主张,"言治乱之事,以干世主"[②],甚至对宇宙万物也做出解释,于是出现了"百家争鸣"的局面,形成了许多思想流派,涌现出一大批光彩夺目的思想家。

"百家争鸣"的"百家",是形容思想流派之多,荀子已称包括他自己在内的先秦诸子的言论为"百家之鸣",司马迁则称之为"百家之术"。对于"百家",古今史家都分类加以说明,其中以西汉末年刘歆的分类影响最大。刘歆把他们分成十家,即儒、法、道、墨、名、农、杂、阴阳、纵横、小说。这最后面的小说家不同于今天的小说家,而是指"街谈巷议"而言,不足称道,于是只剩下九家,即所谓"九流",后世所说的"三教九流"即来源于此。

范文澜先生在谈到当时的士阶层时,说他们处在统治阶级的最下一层,他们"能上达但不能顺利上达,怕下降但可能失职下降。士在军事上任作战骨干,政治上任中下级官吏,文化上学得古今知识"[③],"谁给士衣食,士就给谁出力"[④]。各国为了富国强兵和兼并战争的需要,都毫无例外地招揽文士为其出谋划策,招揽武士为其领兵杀敌;而士阶层为了出人头地和得到富贵荣华,也极力表现自己的才华。一些大国国君如楚悼王、燕昭王,秦孝公等发出策问征询对策,一些士人对答得好,便当了大官;另一些士人则主动向君主

① [汉]司马迁:《史记》卷八五《吕不韦列传》,北京:中华书局1982年版,第2510页。

② [汉]司马迁:《史记》卷七四《孟子荀卿列传》,北京:中华书局1982年版,第2346页。

③ 范文澜:《中国通史简编》第一编,北京:人民出版社1964年版,第188、201页。

④ 范文澜:《中国通史简编》第一编,北京:人民出版社1964年版,第188、201页。

献计献策，计策被采纳，便可身居要职。这种做法战国时代风行一时，《战国策》就是记录这方面言论的一本书。当官要靠才能，选官任人唯贤，官爵的升迁要看政绩和战功，这使大批有才华的士人走进了官僚机构，变成了新型的封建官僚。

这种新型的封建官僚，在战国政治舞台上起着举足轻重的作用，他们"入楚楚重，出齐齐轻，为赵赵完，畔魏魏伤"①。战国初期，魏文侯第一个重士，"师卜子夏，友田子方，礼段干木"②，又先后任用魏成子、翟璜、李悝为相，变法革新，使魏国成为当时最强盛的国家。后来，使秦国强盛起来的，也是这样一些由士阶层变来的新官僚，如商鞅、张仪、魏冉、范雎、蔡泽、吕不韦、李斯等。吕不韦原来是个大商人，入秦后为相养士编书，也可以算一个新官僚。

战国时期士阶层所起的巨大作用提高了他们的身份和地位。据《史记·魏世家》记载，魏文侯的太子击逢魏文侯之师田子方于朝歌，引车避，下谒。田子方不为礼。子击因问曰："富贵者骄人乎？且贫贱者骄人乎？"子方曰："亦贫贱者骄人耳。夫诸侯而骄人则失其国，大夫而骄人则失其家。贫贱者，行不合，言不用，则去之楚、越，若脱跚然，奈何其同之哉！"又如齐宣王见颜斶的故事：

> 齐宣王见颜斶，曰："斶前！"斶亦曰："王前！"宣王不悦。左右曰："王，人君也，斶，人臣也。王曰'斶前'，斶亦曰'王前'，可乎？"斶对曰："夫斶前为慕势，王前为趋士。与其使斶为慕势，不如使王为趋士。"王忿然作色曰："王者贵乎，士贵乎？"对曰："士贵耳，王者不贵。"③

① 王晖：《论衡校释》卷一三《效力篇》，北京：中华书局1990年版，第586页。

② 许维遹：《吕氏春秋集释》卷二一《察贤》，北京：中华书局2009年版，第585页。

③ 何建章：《战国策注释》卷一一《齐策》，北京：中华书局1990年版，第395页。

田子方和颜斶胆敢如此高傲，是可以说明问题的。一些当了大官的士，“后车数十乘，从者数百人，以传食于诸侯”①，享受到十分优厚的待遇。但也有个别的士有功不受封，如鲁仲连有功于赵、齐，“逃隐于海上曰：‘吾与富贵而诎于人，宁贫贱而轻世肆志焉。’”②就是一例。

四、秦的统一问题

在秦的统一问题上，有两种为大家所熟知的看法，我们觉得应当进一步商榷。一种是认为统一前秦的力量已经强大得不得了，东方六国已经虚弱得不堪一击；另一种，表述为秦始皇的统一顺应了人民的愿望和要求。

战国初期，秦国还相当落后。直到战国中期秦孝公上台，秦还依然是一个弱国。司马迁在论述秦孝公初年的形势时说：“河山以东强国六……秦僻在雍州，不与中国诸侯之会盟，夷翟遇之。”③秦的落后使孝公感到脸上无光，“诸侯卑秦，丑莫大焉”④，刺激他奋发图强，学习东方求诸宾客“出奇计强秦”⑤。“奇计”终于找到了，那就是商鞅的变法。变法使秦迅速强大，成为战国七雄之一。

但是不是变法后秦国强大得使东方六国无法比拟了呢？不是。《战国策·楚策一》：“凡天下强国，非秦而楚，非楚而秦。”《战国策·秦策四》：“横成则秦帝，纵成即楚王。”《战国策·齐策五》：“魏王拥

① [宋]朱熹：《四书章句集注·孟子集注》卷六《滕文公下》，北京：中华书局1983年版，第267页。

② [汉]司马迁：《史记》卷八三《鲁仲连传》，北京：中华书局1982年版，第2469页。

③ [汉]司马迁：《史记》卷五《秦本纪》，北京：中华书局1982年版，第202页。

④ [汉]司马迁：《史记》卷五《秦本纪》，北京：中华书局1982年版，第202页。

⑤ [汉]司马迁：《史记》卷五《秦本纪》，北京：中华书局1982年版，第202页。

士千里,带甲三十六万","秦王恐之,寝不安席,食不甘味"。东临东海的齐国面积广大,物产丰富,文化发达,兵力强大,城市也很繁荣,史称齐闵王为东帝,秦昭王为西帝。可见,认为秦国变法后比东方六国强大得不得了的观点是不符合历史事实的。

关于秦始皇统一中国是顺应人民的愿望和要求的提法。是的,处在战乱中的人民渴望一个安定的生产和生活的社会。但是,在战国史籍中,我们很难找到秦始皇体察人民愿望的材料;人民厌恶战争、逃避战争的事例很多,可秦始皇时刻想的是"尽亡天下之兵而臣海内之民"①,并倾尽整个秦国的人力、物力、财力进行兼并战争。这有一个把事情简单化了的问题。秦始皇是我国古代很有作为的皇帝和政治家,他统一中国的功绩是卓著的。战国末期的历史发展趋势是统一,但当时的统一,除了兼并战争以外,没有其他的道路可走。所以,战国七雄之间的兼并战争,在实际上反映了走向统一的大趋势。在这个意义上,我们可以说,秦始皇的统一符合历史发展的客观要求,而不好简单地说秦始皇的统一顺应了人民的愿望。

那么,究竟如何认识秦统一中国的原因呢?

这里用得上本文开头引用的翦老那句话。我们知道,战国时期是封建领主土地所有制瓦解,封建地主土地所有制确定的时期。这个时期的一个最大特点,就是诸侯与诸侯、诸侯与卿大夫之间争夺土地和人口的长期而激烈的兼并战争。《左传》载楚子反说:"诸侯贪冒,侵欲不忌,争寻常以尽其民。"②郑攻陈,陈告于晋,晋责问郑:"何故侵小?"郑反问道:"昔天子之地一圻(方千里)、列国一同(方百

① 何建章:《战国策注释》卷二四《魏策》,北京:中华书局 1990 年版,第 908 页。

② [清]阮元:《十三经注疏·春秋左传正义》卷二七"成公十二年",北京:中华书局 2009 年版,第 4148 页。

里），自是已衰。今大国多几圻矣，若无侵小，何以至焉。”①大家都是为了争夺和兼并，没有多少道理好讲。这中间虽然有一个明显的趋势：通过兼并战争，扩大势力范围，逐步走向统一。但不存在秦侵魏楚就是正义、魏楚侵秦就是非正义的问题，因为通过变法，他们都变成了代表新兴地主阶级利益的地域性政权。战国七雄中，秦之所以取得胜利，主要原因不在于它的实力比东方六国强多少，也不好从七国中哪一国顺应人民愿望和正义非正义的角度进行分析，而应当归结为秦国通过商鞅变法建立了一个封建专制主义政体，这个政体集权化的程度明显地超过了东方六国政权，从而把整个秦国的人力、物力、财力统统纳入了战争的轨道。让我们举出一些史料。

1.《商君书·农战》：“农战之民千人，而有《诗》《书》辩慧者一人焉，千人者皆怠于农战矣；农战之民百人，而有技艺者一人焉，百人者皆怠于农战矣。国待农战而安，主待农战而尊。”

2.《史记·商君列传》：商鞅变法，“令民为什伍，而相牧司连坐。不告奸者腰斩，告奸者与斩敌首同赏，匿奸者与降敌同罚。……有军功者，各以率受上爵”。

3.《七国考》卷十一：商鞅变法，“制爵二十等，以战获首级者计而受爵。是以秦人每战胜，老弱妇人皆死，计功赏至万数”。

4.《荀子·议兵》：“秦人，其生民也陿阸，其使民也酷烈，劫之以势，隐之以阸，忸之以庆赏，鰌之以刑罚，使天下之民所以要利于上者，非斗无由也。”

这些史料不是直接谈秦国政体的，但可以说明，商鞅变法后的秦国，实际上是以“农战”为其基本国策的。“国待农战而安，主待农

① ［清］阮元：《十三经注疏·春秋左传正义》卷三六“襄公二十五年”，北京：中华书局2009年版，第4311页。

战而尊”，把农战置于压倒一切的地位，“多禁以止能，任力以穷诈”①，多多地制定禁条禁令，禁止老百姓发挥其他方面的才能，只允许尽力种地打仗；又施以威胁和利诱之术，迫使老百姓“非斗无由”。农战政策推行的结果是秦国的中央集权得到空前的加强。在这个基础上，军功爵制又把各级爵位及其实际的利益分配都与杀敌立功联系起来，用权力、地位和经济利益调动所有的臣民去打仗。这应当是秦始皇能够统一中国的主要原因。当然，除了这个主要原因之外，秦国的强大，秦国从东方招揽了很多人才②，也是很重要的原因。

① ［清］孙诒让：《商子校本》卷一《农战》、卷二《算地》，北京：中华书局 2014 年版，第 26、41 页。

② 如商鞅、吕不韦是魏国人，张仪、范雎是魏国人，魏冉、李斯是楚国人，蔡泽是燕国人，韩非子是韩国人等。

从周公制礼到孔子办学

近年出现“文化热”，使我们看到关于中国传统文化很多很好的见解，虽然分歧很多很大。很多同志研究中国传统文化，都追溯到先秦诸子。我们认为，应当进一步上溯到三代文化，特别是周代文化。在我国漫长的封建社会，一直是儒家思想占统治地位。儒家思想的鼻祖是孔孟，孔孟学说的渊源则是周公制礼之后形成的礼教文化。

武王伐纣，灭商建周，周公东征，平定三叔。在取得了决定性的胜利之后，周公开始着手“制礼作乐”①。周公制礼的内容，绝大部分保存在《周礼》《礼记》《仪礼》之中。《周礼》曾被疑古派史学家怀疑是后人的伪造。但经过几十年的研究，确定它出于古代齐国，其中包含了大量的西周典章制度，是研究西周社会的宝贵资料，连疑古最彻底的顾颉刚先生晚年也认为周公制礼应该肯定。②

---

① 《尚书大传》：“一年救乱，二年克殷，三年践奄，四年建侯卫，五年营成周，六年制礼作乐，七年致政于成王。”[清]孙星衍：《尚书今古文注疏》卷二三《周书》，北京：中华书局2004年版，第459页。《左传》文公十八年，“先君周公制周礼”。[清]阮元：《十三经注疏·春秋左传正义》卷二〇“文公十八年”，北京：中华书局2009年版，第4041页。

② 参见顾颉刚《“周公制礼”的传说和〈周官〉一书的出现》，《文史》1979年第9期。

一、宗法制

周礼的内容十分广泛，涉及社会生活的各个方面，直到个人的言行。大凡有关君臣上下、父子兄弟、衣食住行、婚丧嫁娶、风俗习惯、政教禁令、文化思想，以及神鬼祭祠等，都必须按照一套固定的礼行事。但是，就其核心内容来说，首先应该是关于宗法制度的规定。

什么是宗法？“宗”是个象形字，“宀”是屋顶，“示”是神主。《说文》对“宗”的解释是：“宗，尊祖庙也。”所以“宗”就是神主所在的房子，即宗庙。同一祖先传下来的亲族，叫作宗族。所以宗法就是宗庙之法，或宗族之法。

宗法制是和分封制结合在一起的。周天子把土地分给自己的子弟或同姓子弟，是为诸侯国；诸侯又把自己分得的土地分给自己的子弟是为“采邑”，任命他们为卿大夫；卿大夫又把自己分得的土地分给自己的子弟是为“条田”。这种与分封相适应的宗法制，其具体内容是：天子世世相传，每世的天子都以嫡长子的身份继承父位，奉为始祖，叫作大宗。嫡长子是土地和权位的法定继承人，其地位最尊，称之为宗子。嫡长子的同母弟及庶兄弟封为诸侯，叫作小宗。每世的诸侯也由嫡长子继承，奉始祖为大宗，他的同母弟及庶兄弟封为卿大夫，称为小宗。每世的卿大夫也由嫡长子继父位，奉始祖为大宗。他的同母弟及庶兄弟为士，是小宗。士的长子仍为士，余诸弟为平民。诸侯对于天子是小宗，但在本封国是大宗。卿大夫对诸侯是小宗，但在本族又是大宗。这种由嫡长子世袭的制度，在官制上叫作“世禄世卿”制度。

宗法制度起着调解统治者内部矛盾和巩固分封制的作用。我们知道，商代王位继承曾经实行过“兄终弟及”，那种办法给王位争夺者们以“机会均等”的假象，容易引起争位的矛盾。嫡长子世袭制有效地避免了这一矛盾。王国维在《殷周制度论》中说：

> 舍弟传子办法，实自周始。
>
> 由传子之制而嫡庶之制生焉。夫舍弟而传子者，所以息争也。兄弟之亲本不如父子，而兄之尊又不如父，故兄弟间常不免有争位之事，特如传弟既尽之后，则嗣立者为兄之子欤？弟之子欤？以理论言之，自当立兄之子；以事实言之，则所立者往往为弟之子。此商人所以有中丁以后九世之乱，而周人传子之制正为救此弊而设也。

嫡长子世袭制的根本原则是这样两句话：“立嫡以长不以贤，立子以贵不以长。”首先是嫡妻、庶妻之分，嫡妻所生长子是法定继承人，嫡子中的其他人多么能干也不行。其次，如果嫡妻无子，就立庶子中的贵者，而不管他的年龄多么小。“任天者定，任人者争；定之以天，争乃不生。”这种继承法，当然也是人定的，但它是按照既定身份决定继承人的，给人以“定之以天”的假象，它能起到“息争”作用的原因也在这里。《吕氏春秋·慎势》记载慎到说的一段话，很生动地说明了这个道理：“今一兔走，百人逐之，非一兔足为百人分也，由未定。由未定，尧且屈力，而况众人乎？积兔满市，行者不顾，非不欲兔也，分已定矣。分已定，人虽鄙不争。故治天下及国，在乎定分而已矣。”李亚农先生说，王国维所说“商人无嫡庶之制，故不能有宗法”是错的。[①] 错在哪里？李亚农没有说清楚。依我们看，王国维讲的是继承方法或继统法，他强调无嫡庶之分就无法突出宗子的地

① 参见李亚农《李亚农史论集》上册，上海：上海人民出版社 1962 年版，第 12—13 页。

位，就不能起到“息争”的作用。就这一点来讲，王国维是对的。

宗法制提倡尊祖，对祖先的尊敬表现在祭祖上。但不是所有的子孙都有祭祖的资格，只有大宗才有主祭始祖的特权。必须尊祖而自己无权祭祖，就只有敬那个能祭始祖的大宗了。《礼记·曲礼下》说：“支子不祭，祭必告于宗子。”《礼记·丧服小记》说：“尊祖故敬宗，敬宗所以尊祖祢也。庶子不祭者，明其宗也。”就是说，为了尊祖，必须敬宗；庶子不能祭祖，就要给他明宗，明宗也是尊祖的表现。这样，大宗的地位便因为有主祭权而重要起来，嫡长子继承父亲的国土，诸庶子分封，也就是无可争辩的了。可见宗法制是与分封制联系在一起的。

从史籍来看，实行嫡长子继承制，应当是周公的一个创举。《史记·周本纪》说，一古公亶父有子三人，长子太伯，次子虞仲，少子季历。亶父欲立少子季历，太伯、虞仲知道后，便“亡如荆蛮，文身断发，以让季历”。可见周人以前也没有实行嫡长子继承制。《荀子·儒效》云：“周公屏成王而及武王以属天下，恶天下之离周也；成王冠成人，周公归周反籍焉。明不灭主之义也。”周公为武王的嫡长子成王摄政六年，为巩固西周政权花费了大量心血。到第七年，他看到“成王冠成人”，就把政权交给了成王。“明不灭主之义”的意思，就是指建立嫡长子继承制。周公有继武王之后当天子的一切有利条件，他大权在握，又有当天子的先例可循。但他不这样做而把天子位让给成王，这是必须有清醒的头脑和伟大的政治家风度才能做到的事。

二、礼教文化

周公制礼，从意识形态上讲，就是造成了一种礼教文化。原始的礼起源于祭祀，它本身是一个血缘的概念。从周公制礼起，为了适应封建宗法等级统治，就开始用“德”来改造礼的内容。周公认为，夏商灭亡的主要原因是“丧德”“失德”，而宗法制所强调的亲亲尊尊等人伦内容，正好和“德”的观念很自然地糅合在一起。所以，以德为中心的一套伦理规范——礼教文化——就成了巩固西周封建统治的强大的思想武器。

我们上面已经介绍了西周的宗法制和分封制。如何从思想上保证这两个制度的执行呢？人是有欲望的，欲望满足不了怎么办？周公的办法是“强调礼”。战国时期荀子用很清晰的语言说明了这个道理：

> 礼起于何也？曰：人生而有欲？欲而不得，则不能无求，求而无度量分界，则不能不争。争则乱，乱则穷。先王恶其乱也，故制礼义以分之，以养人之欲，给人之求，使欲必不穷乎物，物必不屈于欲，两者相持而长，是礼之所起也。①

封建宗法制度有森严的等级，有人不安于自己的等级，“求而无度”，就“不能不争”，争的结果是乱和穷。周公制礼就是要解决这个问题，既在一定程度上满足人们的欲望，又用礼来约束、限制人们，“使欲必不穷于物，物必又不屈于欲、两者相持而长”，从而维护封建领主统治的宗法秩序。周礼的主旨，其实就是让人们心甘情愿地安于这种秩序。《礼记·坊记》说：

> 夫礼者，所以章疑别微，以为民坊者也，故贵贱有等，衣服有别，朝廷有位，则民有所让。

---

① 梁启雄：《荀子简释》卷一九《礼论》，北京：中华书局 1983 年版，第 253 页。

《左传》昭公二十六年：

> 君令臣共，父慈子孝，兄爱弟敬，夫和妻柔，姑慈妇听，礼也。君令而不违，臣共而不贰，父慈而教，子孝而箴，兄爱而友，弟敬而顺，夫和而义，妻柔而正，姑慈而从，妇听而婉，礼之善物也。

《礼记·祭义》：

> 天子有善，让德于天；诸侯有善，归诸天子；卿大夫有善，荐于诸侯；士庶有善，本诸父母，存诸长老。

《礼记·曲礼下》：

> 天子之妃曰后，诸侯曰夫人，大夫曰孺人，士曰妇人，庶人曰妻。

这些规定的基本意思是强调上下、尊卑、贫富之间的等级差别和隶属关系，并把这些差别和关系规范化，使之成为天经地义、不可逾越的东西。对于处在下层社会的大多数人来说，就是要安于现状，服服帖帖地受压迫剥削，不要“犯上作乱”。春秋时期，随着社会的大变动，出现了“礼崩乐坏”的局面，但由于以儒家创始人孔子为代表的思想家的提倡，礼教文化有了进一步的发展。《论语》中有七十多处讲到礼，主张“非礼勿视，非礼勿听，非礼勿言，非礼勿动”，把礼提到新的高度。从此，礼教文化便成为儒家思想体系的主要组成部分。

西周是我国历史上的一个重要转折时期，这一点，从文化上看得尤为清楚。因为，即使那些不同意西周封建论的同志也认为，西周创造的文化，奠定了我国三千年封建文化的基础，在后来的历史发展中，严重地束缚了人们的思想，成为我国封建社会长期延续的一个重要原因。从中华民族形成的角度讲，我们还可以这样说：从西周起，我们的祖先不但有了大体上共同的地域和共同的经济生活，而且有了大体上共同的语言和共同的文化心理素质。也就是说，我们伟大的中华民族早在西周时期就大体上形成了，而这是与西周推行宗法制和礼教文化直接相关的。①

三、孔子与士阶层

按照周代的宗法制和分封制，贵族的支属旁系子孙，是随着每世的分封降低身份的。在一个大宗族里，只宗子一系是“百世不迁之宗”②，小宗各系每分封一世就要下降一级。一个每世都是旁系的曾孙，即使他的曾祖是“天子”，他本人也只能是“士”；而士的旁系子弟只能是“食力”的庶人，经过这样的世世代代的分封，到春秋时期，已经有很多贵族子弟下降到了“士”和庶人的行列。这些人，因为祖上是贵族，比一般农民多了一个掌握文化知识的优势，于是依靠或主要依靠文化知识吃饭；或者为当权者服务，向他们献计献策，以取得一定的官职；或者聚众讲学，一边以收学费为生，一边宣传自己的政治主张。所以，我们可以说，最初的士主要是由贵族的下层

① 比如《礼记·王制》所载周天子对违背周礼者的处罚规定：“山川神祇（地神）有不举者为不敬；不敬者，君削以地。宗庙有不顺者为不孝；不孝者，君绌以爵。变礼易乐者为不从；不从者，君流。革制度衣服者为畔；畔者，君讨。”[清]阮元：《十三经注疏·礼记正义》卷一一《王制》，北京：中华书局 2009 年版，第 2875 页。

② [清]阮元：《十三经注疏·礼记正义》卷三四《文传》，北京：中华书局 2009 年版，第 3268 页。

变来的。孔子及其先世的经历本身，就是这个变化过程的很好的说明。《史记·孔子世家》说孔子曾经是宋闵公有继承权的嫡长子，他的曾孙还仍然是一个有相当地位的封建主，孔子父亲叔梁纥才降到了士的阶层。孔子不是长子，按照继承法，他只能当一名庶人了。但孔子掌握文化知识，他第一个打破了西周以来“官学”的一统天下，首创私学，实行“有教无类”的原则，培养了大批的士。随后是墨子及其弟子，是又一批士。

孔子是继周公之后的又一位伟人。孔子一生从政时间很短，在政治上是不得志的，他的主要精力都花在办教育上。他的教育思想，连在政治上对他持否定态度的人都给予充分肯定，至今仍然具有强大生命力，

比如，《论语》的开头，开宗明义谈学习：“学而时习之，不亦说乎？”朱熹说：“既学又时时习之，则所学者熟，而中心喜悦，其进自不能已矣。”[①]把“学”与“时习”结合起来谈，符合现代教育学原理，具有理论思维的意义。

孔子多次讲到学习态度问题，他说：“不患人之不己知，患其不能也。”[②]学习在于增进自己的才能，不在于人家了解不了解你；在于知人，不在于被人知道。知人，才能“见贤思齐焉，见不贤而内自省也”[③]。孔子还说：“三人行，必有我师焉，择其善者而从之，其不善者而改之。”[④]这是从友中求师的意思，把朋友当成老师，谈起朋

① [宋]朱熹：《四书章句集注·论语集注》卷一《学而》，北京：中华书局 1983 年版，第 47 页。

② [宋]朱熹：《四书章句集注·论语集注》卷七《宪问》，北京：中华书局 1983 年版，第 156 页。

③ [宋]朱熹：《四书章句集注·论语集注》卷二《里仁》，北京：中华书局 1983 年版，第 73 页。

④ [宋]朱熹：《四书章句集注·论语集注》卷四《述而》，北京：中华书局 1983 年版，第 98 页。

友就想起学习。治学，要有正确的态度，然后才是学习方法，这个思想，也很有借鉴意义。

又比如，至于学习方法问题，孔子说："学而不思则罔，思而不学则殆。"①学习而不加思考，就会越学越糊涂；思考而不去读书学习，也是徒劳无益的。这种把学与思结合的理论，也很有参考价值。

孔子"学而优则仕"带有向世袭制挑战的意义。西周以来一直凭血缘当官，孔子提出"学而优"作为当官的前提条件，第一次把人才教育同政治需要联系起来，这当然是个大的进步。《论语·述而》说："自行束脩以上，吾未尝无诲焉。""束脩"是十条小肉干。只要送十条小肉干作为进见礼，即可以为弟子，这是平民也可以做到的。钱穆、侯外庐、任继愈等学者，都认为孔子的弟子主要来自平民，也就是孔子把教育推广到了一般平民，这是划时代的了不起的大事。

孔子有这样的办学思想，又有他本人的身体力行，他的学生，学生的学生，学生的学生的学生，便形成了一个新兴的士阶层。

这个新兴的士阶层有哪些主要特征？

> 行己有耻，使于四方，不辱君命，可谓士矣。②

> 士而怀居，不足以为士矣。③

---

① [宋]朱熹：《四书章句集注·论语集注》卷一《为政》，北京：中华书局 1983 年版，第 57 页。

② [宋]朱熹：《四书章句集注·论语集注》卷七《子路》，北京：中华书局 1983 年版，第 146 页。

③ [宋]朱熹：《四书章句集注·论语集注》卷七《宪问》，北京：中华书局 1983 年版，第 148 页。

士志于道，而耻恶衣恶食者，未足与议也。①

志士仁人，无求生以害仁，有杀身以成仁。②

从孔子的这些话里，我们可以看出，他认为士应当具有的品格是：

1.对自己的行为要有羞耻之心；

2.被派到任何地方上，都能完成君主交给的任务；

3.不要留恋家乡，要志在四方；

4.要有志于真理，不要以吃穿不好为耻；

5.不要贪生怕死，应当为仁的原则勇于牺牲。

士中有以商业致富者，如子贡，但多数是穷困的，《史记·仲尼弟子列传》说：

子贡相卫，而结驷连骑，排藜藿，入穷閰，过谢原宪。宪摄敝衣冠见子贡，子贡耻之，曰："夫子岂病乎？"原宪曰："吾闻之，无财者谓之贫，学道而不能行者谓之病。若宪，贫也，非病也。"子贡惭。

又如：孔子尝谓颜回曰："家贫居卑，胡不仕乎？"对曰："有郭外之田五十亩，是以给馏粥；郭内之田十亩，足以为丝麻；鼓琴足以自

① [宋]朱熹：《四书章句集注·论语集注》卷二《里仁》，北京：中华书局1983年版，第71页。

② [宋]朱熹：《四书章句集注·论语集注》卷八《卫灵公》，北京：中华书局1983年版，第163页。

娱；所学夫子之道者，足以自乐，回不愿仕。”①

颜回是孔子最欣赏的弟子，他赞叹道：

> 贤哉！回也。一箪食，一瓢饮，在陋巷，人不堪其忧，回也不改其乐.贤哉，回也！②

这样看来，士阶层，就其多数人来说，是当时社会上最优秀的分子。也许孔子把他的门人们说过头了。但不管怎样，他们不再依靠血缘关系往上爬了。他们有自己的理想，凭着自己的本领为理想而工作，并在自己的社会实践中形成了我国古代文化人特有的精神气质。士阶层当然也有阶级的和时代的局限，他们身上也有不少属于糟粕的东西。但他们的好东西、进步的东西占主导地位是应当肯定的。《孟子·梁惠王》注“无恒产而有恒心者，唯士为能”就是这样。

我国古代出现并形成士阶层，是一个巨大的历史进步。因为他们打破了完全依靠血缘继承的世袭制，人的聪明才智在历史舞台上闪光的机会大大增加了。

至于孔子本人的政治态度，依我们看，他想方设法地维护西周以来的封建宗法等级秩序，是很自然的事。西周取代殷商，是封建领主制取代奴隶制，是一个大的飞跃，必然在经济文化上取得新的发展，出现一番欣欣向荣的气象；而到春秋时期，虽然铁制农具孕育着新的生产关系，但从现象上看，是连年的争战和原来有秩序的社

---

① [宋]朱熹：《四书章句集注·论语集注》卷一一《雍也》，北京：中华书局 1933 年版，第 386 页。

② [宋]朱熹：《四书章句集注·论语集注》卷三《雍也》，北京：中华书局 1983 年版，第 87 页。

会生活的破坏。所以孔子说:“周监于二代,郁郁乎文哉!吾从周。”①孔子的这个政治态度,使他的思想往往不是向前看,而是向后看。但同时,作为伟大思想家,他对很多问题的看法,要比同时代人更深刻,更能启发人,这是他的思想有强大生命力,对后代影响深远的原因之一。比如,他说:

政者,正也,子帅以正,孰敢不正!②

其身正,不令而行;其身不正,虽令不从。③

当仁不让于师。④

君子耻其言而过其行。⑤

君子之过也,如日月之食焉;过也,人皆见之;更也,人皆仰之。⑥

---

① [宋]朱熹:《四书章句集注·论语集注》卷二《八佾》,北京:中华书局1983年版,第65页。

② [宋]朱熹:《四书章句集注·论语集注》卷六《颜渊》,北京:中华书局1983年版,第137页。

③ [宋]朱熹:《四书章句集注·论语集注》卷七《子路》,北京:中华书局1983年版,第143页。

④ [宋]朱熹:《四书章句集注·论语集注》卷八《卫灵公》,北京:中华书局1983年版,第168页。

⑤ [宋]朱熹:《四书章句集注·论语集注》卷七《宪问》,北京:中华书局1983年版,第156页。

⑥ [宋]朱熹:《四书章句集注·论语集注》卷一〇《子张》,北京:中华书局1983年版,第192页。

不义而富且贵，于我如浮云。①

这些思想，在两千多年后的今天，仍然闪烁着真理的光辉，有很大的借鉴意义。

当翻阅三代史料时，我们看到，我国的封建制度和文化在形成的那个年代，在很多方面还是积极的，我们应当给予实事求是的评价。事实上，一种新的社会制度，在它建立的初期，连同随之形成的文化形态，都应当是有朝气的，有生命力的。只是到了后来，才逐渐变成了消极的，腐朽的，反动的。我们不好对我国古代制度和文化采取绝对肯定和绝对否定的态度，而首先应当进行具体深入的研究。本着这样的想法草成此文，恭候同行师友的指教。

① [宋]朱熹：《四书章句集注·论语集注》卷四《述而》，北京：中华书局 1983 年版，第 97 页。

燕召公事迹述略

迄今所见燕召公事迹和有关论述很少。查史学论文索引，有董作宾先生《召公》一文，载《国史上的大人物》。现就史籍记载整理如下：

燕召公，与周王同姓姬，名奭，是燕国的始祖。《史记·燕召公世家》说，奭始食于召，故曰召公，召地在岐山之阳（今陕西岐山县西南）。周武王灭掉商纣之后，又封召公于燕，辖今河北北部和辽宁西端。都蓟（今北京城西南）。

周成王时，召公与周公同居三公之位，召公为太保，周公为太师。陕地（今河南陕县）以西，由召公掌管；陕地以东，由周公掌管。召公把西部地区治理得很好，得到那里老百姓的拥护。他到各地乡邑去巡视，遇有一棵甘棠树，他就在那树下办公，审理狱案，决断官司，处理各种政事。从有封爵的贵族到平民都各得其所，安排得十分妥当，大家都很满意。召公去世后，老百姓思念他，怀念他的政绩，也怀念那棵甘棠树，不忍砍伐它，还编了歌、作了诗，来寄托对他的感情。《诗经·召南》中的《甘棠》，就是歌颂他的一首诗：

蔽芾甘棠，
勿翦勿伐，
召伯所茇。

蔽芾甘棠，
勿翦勿败，
召伯所憩。

蔽芾甘棠，
勿翦勿拜，
召伯所说。

译成现代汉语：

枝叶茂密的甘棠啊！
莫剪它呀莫砍它，
召伯曾留宿在树下。

枝叶茂密的甘棠啊！
莫剪它呀莫折它，
召伯曾休息在树下。

枝叶茂密的甘棠啊！
莫剪它呀莫折它，
召伯曾停歇在树下。

见树思人，触景生情，虽是三个句子的反复吟唱，却生动地反映了人们对召公的尊敬、爱戴和思念。

周成王刚即位时，由于他年纪很小，由周公摄政，代行国事，为此，召公曾对他产生过怀疑。周公也感到召公对自己的怀疑和不满，于是作《君奭》一文，此文收入《尚书》。

《君奭》实际上是周公对召公的诰词。全文大体上分为三部分。

第一部分讲守业的艰难，“天降丧于殷，殷既坠厥命”，应当从殷的灭亡中吸取历史教训。周公说，我们周朝建立后，是“永孚于休”（休，美也），还是“终出于不祥”，还很难说。他认为这其中有天的因素也有人的因素；我们不能安于天命，而应当看到“民罔尤违，惟人”，老百姓不会无缘无故地产生怨恨，事情是人做的，事在人为。同时还要发扬文王的好传统，使事业久远。

第二部分讲辅佐大臣的重要性。周公说，商汤之时，伊尹辅佐，德配于天；大戊之时，伊陟辅佐，功达上帝。祖乙时有巫贤，武丁时有甘盘。正因为有了这样的贤臣，才安定和治理了国家，建立了辉煌的业绩，使殷朝统治了很多年。现在，我们的任务好像是涉渡大河，成王年幼，只有我们两个年长的人承担起责任。为此，我们要和睦相处，努力做事，希望你要心胸开阔，相信我绝不是为了自己。

第三部分进一步讲“鉴于殷丧大否”，我们二人必须和衷共济，成就辅佐成王的功业。周公语重心长地说：“奭啊，我是非常相信你太保奭的，希望你重视我所说的这些话。”

诰词语言恳切，又证以殷周历史，召公看了很高兴，消除了怀疑和不满。

据《史记·周本纪》记载，周成王晚年病重，自觉不久于人世，担心太子钊不能胜任王位，于是命召公和毕公辅佐太子钊。成王死后，召公和毕公率诸侯请太子钊参拜先王太庙，申以文王、武王大业来之不易，告诫他一定要节俭，兢兢业业地治理国家，切勿多欲，并作了约束太子钊的《顾命》（见《尚书》）一文，才立太子钊为周康王。

《顾命》一文的主要内容，是讲周成王的临终遗嘱，遗嘱说：呜呼！疾大渐，惟几，病日臻。既弥留，恐不获誓言嗣，兹予审训命汝。昔君文王、武王宣重光，奠丽陈教，则肄肄不违，用克达殷集大命。

在后之侗，敬迓天威，嗣守文武大训，无敢昏逾。今天降疾，殆弗兴弗悟。尔尚明时朕言，用敬保元子钊，宏济于艰难，柔远能迩，安劝小大庶邦。思夫人自乱于威仪，尔无以钊冒贡于非几。

用今天的话来说，就是：唉！我的病加重了，已经到了危险的程度。在这临终的时候，我怕你们得不到我的遗言去约束嗣王，所以我要审慎地命令你们。昔日文王武王的政绩光照四方，制定了法律和教令，因事事不违背那些法律和教令，才消灭殷朝，成就了我们的大业。那以后，年幼的我敬畏上天的威严，严格遵守文王武王的训示，不敢妄为。现在天降疾病于我，几乎不能起床了，你们要记住我的遗言，用爱心辅佐我的长子钊，度过这艰难的日子，并以友好的态度对待远近臣民和大小庶邦。人能自治，都是因为有一定的威仪，你们不要使嗣子钊陷于非礼啊！

另外，这篇诰词还讲了当时礼仪上的一些规定及兵卫的一些情况。

据《史记》记载，周康王还是遵循了先王的教导的，“成康之际，天下安宁，刑错四十余年不用”。康王在位期间，他的统治显然取得了很大成功。

《史记》还说，西周初年，周公制定了周朝的典章制度和一系列政策，成王康王相继推行了这些制度和政策，使政局走向稳定，经济出现繁荣，所以后人把这段历史称为“成康之治”。召公是仅次于周公的大臣和政治家，他辅佐了成康两代周王，他对当时国家的贡献是巨大的。

召公作为燕的始祖，是如何治理燕国的呢？抑或与周公虽封于鲁而未到鲁国去一样，他根本没到燕地去，而让儿子去当了封国实际上的始祖？我们没有找到这方面的文字记载。

据悉，我国考古学家正在发掘燕国古都的文物，我们期待着那里面有关于燕召公的珍贵资料。

老子及其思想

人们都说，儒、道、释是构成中国传统文化的三大文化系统，老子是先秦道家学派的创始人。但先秦并没有道家这个名称，道家的称呼是从汉初司马谈著《论六家要旨》开始的。近年来，老子思想不仅成为国内学者讨论的热点之一，而且引起了国外学术界的注目。以英国著名科学史家李约瑟为代表的国外学者高度评价了老子思想及其对现代世界的意义。西方人以崇敬的口气谈论我国古代圣贤，这是我们的光荣。先秦诸子是我国历史上第一批光芒四射的思想家，老子是其中最耀眼的几位伟大思想家之一。

孔子心目中的龙

老子，一般认为是春秋晚期的思想家，生卒年代稍早于孔子。《史记》上说他是楚地苦县（今河南鹿邑县）人，姓李名耳，字聃，当过东周王室管理图书的官吏。他作了一部五千言的书《老子》，又称《道德经》。也有人认为老子是战国时代的人。但先秦典籍，如《庄子》《荀子》《韩非子》《吕氏春秋》，以及《墨子》，从不同角度描述的老子，有一个大致相同的轮廓，这些学派都没有怀疑过老子在孔子之前或与孔子同时的说法。以考证严谨著称的司马迁也说孔子曾向老子请教过。这说明,老子是春秋晚期人的说法,是有相当充分的根据的。

司马迁还特别记载了孔子去见老子的情形和孔子对老子的印象。《史记·老子列传》说:孔子曾到老子那里去请教关于礼的人和事,老子说:"你所说的人,他的骨头已经腐朽了,他的言论还在。一个人遇到机会可以当官坐马车,遇不到机会就像蓬蒿一样飘荡。我听说善于经营的商人会把宝货藏起来,君子身有盛德,他的容貌却显得很傻。要去掉骄气和姿色,不要那么多欲望,因为这些东西对你没有好处。我要告诉你的就是这些。"老子没有回答孔子的问题,却给孔子讲了一通人生哲理。孔子问礼的内容史无记载,但从老子讲的人生哲理中,可以看出老子站得很高,看得很远,比儒家豁达多了,超脱多了,追求的层次也高多了。所以孔子后来给他的弟子们谈对老子的印象时说:"鸟,吾知其能飞;鱼,吾知其能游;兽,吾知其能走……至龙,吾不能知,其乘风云而上天。吾今见老子,其犹龙邪!"老子是"乘风云而上天"的龙,高深莫测,非常人可比,伟大得让人捉摸不透。

《老子》的成书,是经过了一段时间以后的事,它和其他先秦典籍一样,是经过其学派的弟子们抄、录、补充、加工而成的。所以孔子不可能看到《老子》一书,不可能对老子其人有一个全面的了解。

《老子》一书,内容博大精深,不仅对中国传统文化的形成起着不可替代的作用,而且对人类思维科学的发展具有十分重要的理论意义。

形上学和无神论

作为我国古代的一个重要学派,道家最大的特点是讲道。

老子讲的道,是一个多层次的概念。《老子》一书中,道字共出现过 74 次,有时指宇宙万物的本源,如“有物混成,先天地生”(25 章),“道生一,一生二,二生三,三生万物”(42 章);有时指事物的普遍规律,如“天之道”“人之道”(77 章);有时指自然界的运动,如“独立而不改,周行而不殆”(25 章);有时指一种理想境界,如“生而不有,为而不恃,长而不宰”(10 章),“功成而弗居”(2 章);有时指“言说”,如“道可道,非常道”中的第二个道字。但在多数情况下,它似乎还是指宇宙万物的本原或相对宇宙万物的一个抽象概念或规律。

老子说,道是不可感知的,“绳绳不可名,复归于无物,是谓无状之状,无物之象,是谓惚恍”(14 章)。这里的“绳绳”,作渺茫解,说的是道渺茫得难以形容,它无形无象,是一种无状态的状态,因为见不到它的形体,所以叫作“惚恍”。《老子》第 21 章进一步描述了道的无形无象的特点:道之为物,惟恍惟惚。惚兮恍兮,其中有象,恍兮惚兮,其中有物;窈兮冥兮,其中有精。

这是说道虽然看不见,无法感知,但它确实存在。由此,老子引出了“有”和“无”的概念。《老子》第 1 章说:道可道,非常道;名可名,非常名。无名,天地之始;有名,万物之母。故常无欲,以观其妙;常有欲,以观其徼。此两者同出,异名同谓,玄而又玄,众妙之门。

这段话的意思是说,可以说出来的不是永恒的道,可以叫出来的名不是永恒的名。无是天地之始,有是万物之母。无和有指的是一个东西,只是名称不同罢了。对老子说的有和无,冯友兰先生解释说:

“有”是一个最概括的一个名,因为最概括,它就得是最抽象……它只能有一个规定性,那就是“有”。“有”就是存在。一切事物,只有一个共同的性质,那就是存在,就是“有”。……但是,没有一种只存在而没有任何其他规定性的东西,所以极端抽象的“有”就成为“无”了。这就是“异名同谓”。“有”是它，“无”也是它。①

到目前为止，对“有”和“无”这两个范畴，好像还没有超过冯先生的这个解释。

老子还以道为“朴”，“朴”分散了，就变成了“器”。“道常无名，朴”(32 章)，“朴散则为器”(28 章)。这里的朴，也就是道。道是无形的，器是有形的、具体的。《易经》说的“形而上者谓之道，形而下者谓之器”②，大有可能是来源于老子。魏晋玄学进一步阐述了这一思想。后来这一思想融进理学。理学放弃了“无”的范畴而用“理”代替它，从而继承和发展了老子的形上学传统。可见，在先秦时代，老子的抽象思维已经达到相当高的水平。

有的著作说，老子时代，包括老子在内，还没有那样高的抽象能力。我们以为不然。春秋晚期，矛盾激烈复杂，孔子总结夏、商、周三代的文化成就，创立了儒家学派，奠定了中国封建社会的思想理论基础。老子按照自己的思维方式，批判三代文化，指出了儒家学说的弊病，提出“道”“道法自然”“有”“无”等概念，进行高层次的抽象思维，是完全可能的。老子和孔子是那个时代天才的思想家，作为中国人的祖先，他们的思维方式当然具有中国人的特点，但他们的思维能力丝毫不低于古希腊的柏拉图们。

老子讲的道，还有一个特点，就是“道法自然”。《老子》一书中的自然观有时比较模糊，其中有些地方容易使人产生歧义。但其“道法自然”的思想却清晰地表明了他的无神论观点。

春秋时期，随着社会的变动，对上天的信仰、对鬼神的迷信动摇

① 参见冯友兰《中国哲学史新编》第二册，北京：人民出版社 1964 年版，第 46—47 页。

② [清]阮元：《十三经注疏 · 周易正义》卷七《系辞》，北京：中华书局 2009 年版，第 171 页。

了。春秋末年,孔子明确指出:“敬鬼神而远之。”①“祭如在,祭神如神在。”②“未能事人,焉能事鬼?”③表示怀疑鬼神的存在。鲁迅先生说:“孔丘先生确是伟大,生在巫鬼势力如此旺盛的时代,偏不肯随俗谈鬼神。”④

如果说孔子已经怀疑鬼神的存在,萌发了无神论思想的话,那么老子的无神论倾向就十分鲜明了。老子说:“人法地,地法天,天法道,道法自然。”(25 章)这里的自然,意思是自然而然,是自己如此,不是一个主宰和别的什么力量使之然。“天”的绝对权威没有了,“道”凌驾于“天”之上,而道又是法自然的。自原始社会以来,“天”一直是一种至上的神,人们把人间的吉凶看成是天意的体现。老子的“天法道,道法自然”的意思,是对天命神学的一种巨大的冲击。老子反对用鬼神迷信作为统治人民的手段,认为迷信鬼神只会给人民带来危害,应当用道法自然的思想消除对鬼神的迷信。他说:“以道莅天下,其鬼不神,非其鬼不神,其神不伤人,非其神不伤人,圣人亦不伤人。”(60 章)意思是说,用自然无为的道来治理国家,鬼起不了作用,神也不能伤人,鬼神不伤害人,圣人也就不能伤害人。老子反对天命和鬼神迷信的思想,为中国文化的无神论传统奠定了理论基础。

---

① [宋]朱熹:《四书章句集注·论语集注》卷三《雍也》,北京:中华书局 1983 年版,第 89 页。

② [宋]朱熹:《四书章句集注·论语集注》卷二《八佾》,北京:中华书局 1983 年版,第 64 页。

③ [宋]朱熹:《四书章句集注·论语集注》卷六《先进》,北京:中华书局 1983 年版,第 125 页。

④ 鲁迅:《再论雷峰塔的倒掉》,《鲁迅全集》第 1 卷,北京:人民文学出版社 1956 年版。

无为政治

老子在政治上提出的指导思想，最重要的就是“无为”，或称“无为政治”。老子认为，宇宙万物最根本的运动形式和法则就是“道”，道存在于宇宙万物又无形无象，无法看到和触摸到。老子看待宇宙万物的总原则是“人法地，地法天，天法道，道法自然”。那么，把这一思想运用于人类社会，就是让人间的一切自然而然，不用进行干预，无须制定那么多制度、礼仪和法令，让政治和自然界一体化。这就是无为政治。

老子认为，统治者“有为”，是产生种种弊病的根源。《老子》第57章说：

> 天下多忌讳而民弥贫；民多利器，国家滋昏；人多技巧，奇物滋物；法令滋彰，盗贼多有。

天下的禁令越多，人民越陷于贫穷；民间的武器越多，国家越混乱；人们的技术越巧，奇怪的奢侈品越多；法令越多，盗贼也就越多。而这一切，多来自统治者，统治者干扰越多，老百姓就越无法安居乐业。“民之饥，以其上食税之多，是以饥。民之难治，以其上之有为，是以难治。民之轻死，以其上求生之厚，是以轻死。”（75章）要消除这些弊病，老子认为必须“处无为之事，行不言之教”（2章）。“我无为而民自化，我好静而民自正，我无事而民自富，我无欲而民自朴”（57章）。之所以如此，是因为：“天之道不争而善胜，不言而善应，不召而自来。”（73章）“天道无亲，常与善人。”（79章）“天长地久，天地所以能长且久者，以其不自生，故能长生。”（7章）“后其身而身先，外其身而身存。非以其无私邪？故能成其私。”（7章）“为无为，则无不治。”(3 章)“无为而无不为。”(48 章)《老子》一书中的这些话,都是讲无为政治,用“无为”的态度对待社会,对待人生,顺其自然,却能“长生”“成其私”,得到“无不为”的最好结果。也就是以“无为”的方式表现出来,达到“无不为”的目的。

老子的无为政治,不仅是一个总的政治原则和指导思想,而且是一种具体政策。比如,他要求统治者减少政事活动,“去甚,去奢,去泰”(29 章),也就是去掉那些极端的、过分奢侈的东西。“朝甚除,田甚芜,仓甚虚,服文彩,带利剑,厌饮食,财货有余,是谓盗夸,非道也哉!”宫殿很整洁,农田很荒芜,仓库很空虚,却穿着华丽的衣服,佩戴着锋利的宝剑,吃着精美的饮食,占有过多的财富,这不就是强盗头子吗?这是完全违背道的呀!老子提出:“我有三宝,持而保之。一曰慈,二曰俭,三曰不敢为天下先。”(67 章)这是告诫统治者:已居统治地位的人,就不要处处显示自己,以贤能自居,而要谦虚、退让,不然,事事走在前面,就会脱离周围的人,陷于孤立。

老子“无为政治”最形象的说明是“治大国若烹小鲜”(60 章)。小鲜指小鱼。这里是把治理大国比作烹小鱼,是说烹小鱼不可多翻动,治大国不可过分干扰老百姓,不可政令繁苛,否则会引起混乱;只有顺着民心,自然而然地去办事,才能把国家治理好。

老子实行无为而治的一个重要策略是“不争”:“以其不争,故天下莫能与之争。”(66 章)与众人不争,是达到自己目的的另一种手段。《老子》一书中很多地方赞扬水,说水最具有不争的品格,“上善若水,水善利万物而不争,处众人之所恶,故几于道”(8 章)。最高的善像水一样,它帮助万物与之不争,处在众人所最不喜欢的地方,所以它最接近道。

按照老子的意思,这种不争方式可使对方也不争。“善者吾善之,不善者吾亦善之,德善。信者吾信之,不信者吾亦信之,德信。”(49 章)这是“报怨以德”(63 章)。这种方式,一般人是难以做到的,有高尚修养、心胸开阔的人做到如此宽容，在一定条件下会有好的效果。但争与不争是双方的事，不是一方的事，虽如此，可一方不争了，退让了，或满足了对方的要求，对方还会永远无休止地争下去吗？

不以智治国，“将以愚之”，也是老子无为政治的重要内容。《老子》第 65 章说：

古之善为道者，非以明民，将以愚之。民之难治，以其智多。故以智治国，国之贼；不以智治国，国之福。

这是指要去掉老百姓的巧诈之心，使之归于自然纯朴。如果统治者以智治国，用功利引诱百姓，用法令和礼仪约束他们，他们就会变得狡诈，弄虚作假，自欺欺人。这与第 19 章说的“绝圣弃智”“绝仁弃义”“绝巧弃利”是一致的。但这种主张很明显也是一种愚民术。不教人民聪明，而教人民愚昧，说人民难治是因为他们知识太多了，所以用智治国是国家的灾难，不用智治国是国家的幸福。这不正是历代封建王朝所推行的愚民政策吗？

《汉书·艺文志》说：“道家者流，盖出于史官，历记成败存亡祸福古今之道，然后知秉要执本，清虚以自守，卑弱以自持，此君人南面之术也。”这是画龙点睛之笔。不管老子怎么说，他是在研究治国的谋略，是在给统治者出谋划策，提出统治权术。愚民政策是这样，其他无为政策也是这样。关于这一点，《老子》第 74 章说得更明确：

民不畏死，奈何以死惧之。若使民常畏死，而为奇者，吾得执而杀之，孰敢？

这两句话，如果只看前句，是说老百姓不怕死；如果和后面一句连起来意思就是:老百姓不怕死,用死威胁他们有什么用?如果老百姓怕死,把那些为非作歹的抓起来杀掉,谁还敢再闹腾?这是告诫统治者不要用杀人的办法对付老百姓,因为杀人不能真正达到统治老百姓的目的,而要使老百姓安居乐业。

安居乐业者一般都不会铤而走险,当人们变得怕死时,你再杀一儆百,事情就好办了。

小国寡民

老子的理想社会是"小国寡民"。《老子》第80章说:

> 小国寡民,使有什伯之器而不用,使民重死而不远徙。虽有舟舆,无所乘之;虽有甲兵,无所陈之。使人复结绳而用之。甘其食,美其服,安其居,乐其俗,邻国相望,鸡犬之声相闻,民至老死不相往来。

理想的社会是国家要小,人要少。即使有各种器具也不使用。人民不冒生命危险向远方迁移;虽有车船也没有地方使用;虽有武器也没有地方陈列。使人民再用古代结绳的方法记事。吃得香,穿得好,住得舒适,过得习惯,邻国能相互看见,鸡犬之声能互相听见,老百姓直到老死也不互相往来。老百姓自然纯朴,统治者不再贪婪,没有压迫和剥削,没有战争和掠夺,大家都无知无欲,也没有技术和文化,混混沌沌地过日子。

春秋以来,随着社会的进步和各种矛盾的展开与尖锐化,孔子总结周公制礼以来的典章制度,提出了处理社会关系的一套伦理规范,就是仁、义、礼、忠、信,这应当看成是进步的表现。对此,《老子》进行无情的批判,说儒家那一套伦理规范破坏了道,乱了天地万物之本。“夫礼者，忠信之薄而乱之首”（38 章）。因此，主张通通抛弃，把“小国寡民”当成自己的理想社会。

老子主张的“小国寡民”带有复古或者倒退的色彩，反映在对当时社会的态度上，是消极的和保守的。但很难说是主张回到原始社会去。这种态度，更多的是对现实的一种反映，是一种精神的寄托或价值的追求。老子面对春秋争霸引起的战乱、抢掠，以及种种罪恶现象，面对老百姓生活的艰难和绝望，他幻想出了一个无忧虑、无争斗、无欺诈的平和安详的乌托邦。人类社会的进步总是伴随着复杂的斗争，礼仪和文化是社会进步的重要标志之一。老子批判在神圣礼仪掩盖下的卑劣行为是应当肯定的，但抛弃礼仪和文化就会走向另一个极端。他的理想社会只能是一种幻想。

辩证法思想

《老子》一书中包含着丰富的辩证法思想，它是中国传统文化中辩证法的重要来源。

老子看到事物存在不是孤立的，而是互相依存的。他认为无有、大小、生死、美丑、难易、长短、高下、前后、损益、刚柔、强弱、祸福、荣辱等，都是对立的统一。他说：“天下皆知美之为美，斯恶矣。皆知善之为善，斯不善矣。故有无相生，难易相成，长短相形，高下相倾，音声相和，前后相随。”（2 章）老子还看到事物无不向着它的对立面转化的规律。“祸兮福所倚，福兮祸所伏。”（58 章）人们不必遇上坏事就悲观失望，因为坏事往往会带来好事；也不要遇上好事就忘乎所以，因为其中往往潜伏着坏事。基于这一认识，老子主张贵柔守雌，人最好经常处在柔弱的地位，以保持其走向胜利的势头。

《老子》第 22 章说：

曲则全，枉则直，洼则盈，敝则新，少则得，多则惑。

大意说：能受委屈才能得到保全，能受冤枉反而伸直，卑下反而充盈，破旧反而能新奇，少取反而多得，多得反而迷惑。

老子从事物无不向着对立面转化的观点出发，认为不仅要善于等待，而且还应当创造条件促进这种转化。第36章说：

将欲歙之，必固张之；将欲弱之，必固强之；将欲废之，必固兴之；将欲夺之，必固与之，是谓微明。

就是说，要想收敛它，必须暂时扩张它；要想削弱它，必须先暂时加强它；要想废掉它，必须暂时兴起它；要想夺取它，必须先暂时给予它。这种办法，可作为暂时弱小者战胜强大敌人的武器。

在一般人看来，总是刚强好，老子的看法一反常人的观点，认为刚强意味着走向死亡。“人之生也柔弱，其死也坚强……兵强则不胜，木强则拱。强大处下，柔弱处上”(76章)。“强梁者不得其死”(42章)。天下最柔弱的东西莫过于水，但水能克服最坚硬的东西。老子的这种思想，来源于他的道法自然和无为而治，只有无为才能无不为，才能以柔克刚，才能无往而不胜。

继承老子思想的西汉时期著作《淮南子》，其中的《人间训》有一个“塞翁失马”的故事，很能说明老子关于事物无不向着对立面转化的思想。说是边塞上有一个善于术数的人，他家的马跑到匈奴那边去了，人们都去安慰他。他的父亲却说：“这难道不是一件好事吗?”几个月后，他的马带着一匹胡地骏马回来了。人们又去祝贺他，他的父亲说：“这难道不是一件坏事吗?”他家很富有，又得了骏马，他儿子喜欢骑马，有一次从马背上摔了下来，折断了大腿。人们又去慰问他，他的父亲又说：“这难道不是一件好事吗?”过了一年，匈奴大举进攻边塞，青壮年都拿起弓箭和敌人作战，靠近边塞的人战死了十分之九，他的儿子却唯独因为腿跛没有参战，父子得到保全。由此，作者感叹说："故福之为祸，祸之为福，化不可极，深不可测也。"

但老子的辩证法也有明显的缺陷，他在谈事物转化时，离开转化的条件。实际上，柔能克刚，刚也能克柔，不管谁克谁，都有一定的条件。离开了条件，就不可能真正讲清楚事物的转化。

养生之道

自古以来，人人都希望长寿。《老子》一书，对养生之道也给予关注，提出了不少养生方法，对后世影响很大。

在老子看来，人生到处埋伏着危险，好好活着的途径仅占十分之三(50 章)，应处处小心谨慎；要想不进入危险的范围，只有按照"道法自然""无为而治"的原则去做。《老子》第 51 章说：

> 道生之，德养之……生而不有，为而不恃，长而不宰，是谓玄德。

道使万物生长，德使万物繁殖……但道生养了万物而不据为己有，推动了万物而不以为自己尽力了，长于万物而不制裁它们。这是最深远的德。人们为了保护自己，也应当这样，"后其身而身先，外其身而身存"(7 章)。只有不去争名逐利，谦恭居后，才能得到大家的尊敬；只有把生死置之度外，才能保护自己而使生命安全。反过来说，如果去追逐名利，享受声色，就会给自己带来灾难。《老子》第 12 章说：

五色令人目盲，五音令人耳聋，五味令人口爽（伤），驰骋畋猎令人心发狂，难得之货令人行妨。

最后的“行妨”二字指盗窃、抢掠行为。追求名利和物质享受就会眼瞎、耳聋、坏口味、发狂、又偷又抢又掠夺，这不就彻底完蛋了吗！

为了使身体健康，老子主张“营魄抱一”“专气致柔”“涤除玄览”（10章）。也就是精神与身体合一，专精守气，致力柔和，清除杂念，进入静观状态。为此，人应当做到“塞其兑，闭其门”（52章），也就是闭塞知识的大门，“绝学无忧”（20章），“见素抱朴，少私寡欲”（19章），做一个无求无知、无欲无忧的人。

《老子》一书还讲到“房中术”，即男女之间的性生活。根据“道法自然”的思想，深受老子影响的《抱朴子》内篇《释滞》说：

人复不可都绝阴阳，阴阳不交，则坐致壅阏之病，故幽闭怨旷，多病而不寿也。

也就是男女交合是自然的要求，有益身体健康。但按照老子“少私寡欲”的思想，男女之事应当有节制，有节制才能延年益寿。《汉书·艺文志》载：房中术有八家，“房中者，乐而有节，则和平寿考。及迷者弗顾，以生疾而陨性命”（186卷）。这与老子的主张是一致的。

东汉出现的假借老子名义、吸收老子“清静无为”思想的道教所讲的修炼，主张吃饭由三餐改为二餐一餐，适应一个时期后则以饮水服气为主，同时服用一些白术、山药、茯苓、大枣等；又讲“收心”“虚心”“安心”“心不染”“神不散”“离乎万境”；还讲父母给的“先天气”，自己的“后天气”，自然界的自然之气，用修炼呼吸“吐故纳新”，以达到使身体“诸疾不生，永除后患，老而不衰”。这些说法也都与老子思想的影响有一定关系。

道家与道教

老子是中国古代伟大的思想家、哲学家，是道家学说的创始人，但不是宗教家。《老子》一书是深邃的学术著作，但不是宗教经典。产生于东汉的道教是宗教，有教派组织、教义、教徒、宗教仪式、教规，是唯一产生在中国的土生土长的宗教。但是，道教的首领却把死了已经六百多年的老子捧上了教主的宝座，上尊号为“太上老君”。

老子死后，有一批追随其学说的传人，代表人物是战国时期的庄子。庄子有《庄子》一书，其中《大宗师》一篇说：

> 夫道，有情有信，无为无形；可传而不可受，可得而不可见；自本自根，未有天地，自古以固存；神鬼神帝，生天生地；在太极之先而不为高，在六极之下而不为深，先天地生而不为久，长于上古而不为老。

这是对老子“道”的一个理论概括。和老子相比，庄子更加强调自然无为，同时开始表现出由早期道家向黄老之学的转变。

战国末期，全国统一成为大势所趋，思想领域也出现了“百家合流”的趋势。荀子企图以儒家学说为基础综合各家。韩非企图以法家学说为基础综合各家。道家企图以老子思想为基础综合各家。汉初经济凋敝，百废待兴，亟须休养生息，主张清静无为的道家学派成为统治思想。不过除老子外，汉初道家还把黄帝说成是身兼政治家和思想家的远古圣人，所以汉初道家称为黄老道家，或叫作黄老之学，直到汉武帝“独尊儒术”才衰落下去。

但汉武帝喜好神仙，方术之士十分活跃。两汉之际，谶纬兴起，迷信活动更加猖獗。东汉后期，社会危机加剧，农民以宗教形式进行反抗斗争，出现了“太平道”和“五斗米道”，是为早期道教。信徒们学《太平经》和《老子想尔注》，以老子为号召，于是老学与道教产生了联系。东晋葛洪在《抱朴子》和《杂应》篇中描绘了老子被尊为“太上老君”后的形象：

> 老君……姓李名聃……身长九尺，黄色，鸟喙（嘴）隆鼻，秀眉长五寸，耳长七寸，额有三理上下彻，足有八卦，以神龟为床，金楼玉堂，白银为阶，五色云为衣，重叠之冠，锋铤之剑，从黄童百二十人，左有十二青龙，右有二十六白虎，前有二十四朱雀，后有七十二玄武……见老君则年命延长，心如日月，无事不知也。

《登涉》篇还载有老君入山五符，说把这五符“以丹书桃板上……五十步内，辟山精鬼魅”。

这样的老君，当然不是凡人而是神仙了。

老子没有也不可能想到他死了六百多年以后会被尊为神仙。但《老子》一书的内容，也有它容易被宗教利用的地方。如书中讲的道，后人由于不能正确理解而往往加以曲解。《老子想尔注》说：“（道）散形为气，聚形为太上老君，常治昆仑。”又如《老子》讲的养生之道和道教讲的“长生成仙”也容易混为一谈。《老子想尔注》说：“奉道诚，积善成功，积精成神，神成仙寿。”老子思想和道教的这种联系，也是老学对后世影响的一个侧面。

老子思想的现代意义

前文提到有人认为中国传统文化缺乏抽象思维即形上学传统，这种看法如果就儒家文化而言，还是有道理的。儒家文化的核心主要体现为一种伦理精神，少思辨，不大涉及抽象思维。唐宋时期，儒、道、释三大文化系统融合，形成了理学。理学的一个最大特点就是严格区别形而上和形而下，理是形而上的抽象的东西，器是形而下的具体的东西。也就是说，理学把整个宇宙分成了形而上的理念世界和形而下的物质世界。理学的这种高度抽象的观念，正是来源于老子。老子的形而上学思想，至今对我们学习哲学，进行理论思维有很大启发。可以说，一部中国哲学史，如果缺少了从老子开始的形上学传统，简直不可想象。

老子主张清静无为，"不敢为天下先"，《老子》一书中处处可以找到与世无争的思想。鲁迅先生在《摩罗诗力说》一文中，对灾难深重的中国人民"哀其不幸""怒其不争"，批评了"不争"哲学。那么，老子的不争思想，在今天看来还有没有现实意义呢？

我们认为有。老子主张，人们生活在世界上，不应当以富贵为荣，不应当讲究烦琐礼仪，不需要那么多制度和法令，而应当是朴素无华、自然真实的。他反对争名逐利，反对贪图衣食丰美、装腔作势、矫揉造作。他认为，人们沉湎于物质，私欲恶性膨胀，不仅会给社会带来极大的危害，而且人们自身美好的自然天性也会丧失殆尽，整天在烦恼、痛苦、充满失落感、惶惶不可终日中过日子。老子的这种思想，在竞争越来越激烈、越来越讲究物质享受的今天，对培养我们淡泊名利、崇尚节俭、艰苦朴素的思想和作风，保持一种良好的心态，是有很大益处的。

老子道法自然的思想，对于今天保护人类生存环境也有很大的现实意义。如今，人类向自然界的索取越来越多，自然界作为人类自己的生存环境遭到了迅速破坏。可利用的水资源越来越短缺，河流的污染和岸边植被的破坏，空气的污浊，动植物的减少和种群的灭绝，酸雨，南北两极臭氧层出现的空洞……这一切，都是向人类生存发出的警报。

老子说，人们要做到道法自然，就应当“辅万物之自然而不敢为”(64 章)，也就是让万物自然发展而不去勉强它们。王弼在《老子注》中讲：“法自然者，在方而法方，在圆而法圆，于自然无所违也。”“道不违自然，乃得其性。”人们遵道而行，就应当成就自然界的自然本性，而不能任凭自己的意愿去蛮干。自然界本身有一个生态平衡问题，只有保持这种平衡，万物才能生存发展；破坏了这种平衡，不仅自然界，连人类本身也要受到惩罚。1972 年、1987 年、1992 年的联合国环境与发展会议，都大声疾呼：我们只有一个地球，我们应该觉醒了！人类是自然界的一部分，人类要生存和发展，必须同自然界和睦共处。

有的中国学者把老子看成是自然人道主义者或自然人文主义者。英国著名科学史家李约瑟更注意老子合乎科学的一面，把老学称为“科学人文主义”。英国剑桥达尔文学院研究员唐通(Tong B, Tang)认为，老子学说的目的“在于与自然订立协议，实现并维持和谐”，“指导人们与自然和谐”。日本学者汤川秀树则说：“早在二千多年前，老子就已经预见了今天人类文明的状况。”[①]这些说法，都是对老子思想现代意义的肯定。西方人如今也看到并高度评价了我们先人的智慧，我们感到高兴。

① 董光璧：《道家思想的现代性和世界意义》，载陈鼓应主编《道家文化研究》第 1 辑，上海：上海古籍出版社 1992 年版。

韩非的法治思想与人性学说

韩非是先秦法家的最大代表，在一段时间里曾被不恰当地抬得过高，但后来也出现过对他的法治思想几乎是全盘否定的意见。本文重提他的法治思想，是想同他的人性学说结合起来做一些分析，这样做是否对他更公平些？

韩非的法治思想强调君主专制，是他所主张的君主独裁专制论的重要组成部分，这是没有问题的。但是，要说从他“关于法的产生、运行过程和法的目的来看，他的法制是……地道的人治思想”，“是一种比儒家的人治更有害的主张”①就说过头了，说过火了。下面是我个人的一些看法。

首先，从立法，也就是法的产生的角度讲，韩非的确主张“君主立法”，继承了《管子·任法》关于“生法者君也”的说法。但是，君主立法不能随心所欲，他必须考虑诸多因素，其中很重要的一点就是“因民情”。《管子·形势解》说：“人主之所以令则行，禁则止者，必令于民之所好，而禁于民之所恶也。”《商君书·错法》：“人情好爵禄而恶刑罚，人君设二者以御民之志，而立所欲焉。”

韩非的立法主张与管子、商鞅相类似，他说：“今家人之治产也，

① 江荣海：《论韩非的人治思想》，《北京大学学报》1993年第1期。

相忍以饥寒，相强以劳苦，虽犯军旅之难，饥馑之患，温衣美食者，必是家也。相怜以衣食，相惠以佚乐，天饥岁荒，嫁妻卖子者，必是家也。故法之为道，前苦而长利，仁之为道，偷乐而后穷。圣人权其轻重，出其大利，故用法之相忍，而弃仁人之相怜也。”①韩非这段话的意思是说：君主立法，不仅要考虑“必令于民之所好而禁于民之所恶”，而且要考虑到老百姓的长远利益。他所说的那些“相忍以饥寒，相强以劳苦”的家庭遇到荒年也有温衣美食，那些“相怜以衣食，相惠以佚乐”的家庭遇到荒年就家破人亡的状况，即使生活在现代社会的人也很容易想象甚至亲身经历过。韩非又说：“今上急耕田垦草，以厚民产也，而以上为酷。修刑重罚，以为禁邪也，而以上为严。征赋钱粟，以实仓库，且以救饥馑，备军旅也，而以上为贪。境内必知介而无私解，并力疾斗，所以禽虏也，而以上为暴。此四者，所以治安也，而民不知悦也。”②

要富民强兵，要实行耕战政策，修刑重罚，征收赋税，力戒私斗，合力拼杀，这是国家的长远利益，韩非也认为是老百姓的长远利益，老百姓即使不理解不高兴也必须实行。“圣人之治民，度于本，不从其欲，期于利民而已。”③

其次，从司法，也就是从法的运行过程来看，认为韩非的法治即人治的作者说：虽然韩非提出了“法不阿贵”，但他主张君主游离于法外，更是十足的人治。下面我们从以下三个方面看看韩非关于司法的主张是不是十足的人治。

一是韩非主张明法，即法律要公开，要公布于众。《韩非子·难三》：“故法莫如显，而术不欲见。是以明主言法，则境内卑贱莫不闻

① 梁启雄：《韩子浅解》，北京：中华书局2009年版，第431页。

② 梁启雄：《韩子浅解》，北京：中华书局2009年版，第503页。

③ 梁启雄：《韩子浅解》，北京：中华书局2009年版，第516页。

知也。"公开了法律，老百姓就知道了，该做什么不该做什么，人们就有了自戒准绳。

二是主张任法，反对任智任贤任私。《韩非子·南面》说："人主使臣，虽有智能，不得背法而专制；虽有贤行，不得逾功而先劳；虽有忠信，不得释法而不禁。此之谓明法。"臣子们虽有智能、贤德和忠信，但不能依靠他们的智贤忠信，而必须依法办事。为什么呢，《韩非子·诡使》说："道私者乱，道法者治。上无其道，则智者有私词，贤者有私意。上有私惠，下有私欲，圣智成群，造言作辞，以非法措于上。上不禁塞，又从而尊之，是教下不听上，不从法也。"韩非认为，任智任贤任私会导致"下不听上，不从法"，因为"智者有私词，贤者有私意"，"圣智成群，造言作辞"，会使"非法措于上"，从而破坏法律，带来混乱。

三是"法不阿贵"。《韩非子·有度》："法不阿贵，绳不挠曲。法之所加，智者弗能辞，勇者弗敢争，刑过不避大臣，赏善不遗匹夫。"这种不避权贵、刑无等级的思想，对后世影响很大。司马迁《史记·太史公自序》说："不别亲疏，不殊贵贱，一断于法。"显然，与儒家的人治有着根本的区别。

最后，从法的目的来看，韩非主张维护君主个人的利益，这是不错的。其实，"朕即国家"，君主掌握立法、司法大权，也就是只有治民之法、治吏之法，而无治君之法，这在所有封建专制国家里都是一样的，这也是封建专制社会上层建筑国家机器的一个最大的共性，要求韩非超越这一点是非历史主义的。

法家思想一个重要的理论基础是其人性论。法家认为：人的本性是"好利恶害""趋利避害"的，这种本性是不可改变的，表现在社会生活的各个方面。

《商君书·君臣》："民之于利也，若水之于下也。""民生则计利，死则虑名”[①]，人的一切活动都是为了追求名利。“名利之所奏，则民道之”，哪里有名利，人们就向哪里奔走。“民之欲富贵也，共阖棺而后止。”[②]只有进了棺材，才会停止对名利的追求。

韩非说：“夫民之性，恶劳而乐佚。”又说：“舆人成舆，则欲人之富贵；匠人成棺，则欲人之夭死也。非舆人仁而匠人贼也，人不贵则舆不售，人不死则棺不买。情非憎人也，利在人之死也。”[③]制造车的希望人富贵，制造棺材的希望有人死，绝不是前者善后者恶，而是由利益决定的。又说：“鳣似蛇，蚕似蠋。人见蛇则惊骇，见蠋则毛起。然而妇人拾蚕，渔者握鳣，利之所在，则忘其所恶，皆为贲诸。”[④]利益可以使人变得勇敢起来，不怕惊骇和恶心，甚至变成猛士和英雄。韩非还说：“医善吮人之伤，含人之血”[⑤]，绝不是医生心地善良，那是为了求利。在韩非看来，人性好利恶害，是由其“自为心”决定的，在这一点上是与荀子的性恶论有区别的，“自为心”当然不是善，但也不一定就是恶，而是要当事者权衡利害做出抉择，利大于害则择之，害大于利则去之。“布帛寻常，庸人不释，铄金百镒，盗跖不掇。”[⑥]“夫陈轻货于幽隐，虽曾、史可疑也；悬百金于市，虽大盗不取也。”[⑦]韩非由此得出他的结论：“人生有好恶，故民可治”，“人情者有好恶，故赏罚可用”。[⑧] 也就是在了解人的好利恶害本性和权衡选择的基础上制定统治政策和各种法律法规，这怎么能说是比儒家的人治更有害的十足的地道的人治呢?

① [清]孙诒让：《商子校本》卷二《算地》，北京：中华书局 2014 年版，第 40 页。
② [清]孙诒让：《商子校本》卷四《赏刑》，北京：中华书局 2014 年版，第 71 页。
③ 梁启雄：《韩子浅解》，北京：中华书局 2009 年版，第 124 页。
④ 梁启雄：《韩子浅解》，北京：中华书局 2009 年版，第 241 页。
⑤ 梁启雄：《韩子浅解》，北京：中华书局 2009 年版，第 124 页。
⑥ 梁启雄：《韩子浅解》，北京：中华书局 2009 年版，第 474 页。
⑦ 梁启雄：《韩子浅解》，北京：中华书局 2009 年版，第 430 页。
⑧ 梁启雄：《韩子浅解》，北京：中华书局 2009 年版，第 390 页。

韩非不承认有先验的善和恶的人性，认为君主的统治政策和法律必须建筑在对人的“自为心”的认识之上，才能达到统治的目的。《韩非子·外储说右下》说：“治强生于法，弱乱生于阿，君明于此，则正赏罚而非仁下也。爵禄生于功，诛罚生于罪，臣明于此，则尽死力而非忠君也。君通于不仁，臣通于不忠，则可以王矣。”应当说，韩非这样讲他与儒家的区别是一种比较客观的说法。韩非的谬误之处，在于他把政治法律和赏罚机制绝对化了，他不承认提倡仁义忠信也有维护君主统治的作用。

韩非和商鞅一样，也认为人不仅是好利的，而且是好名的，所以君主对臣民除了物质上的赏罚以外，还必须注意到精神上的毁誉。他说：“利所禁，禁所利，虽神不行；誉所罪，毁所赏，虽尧不治。”①“赏莫如厚，使民利之；誉莫如美，使民荣之；诛莫如重，使民畏之；毁莫如恶，使民耻之。”②他追求的理想局面是：“圣王之立法也，其赏足以劝善，其威足以胜暴，其备足以完法。”③人们对韩非的严刑酷法持批判态度是有道理的，可以理解的，但韩非也谈到过重刑必须依法：“诛既不当，而以尽为心，是与天下为仇也。”“释法制而妄怒，虽杀戮而奸人不恐。”“用赏过者失民，用刑过者民不畏。”④也就是不依法办事，赏罚不当，会起到相反作用。韩非的这些论述也都是“因人情”的，也就是和他的人性学说相关联，这一点过去人们很少注意到，值得深入研究。

---

① 梁启雄：《韩子浅解》，北京：中华书局2009年版，第294页。
② 梁启雄：《韩子浅解》，北京：中华书局2009年版，第449页。
③ 梁启雄：《韩子浅解》，北京：中华书局2009年版，第215页。
④ 梁启雄：《韩子浅解》，北京：中华书局2009年版，第387、220、134页。

人性善恶片论

关于人性善恶的话题，自孟荀提出来后，一直有不同看法。国外也早有原罪说，类似中国的性恶论，后来黑格尔又说性恶论比性善论伟大得多。① 国内的新说法是张岱年先生提出的性善论比性恶论更伟大。② 哪种观点更有道理？对人性的看法为什么差别如此之大？从先秦诸子到现在，两千多年了，人们对这个问题的认识深化了许多，但要说还基本上是一个"公说公有理，婆说婆有理"的局面，也是说得过去的。笔者担任思想史的教学工作，感到过去对人性善恶的分析有一种脱离历史实际的概念化倾向。如果我们结合社会发展状况讨论问题，会不会效果好一些？

一

《荀子》中有《性恶》篇专讲人性恶，但研究者似乎未曾充分注意

---

① 恩格斯在《路德维希·费尔巴哈和德国古典哲学的终结》中引用黑格尔的原话："人们以为，当他们说人本性是善的这句话时，他们就说出了一种很伟大的思想；但是他们忘记了，当人们说人本性是恶的这句话时，是说出了一种更伟大得多的思想。"《马克思恩格斯选集》第4卷，北京：人民出版社1972年版。

② 参见张岱年《如何分析中国哲学的人性学说》，《北京大学学报》1986年第1期。

到荀子所说的人性是指“今人之性”。此篇约三千余字，其中有八处直接讲“今人之性”：

> 今人之性，生而有好利焉……
> 今人之性恶，必将待师法然后正……
> 今人之性，目可以见，耳可以听。
> 今人之性，生而离其朴……
> 今人之性，饥而欲饱，寒而欲暖……
> 今人之性，固无礼义，故强学而求有之也……
> 今不然，人之性恶。
> 今人之性恶，必将待圣王之治……

荀子为什么要特别强调他讲的人性是“今人之性”呢？他说：

> 今人之性，生而有好利焉，顺是，故争夺生而辞让亡焉；生而有疾恶焉，顺是，故残贼生而忠信亡焉；生而有耳目之欲，有好声色焉，顺是，故淫乱生而礼义文理亡焉。
>
> 然则从人之性，顺人之情，必出于争夺，合于犯分乱理而归于暴。①

今人，当然指战国之人，战国时期，利害冲突加剧，争夺和战争连绵不绝，残贼和淫乱横生，忠信和礼义被毁。究其原因，荀子认为是人的好利本性发展成了恶，这是当时十分突出的社会现象，是他讲性恶论的现实根据。

主张性善论的孟子和荀子是同时代的人，他们都亲身经历了当

① 梁启雄：《荀子简释》卷二三《性恶》，北京：中华书局1983年版。

时的争夺和战乱。孟子记载并评论当时的状况说：

争地以战，杀人盈野；争城以战，杀人盈城。①

今之所谓良臣，古之所谓民贼也。君不乡道，不志于仁，而求富之，是富桀也。②

今夫天下之人牧，未有不嗜杀人者也。③

孟子自己的状况如何？他带着好几百个学生，乘了几十辆大车，走到哪个诸侯国都有国君出面款待，日子过得十分舒服。有人问他："不以泰乎？"您不以为有点过分了吗？孟子不正面回答，而是理直气壮地说那要看合不合理，并反问："子以为泰乎？"④

从这些情况来看，产生于战国时代的性善论并不反映那个时代的现实，它可以说是针对当时社会状况提出的一种思想或主张。孟子认为，提倡性善论，在性善论的基础上实行仁政，就可以把天下治理好；但他未能令人信服地证明当时人们的本性是善的。诸侯们欢迎他去讲学，但他们并不按照他讲的去做。所以，他的性善论，当时也只能是他和他的学生们的一种信念或信仰，一种道德形上学的建构，一种理论设定。

① [宋]朱熹：《四书章句集注·孟子集注》卷七《离娄上》，北京：中华书局1983年版，第283页。

② [宋]朱熹：《四书章句集注·孟子集注》卷一二《告子下》，北京：中华书局1983年版，第345页。

③ [宋]朱熹：《四书章句集注·孟子集注》卷一《梁惠王上》，北京：中华书局1983年版，第207页。

④ [宋]朱熹：《四书章句集注·孟子集注》卷六《滕文公下》，北京：中华书局1983年版，第267页。

二

这样说来,是否黑格尔性恶论比性善论更有道理?不是。孟子性善论从理论设定的角度,同样有很多道理和伟大意义可讲。

孟子的性善论是在同告子的辩论中发挥出来的:

> 告子曰:生之谓性。孟子曰:生之谓性也,犹白之谓白与?曰:然。白羽之白也,犹白雪之白,白雪之白犹白玉之白与?曰:然。然则犬之性犹牛之性,牛之性犹人之性与?①

在这里,孟子把作定语的"白"和作名词的"性"作类比,又把犬之性牛之性人之性搅在一起,从逻辑上讲是混乱的。但他的目的,是要把人性与动物性区别开来。他的意思是说:按照你告子的说法推论下去,人性犬性牛性不就成了一样的东西了吗?这是何等荒谬!

告子说"生之谓性",又说"食色,性也","性无善无不善也"。②很明显,他所说的性,指生来就有的自然属性,用今天的话来说就是本能。

孟子也认为人性是生来就有的,他说:

> 君子所性,虽大行不加焉,虽穷居不损焉……君子所性,仁

① [宋]朱熹:《四书章句集注·孟子集注》卷一一《告子上》,北京:中华书局1983年版,第326页。

② [宋]朱熹:《四书章句集注·孟子集注》卷一一《告子上》,北京:中华书局1983年版,第328页。

义礼智根于心。①

仁义礼智,非由外铄我也,我固有之也。②

在人性与生俱来这一点上,孟子与告子没有什么区别,但他认为这个与生俱来的人性,不是人的自然属性,而是仁义礼智,是道德品质,也就是人的社会属性。

说人的自然属性与生俱来是容易理解的,说人的社会属性与生俱来则需要论证。孟子论证说:人人都有恻隐之心、羞恶之心、辞让之心、是非之心,“恻隐之心,仁之端也;羞恶之心,义之端也;辞让之心,礼之端也;是非之心,智之端也”③。端是萌芽的意思,人们有了善的萌芽,再进行礼义教化,对这个萌芽加以培养和扩充,就可以向着善的方向发展,就可以成为善人,所以人的本质是善的。“人皆可以为尧舜。”④

孟子的论证有没有道理呢?

对于这个问题的研究,可以从哲学、伦理学、社会学、生理学、心理学等领域开展。这些领域对人的研究,近年来应当说各有收获,这里不能多讲。大略而言,大家都承认人性包括社会属性和自然属性两个方面。人的社会属性是人与动物的根本区别。苏联学者谢

① [宋]朱熹:《四书章句集注·孟子集注》卷一三《尽心上》,北京:中华书局1983年版,第355页。

② [宋]朱熹:《四书章句集注·孟子集注》卷一一《告子上》,北京:中华书局1983年版,第328页。

③ [宋]朱熹:《四书章句集注·孟子集注》卷一一《告子上》,北京:中华书局1983年版,第328页。

④ [宋]朱熹:《四书章句集注·孟子集注》卷一二《告子下》,北京:中华书局1983年版,第339页。

苗诺夫通过对大量民族学和人类学资料的研究，认为在动物那里，“动物个人主义”占支配地位；原始人最初的规范是禁忌，“了解了禁忌的实质，就使我们直接接触到了划分人与动物的界限”。有了禁忌，人们的活动虽然还具有生物学的形式，但“已经不是生物学活动，而是社会活动了”①。可见禁忌是人最初的社会属性。

一些研究表明，人的自然属性和动物的属性也是有区别的，一个刚离开母腹的婴儿，已经潜存了社会属性的萌芽。当然，这个萌芽能否成长为真正的社会属性，要靠后天的培养和锻炼，但有这个萌芽和没有这个萌芽大不一样。一个动物，即使是最高级的灵长目，不管实施怎样的训练，它还是动物，不可能变成人。

这里涉及的问题是：人的社会属性是后天获得的，但其中有没有一点点先天的因子呢？据朱伯昆先生说，梁漱溟先生晚年研究了这个问题，“在梁先生看来，人性乃先天和后天的统一，从而科学地解决了心理学史和伦理学史上长期争论的问题”②。

说梁先生科学地解决了问题，大概是说过头了，但至少可以说，梁先生的说法对理解孟子的性善论有启发。

孟子认为人之初性本善，就是指人之初有了社会属性的萌芽，也就是认为人的社会属性中有那么一些先天的因子。孟子的说法过去一直被认为是唯心主义的，现在看来，这个问题还应当进一步继续研究。无论如何，孟子的性善论强调人的社会属性，强调人与动物的区别，引导人们去追求正义和善良，是对人性，从而也是对人的自觉性的一种高扬，对我们今天的道德建设很有借鉴意义。在那个时代，孟子构建他的性善论，没有借助上天，也不到鬼神那里去找

---

① 谢苗诺夫：《婚姻和家庭的起源》，中国社会科学出版社 1983 年版，第 72、122 页。另参阅该书第 4 章、第 5 章。

② 朱伯昆：《中国当代人学的开拓者》，《新华文摘》1998 年 5 期。

根据，而是直接归结到人本身，仅此一点，就很了不起。

三

先秦思想家都面临着解释天下大乱和为治理天下大乱提出办法的问题。荀子认为，天下大乱是由人的恶的本性造成的，礼义制度是为解决混乱制定出来的。他说：

> 礼起于何也？曰：人生而有欲，欲而不得，则不能无求。求而无度量分界，则不能不争。争则乱，乱则穷。先王恶其乱也，故制礼义以分之，以养人之欲，给人之求。使欲必不穷于物，物必不屈于欲，两者相持而长，是礼之所起也。①

在这个问题上，荀子还反驳孟子说：

> 今诚以人之性固正理平治邪？则有恶用圣王，恶用礼义矣哉！虽有圣王礼义，将曷加于正理平治也哉！②

如果人们的本性是善的，合乎正理平治的，那还要圣王、礼义干嘛？荀子认为孟子主张性善又强调礼义教化是矛盾的。孟子似乎也认识到了这个矛盾，他说："乃若其情，则可以为善矣，乃所谓善也。"③也就是他所说的善是可以为善。

---

① 梁启雄：《荀子简释》卷一九《礼论》，北京：中华书局 1983 年版，第 253 页。

② 梁启雄：《荀子简释》卷二三《性恶》，北京：中华书局 1983 年版，第 331 页。

③ [宋]朱熹：《四书章句集注・孟子集注》卷一一《告子上》，北京：中华书局 1983 年版，第 328 页。

孟子把礼义归于心性，荀子用社会原因给予解释。显然，荀子的认识超越了孟子。荀子强调从外部规范人们的欲望，认为礼义制度会带来秩序，正适合了当时社会发展的需要。

先秦诸子除孟荀以外的各家，不正面讲人性善恶，但实际上他们当中的大多数都认为人性是好利的。老庄提出“善者”和“不善者”的“利天下”“害天下”问题。老子说：“善者不多，多者不善。”①庄子解释说：“天下之善人少，而不善人多，则圣人之利天下也少，而害天下也多。”②“捐仁义者寡，利仁义者众。”③也就是说，仁义道德说起来好听，但真正为之献身的却极少，圣人讲的仁义道德往往是用来谋私利己的。

孔子很少言利，但他也有类似“善者不多”的看法。《论语·述而》：“善人，吾不得见之矣。”《宪问》：“古之学者为己，今之学者为人。”《卫灵公》：“知德者鲜矣！”《子罕》：“吾未见好德如好色者。”这些话足以说明，时人在孔子心目中大多数是一心一意想满足私欲的人。

墨子是主张尚贤的，但是他说：“事则不与，禄则不分，请问天下之贤人将何自至乎王公大人之侧哉！”④就是说，贤人也是好利的，你不给他好处，他怎么会到你身边来呢。

法家学派的商韩把人性好利讲得最为彻底。

《商君书·君臣》：“民之于利也，若水之于下也。”《算地》：“民生则计利，死则虑名。”也就是人的一切活动都是为了追逐名利，人为名利奔走一生，“阖棺而后止”。⑤

---

① 长沙马王堆出土《老子》乙本。

② 陈鼓应：《庄子今注今译·胠箧》，北京：中华书局2009年版，第280页。

③ 陈鼓应：《庄子今注今译·徐无鬼》，北京：中华书局2009年版，第698页。

④ 吴毓江：《墨子校注》卷二《尚贤中》，北京：中华书局2006年版，第76页。

⑤ [清]孙诒让：《商子校本》卷四《赏罚》，北京：中华书局2014年版，第71页。

韩非说："夫民之性，恶劳而乐佚。"又说："舆人成舆，则欲人之富贵；匠人成棺，则欲人之夭死也。非舆人仁，而匠人贼也，人不贵，则舆不售；人不死，则棺不买。情非憎人也，利在人之死也。"①制造车的希望人富贵，制造棺材的希望有人死，绝不是前者性善，后者性恶，而是由利益决定的。

上述主要先秦思想家的说法，实际上等于支持了荀子的性恶论。其实，荀子也不过是把人性好利概括成了人性恶。国外著名性恶论者、意大利思想家马基雅维利谈到人性恶时，说过一句常常被东西方学者引用的话："人们忘记父亲之死比忘记遗产的丧失还来得快些。"②不也是指人性好利吗？

荀子在性恶论的基础上提出加强礼法，荀子的学生韩非又在此基础上主张建立和强化专制主义，这正是秦朝政治的发展方向。

但性恶论指出人性的不完善和自私，从而采取某种不信任态度，而不是完全相信人家的善心，并在这个基础上建立各种制度和制约机制，以防止人们的欲望恶性膨胀，这不论在古代，还是在现代，都是有重大意义的。

四

人类社会是在二律背反中前进的。人性善和人性恶，实际上是人的本质的两个方面或两重性。这两个方面或两重性在私有制产生以来的各个历史发展阶段上都有反映：在人们激烈争夺和疯狂享乐的年代，我们仍然可以看到美好的和高尚的追求，追求人格和观念的尊严，追求和谐、亲善和互相尊重的人际关系，追求知识和科学

---

① [清]王先慎：《韩非子集解》卷五《备内》，北京：中华书局1998年版，第116页。

② 马基雅维利：《君主论》，潘汉典译，商务印书馆1988年版，第81页。

精神；在崇尚信仰和过分强调精神、意志的时候，也仍有人在那里灯红酒绿、纸醉金迷。就说战国时期吧，一方面充满了争夺和战乱，为了达到自己的目的用尽一切阴谋诡计；另一方面，也有以孟子为代表的思想家高举仁义的旗帜，他提出的“富贵不能淫，贫贱不能移，威武不能屈”①的做人原则响彻云霄。大史学家司马迁引用古语说：“天下熙熙，皆为利来，天下攘攘，皆为利往”②，说的是绝大多数人的行为方式，而他着力颂扬的却是那些“其志洁，其行廉”③的人，那些“其言必信，其行必果，已诺必诚，不爱其躯”④的人。人们对利益和欲望的追求构成社会发展的巨大动力，但如果没有思想信仰和道德规范的约束，这种力量就会带来巨大的破坏，使社会发展受到阻碍。今天看来，在古人讲人性恶的时候，他们实际上已经触摸到了私有制产生以来人类社会发展的动力；在他们讲人性善的时候，是在讲人类社会如何沿着仁义道德的路标前进。性善论和性恶论是孟荀为解决战国时期争夺和战乱而进行的思考，过分强调哪一方面都不可能正确评价历史。如果过分强调和过高评价性善论，人类历史上那么多惨痛的灾难就无法解释；一个国家的大政方针和具体政策，不能建筑在善良的愿望之上，而只能建筑在对客观现实和各种利害关系的冷静分析之上，这样，性善论就要向性恶论靠近。从另一方面讲，如果过分强调和过高评价性恶论，我们就不能正确说明历史上那些美好的可歌可泣的人和事，那些对正义、真理、光明的

---

① [宋]朱熹：《四书章句集注·孟子集注》卷六《滕文公下》，北京：中华书局1983年版，第266页。

② [汉]司马迁：《史记》卷一二九《货殖列传》，北京：中华书局1982年版，第3256页。

③ [汉]司马迁：《史记》卷八四《屈原贾生列传》，北京：中华书局1982年版，第2482页。

④ [汉]司马迁：《史记》卷一二四《游侠列传》，北京：中华书局1982年版，第3181页。

不懈追求者；而且，一个国家为了它的存在总要做些力图得到人民支持的事，总要为它的人民指出希望和前途，其中包括高尚的道德情操和自由、平等、博爱的普遍精神，这样，性恶论又向性善论靠近了。这样看来，我们既不能说性恶论比性善论伟大，也不能说性善论比性恶论伟大，而应当说两者都伟大。

我们说两者都伟大，还可以从马克思主义经典作家那里找到根据。恩格斯在《家庭、私有制和国家的起源》中说：

> 卑劣的贪欲是文明时代从它存在的第一日起直至今日的动力；财富，财富，第三个还是财富，——不是社会的财富，而是这个微不足道的单个的个人的财富，这就是文明时代唯一的、具有决定意义的目的。①

马克思和恩格斯合著的《神圣家族》说：

> 并不需要多大的聪明就可以看出，关于人性本善和人们智力平等，关于经验、习惯、教育的万能，关于外部环境对人的影响，关于工业的重大意义，关于享乐的合理性等等的唯物主义学说，同共产主义和社会主义之间有着必然的联系。②

恩格斯是把人性恶作为社会发展动力讲的。马克思和恩格斯又认为，人性善与未来的社会主义、共产主义有着必然的联系。马

① 恩格斯：《家庭、私有制和国家的起源》，《马克思恩格斯选集》第四卷，北京：人民出版社 1962 年版，第 173 页。

② 马克思、恩格斯：《神圣家族》，《马克思恩格斯全集》第二卷，北京：人民出版社 1962 年版，第 166 页。

克思和恩格斯所论述的是人类历史的两个方面。

我们今天已经很少使用人性恶和人性善这两个概念了。但人类历史进入文明时代以来,这两个方面或两重性应当说是客观存在的。古代思想家提出人性善恶问题,是他们力求自觉认识人类自身的伟大尝试。人性善恶的提法不能说是科学的,但这一认识在人类思想史上的重要意义是无可置疑的。

秦朝统一的封建中央集权政治制度的建立

一、秦朝的建立及其巩固中央集权的措施

（一）秦统一六国

由于春秋战国时期经济、政治的发展，到战国末期，建立统一的封建国家的历史条件逐渐成熟。

战国时期，生产力迅速提高，手工业和商业、交通运输业发展很快，各地区之间的经济联系进一步加强。但当时的割据状态同这一发展趋势极不适应。各国之间，常以水害破坏对方的生产，“东周欲为稻，西周不下水”①；关卡林立，强征勒索，严重地阻碍了各地区的经济交往。一次大的战争造成的损失，往往“十年之田而不偿”②。在这种情况下，人民对连年战争深恶痛绝，他们强烈要求安定生活，渴望统一。

在长期的越来越频繁的交往中，黄河、长江流域的各民族，逐渐

---

① 何建章：《战国策注释》卷一《东周策》，北京：中华书局 1990 年版，第 10 页。

② 何建章：《战国策注释》卷一二《齐策》，北京：中华书局 1990 年版，第 421 页。

融合成了具有共同语言、共同文字、共同经济生活、共同文化心理状态的华夏族(汉族的前身)。“四海之内若为一家”①,为建立统一的国家提供了极为有利的条件。

新兴地主阶级为了巩固封建制度,加强对农民的专政和同各种敌对势力进行斗争,也要求建立一个统一的封建国家。

我们认为,在形成统一的封建国家的诸因素中,前章所述春秋战国时期生产关系的变化和伴随着这种变化的兼并战争,应当是更为重要的因素。从领主制到地主制的过渡导致了世卿世禄制度的瓦解。新兴地主阶级必须建立超越个别地主、超越族权而代表整个地主阶级利益的中央集权,才能确立自己的统治地位,而建立这样的中央集权的唯一手段,就是兼并战争。有的同志把当时处在不发达的自然经济条件下的统一看成“为商业资本开辟道路”,说只是由于后来新兴地主阶级实行的政策“压制商业资本的发展”,秦始皇统一中国之后,我们的历史才“没有发展成为资本主义社会”②,这显然是站不住脚的。

秦能够负担起统一全国的历史使命,又有其主观上的条件。秦国变法比其他六国更为成功,对封建领主势力铲除较为彻底,能以其强大的政权集中关中、汉中、巴蜀广大地区丰富的人力、物力、财力。因此,秦无论在政治上或经济上,都比关东各国占优势。在军事上,秦一直奉行奖励军功的政策,军队的战斗力较强。秦昭王时,著名学者荀卿曾到秦去过,他说秦实行法治很成功,统治阶级内部矛盾少,政治不腐败。他认为秦从孝公到昭王,军事上能获得胜利,绝非偶然。

---

① 梁启雄:《荀子简释》卷九《王制》,北京:中华书局 1983 年版,第 107 页。

② 李亚农:《李亚农史论集》上册,上海:上海人民出版社 1962 年版,第 205—206 页。

秦王嬴政就是在这样的历史条件下完成统一事业的。他十三岁即位，二十二岁亲政，采纳李斯的建议，先灭韩，再灭两翼，最后灭齐。从公元前230年开始，共用了十年的时间，统一了六国，结束了长期分裂的局面，在中国历史上第一次建立了统一的中央集权的封建国家。

(二)巩固中央集权的主要措施

秦朝统一中国，是历史的一大进步。恩格斯在《德国农民战争》一书中曾指出过封建国家建立中央集权制的重要性。他说："在历史上德意志民族也曾表现过坚韧不拔的精神，如果在一个中央集权化了的国家，说不定会创造出多么伟大的成果。"后来我国封建社会的发展和经济文化的繁荣，是同秦始皇建立的统一的多民族封建中央集权国家分不开的。

为了维护统一的封建国家，巩固和加强对全国的统治，以秦始皇为首的统治者颁布了一系列法令和措施。

第一，废除分封制，实行郡县制。秦始皇在召集群臣讨论政治制度时，丞相王绾主张在齐、楚、燕故地实行分封制，得到很多大臣的支持。廷尉李斯驳斥说，实行分封制必然破坏统一，导致分裂。他建议在全国实行郡县制，以巩固中央集权。秦始皇赞同李斯，他说："天下共苦战斗不休，以有侯王。……又复立国，是树兵也，而求其宁息，岂不难哉！"①于是决定在全国范围内推行郡县制，通过郡县机构把地方权力集中到中央。

第二，统一官制和法律，把一切权力都集中到皇帝手里，一切国家大事由皇帝独断，实行君主专制。

第三，迁豪和收征兵器。强迁六国旧贵族、富豪之家十二万户于咸阳，由朝廷直接控制，防止他们东山再起。同时收缴民间所藏

① [汉]司马迁：《史记》卷六《秦始皇本纪》，北京：中华书局1982年版，第239页。

武器，运到咸阳销毁，以防范暴动。

第四，“令黔首自实田”，并把先前的“重农抑末”政策改为“上农除末”。前者是命令占有土地的人向政府自报占有土地的数额，政府以法律的形式承认土地私有，以为征收赋税的根据。后者是一项打击商人、奖励农垦的政策。

第五，修驰道，通水路，去险阻，统一车轨，统一货币和度量衡，并统一和简化了文字。

在推行上述措施的同时，秦始皇发兵三十万，北逐匈奴，收复河套以南之地，并修筑了万里长城，以防止匈奴族的侵袭。还以五十万兵力攻取岭南，设置了桂林、南海等郡，以固南疆。

所有这些，对于巩固统一的专制主义中央集权，推动经济、文化的发展，促进各民族间的进一步融合，都有积极意义。但是，这些措施大多数是建立在残酷压迫和剥削广大农民的基础上的，加以在实行这些措施的同时，秦始皇又大兴土木，筑宫殿，建陵墓，大规模地役使劳动力，所以，秦朝建立伊始，广大农民和地主阶级就处在尖锐的对立之中。

（三）焚书坑儒

总的来看，“焚书坑儒”是秦始皇同复旧势力、同分裂割据思想和政治倾向进行斗争的一个事件。公元前 213 年，秦始皇大宴群臣，博士淳于越倡议学古法，分封皇子功臣为诸侯。丞相李斯斥儒生不师今而学古，各尊私学，诽谤朝政，惑乱民心，建议禁私学。办法是：“史官非《秦纪》皆烧之；非博士官所职，天下敢有藏《诗》《书》、百家语者，悉诣守、尉杂烧之；有敢偶语《诗》《书》者弃市；以古非今者族；吏见知不举者同罪；令下三十日不烧，黥为城旦；所不去者医药、卜筮、种树之书；若欲有学法令，以吏为师。”①秦始皇接受李斯

① ［汉］司马迁：《史记》卷六《秦始皇本纪》，北京：中华书局 1982 年版，第 255 页。

的建议，付诸实行。这就是“焚书”事件。

“焚书”事件引起儒生们的不满。第二年，为秦始皇寻求长生不死仙药的方士，由于求药不得，议论朝政，畏罪逃走。秦始皇大怒，下令逮捕，牵涉到很多人，秦始皇活埋四百六十余儒生于咸阳。这便是“坑儒”事件。

“焚书坑儒”的目的，是禁止儒生们以书为根据，以古非今，也就是为了巩固和加强专制主义中央集权的封建国家制度。所以，它是有一定积极意义的，应当给予一定的评价。但是，它并不是一项成功的政策。公元前 210 年，秦始皇死，第二年，陈胜、吴广领导农民起义，以孔鲋为首的一批儒生参加了起义。稍后，陆贾、郦食其、叔孙通等儒生也参加了刘邦的起义军，秦朝很快就被推翻了。当然，爆发起义是农民与地主阶级之间矛盾激化的结果，儒生没有也不可能带头造反。但是，“焚书坑儒”使得一部分儒生参加了起义，这是事实。加以“焚书坑儒”后必须“以吏为师”，专学法律，窒息了文化的发展；不许民间议论朝政，堵塞了言路，使得本来就有的“丞相诸大臣皆受成事，倚办于上”的情况就更加严重。结果，秦始皇完全陷于闭目塞听的境地。秦朝的很快灭亡不能说与“焚书坑儒”无关。

二、秦朝的政治制度

(一)中央机构

秦朝是我国历史上第一个统一的封建专制大国，秦统治者在新的形势下总结了战国以来各封建诸侯国实行君主集权的初步经验，建立了一整套专制主义中央集权的政治制度。

公元前 221 年，秦王嬴政统一六国后，立即召集群臣议定帝号。群臣盛赞嬴政的功绩是自“上古以来未尝有，五帝所不及”，建议采用古代最尊贵的称号“泰皇”，天子自称“朕”。嬴政去掉“泰”字，加上上古的帝位号，称“皇帝”。他自称“始皇帝”，希图其后继者能沿称二世皇帝、三世皇帝，以至万世。[①] 从此，中国历史上有了“皇帝”的称号。在秦朝政府中，皇帝总揽全国军政大权，是国家的最高统治者，所有政事全凭皇帝个人的判断，所有的官吏都必须听命于皇帝的调遣，按照皇帝的命令行事，即所谓“天下之事无大小皆决于上”[②]。皇帝的意志就是法律。对于重大国事，皇帝虽然召集“朝议”，但最后还是由皇帝一人决定，群臣的意见只供参考而已。可见，皇帝集权是封建专制主义中央集权制度的核心。由秦朝确立的这种皇帝至高无上的专制独裁制度，符合地主阶级统治农民的需要，因此一直为后世的封建王朝所沿用。

秦朝的中央政府叫朝廷。其中丞相、太尉、御史大夫，是皇帝下面的最高官吏，他们都有各自的专设办事机构。《汉书·百官公卿表》载：“相国、丞相，皆秦官，金印紫绶，掌丞天子，助理万机。”秦始皇时曾称相国，《史记·吕不韦列传》说，秦王政立，“尊吕不韦为相国”。有时也设左右丞相，“始皇出游，左丞相斯从，右丞相去疾守”[③]。秦二世时又一度设中丞相。丞相是皇帝下面的最高行政长官，总管全国行政，对国家事务负有实际责任。

战国时已有“元尉”“国尉”官职，白起曾做过秦昭王的“国尉”。“国尉”即后来的“太尉”。《汉书·百官公卿表》载：“太尉，秦官，金印紫绶，掌武事。”即掌管全国的军政，是全国最高的武官。说明秦朝沿袭了战国时的将相制度，以丞相和太尉分别掌握文武大权。

御史大夫掌管群臣章奏和下达皇帝的诏令，兼管在皇帝身边记

① 参见[汉]司马迁《史记》卷六《秦始皇本纪》，北京：中华书局 1982 年版，第 236 页。

② [汉]司马迁：《史记》卷六《秦始皇本纪》，北京：中华书局 1982 年版，第 258 页。

③ [汉]司马迁：《史记》卷六《秦始皇本纪》，北京：中华书局 1982 年版，第 260 页。

事及国家的监察工作，并辅佐丞相处理全国政务。

丞相、太尉、御史大夫的办事机构分别是丞相府、太尉府、御史大夫寺，三者构成对全国发号施令的总枢纽。总枢纽下面设九卿，即：

奉常，掌管宗庙礼仪；

郎中令，掌管“宫殿掖门户”，统辖皇帝的侍从警卫；

卫尉，掌管“宫门卫屯兵”，负责宫廷警卫；

太仆，掌管宫廷舆马和国家马政；

廷尉，掌管刑辟，是中央最高司法机关的长官；

典客，掌管外交及国内少数民族事务；

宗正，掌管皇族事务；

治粟内史，掌管租税钱谷和财政收入；

少府，掌管供给皇室消费的“山海池泽之税”。

九卿中，除廷尉、治粟内史和典客外，其他主要是为皇室服务的。九卿还各自拥有很多僚属。九卿之外，还有掌管京师治安的“中尉”，掌管宫室建筑的“将作少府”，以及许多给皇帝当顾问的博士。

(二)地方机构

秦朝的地方机构是郡县制。秦在全国究竟建立了多少个郡，说法不一，一般取《史记·秦始皇本纪》的说法，分天下为三十六郡。后来随着疆土的开拓又增至四十余郡。① 但比较各种说法，似乎王国维考订的四十八郡说更为确切。王国维说：

秦郡当得四十有八。秦以水德王，故数以六为纪。二十六

① 郭沫若主编《中国史稿》(北京：人民出版社 1976 年版)、范文澜《中国通史简编》(北京：人民出版社 1965 年版)、翦伯赞主编《中国史纲要》(北京：人民出版社 1979 年版)均用此说。

年，始分天下为三十六郡，三十六者，六之自乘数也。次当增置燕齐六郡，为四十二郡；四十二者，六之七倍也。至三十三年，南置南海、桂林、象郡，北置九原，其于六数不足者二。则又于内地分置陈、东海二郡，共四十八郡；四十八者，六之八倍也。秦制然也。①

秦的四十八郡可分为三大组。秦故地为一组，包括汉中、蜀郡，巴郡、陇西、北地、上郡六郡。统一百越后建立的会稽、闽中、南海、桂林、象郡和取之北胡的九原六郡为一组。原六国旧地为一组，这一组中，楚旧地置八郡，即南郡、九江、泗水、东海、长沙、薛郡、黔中、陈郡；赵旧地八郡，即太原、上党、巨鹿、云中、雁门、代郡、邯郸、河间；燕旧地六郡，即上谷、渔阳、右北平、辽东、辽西、广阳；齐旧地七郡，即齐郡、琅琊、胶东、胶西、济北、博阳、城阳；韩魏旧地七郡，即河东、三川、东郡、颍川、南阳、定陶、砀郡。这一组中的广阳、胶东、胶西、济北、博阳、城阳六郡是后来增设的。

郡是秦朝地方机构的最高一级政权，设郡守，由中央任免，主管一郡的政治、经济、军事、司法等项事务。郡守之下设郡尉主管军事，设监御史负责监察。

郡下分设若干县。万户以上的县设县令，不满万户的设县长。县令（长）主管本县政务，由中央任免。另设县丞协助县令（长），并兼管司法，设县尉负责征召和训练军队。

县以下有乡、里等基层组织。乡设“有秩”，是乡的主管官吏，设“三老”管理封建教化，设啬夫管理司法、赋役，设游徼管理治安。里设里正，掌管一百家。里下百家按什伍组织编制户籍。

秦在战国时期就实行了户籍制度。《史记·秦本纪》上说：“献

① 王国维：《观堂集林·秦郡考》，北京：中华书局 1959 年版。

公十年，为户籍相伍。”以后经过商鞅变法进一步整顿，直至秦统一后，是一直沿袭这种制度的。户籍以户为单位登记户口，主要内容是年龄、身份两项。实行户籍制度的目的，一是“令民为什伍，而相收司连坐”①，即用连坐法镇压人民的反抗斗争；一是为了收税征役。

此外还有“亭”。每十里设一亭，专门负责侦察和维持社会治安。

秦代地方机构可列表如下：

表 1　秦代地方机构表

名称	县	乡	亭	里	什	伍
组成单位	若干乡	十亭	十里	十什	二伍	五户
主官	令或长	有秩等	长	正	长	长

（三）《为吏之道》

中央和地方机构是秦朝封建政府的实体，国家法律、政令的贯彻必须通过各级官吏进行，因此，官吏对皇帝的忠诚程度和他们的统治才能，直接关系到封建政权是否巩固的问题。1975 年 12 月湖北省云梦县睡虎地出土的秦简《为吏之道》，记述了秦朝对其官吏的各种要求和任用的标准，充分体现了韩非提出的“明主治吏不治民”的主张。

关于官吏的任用和赏罚，《为吏之道》规定：“审民能，以任吏”，即根据被任命者为地主阶级办事的能力来任命官吏。“任人而所任不善者，各以其罪罪之。”②严明赏罚，是秦始皇“治吏”的重要方法，《为吏之道》在这方面规定：“五善”毕至，“必有大赏”，“五失”有“犯

① ［汉］司马迁：《史记》卷六八《商君列传》，北京：中华书局 1982 年版，第 2230 页。

② ［汉］司马迁：《史记》卷七九《范雎列传》，北京：中华书局 1982 年版，第 2417 页。

上”一失，即身及于死。所谓“五善”是：“一曰中(忠)信敬上，二曰精(清)廉毋谤，三曰举事审当，四曰喜为善行，五曰龚(恭)敬多让。”所谓“五失”是：“一曰夸以泄，二曰贵以大，三曰擅裚(制)割，四曰犯上弗智(知)害，五曰贱士而贵货贝。”

秦朝一贯执行论功行赏制度。《商君书·境内》说：“能得爵首一者，赏爵一级，益田一顷，益宅九亩。”《韩非子·定法》也说，按照“商君之法”，“斩一首者爵一级，欲为官者为五十石之官；斩二首者爵二级，欲为官者为百石之官。官爵之迁与斩首之功相称也”。对勇敢杀敌的士兵的奖赏是很优厚的。不过这里的所谓“斩一首”，似应理解为斩一敌军官，如果是斩一敌兵官爵就升迁一级，爵制共二十等，斩三十四十怎么办呢？《境内》篇还说：“其战，百将、屯长不得斩首[①]，得三十三首以上盈论，百将、屯长赐爵一级。”这里有赏有罚，一百人的队伍连一个敌人首级也得不到，带兵官乃至屯长要被斩首，如果能斩敌三十三以上，就对百将和屯长赐爵一级。

与奖励军功密切相关的二十级爵制是：公士、上造、簪袅、不更、大夫、官大夫、公大夫、公乘、五大夫、左庶长、右庶长、左更、中更、右更、少上造、大上造、驷车庶长、大庶长、关内侯、彻侯。[②]

这二十个等级，都有一定的特权和待遇。如得爵一级可役使“庶子”一人；爵至九级可“税邑三百家”，即坐食三百家的税收；七级公大夫就可以得到同县令相同的待遇。若犯有罪行，则可以爵抵罪。商鞅变法时规定：无军功者虽然是宗室贵族，也不得超越规定的标准多占田宅臣妾，连衣履都有一定的限制。

秦朝用战国以来各国通用的“上计制度”考核官吏。《厩苑律》

① 据高亨《商君书注译》，“不得斩首”当为“不得首，斩”，北京：中华书局 1974 年版。

② 参见[汉]班固《汉书》卷一九《百官公卿表》，北京：中华书局 1962 年版。

规定："卒岁，以正月大课之。"这是指丞相、御史二府对各郡守、各公府掾史考核完毕上计于皇帝的活动。在这以前，在秋冬季，郡守考核县令，各县上计于所属郡国。上计时，地方官吏和中央的下级官吏把实际情况上报，以此作为对自己升降赏罚的根据。

《为吏之道》还要求封建官吏严格执行法令，必须"精絜正直，慎谨坚固，审悉毋私，微密纤察，安静毋苛，审当赏罚"。而为了做到这些，官吏们又必须具备有利于封建统治的品格，即："严刚毋暴，廉而毋刖，毋复期胜，毋以忿怒夬(决)。""宽俗(容)忠信，和平毋怨，悔过勿重，兹(慈)下勿陵，敬上勿犯，听间(谏)勿塞。审智(知)民能，善度民力，劳以衛(率)之，正以桥(矫)之。"秦始皇对于违令者是严惩不贷的。始皇三十四年，"适治狱吏不直者，筑长城及南越地"①。

为了提高国家机器的效能，秦朝还要求官吏们不许拖延政务："十里断者国弱，九里断者国强，以日治者王，以夜治者强，以宿治者削。"②秦始皇本人也"以衡石量书，日夜有呈，不中呈不得休息"③。并规定了官吏调动必须办好交接手续："实官佐史罢免徙，官啬夫必与去者效代者。"

秦朝吏治对封建官僚的严格要求，反映了新兴地主阶级加强全国集中统一和巩固封建制度的愿望，表明了他们在上升阶段的生气。恩格斯曾经谈到王权的进步意义，他说，在普遍的混乱状态中，"王权是进步的因素……王权在混乱中代表着秩序，代表着正在形成的民族而与分裂成叛乱的各附庸国状态的对抗。"④秦朝的国体是地主阶级对农民的专政，但它处在封建社会初期，又刚刚结束了

① [汉]司马迁：《史记》卷六《秦始皇本纪》，北京：中华书局1982年版，第253页。

② [清]孙诒让：《商子校本》卷一《去强》，北京：中华书局2014年版，第32页。

③ [汉]司马迁：《史记》卷六《秦始皇本纪》，北京：中华书局1982年版，第258页。

④ 《论封建制度的瓦解和民族国家的产生》，《马克思恩格斯全集》第二十一卷，北京：人民出版社1962年版，第453页。

分裂割据的局面，因此，它对当朝官吏的上述种种要求，无疑具有进步意义。

(四)统一法律

秦朝的法律早已散失，仅《史记·秦始皇本纪》和几篇有关的传记中有些零星的记载，很不具体。直到湖北云梦睡虎地秦墓的发掘中，出土了很多记载秦律文书的竹简，才为我们研究秦朝法律提供了珍贵的资料。

战国以来，各国先后颁布了成文法。但是，由于各国处于割据状态，法律制度很不统一。秦始皇统一中国后，为了巩固和加强统一的专制主义中央集权的封建国家制度，保护地主阶级对广大人民的压迫和剥削，他废除了各国法令条文的不同规定，在秦律基础上重新修订，颁布全国实行。为了保证统一法律的统一执行，秦朝还规定：只有国家官吏才有权解释法律，庶民求学也必须“以吏为师”。

秦律的基本内容继承了李悝的《法经》。《法经》以“王者之政，莫急于盗贼”为指导思想。在云梦秦简第四种有关法律问答中，共有一百九十条，其中专讲“盗”“贼”的就有五十八条之多，而且往往处以重刑。《唐六典》注云：“商鞅传法经，改法为律。增相坐之法，造三族之诛，加车裂镬烹之刑。”秦始皇统一中国后，强调“治道运行，诸产得宜，皆有法式”①。秦朝统治者按照这个思想，给生产、生活、行动、思想各个方面都制定了严密的法律条文。

秦始皇至高无上，他的话就是法律，他颁布的诏令具有最高的法律效力。例如，始皇二十一年颁布诏令：“法度量则不壹，歉疑者，皆明壹之。”②说明诏令与现行成文法的具体规定有矛盾时，以诏令为准。这种以皇帝诏令为法律的做法贯穿在我国整个封建社会中。

---

① [汉]司马迁：《史记》卷六《秦始皇本纪》，北京：中华书局 1982 年版，第 243 页。

② 转引自张晋藩等《中国法制史》第一卷，北京：群众出版社 1989 年版，第 113 页。

汉初政治与黄老之学

一、刘邦与陆贾

所谓“汉初”，是指高祖、惠帝、吕后及文帝、景帝在位的那段时间，从公元前206年到公元前141年，共66年。说到汉初政治，就不能不涉及以刘邦为首的汉初政治家集团。《汉书·刑法志》说：

> 汉兴，高祖躬神武之材，行宽仁之厚，总揽英雄，以诛秦项，任有萧、曹之文，用良、平之谋，骋陆、郦之辩，明叔孙通之仪，文武相配，大略举焉。

这里举出的萧何以下七人，加上刘邦，应当是汉初政治家集团的主要人物。这八个人当中，起作用最大的当然是刘邦，其次是萧何、曹参、陈平。刘邦是政治领袖，萧、曹、陈是行政首脑，陆贾是事实上的思想领袖，张良的主要贡献在战争年代，后边的两位不如前几位显要，但也起了不小的作用。

说陆贾是汉初事实上的思想领袖，是不是说过头了？我想不过头，请看他与刘邦之间发生的一场争论：

陆贾时时前说诗书。高帝骂之曰:“乃公居马上得之,安事诗书!”陆贾曰:“居马上得之,宁可以马上治之乎?且汤武逆取,以顺守之,文武并用,长久之术也。昔者吴王夫差、智伯极武而亡。秦任刑不变,卒灭赵(秦)氏。向使秦已并天下,行仁义,法先王,陛下安得而有之?”高帝不怿而有惭色,乃谓陆生曰:“试为我著秦所以失天下,吾所以得之者何,及古成败之国。”陆生乃粗述存亡之征,凡著十二篇。每奏一篇,高帝未尝不称善,左右呼万岁,号其书曰《新语》。①

陆贾在被皇帝斥骂的情况下敢于和皇帝争论,并改变了皇帝的看法,这是个了不起的事情。人们都知道刘邦曾经“以儒冠为溺器”,他在战争年代是很看不起读书人的;他当皇帝后能够根据新的情况,采纳臣子的意见,让陆贾总结秦朝速亡的历史教训,变化可谓大矣,当然也说明他作为政治领袖的英明。

“每奏一篇,高帝未尝不称善,左右呼万岁。”这就是说,《新语》得到了公认,很有代表性,陆贾说出了汉初政治家集团想要说的话。“左右呼万岁”,“左右”指谁?刘邦的主要辅佐应在其中吧。一种思想,能够得到整个统治集团的认可并在一定时期内作为指导思想,说提出这种思想的人是思想领袖,我想是可以的。

还应当看到,陆贾是汉初第一个系统总结秦朝速亡历史教训的人,他的总结应当说是深刻的,以理服人的,有理论深度的,所以后人的评价相当高。班固把陆贾与董仲舒相提并论。王充说:

《新语》陆贾所造,盖董仲舒相被服焉,皆言君臣政治得失。言可采行,事美足观,鸿知所言,参贰经传,虽古圣之言,不能过

① 参见[汉]司马迁《史记》卷九七《郦生陆贾列传》,北京:中华书局1982年版,第2699页。

增。陆贾之言,未见遗阙;而仲舒之言,雩祭可以应天,土龙可以致雨,颇难晓也。①

以王充的才学,如此推崇《新语》,说明陆贾在汉初政治上思想上影响很大,地位很高。

那么,《新语》究竟是一部怎样的书呢?

近读王利器先生校注的《新语》,我的看法,这部书主要是讲黄老的。陆贾应当是汉初第一个主张实行黄老政治的人。② 过去把《新语》划为儒家学派③,或如一些思想史著作讲汉初黄老,往往把《论六家要旨》和《淮南子》当作代表,而忽略或不重视《新语》。④ 我觉得都有些不妥。为了说明这个看法,让我们简单提示一下《新语》十二简中主要篇章的内容:

第一篇《道基》,讲道存在于天地万物之中,它是由先圣发现的。"先圣乃仰观天文,俯察地理,图画乾坤,以定人道。"这是老子"道法自然"⑤的思想,是道家学派的一个根本性的观点。

第二篇《术事》,讲立事与道的关系,立事不离道,"圣贤与道合","去道者身亡"。

第四篇《无为》,集中讲道家的"无为而治"。批判了秦始皇的做法:"事逾烦天下逾乱,法逾滋而奸逾炽,兵马益设而敌人逾多,秦非不欲治,然失之者,乃举措暴众,用刑太极故也。"主张"宽舒""中

① 黄晖:《论衡校释》卷二九《案书篇》,北京:中华书局1990年版,第1169页。

② 王利器先生也有类似的看法:"汉初清静无为之治,盖陆氏为之导夫先路矣。"(《新语校注》,北京:中华书局2012年版,第59页)

③ 《四库全书总目提要》认为《新语》是纯正的儒家著作:"汉儒自董仲舒外,未有如是之醇正也。"(卷九一)北京:中华书局1965年版,第771页。

④ 如徐大同等《中国古代政治思想史》、吴光《黄老之学通论》、侯外庐等《中国思想通史》等就是如此。

⑤ 朱谦之:《老子校释》第二十五章,北京:中华书局1984年版,第103页。

和”，像舜治天下那样：“弹五弦之琴，歌《南风》之诗，寂若无治国之意，漠若无忧天下之心，然而天下大治。”结论是：“道莫大于无为”，“无为者，乃有为也”。

第六篇《慎微》，讲人的行道问题，“行道者，人之所行也。夫六道履之而行，则无不能”。又说，那种“推之不行，引之不来”，“君倾而不扶，国危而不持”的避世者，不是“怀道者”。可见陆贾对道的解释是积极的。从这里也能看出汉初黄老与先秦道家的区别。

第八篇《至德》，进一步讲“无为而治”：“君子之治也，块然若无事，寂然若无声，官府若无吏，亭落若无民，闾里不讼于巷，老幼不愁于庭，近者无所议，远者无所听。”达到了这种境界，就算做到了“至德”。

第十篇《本行》，讲实行仁义道德也必须贯穿“无为而治”。“治以道德为上，行为仁义为本。”“故圣人卑宫室而高道德，恶衣食而勤仁义，不损其形以增而容，不亏其德以饰其身，国不兴无事之功。家不藏无用之器，所以稀力役而省贡献也。”

第十一篇《明试》、第十二篇《思务》，讲人君如何行道问题。“夫持天地之政，操四海之纲，屈申不可以失度，动作不可以离道。”“故世衰道亡，非天之所为也，乃君国者有以自取也。”“□□□道而行之于世，虽非尧舜之君，则亦尧舜也。”“自人君至于庶人，未有不法圣道而为贤者也。”

从这个简单提示中，我们不难得出《新语》属于黄老思想的结论。汉初，接秦之弊，又经过连年战乱，社会经济呈现一片残破景象，亟须休养生息。陆贾讲黄老无为，正好反映了那个时期的社会实际，所以大受欢迎，很快变成了汉初的指导思想。

二、刘邦与萧何

刘邦同意陆贾的看法，是有他的思想基础的，早在当皇帝以前，在他还军霸上的时候，他就把诸县父老豪杰召集起来，对他们说：

父老苦秦法久矣，诽谤者族，偶语者弃市。吾与诸侯约：杀人者死，伤人及盗抵罪。余悉除去秦法。①

他还派人到各县、乡、邑广泛宣传，让人们了解他的政策。而当老百姓都十分高兴，争着送牛羊酒食慰劳他的士兵的时候，他又谦让着不肯接受，说："仓粟多，非乏，不欲费人。"老百姓听了更加高兴，"唯恐沛公不为秦王"。② 从刘邦废秦苛法和"不欲费人"的做法中，已经可以看到他未来政治的端倪。刘邦当皇帝后制定了如下措施：

1."兵罢皆归家"，复员的士卒都给予田宅，其中多数成为自耕农，少数成为地主；

2.号召在战乱中逃亡的人回乡，"复故爵田宅"③；

3.减轻田租，十五税一；

4.因饥饿自卖为奴婢者，一律免为庶人。

但这些措施和上述废秦苛法、"不欲费人"的主张，在实际执行过程中并不很顺利。

1.公元前 199 年，萧何自作主张建未央宫，设有东阙、北阙、前

① ［汉］班固：《汉书》卷一《高帝纪》，北京：中华书局 1962 年版，第 23 页。

② ［汉］班固：《汉书》卷一《高帝纪》，北京：中华书局 1962 年版，第 23 页。

③ ［汉］班固：《汉书》卷一《高帝纪》，北京：中华书局 1962 年版，第 54 页。

殿、武库、太仓，壮丽非常，征发了大量的劳动力和财力物力。刘邦大怒，曰："天下匈匈，苦战数岁，成败未可知，是何治宫室过度也？"①

2.刘邦约法三章，宣布"余悉除去秦法"后，秦法还在社会上实行了相当一段时间。比如《汉书·刑法志》说，汉初有夷三族之令，"当三族者，皆先黥、劓、斩左右止，笞杀之，枭其首，菹其骨肉于市，其诽谤詈诅者，又先断舌"。这叫作具五刑，"彭越、韩信之属皆受此诛"。苛酷程度与秦法相差无几。这些，是否和刘邦的主张不大一致？《史记》《汉书》都说，萧何原为秦刀笔吏，对秦律十分熟悉。他与主张黄老之学的曹参"有隙"②，而最先宣布废除秦苛法的刘邦在死前留下了曹参接替萧何的遗言③。萧何"攈秦法"作九章律，有汉初加强法制建设需要的一面，是否也有把汉律搞得和秦法几乎一样，不利于稳定的一面？《盐铁论》周秦篇说："故高皇帝约秦苛法，慰怨毒之民，而长和睦之心。唯恐刑之重而德之薄也。"这种心情十分容易理解，我想是否可以这样说：刘邦不大可能主动提出搞一个和秦法差不多的汉法。④

3.吕后杀韩信，是萧何参与策划、亲自把韩信骗进宫的。刘邦解决韩信问题的办法本来是剥夺兵权，《史记》对刘邦几次削夺韩信的兵权记载得相当详细。可以想象，如果这样办取得成功，他还要

① ［汉］司马迁：《史记》卷八《高祖本纪》，北京：中华书局1982年版，第385页。

② 《史记·萧相国世家》也说："何素不与曹参相能。"北京：中华书局1982年版，第2019页。

③ 萧何死前也说让曹参接替自己，但那已经是两年之后的事了，有刘邦遗言在先，他是不能违抗的。

④ 汉初故事，"丞相所请，靡有不听"，(《后汉书·陈宠传》)萧何偏离刘邦旨意，不无可能。

用这个办法解决其他异姓王问题？问题要解决，但不一定杀。① 所以，当他听说韩信已死时，“且喜且忧”，喜的是问题毕竟解决了，忧的是杀不是他的本意，他害怕韩信的被杀引起其他异姓王的恐惧心理，从而引起他们的反抗。事情果然如此，前 196 年 1 月杀韩信。7 月淮南王英布反，五个月后燕王卢绾反。叛乱当然都以失败而告终，但汉初社会再也经不起长期战乱了。

4.《汉书・惠帝纪》注云：“汉家初十五税一，俭于周十税一也。中间废，今复之也。”很明显，刘邦开始制定的十五税一政策，由于徭役和战乱，在惠帝继位前的若干年内，没有实行。史家评论萧何，都说他是西汉开国大功臣，这是不错的。但西汉王朝建立以后，他的思想和步调是和刘邦不大协调的。上述前三条，显然对汉初社会的稳定很不利。第四条，社会不稳定，苦了老百姓。我目前还没有看到萧何对黄老政治的态度的具体材料，论者多以太史公“顺流与之更始”②的话来说明他也与大家一起推行了黄老政治。但这句话前面的“因民之疾秦法”却往往被忽略，从上述材料看，如果他真的在一些方面“顺”了黄老无为的“流”，那也是因为当时从上到下对秦法太恨了，他不得不有些“顺”。

汉初黄老政治在实行过程中受到的干扰说明，一种为社会所需的思想要成为实际上的主导思想，需要有一个过程，需要时间。

① 刘邦对彭越问题的解决也可以说明这个看法。《史记》载：彭越被告谋反，刘邦囚之，又赦为庶人，放逐蜀地。路遇吕后，彭越泣涕，自言无罪，请求放逐故乡昌邑，吕后许诺。随后吕后又对刘邦说：“彭王壮士，今徒之蜀，此自遗患，不如遂诛之。”同时令其舍人告彭越复谋反，廷尉奏请族之，刘邦这才同意杀人。《史记》卷九〇，北京：中华书局 1982 年版，第 2594 页。

② [汉]司马迁：《史记》卷五三《萧相国世家》，北京：中华书局 1982 年版，第 2020 页。

三、曹参与刘恒

《史记·曹相国世家》说，曹参为齐相时，曾向“善治黄老言”的盖公学习黄老之学。盖公主张“治道贵清静而民自定”，于是曹参治齐也用黄老术，“相齐九年，齐国安集，大称贤相”。入朝当相国后，他仍然主张清静无为，“举事无所变更，一尊萧何所约”。曹参死后，老百姓歌颂道：“萧何为法，觏若画一；曹参代之，守而勿失。载其清静，民以宁一。”但这已经是惠帝五年以后的事了。如果我们前面对萧何的分析有些道理的话，那么萧何就应当是尚苛法的。史载，惠帝元年，“田租，复十五税一”①，不久又废除了夷三族之令，说明这时候的“萧规”，已经和刘邦在世时有所不同了。加以战争消弭，徭役征发规模不大而又不违农时，人民逐渐安居乐业。所以，整个社会经济也就有了比较明显的发展。司马迁说：

> 孝惠皇帝、高后之时，黎民得离战国之苦，君臣俱欲休息乎无为，故惠帝垂拱，高后女主称制，政不出房户，天下晏然。刑罚罕用，罪人是稀。民务稼穑，衣食滋殖。②

人们知道，这段时间，吕后擅权。吕后为了把刘家天下改为吕家天下，挖空心思，用尽了种种残酷手段，连她的亲生儿子惠帝都说她的所作所为是“此非人所为”。但正因为忙于篡权，她无暇顾及国家大政方针。她与开国功臣陈平、周勃、陆贾、刘氏诸王之间的斗争，属于统治集团内部的斗争，这种斗争对汉初的基本政策影响

① ［汉］班固：《汉书》卷二《惠帝纪》，北京：中华书局1962年版，第85页。
② ［汉］司马迁：《史记》卷九《吕太后本纪》，北京：中华书局1982年版，第412页。

不大。

前180年，吕后死，刘恒继位，是为汉文帝。从这时候起，黄老之学才真正成为国家的主导思想。《风俗通义》引证刘向的话说："文帝本修黄老之言，不甚好儒术，其治尚清静无为。"《史记·儒林列传》说："孝文帝本好刑名之学，及至景帝，不任儒者，而窦太后又好黄老之术。"《汉书·外戚传》说："窦太后好黄帝、老子言，景帝及诸窦不得不读《老子》，尊其术。"《随书·经籍志》说："汉时，曹参始荐盖公能言黄老，文帝宗之。自是相传，道学众矣。"由于文帝景帝的提倡，黄老之学兴盛一时，其信徒几乎遍及全国，并产生了黄老学派的代表作《论六家要旨》和《淮南子》。

《论六家要旨》评论了先秦诸子的主要思想流派，认为道家最为完善，提出了"道家无为，又曰无不为……其术以虚无为本，以因循为用"①的指导思想。《淮南子》严厉批判了秦王朝的暴政，提出"去苛刻之法，去烦苛之事"②，以达到"上无苛令，官无烦治"③的理想局面。《淮南子》对"无为而治"的解释是："所谓无为者，不先物为也；所谓无不为者，因物之所为。"④这就是说，"无为"，只是在事物还没有到来之前，或者事物还没有发展到人们可以去做某件事之前，不要动手去做某件事；"无不为"，就是适应事物的发展而去做某件事。无为的本质恰恰是有为。"以虚无为本，以因循为用"的真意，也是要实行不干涉或少干涉主义，当官的各司其职而不扰民，为民的才

① [汉]司马迁：《史记》卷一三〇《太史公自序》，北京：中华书局1982年版，第3292页。

② 刘文典撰，冯逸、乔华点校：《淮南鸿烈集解》卷六《览冥训》，北京：中华书局2013年版，第215页。

③ 刘文典撰，冯逸、乔华点校：《淮南鸿烈集解》卷一一《齐俗训》，北京：中华书局2013年版，第374页。

④ 刘文典撰，冯逸、乔华点校：《淮南鸿烈集解》卷一《原道训》，北京：中华书局2013年版，第24页。

能安心生产生活，社会才能稳定，经济才能发展。显然，这对西汉前期社会来说，都不是消极的。

汉文帝是真正的黄老之学实践家。下面，我们举出他实行“无为而治”与民休息政策的几个例子。

1.文帝元年，有人献千里马，文帝把马送还，并下诏曰：“朕不受献也，其令四方毋求来献。”①

2.文帝元年下令废除连坐法，二年废除诽谤、妖言法，十三年废除肉刑。景帝时刑罚进一步减轻。

3.轻徭薄赋。前168年减田租为三十税一，次年全免天下田租。到景帝元年（前156年）才复收田税，为三十税一。徭役由原来的每年每个丁男一次一个月，改为三年一次一个月。

4.文帝在位二十三年，“宫室、苑囿、狗马、服御无所增益，有不便，辄弛以利民”②。

5.文帝本打算建造一个露台，招来工匠一计算，要花黄金一百斤，于是他说：“百金中民十家之产，吾奉先帝宫室，常恐羞之，何以为台！”③

6.文帝经常穿着粗糙的丝织衣服，连他宠爱的慎夫人，也“令衣不得曳地，帷帐不得文绣，以示敦朴，为天下先”④。

7.对待匈奴，文帝实行和亲政策，“令边备守，不发兵深入，恶烦苦百姓”⑤。

8.文帝的陵墓霸陵，都用瓦器修建，不准用金、银、铜、锡作装

① [宋]司马光：《资治通鉴》卷一三《汉纪五》，北京：中华书局1956年版，第443页。

② [汉]司马迁：《史记》卷一〇《孝文本纪》，北京：中华书局1982年版，第433页。

③ [汉]司马迁：《史记》卷一〇《孝文本纪》，北京：中华书局1982年版，第433页。

④ [汉]司马迁：《史记》卷一〇《孝文本纪》，北京：中华书局1982年版，第433页。

⑤ [汉]司马迁：《史记》卷一〇《孝文本纪》，北京：中华书局1982年版，第433页。

饰，不准修造得很高大，以便节省，“毋烦民”[①]。他临终前的遗诏说，死是天地间的自然现象，不要为他过分悲哀。丧服的麻带不要超过三寸，送葬时不要陈列车驾和兵器。不要发动民众到宫殿来哭祭，宫中应当哭祭的人，只在早晚各哭十五声，礼毕就停止，并“布告天下，使明知朕意”[②]。

生前行黄老之学，“清静无为”，死后仍“不扰民”，不愿意因为埋葬自己给大家带来麻烦，并对死抱有一种乐观明达的理解，真是一位少有的封建皇帝，一位杰出的地主阶级政治家。司马迁歌颂汉文帝说：“汉兴，至孝文四十有余载，德至盛也。”[③]“孝文施大德，天下怀安。”[④]历代学者也都对汉文帝有很高的评价。文景时期，由于比较认真地实行了符合汉初实际情况的黄老政治，社会更加安定，经济也有了很大的发展，出现了著名的“文景之治”局面。

司马迁在《史记·平准书》中，把文景时期的富足归结为“国家无事，非遇水旱之灾”。“非遇水旱之灾”指自然条件，“国家无事”，并不是指国家没有事情(那几十年的事情还是很多的，《史记》里都有记载)，而是指统治者“不扰民”“不费人”的做法，和前边的秦始皇、后边的汉武帝相比，有利于社会的稳定和繁荣。

四、《黄老帛书》问题

1973 年，长沙马王堆三号墓出土了一批帛书，其中有《老子》甲本和乙本，乙本前面有古佚书四篇：《经法》《十六经》《称》《道原》。

① [汉]司马迁：《史记》卷一〇《孝文本纪》，北京：中华书局 1982 年版，第 433 页。
② [汉]司马迁：《史记》卷一〇《孝文本纪》，北京：中华书局 1982 年版，第 434 页。
③ [汉]司马迁：《史记》卷一〇《孝文本纪》，北京：中华书局 1982 年版，第 437 页。
④ [汉]司马迁：《史记》卷一一《孝景本纪》，北京：中华书局 1982 年版，第 449 页。

它们实际上是秦汉之际的新道家假借黄帝立言，以老子学说为基础又吸收了先秦各家学说的某些内容形成的。古佚书和《老子》乙本合称《黄老帛书》。《黄老帛书》的发现为研究西汉初年的黄老思想提供了重要资料。

十几年来，不少学者发表了对《黄老帛书》的意见。其中主要是这样两种不同的意见：1.认为帛书表明汉初黄老“本身就是一种法家思想”①；2.认为帛书反映的汉初黄老属于道家，因为它吸收了各家思想，称为新道家。② 我比较同意第二种意见。

汉初黄老不再是先秦道家，它吸收了包括法家在内的其他各家学说，这是没有问题的。一种思想有它的源流，但它总是时代的产物。黄老思想符合汉初社会实际，说到底，这还是由于符合汉初地主阶级的需要，才成为当时的主导思想的。战国时期，地域性诸侯从“百家”中选择自己的主导思想。从战国到秦统一，法家思想起了决定性作用，所以秦始皇统一后以法家为主导思想，秦朝速亡最重要的原因是，自春秋末年至秦统一的三百多年间，连绵不断的战争给人民带来了无穷无尽的灾难。人民希望安居乐业，休养生息，秦统一后所实行的法家政策违背了人民和历史的要求。汉初政治家对这一点看得很清楚，所以他们要改弦更张。在这个过程中，思想界的反映更灵敏些。战国末期，已经出现了以某家为基础，吸收他家思想的现象，其中最突出的是吕不韦主编的《吕氏春秋》。可以这样说，由于强大的秦王朝的速亡，到汉初，绝大部分政治家和思想家都不约而同地转向了黄老。当然，这时的黄老学派，无论是实践家曹参、刘恒、刘启等人，还是《新语》《论六家要旨》《淮南子》等书，都

---

① 金春峰：《汉代思想史》，中国社会科学出版社 1987 年版，第 53 页。

② 参见熊铁基《秦汉新道家略论稿》，上海：上海人民出版社 1984 年版，第 83 页。吴光《黄老之学通论》亦主此说。

从其他各家中吸收了适合汉初新情况的内容。

但是，不管汉初黄老思想吸收了多少其他各家思想，它还是以道家思想为主导的。让我们举出《黄老帛书》的一些内容加以说明。

1."道"盈包宇宙，贯穿于一切事物之中，是老子哲学，也是汉初黄老思想的最高范畴。《道原》说：

> 天弗能复（覆），地弗能载。……盈四海之内，又包其外，在阴不腐，在阳不焦……人皆（以）之，莫知其名；人皆用之，莫见其刑（形）。……是故上道高而不可察也，深而不可则（测）也。

翻成现代汉语，就是：道是天盖不住、地盛不下的，它充溢四海又包围着四海，在阴暗处不腐烂，在阳光里不枯焦。每个人都依靠它却叫不出它的名字，每个人都用着它却看不见它是什么样子。所以道高妙而不可观察，深奥而不可探测。也就是说，道是万能的，它无处不有，神秘不可知，又无处不起作用。

2.关于"道"和"法"的关系，《经法·道法》说：

> 道生法。法者，引得失以绳，而明曲直者也。……故执道者之观天下也，无执也，无处也，无为也，无私也……至正者静，至静者圣。

这段话说明黄老思想吸收了法家的内容，但道仍然是最高原则，法是由道产生的，这里的法可以解释为法治之法，但从上下文看，也有法则的意思。统治者应当按照道的要求去执法和掌握事物的规律，去掉主观专断，无为无私。这样做，做得最好的就算做到了清静无为，最能清静无为的人才是圣者。

3.《十六经》有《雌雄节》一篇，认为雄节主凶，"以战不克，以守不宁”；雌节主吉，战必克，守必宁。雄节也有“得”的时候，雌节也有“亡”的时候，但从长远的观点看，“雄节以得，乃不为福；雌节以亡，必将有赏”。这是教导人们要学会“以柔克刚”的道家策略，是和老子“知其雄，守其雌”的思想完全一致的。

4.关于“刑名”的解释，古佚书四篇的确不少地方讲“刑名”，但其中大多数的场合应作“形名”解。“刑(形)名”是讨论各种事物名实关系的用语，而不是讲刑法、法制和法术。《经法·道法》说：

> 是故天下有事，无不自为刑(形)名声号矣。刑(形)名已立，声号已建，则无所逃迹匿正矣。……凡事无大小，物自为舍；逆顺死生，物自为名；名刑(形)已定，物自为正。

这就是说，天下的事物，都有形名声号，都是名与形(实)二者的统一。《黄老帛书》讲形名，主要是为了让人们了解那个谁也说不清楚的“道”，从而更好地贯彻与民休息政策。道本身是看不见摸不着的，但它体现在汉初的具体政策之中。《经法·道法》还说：

> 见知之道，唯虚无有。虚无有，秋毫成之，必有刑(形)名。

道在虚无中有为，它化为具体的万物之后，万物就有了形有了名。冯友兰先生关于“无”与“有”之间关系的说法，对理解这个问题很有帮助，他说：

在理论上说，它(“有”)可能是任何东西；在实际上说，它不可能是任何东西，它不是任何东西的东西。可是实际上不可能有不是任何东西的东西，因此“有”又变成“无”了。中国道家哲学关于“有”

“无”问题的纠纷，大概是由此而起。①

这里的“刑(形)名”，与司马迁所说的“申子之学本于黄老而主刑名”、韩非“喜刑名法术之学，而其归本于黄老”②的刑名，是有区别的。法家学说本于黄老，但它形成以后，就与道家有了明显的不同；陆贾等对秦朝实行向法家一边倒政策的批评，说明汉初也不同。

综上所述，我认为把汉初黄老说成“本身就是一种法家思想”，是有些不妥当的。熊铁基先生认为古佚书四篇是法家著作“牵强得很”③，我有类似的感觉。显然，如果汉初不实行陆贾、刘邦、曹参、刘恒等主张的黄老思想，而实行“本身就是一种法家思想”的“黄老思想”——那差不多是全部沿袭秦王朝的政策——汉初社会就很难走向稳定和繁荣，那段历史将可能是另外一个样子。

马克思指出：“物质生活的生产方式制约着整个社会生活、政治生活和精神生活的过程。不是人们的意识决定人们的存在，相反，是人们的社会存在决定人们的意识。”④汉初与民休息政策的制定，在思想上主要是受黄老之学的影响。但与民休息政策也好，黄老之学也好，最终还是取决于汉初的社会存在本身。汉初社会需要黄老而不那么需要法家是很明显的。

（原载《河北师院学报[社科版]》1991 年第 4 期）

① 参见冯友兰《三松堂自序》，上海：三联书店 1984 年版，第 271 页。

② [汉]司马迁：《史记》卷六三《老子韩非列传》，北京：中华书局 1982 年版，第 2146 页。

③ 熊铁基：《秦汉新道家略论稿》，上海：上海人民出版社 1984 年版，第 97 页。

④ 马克思：《〈政治经济学批判〉序言》，北京：人民出版社 1971 年版。

论 陆 贾

一

陆贾是汉初的一位重要人物，他官职不高，没有封侯①，只当过太中大夫，但他的政绩和著作，说明他不仅是杰出的政治家和理论家，而且可以称得上是汉初事实上的思想领袖。

他的政绩主要有三条。第一条是两次奉命出使南越，说服尉佗放弃黄屋称制，对国家的统一做出了重要贡献。第二条是在消灭诸吕的斗争中，为开国功臣出谋划策并取得了胜利，实现了政局的稳定。第三条最重要，就是他帮助刘邦确立了指导思想——黄老之学，从而给汉初的与民休息政策找到了理论根据。他是汉初第一个提出实行黄老政治的人，“汉初清静无为之治，盖陆氏为之导夫先路矣”②。

我以为说他是汉初事实上的思想领袖并不过分，请看他与刘邦

① 陆贾未封的原因，可参阅王利器先生《新语校注》前言，北京：中华书局2012年版。

② 王利器语，见《新语校注》，北京：中华书局2012年版，第59页。

之间的一场争论：

陆贾时时前说诗书。高帝骂之曰："乃公居马上得之，安事诗书！"陆生曰："居马上得之，宁可以马上治之乎？且汤武逆取，以顺守之，文武并用，长久之术也。昔者吴王夫差、智伯极武而亡。秦任刑法不变，卒灭赵氏。向使秦已并天下，行仁义，法先圣，陛下安得而有之？"高帝不怿而有惭色，乃谓陆生曰："试为我著秦所以失天下，吾所以得之者何，及古成败之国。"陆生乃粗述存亡之征，凡著十二篇。每奏一篇，高帝未尝不称善，左右呼万岁，号其书曰《新语》。①

陆贾在被皇帝斥骂的情况下敢于和皇帝争论，并说服了皇帝，这本身就是了不起的事情。刘邦待人傲慢，曾"以儒冠为溺器"，他在战争年代很看不起读书人；在打败项羽以后论功行封时，他又轻蔑地称萧何以外的功臣为"功狗"。

他当皇帝后能够根据新的情况，采纳臣子的意见，让陆贾总结秦朝速亡的历史教训，这个巨大的变化主要来自陆贾，当然也说明刘邦作为政治领袖的英明。

"每奏一篇，高帝未尝不称善，左右呼万岁。"这就是说，《新语》得到了公认，很有代表性又很有说服力，陆贾说出了汉初统治集团想要说的话。"左右呼万岁"，"左右"指谁？刘邦的主要辅佐应在其中吧。一部著作，每完成一篇就得到这样崇高的荣誉，古今中外都极少见到。

陆贾的《新语》在汉初影响巨大，后人的评价也很高。班固把陆

① [汉]司马迁：《史记》卷九七《郦生陆贾列传》，北京：中华书局1982年版，第2699页。

贾和董仲舒相提并论。王充说：

>《新语》陆贾所造，盖董仲舒相被服焉，皆言君臣政治得失。言可采行，事美足观，鸿知所言，参贰经传，虽古圣之言，不能过增。陆贾之言，未见遗阙；而仲舒之言，雩祭可以应天，土龙可以致雨，颇难晓也。①

二

在陆贾完成《新语》的差不多同时，当齐相的曹参正在向盖公学习黄老之术，并在实际治理中运用黄老，取得了成功，“相齐九年，齐国安集，大称贤相”②。在中央的陆贾和在齐地的盖公、曹参不谋而合，说明他们的主张符合当时的社会实际，适应了汉初统治阶级的迫切需要。

汉初，接秦之弊，又经过连年战乱，社会经济呈现出一片残破景象，亟须休养生息。作为政治家的刘邦，还在“还军霸上”的时候就已经敏锐地感觉到这一点。③ 但当时应当用一种什么样的思想来治理刚刚统一的局面，统治集团内部并不明确，刘邦与陆贾的争论就说明了这一点。这也与刘邦等人的文化低有一定关系。战国以

① 黄晖：《论衡校释》卷二九《案书篇》，北京：中华书局1990年版，第1169页。

② [汉]司马迁：《史记》卷五四《曹相国世家》，北京：中华书局1982年版，第2029页。

③ 公元前206年十月，刘邦灭秦，还军霸上。十一月，约法三章。关中百姓以牛羊酒食慰劳其士兵，刘邦让而不受，说：“仓粟多，非乏，不欲费人。”前199年，萧何自作主张建未央宫，壮丽非常，征发了大量劳动力和物力。刘邦大怒，说：“天下匈匈，苦战数岁，成败未可知，是何治宫室过度也？”[汉]司马迁：《史记》卷八《高祖本纪》，北京：中华书局1982年版，第385页。

来，先秦诸子经过一系列重大政治斗争，思想流派互有消长。秦始皇的成功和失败都来得十分突然，汉初政治家当然要对此进行深入的思考。从战国到秦统一，法家思想起了决定性作用，但秦统一后仍以法家为指导思想，仍像战争年代那样大规模地极端残酷地役使人民，处于长期战乱中的人民渴望安定生活又无法从秦始皇父子那里得到这种生活，秦王朝的法家政策因此违背了人民和历史的要求。这应当是秦朝速亡的主要原因。汉初政治家对这一点看得很清楚，所以他们要改弦更张，并不约而同地转向了黄老。这就是陆贾著《新语》“每奏一篇，高帝未尝不称善，左右呼万岁”的根本原因。

黄老之学风行了几十年之后，黄老学派的代表人物司马谈，对阴阳、儒、墨、名、法、道各家有一个扼要的评论。这个评论，可以进一步说明汉初统治者为什么选择了黄老。他说：

> 尝窃观阴阳之术，大详而众忌讳，使人拘而多畏，然其序四时之大顺，不可失也。儒者博而寡要，劳而少功，是以其事难尽从，然其叙君臣父子之礼，列夫妇长幼之别，不可易也。墨者俭而难遵，是以其事不可遍循，然其强本节用，不可废也。法家严而少恩，然其正君臣上下之分，不可改也。名家使人俭而善失真，然其正名实，不可不察也。道家使人精神专一，动合无形，澹足万物，其为术也，因阴阳之大顺，采儒墨之善，撮名法之要，与时迁移，应物变化，立俗施事，无所不宜，指约而易操，事少而功多。①

司马谈对阴阳、儒、墨、名、法各家都有褒有贬，唯独对道家有褒无贬。这无疑反映了汉初统治者的立场。加以秦汉之际法家声名

① ［汉］班固：《汉书》卷六二《司马迁传》，北京：中华书局1962年版，第2710页。

狼藉，墨家影响越来越小，阴阳家逐渐被儒、道两家吸收了，儒家经过秦王朝的打击正处在恢复之中，而提倡“无为而治”的黄老又与休养生息政策相符，汉初统治者选择黄老就是很自然的事了。

三

认为《新语》主要是讲黄老的，这种看法能不能成立？

长期以来，《新语》是划为儒家学派的。[①] 一些思想史著作讲汉初黄老，往往把《论六家要旨》和《淮南子》当作代表，而忽略或不重视《新语》。[②] 按照我的看法，《新语》主要是讲黄老的，下面试举《新语》各篇的主要观点说明这种看法。

第一篇《道基》，讲道存在于天地万物之中，它是由先圣发现的。“先圣乃仰观天文，俯察地理，图画乾坤，以定人道”。这是老子“道法自然”[③]的思想，是道家学派一个最根本的观点。

第二篇《术事》，与《道基》紧密相连，讲立事与道的关系，立事不离道，“圣贤与道合”，“去道者身亡”。

第三篇《辅政》，讲用贤问题。尧舜用贤，成了不朽的圣人，秦始皇父子任用赵高、李斯，“故有顿仆跌伤之祸”。如何识别贤与不贤呢？“怀刚者久而缺，持柔者久而长……怀急促者必有所亏，柔儒者制刚强。”这是老子“以柔克刚”“知其雄，守其雌”[④]的策略思想。

---

① 《四库全书总目》卷九一认为《新语》是纯正的儒家著作：“汉儒自董仲舒外，未有如是之醇正也。”中华书局 1965 年版，第 771 页。

② 如徐大同等《中国古代政治思想史》（长春：吉林人民出版社 1981 年版）、吴光《黄老之学通论》（杭州：浙江人民出版社 1985 年版）、侯外庐等《中国思想通史》（北京：人民出版社 1992 年版）等就是如此。

③ 朱谦之：《老子校释》第二十五章，北京：中华书局 1984 年版，第 103 页。

④ 朱谦之：《老子校释》第二十八章，北京：中华书局 1984 年版，第 112 页。

第四篇《无为》，集中讲道家的“无为而治”。批判了秦始皇“用刑太极”，主张“宽舒”“中和”，像舜治天下那样，“弹五弦之琴，歌《南风》之诗。寂若无治国之意，漠若无忧天下之心，然而天下大治”。结论是：“道莫大于无为”，“无为者，乃有为也”。

第六篇《慎微》和第七篇《资质》，讲人的行道问题和人的基本素质。“道者，人之所行也，夫大道履之而行，则无不能。”但人要行道必须节制情欲，情欲放溢者“不能胜其志”。还提醒君主求贤时要注意那些隐居田里的圣贤。

第八篇《至德》，进一步讲“无为而治”。“君子之治也，块然若无事，寂然若无声，官府若无吏，亭落若无民，闾里不讼于巷，老幼不愁于庭，近者无所议。远者无所听。”达到了这种境界，就算做到了“至德”。紧接此篇，第九篇《怀虑》讲专一，“执一统物，虽寡必众”。专一的标准是道德：“心佚情散……大道不行”，“利绝而道著”。

第十篇《本行》，讲实行仁义道德和“无为而治”的关系。“治以道德为上，行以仁义为本。”“故圣人卑宫室而高道德，恶衣食而勤仁义，不损其形以增其容，不亏其德以饰其身，国不兴无事之功，家不藏无用之器，所以稀力役而省贡献也。”

第十一篇《明诫》、第十二篇《思务》，讲人君如何行道的问题。“夫持天地之政，操四海之纲，□□不可以失度，动作不可以离道。”“故世衰道亡，非天之所为也，乃君国者有以自取也。”“□□□道而行之于世，虽非尧舜之君，则亦尧舜也。”“自人君至于庶人，未有不法圣道而为贤者也。”

从以上这些基本观点来看，我们不难得出《新语》属于黄老的结论。

四

任何一种思想，都有它的源流，但它总是时代的产物。汉初黄老也一样。《新语》讲黄老，虽然也讲天地万物之类的哲学基本问题，但它主要是根据汉初万事草创之急需而发，所以对道本身的论述不是很多，没有“恍兮惚兮”“窈兮冥兮”①那样难以捉摸的描写，而是从总结秦朝速亡的历史教训着眼，直接提出治理国家的指导思想。

《新语》十二篇，直接谈亡秦之鉴的有六篇共七处，其他六篇也都间接谈到了这个问题，其中有些话相当深刻，如：

> 秦以刑罚为巢，故有覆巢破卵之患。②

> 秦始皇设刑罚，为车裂之诛……事逾烦天下逾乱，法逾滋而天下逾炽，兵马益设而敌人逾多。秦非不欲治也，然失之者，乃举措太众，用刑太极故也。③

> 秦王不能自信其直目，而从邪臣之言。鹿与马之异形，乃众人之所知也，然不能别其是非，况于闇昧之事乎？④

> 夫酒池可以运舟，糟丘可以远望，岂贫于财哉？统四海之

① 朱谦之：《老子校释》第二十一章，北京：中华书局1984年版，第89页。
② 王利器：《新语校注·辅政》，北京：中华书局2012年版，第51页。
③ 王利器：《新语校注·无为》，北京：中华书局2012年版，第62页。
④ 王利器：《新语校注·辨惑》，北京：中华书局2012年版，第76页。

权，主九州之众，岂弱于武力哉？然功不能自存，而威不能自守，非贫弱也，乃道德不存乎身，仁义不加于天下也。①

在陆贾看来，秦王朝灭亡的主要原因是：不懂得“逆取而顺守之”的道理，“用刑太极”，又滥用民力以供自己享乐，还听信“邪臣之言”。他希望刘邦等人给予充分的重视。

正是从汉初社会的实际需要出发，《新语》在保留先秦道家基本内容的基础上，又吸收了其他各家的思想，同时摈弃了道家学说的消极成分。“因阴阳之大顺，采儒墨之善，撮名法之要。”司马谈的这个说法，对《新语》也是适合的。从前面的引文中，我们已经看到了儒家的仁义、墨家的尚贤。《新语》对法家、阴阳家、名家的吸收比较少，但也有一些。②《新语》包容各家而不显得庞杂，主要是因为它在内容编排上主次分明：以道家为主导。贯穿儒家的仁义，辅之以法家的刑罚和墨家的尚贤，阴阳家和名家只适当涉及。《新语》应急需而作，短时间内“粗述存亡之征”。旁征博引，条理井然，显示了陆贾的才华。

《新语》谈得最多的是“无为而治”，但陆贾的“无为”和老庄的“无为”有重大区别。

在老子那里，无为是作为一种政治思想或政治理想提出来的。《老子》第三章说：“为无为，则无不治。”第五十七章说：“我无为而民自化，我好静而民自正，我无事而民自富，我无欲而民自朴。”这样，

---

① 王利器：《新语校注·本行》，北京：中华书局2012年版，第146页。

② 对法家的吸收：“夫法令者所以诛恶，非所以劝善。”（《无为》）“道因权而立，德因势而行，不在其经者，无以齐其政，不操其柄者，无以制其刚。”（《辨惑》）对阴阳家和名家的吸收：“阳气以仁生，阴气以义降……韩坤以仁和合，八赴以义相承。”（《道基》）“若汤武之君，伊吕之臣，因天时而行罚，顺阴阳而运动。”（《慎微》）“小大不得相逾，方圆不得相干，分之以度，纪之以节……臣不凌君，阴不侵阳……君子见恶于外，则知变于内矣。”

就可以达到其“小国寡民……民至老死，不相往来”①的理想境界。这实际上是一切听其自然，反对有所作为，说是复古倒退或逃避现实也可以。

《新语》讲无为的主要段落我们前面已经引用过。在《无为》和《至德》两篇中，陆贾在“无”字前面加上了个“若”字，“寂若无治国之意，漠若无忧天下之心”，“块然若无事，寂然若无声，官府若无吏，亭落若无民”。那就是说，并不是真的“无治国之意”，“无忧天下之心”，“无事、无声、无吏、无民”，而是象无；对老百姓也不是真的听其自然，而是“赏善罚恶而润色之，兴辟雍庠序而教诲之”。②

在《道基》篇中，陆贾讲到圣人的作用。他说，先圣们建立了君臣父子秩序；中圣们设立了教育制度、礼仪和道德观念；后圣们以五经、六艺教化百姓，以音乐“正风俗、通文雅”。这显然是强调了人的主观能动作用。

《慎微》篇批评了那些“推之不往，引之下来……后倾而不扶，国危而不持，寂寞而无邻，寥廓而独寐”的避世者，认为他们不是“怀道者”，“怀道而避世则不忠也”。

可见，《新语》讲的黄老思想虽然也属于道家，但它已经不再是消极的，它讲无为是为了适应汉初社会休养生息的需要。休养生息，一方面要休养、稳定，另一方面还要生息、发展，这就需要有识之士的积极参与。像曹参那样整天大饮其酒，一切不管，只是事情的一个方面，说那是形式和表面的做法也可以。在实际上，还是要建立秩序，加强控制的，不然的话，汉初黄老吸收其他各家思想有啥用？

① 朱谦之：《老子校释》第八十章，北京：中华书局 1984 年版，第 309 页。

② 王利器：《新语校注・至德》，北京：中华书局 2012 年版，第 118 页。上海人民出版社 1984 年出版的熊铁基《秦汉新道家略论稿》已指出这一点。

五

陆贾作为政治家，他的政绩是和他丰富的斗争经验分不开的。他之所以敢和刘邦争论，那是因为他看清了时局，看清了汉初社会的政治需要，也可以说他摸到了时代的脉搏。同时，由于“以客从高祖定天下”①，长期在刘邦身边当谋士，他也了解刘邦虽待人傲慢，但能接受不同意见。出现了不利的情况，他也表现得很灵活。

孝惠帝时，吕太后用事，欲王诸吕，畏大臣有口者，陆生自度不能争之，乃病免家居。②

陆贾有五个儿子，在“病免家居”期间，他常常乘着舒适的马车，带着歌舞弹唱艺人和侍者，到儿子们那里去。他对儿子们说：

> 与汝约，过汝，汝给吾人马酒食，极欲，十日而更。所死家，得宝剑车骑侍从者。③

开朗、豁达、与世无争。惠帝死后，吕后独揽朝政，诸吕封王，刘家天下进一步受到威胁。陆贾观察到足智多谋的丞相陈平对形势十分忧虑，经过冷静的分析之后，他找到陈平献策：

> 天下安，注意相；天下危，注意将。将相和调，则士务附；士

---

① [汉]司马迁：《史记》卷九七《郦生陆贾列传》，北京：中华书局1982年版，第2697页。

② [汉]司马迁：《史记》卷九七《郦生陆贾列传》，北京：中华书局1982年版，第2769页。

③ [汉]司马迁：《史记》卷九七《郦生陆贾列传》，北京：中华书局1982年版，第2700页。

务附，天下虽有变，即权不分。为社稷计，在两君掌握耳。①

他建议陈平和周勃联合起来，并“为陈平画诸吕数事”②草拟了诛灭诸吕的初步计划，“及诛诸吕，立孝文帝，陆生颇有力焉”③。

陆贾是政治家、理论家，也是出色的文学家。《论衡·书解》：“汉世文章之徒，陆贾、司马迁、刘子政、扬子云，其材能若奇，其称不由己。”《文心雕龙·才略》：“汉室陆贾，首发奇采，赋《孟春》而进《新语》，其辨之富矣。”《诠赋》也说：“汉初词人，顺流而作，陆贾扣其端，贾谊振其绪。”《新语》之外，据《汉书·艺文志》载，陆贾还著有《楚汉春秋》和赋三篇。赋三篇如今是读不到了，但从《新语》和仅存的《楚汉春秋》佚文中，我们仍然可以看到陆贾的文采。

从陆贾会很自然地联想到汉初另一位著名政治家、文学家贾谊（也是文帝时的太中大夫）。贾谊的作品，其理论的、文学的成就要高于陆贾，但在政治和斗争经验上，却不及陆贾。后人评论贾谊，往往把他的悲剧归结于怀才不遇，元老重臣容不得他。其实，他步入仕途的环境，是好于陆贾的，起码不比陆贾差，苏轼说：贾谊太性急了，心胸太狭小了，又不善处逆境。④ 贾谊的这些弱点，和他太年轻，没有经受陆贾那么多锻炼有一定关系。不管怎么说，他年纪轻轻的在失意的悲伤中死去，不如陆贾的一生“圆满”。陆贾的一生，

① ［汉］司马迁：《史记》卷九七《郦生陆贾列传》，北京：中华书局1982年版，第2700页。

② ［汉］司马迁：《史记》卷九七《郦生陆贾列传》，北京：中华书局1982年版，第2701页。

③ ［汉］司马迁：《史记》卷九七《郦生陆贾列传》，北京：中华书局1982年版，第2701页。

④ 参见［宋］苏轼《苏轼文集》卷四《贾谊论》，北京：中华书局1986年版，第105—106页。

功成名就，最后寿终正寝。《汉书·陆贾传》赞曰：陆贾位止大夫。致仕诸吕，不受忧责，从容平勃之间，附会将相，以强社稷，身名俱荣，其最优乎！

（原载《河北大学学报》1996年第1期）

汉文帝登基

汉文帝刘恒，是西汉王朝由初定走向繁荣昌盛的一位关键人物。在他以前，有翦灭异姓王的征战，有诛灭诸吕的斗争，政局一直没有真正稳定下来。他上台后，很快走向稳定，迎来了著名的文景之治。文帝登基，后来被史家称为“迎立”，诸吕用事，刘氏命微，平勃安刘诛吕，迎立刘恒即位。当初，在刘邦的八个儿子当中，刘恒是最不受重视的，刘邦的儿子也不只刘恒一个，还有一个嫡长孙刘襄可以继位。[①] 元老重臣们为什么要迎立刘恒呢？我们仔细分析当时的政治斗争，可以看出，刘恒的即位有其必然性。他是那个时期适应形势发展的需要登上历史舞台的地主阶级领袖人物。

一

公元前 180 年，刘恒即位，这一年他 23 岁。[②] 关于刘恒即位前

---

① 刘襄是刘邦长子刘肥的长子，刘肥的母亲是刘邦“微时外妇”，所以吕后在世时，汉初大臣称吕后生的刘盈为嫡长子，吕后死后才称刘肥为嫡长子，刘襄为嫡长孙。

② 《资治通鉴》卷十五帝后七年注：文帝享年 46 年，他在位 23 年，即位后第一年（元年）应为 23 岁。

的情况，迄今可以看到的史料很少，《史记》《汉书》主要有以下记载：

高祖薄姬，文帝母也。父吴人，秦时与故魏王宗女魏媪通，生薄姬。……及诸侯叛秦，魏豹立为王，而魏媪内其女于魏宫。……汉使曹参等虏魏王豹，以其国为郡，而薄姬输织室。豹已死，汉王入织室，见薄姬，有昭内后宫……自有子后，希见。高祖崩，诸幸姬戚夫人之属，吕后怒，皆幽之不得出宫。而薄姬以希见故，得出从子之代，为代太后。太后弟薄昭从如代。①

孝文窦皇后，景帝母也，吕太后时以良家子选入宫。太后出宫人以赐诸王各五人，窦姬与在行中。家在清河，愿如赵，近家，请其主遣宦者吏"必置我籍赵之伍中"。宦者忘之，误置籍代伍中。籍奏，诏可。当行，窦姬涕泣，怨其宦者，不欲往，相强乃肯行。至代，代王独幸窦姬。②

陛下(指刘恒)居代时，太后尝病，三年，陛下不交睫解衣，汤药非陛下口所尝弗进。夫曾参以布衣犹难之，今陛下亲以王者修之，过曾参远矣。③

[高后七年]秋，太后使使告代王，欲徙王赵。代王谢，愿守代边。④

---

① [汉]班固:《汉书》卷九七《外戚传上》，北京：中华书局1962年版，第3941页。
② [汉]班固:《汉书》卷九七《外戚传上》，北京：中华书局1962年版，第3942页。
③ [汉]班固:《汉书》卷四九《爰盎晁错传》，北京：中华书局1962年版，第2269页。
④ [汉]司马迁:《史记》卷九《吕太后本纪》，北京：中华书局1982年版，第404页。

《风俗通义·孝文帝》也有几句关于文帝母子的话："汉高三年，魏王豹叛汉附楚，汉使大将韩信击，虏豹姬薄夫人，传诣洛阳织室。汉王见薄姬，内后宫，幸之，生文帝。""孝文皇帝，小生于军中，及长，大有识。"《太原府志》卷六十《杂志》转引《西山杂记》说："汉文帝自代还有良马九匹：浮云、赤电、绝群、逸骠、紫鸾、騶绿、螭骢龙子、麟驹、绝尘，号九逸也。"卷十九《祀典》说：山西阳曲县城东北，立有汉文帝庙。

上述史料，给我们描述了文帝登基前的一个粗略的轮廓：文帝生母薄夫人，是汉军从魏王豹那里俘虏来的，品格善良，身份低微，当时又处于战乱之中，她生文帝后就很难见到刘邦了。以致吕后幽闭诸幸姬戚夫人之属时放过了她。文帝的皇后窦姬，本为吕后的宫女，选自良家。诸王受封就国时，吕后各赐宫女五人，窦姬在其中。她因为家离赵国近，要求到赵国去。主管此事的宦官答应后又忘了，把她"误置籍代伍中"。动身时，窦姬发现自己要被送到代国去，伤心地哭了，不肯上路。没想到到了代国之后，刘恒"独幸"之，后来当了皇后。

高祖十一年（前196年），刘恒被立为代王，与母亲薄姬、舅舅薄昭及窦姬等一起前往代地。他们从繁华的首都长安来到偏僻的代国，发现那里土地贫瘠，生活苦陋，有一种被抛弃的感觉。翌年，刘邦死，年幼的刘恒"不知父所在，祭于代东门外"①，悲凉之情可以想象。但代地民风淳朴，离北方游猎民族很近，不时可以看到健壮的马群，使他悲凉之中又得到一些安慰。特别是当听到吕后凶相毕露，残害戚夫人和刘如意刘友的情形后，刘恒恨得咬牙切齿，同时产生了一种远离政治斗争中心的因祸得福的心理。史籍没有记载他在代国的十七年中有没有回过长安，他父亲刘邦和他哥哥刘盈的葬

① 王利器：《风俗通义校注·孝文帝》，北京：中华书局1981年版，第93页。

礼他应当是参加了的，这是制度规定，他又有“仁孝”的名声。但也许他根本没有回去过，因为他深知吕后的淫威和阴毒。高后七年(前 181 年)秋，吕后让他离开代国，去当赵王。这无疑是一种升迁，因为赵国地处中原，人多地广，经济文化比代国先进许多。但他不愿离开，“愿守代边”。这件事清楚地反映了他当时的心态。

刘恒谢绝去当赵王，可以看成他政治上走向成熟的标志。这一年他已经是 22 岁的成年人了，他多次听人讲过争战之事①，又在丞相傅宽等人的辅佐下学过黄老。② 黄老道“以柔克刚”的观念使他学会了在残酷的斗争中如何保存自己。一般说来，作为皇子，他不是完全没有当皇帝的可能，但从当时的具体情况看，他的确没抱当皇帝的希望。他离开长安的第二年，刘邦逝世，他哥哥刘盈登上皇位。刘盈死后，少帝即位，吕后专权。不管出现什么样的情况，大概都轮不到他刘恒上台。他不能有非分之想，他对形势有清醒的估计，他下决心适应代地生活，并学会了骑射，常常穿着当地人的服装去打猎。③ 他要管理好代国，而他侍奉母病的情形，可以说明他的孝心，也可以表露出他“以孝治国”的意图和他母亲成就他这种意图的心迹。母病三年，他三年“不交睫解衣”，母亲吃的药他一定要亲口尝过，远远超过了“宗圣”曾参。长安的吕后强行乱伦④，草菅人

---

① 文帝曰：“吾居代时，吾尚食监高祛数为我言赵将李齐之贤，战于巨鹿下。今吾每饭意未尝不在巨鹿也。”(《资治通鉴》卷一五，北京：中华书局 1956 年版，第 498 页)

② 这是笔者根据有关史料所作的一种解释。《史记·傅宽列传》说，刘恒居代时，傅宽曾为代国丞相，在那以前，傅在齐“属相国参”，而曹参在齐国推行黄老政治是非常有名的。(《史记·曹相国世家》)很可能，窦皇后也跟傅宽或其他什么人学过黄老，这应当是她和刘恒后来努力推行黄老政治的一个原因。

③ 刘恒爱骑射，当皇帝后，还常常穿着毡衣，戴着毡帽，骑着骏马去打猎，以致受到贾山、贾谊的批评。(《风俗通义·孝文帝》)

④ 吕后为了巩固吕家的地位，强迫推行乱伦的婚姻，如吕后之子刘盈之妻是吕后的外孙女，刘邦堂弟刘泽之妻是吕后妹吕须之女，刘邦之子刘恢之妻为吕后的侄孙女等。

命，钩心斗角，对比之下，要说他们的做法有给大家做榜样的意思，不无道理吧？

二

就在刘恒习惯了代地生活，决心治理好代国的时候，形势发生了变化。公元前180年，吕后死后，陈平、周勃、陆贾、曹窋等联合刘姓诸王，一举诛灭诸吕，最高权力中心出现了真空，需要有一个新的皇帝即位。让谁上台好呢？平、勃等元老重臣是打着安刘的旗号行事的，他们希望找一个本分而又比较容易受他们影响的刘姓子弟当皇帝。刘恒从6岁封王起，一直安分地待在代国，又有“仁孝”的名声，于是他变成了选择的对象：

> 诸大臣相与阴谋曰：“少帝及梁、淮阳、常山王，皆非真惠帝子也。吕后以计诈名他人子，杀其母，养后宫，令惠帝子之，立以为后，及诸王，以强吕氏。今皆已夷灭诸吕，而置所立，即长用事，吾属无类矣。不如视诸王最贤者立之。”或言：“齐悼惠王高帝长子，今其嫡子为齐王，推本言之，高帝嫡长孙，可立也。”大臣皆曰：“吕氏以外家恶而几危宗庙，乱功臣。今齐王母家驷，驷钧，恶人也，即立齐王，则复为吕氏。”欲立淮南王，以为少，母家又恶。乃曰：“代王方今高帝见子，最长，仁孝宽厚。太后家薄氏谨良。且立长故顺，以仁孝闻于天下，便。”乃相与共阴使人召代王。①

① ［汉］司马迁：《史记》卷九《吕太后本纪》，北京：中华书局1982年版，第410—411页。

“少帝及梁、淮阳、常山王，皆非真惠帝子也”，少帝应当废悼，梁、淮阳、常山三王不能即位。应当在诸王中选一个“最贤者立之”。自人说齐悼惠王刘肥是高祖的长子，按照嫡长子继承制，刘肥的嫡长子刘襄可立。大臣们说，吕氏就是以外戚作恶，危及宗庙，残害功臣的，刘襄外祖母家的驷钧是个坏蛋，如果立了刘襄，等于又立一个吕氏。淮南王刘长也有同样的问题，他年岁又小。于是大家不约而同地想到了刘恒，认为他是刘邦现存的最大的儿子，仁孝宽厚，闻于天下，其母薄夫人也恭谨善良，拥立他是最合适的。刘恒没有当皇帝的打算，但他在代国的修养锻炼为他当皇帝准备了条件。还应当看到，刘恒封代，一去就是十七年，汉初社会的最大问题是休养生息，他那样安心治理代国，大家选中他，应当是适应社会需要的一种反映，是有其必然性的。

刘恒对飞来的洪福又惊又喜，但他惊喜之中没有忘记谨慎小心。他先是征求近臣的意见，郎中令张武等人说：朝廷重臣惯用诈谋，他们刚刚血洗京师，不可轻信，建议刘恒托病不去，静观局势的发展变化。中尉宋昌的意见不同，他分析了秦朝灭亡以来的形势，得出了天下归于刘姓，“此乃天授”，谁也动摇不了的结论，而刘恒又具备年长和贤圣仁孝的主观条件，所以应当赴京即位。

刘恒仍然犹豫不定，他又和母亲商议，用龟甲占卜了一番，决定先派薄昭去京师会见周勃。薄昭回来报告：“信矣，毋可疑者。”刘恒这才前往首都即位。

元老重臣们欢迎他上台是没有问题了，但他们是真心诚意的吗？他们会对他提出什么样的要求？同姓王们会有什么想法？他离开京师那么久了，人地生疏，人心隔肚皮，说不定会遇到什么危险和麻烦。刘恒很警惕地上路，行至离长安不远的高陵，又派宋昌打听消息。宋昌来到渭水桥，看见丞相陈平率领百官前来迎接，才引刘恒继续前进。“代王驰至渭桥，群臣拜谒称臣，代王下车拜。”①礼毕，刘恒不去宫廷而来到代邸，平勃也率领百官跟随而来，请刘恒“即天子位”。刘恒这时候仍然使劲谦让，他说：

> 奉高帝宗庙，重事也。寡人不佞，不足以称宗庙。愿请楚王计宜者，寡人不敢当。②

楚王刘交是刘邦的弟弟，在当时的同姓王中辈数最高，他希望刘交考虑一个合适的人选，他自己不敢当。见他谦让，“群臣皆伏固请。代王西向让者三，南向让者再”③。三番五次地谦让，一直到他认为大家已经对他的谦让的美德都有了深刻的印象，他才登基。

刘恒的谦让表演，说明他虽然只有 23 岁，但已经具备了地主阶级政治家的手腕。还在渭水桥与百官见面的时候，太尉勃进曰：“愿请间言。”宋昌曰：“所言公，公言之。所言私，王者不受私。”太尉乃跪上天子玺符。④

显然，宋昌的话代表了刘恒的旨意。刘恒希望百官知道他的谦恭的美德，也希望他们知道他这个新皇帝是大公无私的，威严的。

三

如果说元老重臣们不管抱有什么样的想法，在态度上一致拥戴汉文帝的话，同姓王们就不同了。他们作为皇帝的后代，都或多或

① [汉]司马迁：《史记》卷一〇《孝文本纪》，北京：中华书局 1982 年版，第 415 页。
② [汉]司马迁：《史记》卷一〇《孝文本纪》，北京：中华书局 1982 年版，第 416 页。
③ [汉]司马迁：《史记》卷一〇《孝文本纪》，北京：中华书局 1982 年版，第 416 页。
④ [汉]司马迁：《史记》卷一〇《孝文本纪》，北京：中华书局 1982 年版，第 415 页。

少有一些继承皇位的希望。历史上的剥削阶级代表人物，历来是有空子就钻，没有空子制造借口也要往上挤的。刘邦死后，机会出现了，他们焉有不争之理！

当时与文帝争位的人，主要是齐王刘襄。刘襄的祖母曹夫人是“高祖微时外妇”①，曹夫人所生的刘肥是刘邦的长子，刘襄是刘肥的长子，刘邦的长孙。刘襄争位可以从西周以来的嫡长子继承制中找到根据，所以干劲十足。

还在吕后刚刚逝世的时候，刘襄的弟弟，在长安担当宫廷宿卫的朱虚侯刘章就“阴使人出告其兄齐王，欲令发兵西”。他和另一个弟弟东牟侯刘兴居“欲从中与大臣为内应，以诛诸吕，因立齐王为帝”②。

齐王刘襄“闻此计，与其舅驷钧、郎中令祝午、中尉魏勃阴谋发兵”③，紧张地活动起来。刘襄先以欺骗的手段，“使祝午尽发琅邪国而并将其兵”，随即致书诸王说：

> 高帝平定天下，王诸子弟。悼惠王薨，惠帝使留侯张良立臣为齐王。惠帝崩，高后用事，春秋高，听诸吕擅废帝更立，又杀三赵王，灭梁、赵、燕，以王诸吕，分齐国为四。忠臣进谏，上惑乱不听。今高后崩，皇帝春秋富，未能治天下，固待大臣诸侯。今诸吕又擅自尊官，聚兵严威，劫列侯忠臣，挢制以令天下，宗庙以危。寡人帅兵入诛不当王者。④

① [汉]班固：《汉书》卷三八《高五王传》，北京：中华书局1962年版，第1987页。
② [汉]班固：《汉书》卷三八《高五王传》，北京：中华书局1962年版，第1992页。
③ [汉]班固：《汉书》卷三八《高五王传》，北京：中华书局1962年版，第1993页。
④ [汉]班固：《汉书》卷三八《高五王传》，北京：中华书局1962年版，第1994页。

然而刘襄挥师西进，大军行至荥阳，与中央派灌婴率领的前来迎击的军队相遇。两军不战而和，“以待吕氏之变而共诛之”。接下来是我们前文讲到的元老重臣不同意立刘襄、刘长，而一致同意立刘恒。

文帝既立，齐王罢兵东归。是年，齐王死。可以肯定，没当上皇帝是他死的一个重要原因。

文帝看到其中的奥妙，没有简单化地处理曾为刘襄争位出力的刘章刘兴居，而是先加封他们兄弟二人各二千户，黄金千斤，并在一年以后封刘章为城阳王，刘兴居为北济王。但这中间已经包含了处理他们的意图，“始诛诸吕时，朱虚侯章功尤大，大臣许尽以赵地王章，尽以梁地王兴居。及文帝立，闻朱虚、东牟之初欲立齐王，故黜其功”①。城阳、济北只是原来属于齐国的两个郡，比赵、梁两国小多了，兄弟二人很不满意。不久，刘章死，刘兴居乘文帝亲孝太原的机会，发动叛乱，很快被俘自杀。文帝把事情处理得很稳当，从容不迫。

但文帝并不认为事情就此完结了，刘章刘兴居是他刘家的子孙，他处理他们的时候，必须考虑到同姓诸王的反映。“文帝悯济北王逆乱以自灭，明年，尽封悼惠王诸子罢军等七人为列侯。”②这种宽容大度的做法，对稳定政局当然是很有好处的。

（原载《河北大学学报》1992 年第 4 期）

① [汉]班固：《汉书》卷三八《高五王传》，北京：中华书局 1962 年版，第 1997 页。
② [汉]班固：《汉书》卷三八《高五王传》，北京：中华书局 1962 年版，第 1997 页。

汉文帝初政

公元前180年的秋天，对于西汉王朝来说，是一个多事之秋。

这一年的夏天，长江、汉水泛滥，淹没了一万余家。入秋，七月中旬，女主吕后身患重病，月底死去，诸吕准备发动政变。八月，刘章和刘兴居密谋立其兄齐王刘襄为皇帝，刘襄诈夺琅邪王刘泽之兵，挥师西进，相国吕产派大将灌婴率兵迎击。九月，太尉周勃，丞相陈平、御史大夫曹窋①等联合宗室诸王诛灭诸吕，迎立代王刘恒。闰九月二十九日晚，刘恒到达长安，当夜即位。② 秋去冬来，新的一年是汉文帝元年。③

一

汉文帝刘恒，从偏僻的代国来到中央当皇帝，面临着十分复杂的局面。

---

① 曹窋是曹参之子，《史记·孝文本纪》说他是代行御史大夫事，《曹相国世家》说他是御史大夫。

② 参见[宋]司马光《资治通鉴》卷一三。闰九月，原文为后九月。北京：中华书局1956年版。

③ 汉初纪年，十月为岁首，冬天来临，正是新的一年的开始。

汉初，刘邦翦灭异姓王分封同姓王之后，统治集团内部可分为元老重臣、同姓王、外戚三大势力。诸吕被诛后，外戚作为政治势力暂时不存在了，但汉文帝发现自己仍然面对三大势力：元老重臣、同姓王和随他到中央来的代臣。这三大势力支持他即位是没有问题的，他经过调查研究对这一点已经确信不疑。但三大势力还要观察一下文帝怎样对待他们，如果他们对他即位后的做法不满意，只要其中一大势力背着他搞鬼，或者三者之间闹起矛盾冲突来，他就很难稳住阵脚。

文帝知道自己有一个“贤圣仁孝”①的名声，但到了关键时刻，这个名声能起多大作用？他在代国一待就是十七年，十七年中和长安很少有联系，没有也不可能和任何有影响的人物建立任何特殊关系。② 他的特殊关系人存在于他与代臣之间，但这种特殊关系不能表露得很明显，以防元老重臣和同姓王们不高兴，他必须十分小心谨慎地处理好与三大势力之间的关系，让几个方面都基本满意，把高层统治集团稳住，才能站稳脚跟。

元老重臣影响最大，是拥立他的主力。没有他们的拥立，他很可能老死在偏远的代地，不可能到中央来当皇帝。所以他在即位之初，就首先把皇帝之下的最高官位授予他们：周勃任右丞相，陈平任左丞相，大将军灌婴任太尉。并给周勃加封食邑一万户，赐给他黄金五千斤；陈平、灌婴各加封三千户，赐黄金各两千斤。还宣布：列侯中曾随高祖入蜀、汉的六十八人，各加封三百户；高祖时二千石以

① 据《史记·孝文本纪》记载，刘恒在即位前，宋昌就说他“贤圣仁孝，闻于天下”。北京：中华书局 1982 年版，第 414 页。

② 高祖十一年(前 196 年)初，刘恒封为代王，到高后八年(前 180 年)底被拥立，共十七年。十年中刘恒是否回过长安史无记载，他父亲刘邦和他哥哥刘盈的葬礼他应当是参加了的。这是制度规定，他又有“仁孝”的名声。但他十七年中和中央联系很少，在长安没有根基是可以肯定的。

上的官员十人各赐六百户，另有郡太守十人各赐五百户。①

跟文帝到中央来的代臣是他的嫡系和主要依靠力量。这部分人不少于八人：张武等六人、宋昌、舅父薄昭。他们都渴望也都理所当然地得到了升迁：张武等六人官至九卿，其中张武为郎中令，负责保卫宫廷安全；宋昌封为壮武侯，任卫将军，统帅南北军；薄昭封为轵侯，任车骑将军。②

对于同姓王，文帝有三点表示。一是使劲谦让。他到达长安代邸后，群臣请他即位，他说："愿请楚王计宜者，寡人不敢当。"③楚王刘交是刘邦的弟弟，在当时的同姓王中辈数最高。刘恒希望刘交考虑一个合适的人，他自己不敢当，是要表明他有谦恭的美德。见他谦让，"群臣皆伏固请，代王西向让者三，南向让者再"④，三番五次地谦让后，他才即位。这一切当然都是姿态。

即位后，大臣们又奏请早立太子，他又说：

> 楚王，季父也，春秋高，阅天下之义理多矣，明于国家之大体。吴王于朕，兄也，惠仁以好德。淮南王，弟也，秉德以陪朕，岂为不豫哉！诸侯王、宗室、昆弟有功臣，多贤及有德义者，若举有德以陪朕之不能终，是社稷之灵，天下之福也。今不选举焉，而曰必子，人其以朕为忘贤有德者而专于子，非所以忧天下也，朕甚不取也。⑤

---

① 参见[汉]司马迁《史记》卷一〇《孝文本纪》，北京：中华书局 1982 年版，第 421 页。

② 张武以外的其他五人及其官名史无记载。

③ 代邸是代王在长安的官邸。宗室封王后，都在长安建有官邸，以便王国之人来京暂住。

④ [汉]司马迁：《史记》卷一〇《孝文本纪》，北京：中华书局 1982 年版，第 416 页。

⑤ [汉]司马迁：《史记》卷一〇《孝文本纪》，北京：中华书局 1982 年版，第 419 页。

这些话，也是说给同姓王们听的。他谦让之后，太子当然还是立了，但他也取得了道义上的胜利和心理上的平衡。

他对同姓王的第二点表示，是徙琅邪王刘泽为燕王。刘泽是刘邦的堂弟，在拥立文帝时立了功①，而从偏远的琅邪到人多地广的燕国，也是一种升迁。不久，又立赵王刘友的儿子刘遂为赵王，刘辟强为河间王；立皇子刘武为代王，刘参为太原王，刘揖为梁王。

文帝对同姓王的第三点表示，是知道了朱虚侯刘章、东牟侯刘兴居拥立刘襄的图谋，一年以后才立刘章为城阳王，刘兴居为济北王。“始诛诸吕时，朱虚侯章功尤大，大臣许尽以赵地王章，尽以梁地王兴居。及文帝立，闻朱虚、朱牟之初欲立齐王。故黜其功。”②这时，刘襄已死，城阳、济北只是原来属于齐国的两个郡，比赵、梁两国小多了。

经过这样一番安排之后，既保证了元老重臣的尊崇地位和参与最高决策的权力，也保证了随文帝来中央的原代国官员有相当大的实权，同姓王的加封和高祖旧臣的实际利益也基本得到满足，可以说是几个方面各得其所又做到了大体上平衡。高层统治集团稳定下来了，文帝的统治地位也随之稳定。

汉文帝统治地位稳定的表现之一，是他敢于对权位显赫的功臣周勃不客气。文帝即位后对周勃很恭敬，有人提醒他：周勃“有骄主色，陛下谦让”，这是“臣主失礼”。于是再上朝时，文帝就严肃起来，

① 刘襄得知两个弟弟谋立自己的消息后，先把刘泽骗到齐国软禁起来，强使琅邪军队与齐军合并，然后挥师西进，刘泽知道被欺骗了，就对刘襄说：“大王高皇帝嫡长孙也，当立，今诸大臣狐疑未有所定，而泽于刘氏最为长年，大臣固待泽决计。今大王留臣无为也，不如使我入关计事。”襄以为然，乃具车送泽。泽至长安，立即站在元老重臣一边，谋立文帝。[汉]班固：《汉书》卷三八《高五王传》，北京：中华书局 1962 年版，第 1993 页。

② [汉]班固：《汉书》卷三八《高五王传》，北京：中华书局 1962 年版，第 1997 页。

周勃开始畏惧。[①] 不久,又有人给周勃讲功高震主的道理,周勃感到危险,就请求交回相印,文帝以陈平代替他。"岁余,丞相平卒。上复以勃为丞相。十月余,上曰:'前日吾诏列侯就国,或未能行,丞相我所重,其率先之。'乃免相就国。"[②]周勃就国后,"每河东守尉行县至绛,绛侯勃自畏恐诛,常披甲,令家人持兵以见之"。周勃以此获反叛罪被捕,他贿赂了狱吏黄金千斤,又通过关系让薄太后说话,才被释放。[③] 周勃为人耿直忠厚,也许正因为他的确是个大老实人,文帝才抓了他一个典型,以便让群臣知道昨天偏居一隅的代王,今天已经变成中央的皇帝了,皇帝要有皇帝的威严。

诏令列侯就国,可以看作是文帝认为自己已经站稳脚跟的又一表现。有功的官员都希望封侯,又不愿意离开长安,因为有功者封侯不仅是一种很高的荣誉,又可以得到大片的食邑,不过所封食邑一般都在偏远的外地,享受不到京城的豪华。而要在京城过豪华生活,又必须从远离的封地给他们运送东西,既浪费人力物力,列侯们又不能亲自治理自己的封地。于是文帝决定让他们统统离开长安,回到各自的封国那里去。只有那些在朝中兼职和按诏令留住者才可留在长安,但他们也必须让自己的太子回到封国去。下诏后,文帝看到有的列侯仍然不愿意走,就对绛侯周勃说:丞相,你是我所器重的人,带个头吧。

二

政局稳定后的问题是如何治理国家。在这方面,在即位后的两

---

① 参见[宋]司马光《资治通鉴》卷一三《汉纪五》,北京:中华书局1956年版,第441页。
② [汉]司马迁:《史记》卷五七《周勃世家》,北京:中华书局1982年版,第2072页。
③ 参见[汉]司马迁《史记》卷五七《周勃世家》,北京:中华书局1982年版,第2073页。

年之内，文帝颁布了几项利国利民的重大措施。

秦朝时，刑法极为严酷。高祖约法三章，悉去秦法。萧何“摭秦法”作九章律，汉法的苛刻程度又变得和秦法差不多了。文帝即位后不久就下诏书说：

> 法者，治之正也，所以禁暴而率善人也。今犯法已论，而使毋罪之父母妻子同坐之，及为收孥，朕甚不取。其议之。①

大臣们说：百姓们自己管不住自己，所以要制定法令管束他们。实行连坐，可以使他们不敢轻易犯法。再说，这种法律由来已久，还是不变的好。文帝说：判罪得当百姓才能顺从，用不合理的法令惩罚他们，就等于迫使他们进行暴乱。大臣们只好同意废除连坐法。

文帝二年初，灌婴的骑从贾山上书，建议文帝“开道而求谏，和颜色而受之”。上书说，秦始皇以为“其后嗣世世无穷，然身死才数月耳，天下四面而攻之，宗庙灭绝矣。秦皇帝居灭绝之中而不自知者，何也？天下莫敢告也。何也？……退诽谤之人，杀直谏之士，是以道谀、偷合苟容”②。这是希望文帝从秦朝速亡中吸取历史教训。文帝记得，高祖即位后，太中大夫陆贾说过类似的话。③ 他认为贾山说得很对，五月下诏说：

> 古之治天下，朝有进善之旌，诽谤之木，所以通治道而来谏

---

① [汉]司马迁：《史记》卷一〇《孝文本纪》，北京：中华书局1982年版，第418页。

② [宋]司马光：《资治通鉴》卷一三《汉纪五》，北京：中华书局1956年版，第449页。

③ 陆贾《新语》第七篇《资质》说，人君不用忠贤，则佞臣当道，“下不忠于君，则上不明于下，上不明于下，是故天下所以倾覆也”。王利器：《新语校注·资质》，北京：中华书局2012年版，第114页。

> 者。今法有诽谤妖言之罪，是使众臣不敢尽情，而上无由闻过失也。将何以来远方之贤良？其除之。①

诏书还说：有些人在背后诅咒皇帝又约定相互隐瞒，当官的认为这是大逆不道，要将他们处死。这样做不可取，今后对这些人一律不要治罪。②

文帝即位时，距离秦朝灭亡还不久远，废除连坐法和诽谤妖言罪，主要是亡秦之鉴在起作用，但也有缓和阶级矛盾和统治集团内部矛盾的用意，同时给自己树立起一个比较温和、开明、谦恭、仁慈的形象。

大约在文帝元年末，刘恒把大才子贾谊诏为博士。二年初，贾谊上书说：

> 管子曰："仓廪实而知礼节，衣食足而知荣辱。"民不足而可治者，自古及今，未之尝闻……今背本而趋末者甚众，是天下之大残也。淫侈之俗，日日以长，是天下之大贼也。残、贼公行，莫之或止；大命将泛，莫之振救。③

贾谊认为，解决这些问题的根本办法是重农抑商。"今驱民而归之农，皆著于本，使天下各食其力，末技、游食之民转而缘南亩，则

---

① [汉]司马迁：《史记》卷一〇《孝文本纪》，北京：中华书局1982年版，第424页。

② 参见[汉]司马迁《史记》卷一〇《孝文本纪》，北京：中华书局1982年版，第424页。

③ [宋]司马光：《资治通鉴》卷一三《汉纪五》，北京：中华书局1956年版，第451页。

畜积足而人乐其所矣，可以为富安天下，而直为此廪廪也，窃为陛下惜之。"①

文帝看了贾谊的上书，深受感动，当年正月发布诏书说，农业是天下的根本，并亲自耕种籍田②，做天下的表率。这一年的九月，文帝又下诏说：

> 农，天下之大本也，民所恃以生也，而民或不务本而事末，故生不遂。朕忧其然，故今兹亲率群臣以劝之。其赐天下民今年田租之半。③

诏书进一步强调了重农抑商，把汉初的十五税一减半，改为三十税一，以鼓励农民从事农业生产的积极性。

文帝在即位后的最初两年，还颁布了"振贷鳏、寡、孤、独、穷困之人"④的诏书（元年春），"朕不受献也，其令四方毋求来献"⑤的诏书（元年夏），要求推举"贤良方正、能直言极谏者"的诏书。

后面这个要求推举贤能的诏书，是由于二年十一月底、十二月十五日两次出现日食发布的。在那个时代，人们都很迷信，以为人间的事办不好，上天就会有灾异显示出来。一连两次日食，使文帝更加谦恭起来。他在这个诏书中说：

---

① [宋]司马光：《资治通鉴》卷一三《汉纪五》，北京：中华书局1956年版，第452页。

② 籍田，名义上是皇帝亲自耕种的田地，实际上还是役使百姓耕种。其收获物用于宗庙祭祀。

③ [汉]班固：《汉书》卷四《文帝纪》，北京：中华书局1962年版，第118页。

④ [汉]司马迁：《史记》卷一〇《孝文本纪》，北京：中华书局1982年版，第420页。

⑤ [宋]司马光：《资治通鉴》卷一三《汉纪五》，北京：中华书局1956年版，第443页。

天生蒸民，为之置君以养治之。人主不德，布政不均，则天示之以灾，以诫不治。……朕获保宗庙，以微眇之身托于兆民君王之上，天下治乱，在朕一人，唯二三执政犹吾股肱也。朕下不能理育群生，上以累三光之明，其不德大矣。①

诏书要求，各级官员都要批评他的过失和不足，并且推举贤良方正、能直言极谏的人，以纠正他的过失和不足。同时责令减少徭役和税收。

上述一系列措施和做法，使汉初社会进一步走向稳定，生产得到比较迅速的发展，迎来了空前繁荣的“文景之治”。太史公曰：“汉兴，孝文施大德，天下怀安。”②从文帝即位后最初两年实行的政策中，我们已经可以体会司马迁的话。

三

文帝初即位的政事，还应当说到他和贾谊之间的关系问题。

对于这个问题，后人评论多站在贾谊一边，这些评论带有浓重的感情色彩。这是容易理解的。文帝是封建皇帝，地位越来越巩固。贾谊是个大才子，由于被文帝疏远，政治上失意，三十三岁郁郁而死，正是风华正茂的年龄。但冷静地考虑当时的形势，我认为文帝的做法不能完全否定。虽然贾谊离开中央与绛灌等人的诋毁有关系，但主要还是文帝考虑全局做出的决定。

文帝本来是十分重视贾谊的。他听说贾谊年少，“颇通诸家之

① ［汉］司马迁：《史记》卷一〇《孝文本纪》，北京：中华书局1982年版，第422页。
② ［汉］司马迁：《史记》卷一一《孝景本纪》，北京：中华书局1982年版，第449页。

书"[1],即位后的第一年就把他召为最年轻的博士。二十岁的贾谊来到长安果然才华横溢,使二十三岁的文帝[2]赞叹不已:

> 每诏令议下,诸老先生未能言,谊尽为之对,人人各如其意所出。诸生于是以为能,文帝悦之,超迁,岁中至太中大夫。[3]

在任太中大夫期间,贾谊议论朝政,揭露时弊,提出了很多改革建议,表现出超群的才能,文帝倍加赞赏,"议以谊任公卿之位"[4]。

但是,文帝慢慢发现,他和贾谊之间,有些地方很不一致。比如,贾谊来到中央,很快就提出:"宜当改正朔,易服色制度,定官名、兴礼乐。"[5]他还特别强调尊卑贵贱必须有外部标志:

> 人之情不异,面目、状貌同类,贵贱之别非人天根著于形容也。所持以别贵贱、明尊卑者,等级、势力、衣服、号令也。……近习乎形貌,然后能识,则疏远无所放,众庶无以期,则下恶能不疑其上?君臣同伦,异等同服,则上恶能不眩其下?[6]

贾谊的意思是说,如果没有外部标志,离远了就看不出人的社会地位,只有靠近了从面貌上加以区别。但有几个人能靠近皇帝?即使靠近了,疏远之人怎么能分辨出来?这就会产生下"疑其上"、

① [汉]班固:《汉书》卷四八《贾谊传》,北京:中华书局1962年版,第2221页。
② 《资治通鉴》卷一五文帝后七年注:文帝享年46岁,他在位23年,即位后第一年(元年)应为23岁。
③ [汉]班固:《汉书》卷四八《贾谊传》,北京:中华书局1962年版,第2221页。
④ [汉]班固:《汉书》卷四八《贾谊传》,北京:中华书局1962年版,第2222页。
⑤ [汉]班固:《汉书》卷四八《贾谊传》,北京:中华书局1962年版,第2222页。
⑥ [汉]贾谊:《贾谊集》,长沙:岳麓书社2010年版,第16页。

上“眩其下”的情况，就会有人搞欺骗，就会出乱子。

贾谊的这些主张，显然是儒家那一套烦琐的礼仪，但“文帝本修黄老之言，不甚好儒术，其治尚清静无为”①。所以，他对贾谊的这些建议，虽然一开始谦让过，但很快就不耐烦起来，说：繁礼缛节，装腔作势，对治国毫无用处，我搞那一套干什么？统统地免除！② 侯外庐先生主编的《中国思想通史》指出：“学者只知秦始皇焚书与汉武帝尊儒，而不知秦汉之际还有一段定于一尊的互绌争霸阶段。”③这里说的“互绌争霸”，指的是儒道之间的斗争。汉初有一场儒道之争，是一个历史事实。④ 司马迁说：“世之学老子者，则绌儒学，儒学亦绌老子，道不同不相为谋，岂谓是邪？”⑤

“道不同不相为谋。”当时的儒家“谋”的什么？儒家的特点是熟悉古代典籍和礼仪制度，他们谋求的也就是这套东西。但这套东西在打天下的过程中的确没有什么用处，所以刘邦说：“乃公居马上得之，安事诗书！”⑥汉朝建立后应该平静下来了，但当时“尚有干戈，平定四海，亦未暇遑庠序之事也”⑦。这里指的是刘邦翦灭异姓王的征战。后来又有诛灭诸吕的斗争。因此，直到文帝上台，最需要的仍然是稳定政局，而不怎么需要儒家讲究的那些烦琐的礼仪。司

① 王利器：《风俗通义校注・正失》，北京：中华书局1981年版，第96页。

② 参见[汉]司马迁《史记》卷二三《礼书》，北京：中华书局1982年版，第1160页。

③ 侯外庐等：《中国思想通史》第2卷，北京：人民出版社1992年版，第60页。

④ 我以为儒道有互绌，也有互补。本文写文帝初即位政事，涉及儒道互绌、互补问题，不做论述。

⑤ [汉]司马迁：《史记》卷六三《老子列传》，北京：中华书局1982年版，第2143页。

⑥ [汉]司马迁：《史记》卷九七《郦生陆贾列传》，北京：中华书局1982年版，第2699页。

⑦ [汉]司马迁：《史记》卷一二一《儒林列传》，北京：中华书局1982年版，第3117页。

马谈说:“儒者博而寡要,劳而少功,是以其事难尽从。”①可以代表当时的一般看法。

黄老道家“谋”的什么?是清静无为,休养生息。休养生息的问题早在战国时期就提到日程上来了,但一直没有变成现实,连绵不断的战争给人民带来了无穷的灾难。秦始皇解决了统一问题,但没有解决休养生息的问题。从秦汉之际开始,又是连年战乱,人民迫切需要一个安定生产和生活的环境。以此为背景,主张清静无为的道家思想风靡一时。“汉时曹参始荐盖公能言黄老,文帝宗之,自是相传,道学众矣。”②儒家的繁礼缛节和道家的清静无为,是两种文化思想,也是两种不同的政治主张。贾谊也受到道家的影响③,他有时还提出类似法家的主张④,但他的主导思想是儒家。这应当是文帝疏远他的一个重要原因。

贾谊被疏远与周勃等人的诋毁有一定关系。但细读史料,我们会发现另外一种关系,那就是贾谊去给长沙王当老师和周勃回封地当绛侯之间的关系。司马迁说:

> 诸律令所更定,及列侯悉就国,其说皆自贾生发之。于是天子议以为贾生任公卿之位。绛、灌、东阳侯、冯敬之属尽害之,乃短贾生曰:“洛阳之人,年少初学,专欲擅权,纷乱诸事。”

---

① [汉]司马迁:《史记》卷一三〇《太史公自序》,北京:中华书局1982年版,第3289页。

② [唐]魏徵:《隋书》卷三四《经籍志》,北京:中华书局1973年版,第1003页。

③ 如《新书·道术》说:“道者,所从接物也,其本者谓之虚,其末者谓之术。”“明主者,南面而正,清静无为,令名自命,令物自定。”(《贾谊集》,长沙:岳麓书社2010年版,第136页)

④ 如《新书·制不定》说:“仁义恩厚,此人主之芒刃也;权势法制,此人主之斤釜也。势已定,权已足矣,乃以仁义恩厚而泽之,故德布而天下有慕志。”(《贾谊集》,长沙:岳麓书社2010年版,第37页)

于是天子后亦疏之，不用其议，乃以贾生为长沙王太傅。①

前面已经说到列侯不愿就国的事。从太史公这段话中，我们可以看出：有了贾谊的主张，才有文帝命列侯就国的诏书；列侯不愿离开长安回到封地去，但他们不敢反对文帝的诏书，就诋毁出主意的贾谊。显然，这和文帝疏远贾谊是两回事。文帝也知道周勃等人的诋毁是没有道理的，但忽视他们的意见就有可能影响政局的稳定，于是在让周勃等人回封地的同时，也把贾谊调出中央让他去担任长沙王太傅。在就国列侯中，损失最大的是周勃，他从中央政府的丞相一下子变成了被郡太守管辖的绛侯。很可能，文帝在周、贾离京时间上也做了精心安排：他让周勃在三年十一月带头回绛，贾谊也在这一年到了长沙。② 二人同时离开长安，这不是很有意思吗？

（原载《河北大学学报》1991 年第 3 期）

① ［汉］司马迁：《史记》卷八四《屈原贾生列传》，北京：中华书局 1982 年版，第 2492 页。

② 贾谊出任长沙王太傅的时间，史无记载，只能根据贾谊《鹏鸟赋》写于“单阏之岁”来推算。“单阏”是卯年的别称，这里为丁卯年，即文帝六年。这时贾谊已为长沙王太傅三年，那么他出任此职应为文帝三年。

汉初法制琐谈

汉高祖刘邦入关之初，曾召集诸县父老，宣布：

> 父老苦秦苛法久矣，诽谤者族，偶语者弃市。吾与诸侯约，先入关者王之，吾当王关中，与父老约法三章，杀人者死，伤人及盗抵罪，余悉除去秦法。①

这就是历史上有名的“约法三章”。这样的宣布当然使关中百姓非常高兴，他们争着送牛羊酒食慰劳刘邦的士兵，唯恐刘邦不当他们的统治者。刘邦的这一手干得很漂亮，在当时很大程度上起到了安定人心、稳定社会秩序的作用，为他最后取得天下打下了一个很好的基础。

但“约法三章”实行得怎样？秦法真的都废除了吗？汉初的法制状况究竟是怎样的呢？本文就这些问题谈一些粗浅的看法。

---

① ［汉］司马迁：《史记》卷八《高祖本纪》，北京：中华书局1982年版，第362页。

一

《汉书·刑法志》说：

> 汉兴之初，虽有约法三章，网漏吞舟之鱼。然其大辟，尚有夷三族之令，令曰：当三族者先黥、劓，斩左右止，笞杀之，枭其首，菹其骨肉于市。其诽谤詈诅者，又先断舌。故谓之具五刑。彭越、韩信之属，皆受此诛。至高后元年，乃除三族罪、妖言令。孝文二年，又诏丞相、太尉、御史……今犯法者已论，而使无罪之父母妻子同产坐之及收，朕甚弗取，其议。……平、勃乃曰：陛下幸加大惠于天下，使有罪不收，无罪不相坐，其盛德，臣等所不及也。臣等谨奉诏，尽除收律相坐法。其后，新垣平谋为逆，复行三族之诛。

这段话说明，刘邦"约法三章"之后，秦朝的残酷繁苛之法实际上并没有废除，夷三族之令，黥、劓、斩趾、笞杀、断舌之刑，妻孥连坐之法，都依然存在着，实行着。吕后和文帝时，曾除去一些酷法，但不久又恢复了，如对新垣平的"复行三族之诛"。所以清代史学家王鸣盛说："车裂、腰斩、具五刑、夷三族，皆秦之酷法，汉初沿袭行之，韩信、彭越、英步皆受此。文帝元年冬十二月，尽除收孥相坐律令，十三年夏五月，除肉刑法矣。然景帝于晁错，武帝于郭解、主父偃、公孙贺、李陵、李广利、公孙敖、任安、田仁、刘屈氂，犹皆腰斩夷族，文纪云云，徒虚语耳。"①实际上，"三章"也应付不了当时那么复杂的社会状况，那么简单的"三章"（"杀人者死，伤人及盗抵罪"，总共

① 转引自韩国磐《中国古代法制史研究》，人民出版社1993年版，第205页。

才十个字)根本就不够用。"三章之法不足以御奸。"①所以刘邦建立汉朝之后,很快命萧何作九章律。

萧何的"九章律",根据《汉书·刑法志》等的记载,就是在《法经》的盗、贼、囚、捕、杂、具六篇之外,增加兴、厩、户三篇,合为九篇,所以称为"九章律"。据史书记载,"九章律"的具体内容大致如下:

1.盗律,包括劫略(胁迫财物之属)、买卖平民、劫持人质、贱买贵卖、受财枉法、盗窃等。

2.贼律,包括欺谩、诈伪、逾封(擅自扩大封地)、矫制、砍伐树木、杀伤人畜、丢失印绶等。

3.囚律,包括诈自复除(非有复除之命而诈伪复除者),告劾不实,系囚、狱务不允、断狱不当等。

4.捕律,包括诏捕(皇帝下诏捕人)、名捕(政府下令通捕)、追捕(追捕中,禁止夜入人家捕人)等。

5.杂律,包括轻狡(狡猾)、越城、博戏(戏取人财)、不廉、淫侈等。

6.具律,指刑名,汉代从死罪夷三族、枭首、腰斩,到宫刑、斩趾、劓、黥、笞,到罚金、免官、除名、徙边等刑名,都属此律。

7.兴律,上报狱事有误、擅兴徭役、乏徭(当徭不到或已到又逃)、稽留(迟留,即耽误时日)、烽燧有误等。

8.厩律,此律与马政管理有关,包括告反、逮捕、"乏军兴"等名目。告反、逮捕都要骑马,乏军兴指因缺乏战马、缺乏兵员而贻误战事。

9.户律,掌乡里百姓徭役、赋税、户籍之事。

萧何九章律的这些内容,几乎都继承了秦律。九章的前六章源

① [汉]班固:《汉书》卷二三《刑法志》,北京:中华书局1962年版,第1096页。

自李悝的“法经”，秦律继承了法经，汉律又继承了秦律。后三章，厩律，“睡虎地秦简”中有“厩苑律”，《秦律十八种》中也有“厩律”。秦律中未见兴律，但有“兴徒”，即擅兴徭役。《秦律十八种》中又有徭律，相当于汉律中的“乏徭”。户律，秦《为吏之道》中录有《魏户律》，虽未独立成篇，但秦自商鞅变法以来的户籍管理的规定，就是户律。所以《汉书·刑法志》说，九章律是“萧何攈摭秦法，取其宜于时者”①。

《史记》《汉书》都说，萧何“以文无害，为沛主吏椽”。什么是“文无害”，“文无害”就是通晓法令，无所凝滞，也就是萧何通晓法令，当了沛县的官吏。《史记》《汉书》这样叙述他为秦官，通晓秦朝法令，以说明他汉初作九章律，必然受到秦律的影响。

《汉书·萧何传》说，刘邦入关后，“诸将皆争走金帛财物之府分之，何独入收秦丞相御史律令、图书藏之。沛公具知天下厄塞户口多少强弱处，民所疾苦者，以何得秦图书也”。这也说明萧何特别看重秦朝法令，知道秦朝法令对新政权的重要性。他这样的人修订汉初法令，当然跳不出秦律的范围。

另外，汉代还有谋反、大逆不道、不忠不孝、不敬、大不敬等罪名。谋反和大逆不道，一般要处以极刑，夫妻父子连坐。这样看来，刘邦入关后的约法三章，“余悉除去秦法”，基本上没有做到。秦律残酷繁苛，汉律依然残酷繁苛。贾谊在《治安策》中谈到这种情况时说：“昔之为秦者，今转而为汉矣。”文帝时任博士、景帝时任常山王刘舜太傅的韩婴，在《韩诗外传》中说，汉初的做法和他所希望的大不一样，“今或不然，令民相伍，有罪相伺，有刑相举，使构造冤仇，而

① 关于萧何九章律的内容，可参阅韩国磐《中国古代法制史研究》，北京：人民出版社 1993 年版，第 141—175 页。

民相残"①。当然,约法三章对于稳定社会秩序、巩固汉初新政权的作用还是不能否定的。

二

说到汉初法制,就不能不说到汉文帝废除肉刑的问题。因为一般说汉初,指的是从刘邦建立汉朝到文景之治,也就是到汉武帝即位之前,共 62 年。文帝除肉刑不仅是汉代,而且是中国法制史上的一件大事。

夏商周已有五刑,即墨(黥)、劓、刵(刖)、宫、大辟,大辟即是死刑,其余四者为肉刑。秦商鞅变法,又增加凿颠、抽胁、镬烹、车裂、磔、囊扑等。《三辅故事》说:"秦始皇时,隐宫之徒至七十二万,所割男子之势,高积如山。"可能是夸大了,但秦时有宫刑无疑。

如前所述,汉承秦制,汉代也有肉刑。司马迁说:"孝文施大德,天下怀安。"②又说:"汉兴,至孝文四十有余载,德至盛也。"③司马迁这样说的原因之一,就是文帝曾下诏废除肉刑。

公元前 167 年,淳于公的女儿缇萦请代父受刑,此事感动了汉文帝,于是下诏废除肉刑。《汉书·刑法志》说:

> (缇萦)书奏天子,天子怜悲其意,遂下令曰:制诏御史:盖闻有虞氏之时,画衣冠、异章服以为戮,而民弗犯,何治之至也!今法有肉刑三,而奸不止,其咎安在?非乃朕德之薄,而教不明与!吾甚自愧……今人有过,教未施而刑已加焉,或欲改行为

① [汉]韩婴:《韩诗外传》第四卷,第 13 章,北京:中华书局 1980 年版,第 143 页。
② [汉]司马迁:《史记》卷一一《孝景本纪》,北京:中华书局 1982 年版,第 449 页。
③ [汉]司马迁:《史记》卷一〇《孝文本纪》,北京:中华书局 1982 年版,第 437 页。

善，而道亡繇至，朕甚怜之。夫刑至断支体，刻肌肤，终身不息，何其刑之痛而不德也！岂称为民父母之意哉？其除肉刑，有以易之；及令罪人各以轻重，不亡逃，有年而免。具为令。

从这段话看，汉代有肉刑无疑，而且极为残酷。不过，说“今法肉刑三”，似乎还有点问题。孟康注说，“有肉刑三”，是指黥、劓、刖（斩左右趾）。《刑法志》下文又记载了文帝认可的改易肉刑的办法：

当黥者，髡钳为城旦舂；当劓者，笞三百；当斩左止者，笞五百。

又只说到黥、劓、刖三者，未说到宫刑。《汉书·刑法志》评论说：“斩右止者又当死，斩左止者笞五百，当劓者笞三百，率多死”，“外有轻刑之名，内实杀人”。这种评论是有道理的。至于宫刑，前引《汉书·刑法志》说的“夫刑至断支体，刻肌肤，终生不息……其除肉刑”，其中的“终身不息”应指宫刑，“息”是生育的意思，受了宫刑就不能生育子女了，所以“其除肉刑”，应包括宫刑在内。公元前156年汉景帝下诏书说：“孝文皇帝临天下……除宫刑”，进一步说明文帝除肉刑确实包括宫刑在内。这也说明汉初继承了秦法，也继承了宫刑。

但文帝除宫刑，并没有彻底解决问题，有公元前146年景帝下诏恢复宫刑为证，景帝的诏书说：

秋，赦徒作阳陵者，死罪欲腐者，许之。①

① [汉]班固：《汉书》卷五《景帝纪》，北京：中华书局1962年版，第147页。

这以后，不少人受过宫刑。最有名的是司马迁因李陵事件下蚕室。又如张安世之兄张贺，原定处死，后因张安世上书，“得下蚕室”。许广汉从武帝上甘泉，后亦因罪“下蚕室”。下蚕室，也就是受宫刑。汉武帝夫人之兄李延年后来也“坐法腐刑”。史载，后汉及魏晋南北朝时也有一些受宫刑的例子。直到隋朝，宫刑才基本上废除。

但无论如何，文帝下诏书除肉刑以后，汉初刑法还是比过去轻一些了。景帝在前156年下诏笞五百者减为三百，笞三百者减为二百。在前144年又下令减笞三百者为二百，笞二百者为一百，并规定了行刑者不得中途换人；被笞者笞臀，行刑的箠“长五尺，其本大一寸，末薄半寸，皆平其节”①。据《汉书·景帝纪》载，景帝还下诏说：

> 狱，重事也。……狱疑者谳有司。有司所不能决，移廷尉。有令谳而后不当，谳者不为失。

这就是说，狱案如有疑问，可以上诉，上诉者不当也无罪。

史家都说，汉初“约法省刑”，这样说，总的讲还是说得过去的。“约法省刑”和“轻徭薄赋”一起，构成了汉初的基本政策，也是迎来“文景之治”的重要因素，应当给予肯定的评价。但从上述事实来看，不可以把“约法省刑”估计过高。

汉初，由于多年战乱，社会经济遭到严重破坏，亟须休养生息，“黎民得离战国之苦，君臣俱欲休息乎无为”②。所以，汉初统治者以“治道贵清静而民自定”的黄老无为思想作为指导思想。所谓约

① [汉]班固：《汉书》卷二三《刑法志》，北京：中华书局1962年版，第1100页。
② [汉]司马迁：《史记》卷九《吕太后本纪》，北京：中华书局1982年版，第412页。

法省刑，所谓轻徭薄赋，正是这种思想的反映，而这种指导思想也的确对恢复社会经济起了巨大作用。

但汉初统治者又是一批熟知秦朝政治和法律的人。刘邦本身原来就是一名秦吏。萧何的情况前文已经说过，萧何晚年曾被刘邦关押，有人问刘邦为什么关押萧何，刘邦说："吾闻李斯相秦始皇，有善归主，有恶自与"，萧何却"自媚于民，故系治之"。① 可见刘邦不但以实行法家思想的秦始皇自许，而且要求萧何向李斯看齐。接替萧何为相国的曹参也曾为秦朝狱吏，他上台后的做法是"萧规曹随"，"法令既明，今陛下垂拱，参等守职，遵而勿失"。② 文帝时的丞相陈平，也当过刘邦的谋臣，史记说他"本好黄帝老子之术"，他自己又说"我多阴谋，是道家所禁"。文帝时的廷尉张释之，曾追查太子与梁王共车入朝不下司马门之事，迫使文帝不得不亲自谢罪说："教儿不谨。"当友人犯跸及盗高庙玉环时，文帝怒而欲重刑之，张释之又坚持按法律规定处理。这些材料说明，汉初以黄老为指导思想，与秦的法家思想及从秦朝继承下来的法律刑名不但不矛盾，而且还有相当程度的协调一致。司马迁说集法家思想之大成的韩非"喜刑名法术之学，而其归本于黄老"，并把韩非与老子合写在一篇列传里，可以帮助我们从历史渊源的角度理解汉初的无为而治为什么继承了那么多的秦法。

但从汉朝建立后，韩非子的名字，法家思想，以及秦朝的法律，几乎不再公开提起，即使提起，也是放在被批判的地位。在汉代，先是黄老，后是儒家思想，作为公开的指导思想；法家思想和秦朝法律

① ［汉］司马迁：《史记》卷五三《萧相国世家》，北京：中华书局 1982 年版，第 2018 页。

② ［汉］司马迁：《史记》卷五四《曹相国世家》，北京：中华书局 1982 年版，第 2030 页。

一直在用着，实行着，但不能说。这也是史家常说的汉武帝“独尊儒术”以后，实际上实行的“阴法阳儒”或“内法外儒”。为什么会是这样的呢？

根本原因是刘邦要推翻秦朝统治、建立新政权必须以反秦为号召，而秦朝速亡最主要的原因，是秦朝的严刑峻法，是“举措暴众而用刑太极”①。只有在做法上和秦朝区别开来，才能得到老百姓的拥护，才能使社会秩序稳定下来，把被破坏的社会经济恢复起来。

事实证明，刘邦一方面公开颁布约法三章，“余悉除去秦法”，另一方面又不声不响地把秦朝法律拿过来实行，是做得很有成效的。

西汉中期，这种阴法阳儒的政策又有进一步发展。董仲舒上天人三策，汉武帝打出“独尊儒术”的旗号，可是他重用了多少法家人物啊！史载他任用的酷吏王温舒杀人血流远至十余里，义纵一天内把四百多人都杀掉了。② 张汤和赵禹增改汉律，使汉律空前膨胀，“律令凡 359 章，大辟 409 条，1882 事，死罪决事比 13472 事”③，但武帝仍然把儒家的旗帜举得高高的。

汉武帝的曾孙汉宣帝说：“汉家自有制度，本以霸王道杂之。”④ 霸指法家，王指儒家，公开说自己儒法并用。但历代封建统治者大多不说自己是“儒法并用”，更不说自己是“阴法阳儒”或“内法外儒”，而说自己实行的是儒家的主张。

① 王利器：《新语校注·无为》，北京：中华书局 2012 年版，第 64 页。
② 参见商炜《雄才大略汉武帝》，石家庄：河北人民出版社 2001 年版，第 151 页。
③ [汉]班固：《汉书》卷二三《刑法志》，北京：中华书局 1962 年版，第 1101 页。
④ [汉]班固：《汉书》卷九《元帝纪》，北京：中华书局 1962 年版，第 277 页。

汉武帝好贤不倦

一

“好贤不倦”是司马光评价汉武帝用人思想的一句话。一般说来，那些有作为的封建君主都能做到“好贤”和知人善任，但他们很难做到好贤不倦。好贤不倦不是方法问题，而是胸怀问题、雅量问题。有了广阔的胸怀和容人的雅量，才能真正做到不拘一格地延揽人才和选拔人才。人才是有缺点的，是有自己的特点的，有的在思想上属于不同的流派，有的对武帝的现行政策不支持甚至持批评态度。但武帝不计较这一切，他都能根据他们才能的高低给予任用。

最能说明武帝胸怀和雅量的，是元朔元年（前 128 年）主父偃、徐乐、严安三人一同上书一事。当时北击匈奴的大规模战争刚刚开始，这是汉武帝酝酿了很久的全局性战略部署。但三人的上书都没有奉承汉武帝，而是联系秦朝灭亡的历史教训对他的政策提出批评。

主父偃说，秦朝驱使士卒征战十余年，死者不可胜数，这并不是秦朝人少或者武器差，而是违背了大势。秦朝又连年征发天下劳动力转运军粮，人民无法生产，百姓痛苦，许多人死在道路上，所以才起来反抗。徐乐给武帝讲了一通“土崩瓦解”的道理。他说,什么是土崩？秦朝末年的情形就是。“民困而主不恤,下怨而上不知,俗已乱而政不修”,所以有陈涉起义。什么是瓦解？吴楚七国之乱就是瓦解。他认为,眼前对匈奴进行战争,给老百姓增加了负担,加以关东地区连年歉收,人民生活困苦,难保有不测事件发生,应当看到潜在的危险。严安说,秦统一后,如果“缓刑罚,薄赋敛,省徭役,贵仁义”,完全可以做到“世世必安”。可是秦朝反其道而行之,结果导致了灭亡。他认为眼下的政策“非天下之长策”,应当及时调整和改变。

三人上书的内容显然与武帝“内兴功利,外事四夷”的政策很不协调。但武帝没有表示反感,而是立即召见了他们,说:“公等皆安在？何相见之晚也?”三人都拜为郎中。

武帝也能容纳他曾极力反对的黄老学派的人物。如汲黯,信奉黄老思想,为人正直,常常当面给人过不去,武帝任命他当东海太守,后又提升其为主管全国封爵之事的主爵都尉。有一次上朝,武帝诏令儒者对策,说要施仁义,汲黯当着公卿百官的面对武帝说:“陛下内多欲而外施仁义,怎么能达到唐尧虞舜那样的大治呢?”指责武帝崇尚儒学徒有其表,名不符实。武帝生气了,公卿百官都为汲黯捏着一把汗。退朝后,武帝也只说了一句:“这个愣头愣脑的汲黯,太过分了!”并没有惩治他。

汉武帝对东方朔的态度,也很能说明他的雅量。

文学家东方朔是个很滑稽的人,司马迁把他列入《滑稽列传》。为了求得一官半职,东方朔22岁那年来到长安,给汉武帝写了一封自我推荐的信,信中说:

我叫东方朔,从小死了爹娘,靠哥哥嫂子养大。12岁开始读书,三个冬天学的知识就够用了。15岁学击剑。16岁学《诗经》和《书经》,读了22万字。19岁学孙吴兵法,又读了22万字。如今,我总共读了44万字了。我今年22岁，身长九尺三寸[1]，眼睛亮得像一对明珠，牙齿白得像一排贝壳。我像古人那样勇敢、机敏，讲廉洁，守信义。像我这样的人可以做天子的大臣。我等着皇上任用我的消息。

武帝一边读他的来信，一边笑，认为他是个奇人，就下令把他找来，暂住在公车令那里，等待任用。但不知为什么，他在公车令那里住了很长时间也没人理他。他等急了，就想了个让武帝接见他的办法。

有一天，武帝坐着马车出宫，突然一群侏儒扑到车前跪下大哭，求武帝饶命。武帝感到惊异，问："谁说朕要杀你们？"

侏儒们一齐说："东方朔！他说我们长得矮小，都要处死。"武帝说："长得矮小有什么罪过？你们去吧，没事。朕要找东方朔查问此事。"

武帝回宫后，派人找来东方朔，问："你是东方朔？"

"是。"

"你说了朕要杀死那些侏儒？"

"是。"

"你造谣生事，该当何罪？"

"这是臣想见到陛下的一个办法。那些侏儒身长三尺，每月也领一袋米，240钱。臣身长九尺多，每月也领一袋米，240钱。他们饱得要撑死，臣要饿死。陛下认为臣有用就用，如果不用就让我回老家，省得在长安吃陛下的粮食。"

武帝听了大笑，命东方朔待诏金马门。

建元三年（前138年），武帝开始修建上林苑，东方朔谏阻，把建上林苑同秦建阿房宫相提并论。武帝虽然没有停止修建上林苑，但

① 汉代一尺约当今0.231米。

认为东方朔讲得很有道理，把他提升为太中大夫，并赐黄金百斤。

武帝有三个姐姐，平阳公主是老大，南宫公主是老二，隆虑公主是老三。据《汉书·东方朔传》记载，隆虑公主只有一个独生子昭平君。由于是皇家宗室，权势大，钱财多，昭平君从小娇生惯养，不知道什么叫讲道理。隆虑丈夫早死，昭平君更加骄横，谁也管不了。后来他和武帝的女儿夷安公主结婚，婚后小两口老是打架，把隆虑公主气病了。病情越来越重，她预感到自己将不久于人世，就拿出黄金千斤、钱千万，预先为昭平君赎下死罪，武帝答应了。隆虑公主死后，昭平君不久就因喝醉酒杀死了老管家，被抓进了监狱，廷尉依法判处他死刑。

由于昭平君是公主的儿子，武帝的女婿，死刑有必要报请武帝批准。武帝左右说："隆虑公主已经预先为他交钱赎罪，陛下可以免他一死。"武帝叹息道："隆虑公主只有这么一个儿子托付给我。"说着，流下眼泪来。良久，武帝又说："法令是先帝定的，如果因为是亲属就违背它，我还有什么脸去拜高庙呢？况且，那样做也有负天下百姓。"于是批准了廷尉的判决，处死了昭平君。这种法不徇私的精神，使在场的官员们十分感动，大家都哭了。

这时候，东方朔拿着一杯酒来到武帝面前说："祝贺陛下。我听说圣王为政，赏不避仇，诛不避亲。《尚书》说：'不偏不党，王道荡荡。'这两条是历来帝王最重视的，也是最难做到的，而陛下做到了。所以四海之内的老百姓都能各得其所。这是天下所有人的幸运！我要为陛下举杯，祝陛下万寿无疆！"

武帝什么话也没说，起身回寝宫。当天晚上，武帝召来东方朔，对他说："《论语》有言：找适当的时机说话，别人才不会对你的话反感。① 今天先生的祝贺，时机是适当的吗？"

---

① 《论语·宪问》："时然后言，人不厌其言。"

东方朔连忙脱帽顿首，说："我听说快乐过度会阳气外溢，悲伤过度会阴气受损，都不利于身体健康。解除忧愁最好的东西是酒，我今天给陛下敬酒祝寿，是为了宣明陛下正直不阿，执法不偏袒近亲，也是为了消除陛下的悲哀。"武帝认为东方朔讲得有道理，赐帛百匹，并给他恢复了前些日子免去的郎官职务。

二

武帝好贤不倦和不拘一格选拔人才，还表现在他对下层人物的重用上。

卜式，河南人，以种田养牧为业。后来他把田宅给了弟弟，自己赶着羊到山里去放牧，十多年后，羊群发展到一千多头，他又买了田宅。武帝北伐匈奴时，卜式上书，表示愿把家产的一半献给国家。

武帝派使者去问他是不是想当官，他说："我从小牧羊，不习惯当官，不当。"

使者又问："你家有冤屈之事要申诉吗？"

卜式说："小人与世无争，与人无争，有什么冤屈之事？"

又问："那你为什么要献财产呢？"

"天子北伐匈奴，我认为有才干的人应当为国家贡献才干，有钱的人应当把钱拿出来当军费。这样就可以把匈奴打败了。"

使者回到长安向武帝报告情况。武帝觉得此人境界很高，找丞相公孙弘商量如何任用他。公孙弘认为卜式这样的人来到中央对他不利，就说："此人的做法，不合乎人之常情，这样的不轨之臣会乱法，陛下不要理他。"

过了一段时间，卜式把献给国家的20万钱给了河南太守。武帝让他当中郎，但他不愿为郎。武帝让他到上林苑牧羊，他去了。一年后，上林苑的羊变得又肥又壮。武帝很高兴，说他干得好，任命他当成皋县(今河南荥阳)令,后来又提升为御史大夫。

朱买臣,会稽吴县人。家贫,好读书,以砍柴度日,生活极为困苦,40多岁了,除勉强娶了妻子以外,一无所有。《汉书·朱买臣传》说,朱买臣夫妻二人常常一同上山砍柴,路上朱买臣边走边背诵古书,妻子听不懂,给他说些家常话,他也不回答。妻子实在忍受不下去了,要求朱买臣把她休掉,朱买臣说:“你跟我受了这么多年苦,再忍受几年吧,等我当了官,你就可以享福了。”

妻子说:“白日做梦!我已经受够了,再跟着你,只有饿死一条路!”

朱买臣看着难以挽回,就写了休书。妻子走了,朱买臣仍然一边砍柴一边读书。

几年后,朱买臣被征调随会稽上计史到长安送账簿,吴县同乡、中大夫严助把他推荐给汉武帝。武帝召见了他,问以治国之策,他谈了一通恩威并施、儒法并用的道理,援引《春秋》,倒背如流,还特别抑扬顿挫地背诵了屈原作品中不少非常优美的段落。武帝十分高兴,拜为中大夫,和严助的职位一样。他后来又当过会稽太守和相当于九卿的主爵都尉。

在上任会稽太守时,当地吏民夹道欢迎,他前妻和她的丈夫也在欢迎的人群中。朱买臣招呼他们二人上了后车,来到太守府第,请他们住下,给予上好的衣食。妻子悔恨交加,觉得无脸见人,一个月后自缢而死。

兒宽,千乘(今山东高青县东)人。家贫无资,曾干过帮人做饭的活儿,还当过雇工。他以治《尚书》著称,都是在干活的休息时间钻研的。兒宽为人温良恭俭又廉洁自知,在张汤手下当小吏时,因奏书写得好,为武帝所赏识,提升为侍御史,又很快迁为中大夫、左内史,几年后又升为御史大夫。

公孙弘的出身也很低贱。他是菑川(今山东昌乐县)人,年轻时在监狱当过小吏，后来犯了罪，免职归乡。因为家里很穷，在海边放猪为生，40 岁才开始学习《春秋》。

武帝招贤良文学，公孙弘被征为博士，时年已经 60 岁。武帝派他出使匈奴，没有获得什么结果，武帝很生气，公孙弘也觉得很难为情，便以养病为由辞职回了老家。后来武帝又征召贤良文学，菑川国又推荐他去应试，他的答卷被武帝评为第一名。卷子答得好，又有几十年的阅历和经验，善于处理人际关系，办事能力强，虽然有阿谀奉承的缺陷，武帝还是重用了他，很快升为左内史，几年后迁为御史大夫，至元朔中任丞相，封为平津侯。

桑弘羊，洛阳人，出身商人。按汉初的规定，商人不能乘马车，不能穿丝织衣服，不允许当官，还要加倍征收算赋，社会地位是很低的。但桑弘羊工于心计，聪明能干，很得武帝赏识，13 岁就来到宫中当侍中。后来他参加了很多重大财政经济政策的制定和推行，为缓解因连年战争造成的财政困难做出了贡献。武帝让他长期主持大司农工作（搜粟都尉领大司农），掌握全国的财经大权。武帝晚年又任命他当御史大夫。

武帝也能信任和重用金日磾这样的匈奴人。金日磾是休屠之子。元狩年间，休屠当了霍去病的俘虏，因拒绝投降而被主张投降的昆邪王杀死，14 岁的金日磾随母没为官奴，为宫廷养马。

武帝见他身材高大，表情严肃，马又养得肥壮，说话也有板有眼，就提升他为马监，后来提升为侍中，侍卫左右。金日磾在武帝身边工作，从未出现过任何差错，武帝十分喜欢他，赐给他黄金千斤。很多王公贵族对武帝重用金日磾不满，武帝闻听，更加重视他了。

三

武帝晚年对桑弘羊的任用很值得一提。征和四年（前 89 年），武帝下轮台诏书，彻底否定了桑弘羊继续劳民屯田、继续远征的意见，桑弘羊虽未免官，但实际上处于停职状态，他的工作由新任命的搜粟都尉、农业技术专家赵过代替。这是一个带有全局性的重大战略转折，关系到国家的前途和命运，避免了国家走向崩溃。但汉武帝在去世前决定由谁来辅佐皇位继承人、小儿子刘弗陵时，仍然选择了桑弘羊作为几位顾命大臣之一，并把他提升为御史大夫。武帝做这个决定，主要是出于爱惜桑弘羊的才干，他认为桑弘羊的才干是其他人比不了的，应当让他继续为国家效力，当然此事也反映了武帝的容人胸怀和雅量。

但这一次武帝想错了。武帝死后，桑弘羊对执行轮台诏书持消极态度，并从中作梗，为了反对坚决贯彻轮台诏书的霍光，他还参加了阴谋集团。幸亏武帝谋略高人一等，在决定顾命大臣时，任命霍光为大司马大将军，名列几位顾命大臣之首，才粉碎了阴谋集团，使轮台诏书得以顺利贯彻执行。这是后话。

总体来说，武帝的善于用人、好贤不倦，不仅在汉代，而且在整个中国历史上都是很突出的，为历代史家所称道。武帝的功业，正是通过一大批光彩夺目的英才才得以实现的。最了解西汉历史的班固，曾在《汉书》里大力赞扬武帝的用人：

到武帝继位时，大汉帝国已经历了 60 余年，天下安定，国库充实。可是四方的少数民族尚未臣服，国家制度也不完善。武帝很想任用一批有文才武略的人，求贤若渴，唯恐遗漏一人。他用蒲轮马车迎接枚乘，见到主父偃时感叹“相见恨晚”。那以后，群士都仰慕主上(武帝)，英才不断涌现。卜式是由牧羊人提拔上来的，桑弘羊原来是一个商人的儿子，卫青起于奴仆，金日磾出于匈奴降虏。这与古人从普通人当中发现名相的情况完全一样。汉朝得人用人，以武帝时代最为突出。学识渊博的人有董仲舒、公孙弘、兒宽，做事严谨的人有石建、石庆，朴实直率的人有汲黯、卜式，推举贤才的人有韩安国、郑当时，制定法律的人有张汤、赵禹，文章写得漂亮的人有司马迁、司马相如，幽默滑稽的人有东方朔、枚皋，善于应对的有严助、朱买臣，在天文历法数学方面做出贡献的人有唐都、落下闳，音乐艺术方面有李延年，制定政策方面有桑弘羊，奉命出使者有张骞、苏武，率军出征的将领有卫青、霍去病，接受遗诏忠心辅佐幼主的人有霍光、金日磾。①

当代著名史学家范文澜也说："西汉一朝各方面的代表人物如大经学家大政论家董仲舒，大史学家司马迁，大文学家司马相如，大军事家卫青、霍去病，大天文学家唐都、落下闳，大农学家赵过，大探险家张骞，以及民间诗人创作并经大音乐家李延年协律的乐府歌诗，集中出现在汉武帝时期。"②这不是偶然的。

---

① 参见[汉]班固《汉书》卷五八《公孙弘卜式兒宽传》，北京：中华书局 1962 年版，第 2634 页。

② 范文澜：《中国通史》第二册，北京：人民出版社 1986 年版，第 49 页。

汉武帝与司马迁

一

根据王国维的研究，司马迁生于汉景帝中元五年(前 145 年)，大约死于征和三年(前 90 年)，终年 56 岁。[①] 他一生的主要活动都是在汉武帝在位期间进行的，而他又是公认的大史学家，所以从他身上，从他与武帝的关系上，我们可以看到汉武帝一些重要的侧面。

司马迁，字子长，夏阳(今陕西韩城)人。父亲司马谈任太史令，是一个知识渊博的大学问家。司马迁有这样一位父亲，他从小就受到了良好的教育，10 岁能诵古文。后来又跟随儒学大师董仲舒、孔安国学习，他向董仲舒学习了《公羊春秋》，向孔安国学习了《古文尚书》。但对司马迁影响最大的还是他的父亲。司马谈的著名论文《论六家要旨》，以洗练的文字分析了阴阳、儒、墨、名、法五家的长处和短处，又说道家只有长处没有短处，说明他是崇尚黄老思想的；文中强调以道家学说为主，综合各家长处，已经意识到统一的时代需

---

① 关于司马迁的生卒年代，学术界看法不一，但其一生的主要活动与武帝在位时期相始终这是一致的。

要一个统一的思想。司马迁能够吸收各家之长,是与父亲的影响分不开的。

大约从元朔三年(前 126 年)起,司马迁在父亲的支持下漫游了大江南北,实地考察了古今历史。他从京师出发,南下江陵,渡江到了屈原投水的汨罗江,到了帝舜葬地九嶷山,到了留有大禹遗迹的会稽山,又到吴地考察了春申君的故城宫室,到淮阴走访了汉初名将韩信的家乡,到"齐鲁之都,观孔子之遗风",到彭城、沛县及楚汉战争的战场,了解到项羽、刘邦等许多秦汉之际历史人物的珍贵资料。

司马迁的漫游,不仅掌握了大量历史资料,亲身感受和认识了武帝时代的社会生活,为他后来写《史记》打下了坚实的基础,而且影响到他的文风。宋代学者苏辙说:"太史公行天下,周览四海名山大川,与燕赵间豪杰交游,故其文疏荡,颇有奇气。"①

司马迁漫游结束后,被选入朝中做了郎中,开始接触和认识汉武帝。元封元年(前 110 年),武帝到泰山举行封禅大典,身为太史令的司马谈随从东行,途中因重病滞留于洛阳,司马迁急忙到洛阳看望父亲。在父子诀别时,司马谈拉着司马迁的手说:"咱们的先辈本是周朝的太史,功名显赫,后来才衰落了。难道要把祖业断送在我的手中吗?我死后,你肯定做太史,如做太史,一定不要忘记我想要完成的著作啊!孝道始于事亲,中于事君,终于立身,扬名于后世,使父亲得到光荣,这是孝道中最重要的。天下的人为什么称颂周公,就是因为周公记述了文王武王的功业。现在汉朝开国了,海内统一了,可是想到有很多明主贤君忠臣死义之士,我当太史的没有把他们记载下来,天下的历史断了,我内心深感不安和恐惧,你好

① [宋]苏辙:《苏辙集》卷二二《上枢密韩太尉书》,北京:中华书局 1990 年版,第 381 页。

好想想吧！”

司马迁流泪说：“儿虽不才，但一定把先人留下来的史料全部编好，绝不缺略。”

元封三年（前108年），司马迁被汉武帝任命为太史令。太史令是皇帝身边的官员，要记录国家大事和皇帝的言行，经常随武帝到各地去巡视，为他撰写史书提供了更为有利的条件。大约从这个时候起，司马迁就开始了《史记》的撰写工作。

汉朝开国以来，仍然沿用秦代历法，也就是颛顼历，以十月为岁首，时差较大，以致到每月的十五左右月亮该圆了不圆，到每月的月末最后一天或月初的第一天又见到了月亮。历法非改不可。武帝又认为改革历法也是他受命改制以加强统治的一个组成部分，于是下令司马迁、壶遂、落下闳、唐都等人制定汉历。司马迁等精心测算，很快制定出“太初历”。“太初历”以正月为岁首，月份和季节相适应，又插入闰月，错误降低到每399年才差1天，有利于农事活动，在当时处于世界领先水平，是对人类文化史的重大贡献。

制定太初历的工作结束后，司马迁全力以赴，投入《史记》的编撰工作。他夜以继日，埋头写作，呕心沥血，几个春秋过去，包括《景帝本纪》《今上本纪》在内的历代帝王本纪和不少著名人物的《世家》《列传》已经完成。正当司马迁以全部身心倾注于《史记》的写作时，天汉二年（前99年），大祸降临到了他的头上。

这一年，李陵率五千步兵出击匈奴，转战千里，杀伤大量匈奴官兵，但由于长驱直入，被几万匈奴兵包围，最后因寡不敌众，矢尽力竭，被迫投降。消息传到长安，大臣们议论纷纷。

武帝召见司马迁，问他对李陵投降的看法，他说：“李陵孝敬父母，信任士兵，常常奋不顾身，以应国家之急，有国士之风。今不幸战败，那些全身保妻之臣却要陷害他，实在太痛心了！李陵所率步兵不满五千，深入匈奴之地，阻击数万之师，使匈奴死伤甚多。李陵转战千里，矢尽路绝，士兵仍然白刃拼杀，部下这样死力效忠，古代名将也不过如此。李陵虽身陷匈奴，但他对匈奴的打击可以鼓励天下。他如果不死，将来肯定会寻找机会报效汉朝。”

汉武帝听完司马迁的话，认为是为李陵开脱和游说，下令把司马迁下狱，判为死刑。按汉律规定，死罪可交 50 万钱赎死，或以宫刑免死。司马迁无钱赎死，为了完成《史记》，他忍受奇耻大辱，接受了宫刑。

不久，武帝又觉得司马迁说李陵艰苦奋战的话有道理，下令慰问生还将士，并派公孙敖深入匈奴寻找李陵。公孙敖没有遇到匈奴军队，更没有见到李陵，回到长安向武帝报告说：“听俘虏的匈奴人说，李陵在匈奴教匈奴军队如何对付汉军，所以臣一无所获。”武帝大怒，下令诛杀李陵全家。但公孙敖的话完全是谎言，确实有人教匈奴军队如何作战，但那不是李陵，而是在此以前投降的李绪。李陵本想找机会回汉朝，他听说自己一家人都被杀光了，无比悲伤，再也无心回归了。

大约在太始元年（前 96 年），司马迁出狱，这时他已 50 岁。出狱后，他当了中书令。一些人说他被武帝“尊宠”了，连他的好友任安也有这种看法。他们不理解司马迁入狱后在生与死的紧要关头，思想斗争是多么激烈，他的内心深处是多么痛苦。为此，司马迁给任安写了一封信《报任安书》，叙述了因李陵事件而蒙受奇耻大辱的始末：说他认为中书令不过是个“闺阁之臣”，他自己有苦难言，“宫刑”给他心灵上的创伤永远难以愈合，总是影响着他的情绪，使他感到精神恍惚，坐卧不安，“肠一日而九回，居则忽忽若有所亡，出则不知所往。每念斯耻，汗未尝不发背沾衣也”，说他之所以忍辱苟活，不过是为了完成能流传后世的不朽著作。

司马迁是武帝时代，也是中国历史上伟大的史学家和文学家。

他在生与死的斗争中，悟出了“人固有一死，死有重于泰山，或轻于鸿毛”①的千古名训。无艰难无以立业，古来成大事业者都是经历过各种磨难的。他说：“盖西伯拘而演《周易》；仲尼厄而作《春秋》；屈原放逐，乃赋《离骚》；左丘失明，厥有《国语》；孙子膑脚，《兵法》修列；不韦迁蜀，世传《吕览》；韩非囚秦，《说难》《孤愤》。《诗》三百篇，大抵贤圣发愤之所为作也。”②

他的思想在磨难中得到升华，使他坚定了活下去的勇气，终于完成了他的伟大著作《史记》。

二

据郭沫若考证，司马迁在完成《史记》之后，可能又一次触犯了汉武帝，被下了狱。

卫宏《汉书旧注》：“司马迁作《景帝本纪》，极言其短，及武帝过。武帝怒而削去之。后坐李陵，李陵降匈奴，故下迁蚕室。有怨言，下狱死。”

《三国志·魏志·王肃传》：“帝（曹丕）又问司马迁以受刑之故，内怀隐切，著《史记》，非贬孝武，令人切齿。对曰：司马迁记事，不虚美，不隐恶。刘向、扬雄服其善叙事，有良史之才，谓之实录。汉武帝闻其述《史记》，取孝景及己本纪览之，于是大怒，削而投之。于今此两纪有录无书。后遭李陵事，遂下迁蚕室。此为隐切，在孝武而不在于史迁也。”

葛洪《西京杂记》卷六：“（司马迁）作《景帝本纪》极言其短，及武帝之过。帝怒而削去之。后坐举李陵，陵降匈奴，下迁蚕室。有怨

① ［汉］班固：《汉书》卷六二《司马迁传》，北京：中华书局1962年版，第2732页。
② ［汉］班固：《汉书》卷六二《司马迁传》，北京：中华书局1962年版，第2735页。

言，下狱死。”

这三条材料都说明，司马迁在受了宫刑之后，没有得到自然的死，而是“下狱死”。

司马迁被处以宫刑，直接的原因是为李陵说了话，但从上面的史料来看，其中还有更深刻的矛盾，为李陵说话不过是一个爆发点。武帝长时间大规模用兵，迷信鬼神，追求长生不老、长寿不死，好大喜功，穷奢极欲，弄得国力困乏，司马迁如实记载这些历史事实，汉武帝自然是不高兴的。司马迁作为太史令，工作在武帝身边，他撰写《史记》的事武帝应当是知道的。武帝要求他把已经写出来的部分拿来看看也是很自然的。于是看到了他自己和他父亲的本纪。这两篇本纪极言景帝的短处和武帝的过错，于是武帝“怒而削去之”，后来又借李陵事件把司马迁下了狱，处之宫刑。现在我们看到的《史记》中，《景帝本纪》记事很简略，与其他本纪很不一样。《武帝本纪》则全部来自《封禅书》，从道理上讲，景帝、武帝离司马迁最近，应当更为详尽，事实上却不然。此事的具体情节于史无证，但肯定与司马迁的遭遇有密切关系。

还有一点可以肯定，司马迁受宫刑后继续埋头编写《史记》，他肯定是满怀着幽怨和愤怒的，《报任安书》就是证明。郭沫若历史小说《司马迁发愤》中有一段司马迁对任安的话：

> 我这是永远不朽的书（指《史记》）。有权的人能够在我的肉体上施以腐刑，他不能够腐化我的精神上的产品。我要和有权势的人对抗，看我们的生命哪个更长，我们的权威哪个更大，我们对于天下后世的人哪个更有功德。有些趋炎附势的糊涂蛋在藐视我们做文学的人，我要把我们做文学者的权威提示出来给他们看。我的全部的生命，全部的心血，都凝集在了这儿。……我的肉体随时可以死，随时可以被人寸断，但我敢相

信我的生命是永远不死的。

司马迁的幽怨和愤怒不是一般的幽怨和愤怒，他志存高远，有伟大的目标，他要完成《史记》的写作，所以他能忍辱负重，历经磨难，成就大业。

这样看来，卫宏和葛洪说他受宫刑后又"有怨言，下狱死"，是有道理的。

司马迁也预想到了这点，并为由此带来的对《史记》命运的影响做了周密的准备。他有一个聪明可爱的外孙杨恽，他每写定一卷，便由杨恽抄一个副本，并把正本装入石匣，埋藏于别处。而且，据说杨恽抄一遍便能成诵，这样，杨恽本身也变成了一个副本。

三

对司马迁施以宫刑和后来的"下狱死"，反映了汉武帝独裁专制十分残忍的一面。也有人认为，司马迁受冤屈，就用史书来进行诽谤。[①] 这种"谤书"论显然是站不住脚的。司马迁的史德极高，造诣极高，文化修养和思想境界极高，他的《史记》要"究天人之际，通古今之变，成一家之言"，"藏之名山，传之其人"。[②] 他要为自己的生命和自己的先人增添光彩和骄傲，为国家为民族谱写壮丽的篇章，总结历史经验教训，为社会进步以及正义和理想的实现，献出自己的全部力量。站在这样的高度写出来的《史记》，不可能是什么"谤书"。这也是《史记》永垂不朽、永放光芒的根本原因。

秦汉时期，我国封建社会还处在它的上升阶段，地主阶级还是

① 参阅[清]章学诚《文史通义·史德》，北京：中华书局1985年版。

② [汉]班固：《汉书》卷六二《司马迁传》，北京：中华书局1962年版，第2735页。

一个富有朝气的阶级，整个社会是蓬勃向上的。历史证明，一种处在上升时期的社会制度，即使是受到这种制度损害的人，一般来说也往往拥护这种制度。司马迁正是这样。他写《史记》，他的爱憎往往是时代感情的自然流露。事实上，司马迁面对汉武帝的文治武功，常常是很激动的，甚至是崇拜的。他在《史记·自序》中说：

> 汉兴以来，至明天子，获符瑞，封禅，改正朔，易服色，受命于穆清，泽流罔极，海外殊俗，重译款塞，请来献见者，不可胜道。臣下百官力诵圣德，犹不能宣尽其意。……且余尝掌其官，废明圣盛德不载，灭功臣世家贤大夫之业不述，堕先人所言，罪莫大焉。

《建元以来侯者年表序》说：

> 明天子在上，兼文武，席卷四海。

武帝重视文化建设，举贤良对策以后，全国普遍建立了学校，优秀的知识分子被选拔上来，担任官吏。对此，司马迁给予了充分肯定，他在《儒林列传》中说，武帝继位以后，“延文学儒者数百人，而公孙弘以《春秋》，白衣为天子三公，封以平津侯。天下之学士靡然乡风矣”，“公卿大夫士吏，斌斌多文学之士矣！”

司马迁肯定武帝的文治武功，是对武帝作为一个历史人物的肯定，更是对那个时代的肯定，对处在上升时期的西汉帝国的肯定，对中华民族在那样一个时代取得的伟大成就的肯定。建立功业的强烈愿望，英勇卓绝的大无畏精神，叱咤风云的历史场面，大气磅礴的豪情，在《史记》中随处可见。后人评论司马迁“先黄老而后六经”①。但正是司马迁把孔子列于“世家”，而把老子与韩非同传，这说明他既不是儒家也不是道家，而是实事求是的史学家和思想家。秦汉之际，是由割据走向大一统的时代，和大一统的时代要求相适应，各家思想走向综合和统一，儒道法合流，董仲舒的天人三策反映了这个合流，司马迁的《史记》也反映了这个合流。汉武帝接受“罢黜百家，独尊儒术”的建议，但他只把儒家思想提升为“官学”，在实际上并没有罢黜百家。汲黯说他“内多欲而外施仁义”，后人说他儒法并用，也是各家思想合流的反映。《史记》是记录那个时代的一部伟大历史著作，不可能完全属于哪一家。

但司马迁和董仲舒不同，同是综合，司马迁不用“天意”和阴阳五行来附会皇权，他从人事角度来论述人类社会本身，用人心向背来解释国家的兴亡。董仲舒的儒学虽然也吸收了各家思想，但他只允许他的儒学存在，其他各家都必须“皆绝其道，勿使并进”；司马迁则主张儒道互补，同时融合法家。司马谈的《论六家要旨》，可以说在一定程度上反映了司马迁的思想。二人都尊孔，董仲舒是把孔子及其思想作为维护封建专制主义统治的工具，司马迁则是出于对孔子学术地位的尊重。所以，司马迁对孔子的评价很高，而对汉儒虽然也有肯定，但也有不少微词。比如认为叔孙通是一个善于察言观色的“谀儒”，认为大儒公孙弘是一个不讲廉耻的人。董仲舒在《史记》中没有单独列传，只在《儒林列传》中把他和几个儒生排列在一起，写得很简单，根本不载其著名的“天人三策”。

---

① [汉]班固：《汉书》卷六二《司马迁传》，北京：中华书局1962年版，第2737页。

汉武帝恤农治水事略

一

汲黯曾说武帝是“内多欲而外施仁义”。初即位时，武帝的儒家旗号是举得很高的，在恤农尊老方面，他在建元元年二月就下诏“年八十复二算九十复甲卒”，也就是有八十岁以上老人的家庭，免交二人的算赋，有九十岁以上老人的家庭免服兵役。

这一年的四月，武帝又下诏：“古之立教，乡里以齿，朝廷以爵，扶世导民，莫善于德。然则于乡里先耆艾，奉高年，古之道也。今天下孝子顺孙愿自竭尽以承其亲，外迫公事，内乏资财，是以孝心阙焉。朕甚哀之。民年九十以上，已有受鬻法，为复子若孙，令得身帅妻妾遂其供养之事。”①

用今天的话来说就是：按照古时候的规矩，乡间以年龄论大小，朝廷以爵位论高低，管理社会，引导百姓，没有比德治更好的了。而对于乡间老人的优先供养，更是古来的一贯做法。今天下孝子贤孙们都愿意竭尽全力扶养其亲，但外迫于公事，内缺乏钱财，孝心无法

---

① ［汉］班固：《汉书》卷六《武帝纪》，北京：中华书局 1962 年版，第 156 页。

尽到，我十分哀怜。对九十岁以上的老人，政府已有受鬻法，现在再免除这些老人的子孙的徭役，让他们率领妻妾做好供养之事。

也是在这一年，有报告说，河内郡发生了大火灾，烧掉了一千多户人家。武帝立即派谒者汲黯持节处理其事。汲黯经过河南郡时，发现那里有一万多户人家遭受水旱灾，颗粒无收，饿殍遍野，父子相食惨不忍睹，他就自作主张，持节命令当地长官打开粮仓，救济灾民。他处理完河南及河内救灾事宜，回京师述职，并向武帝请罪：河内火灾，陛下不必担心。河南遭受水灾旱灾的有一万多家，没有吃的，父子相食，臣持节矫诏命令打开粮仓，发放了粟米，请陛下严办臣下假传圣旨之罪。武帝听了，说他做得很好，提升他为太中大夫，不久又迁为东海太守。

随着不断进行的大规模开边战争和社会矛盾的尖锐化，武帝开始起用酷吏，一时间，儒家外衣被忘在脑后，恤农尊老的事也中断了。直到元狩元年（前 122 年），才派宫中谒者巡视全国各地，并为此下诏说：如果把君主比做人的心脏，老百姓就是人的肢体，肢体受了伤，心脏自然疼痛。……朕嘉奖孝悌力田者，又特别哀怜鳏寡孤独和缺吃少穿的人。武帝特派宫中谒者带着皇帝的慰问和赏赐巡行天下，每到一处要公开宣布：皇帝遣使者赐县三老、孝子每人帛五匹；乡三老孝悌力田每人帛三匹；年九十以上及鳏寡孤独者每人帛二匹、絮三斤；年八十以上每人米三石。对于因为冤枉失去职业者，使者要上报。县乡赏赐，应当就地进行，不要集中到在一起。

元狩三年秋，武帝派谒者去有水灾的郡劝种小麦，又令地方官上报能接济贫民的人的名字。

元狩六年六月，又派博士褚大等六人分头巡视各地，慰问鳏寡残废和无以自振其业的人。

元鼎二年（前 115 年）三月下大雪，夏天发大水，关东饿死者数以千计。九月，武帝派人巡行各地，谕告不得加重农民负担，并下令征调巴蜀粮食运往江陵，救济灾民。吏民有赈济饥饿者上报中央，给予嘉奖。

元鼎六年，武帝再次征调巴蜀粮食，救济关东地区灾民。

两次征调巴蜀粮食赈济关东，数量很多，规模很大，运程也很远，其行政组织之效能和行政人员的魄力可以想象，应当是救荒史上的壮举。

元封元年、五年、六年，武帝都曾下令赐鳏寡孤独及贫困者粟米和绢帛。另外，武帝还多次下令免除部分地区农民的田租。

武帝的这些措施，对于灾民和穷苦百姓来说，只能解决一时的困难，不可能从根本上解决问题，但这些措施有利于缓和社会矛盾，是儒家德治思想的反映，是武帝总的统治思想的一个侧面。

二

水利是农业的命脉。武帝元封二年（前 109 年）亲临黄河，指挥数万军民堵塞瓠子口，是他治水的一大功劳。

元光三年（前 132 年）五月，黄河从濮阳县决口，那里黄河南岸的堤叫作瓠子堤。这一年的黄河水特大，汹涌澎湃的浊流冲破瓠子堤，直奔东南，注入钜野泽（今山东巨野县境内），兖州以南，一片汪洋。大水再向东南，流入大海。

武帝得知，立即派汲黯和郑当时率数万士卒去堵塞决口，几次堵塞，都被冲垮。

此时，丞相田蚡来见武帝，说："江河决口都是天意，不是人力所能堵塞的；强堵决口，违背天意。"当时一些望气观天的方士也附和田蚡的说法。汉武帝十分迷信，就下令不再堵塞决口了。

迷信思想使聪明的汉武帝变得糊涂起来。他几年前把黄河北岸的鄃县（今山东平原县西南）作为封地赐给了田蚡，黄河从南岸的瓠子堤决口，田蚡的封地就不会遭受水灾，封地上的赋税就能够收上来。哪里是什么天意，完全是田蚡的私心！虽然没有史料证明望气观天的方士附和田蚡是接受了他的贿赂，但这样推论是合情合理的。

元光三年停止堵塞瓠子决口以后，滔滔黄河水一直在那里泛滥了20多年，昔日的良田变成了沙滩或盐碱地，一片片芦苇，一丛丛红柳，一派荒凉景象。那一带的老百姓，除了淹死饿死的，已经差不多走光了，成群结队地外流，逃荒要饭。直到元封二年(前109年)，汉武帝才又下决心彻底解决问题。

这一年天旱少雨，四月，武帝派汲仁、郭昌率数万士卒来到黄河瓠子大堤决口处，开始堵塞决口。挖土开石，担挑人扛，结队传运，日夜奋战，但不见效果，填到决口处的土石，或入水不见踪影，或被水冲走，决口处黄褐色的水流依然滚滚外涌。

当时武帝正在齐地巡游，听说治理黄河成效甚微，立即率大队人马直奔濮阳。武帝来到瓠子口，命令牵来一匹白马，又拿来一对洁白的玉璧，都投入奔腾的黄河水中。这是为了表示对河神的敬畏和祈祷。然后，他面对浩浩荡荡的黄河，作瓠子之歌，歌曰：

瓠子决兮将奈何？
浩浩洋洋，虑殚为河。
殚为河兮地不得宁，
功无已时兮吾山平。
吾山平兮钜野溢，
鱼弗郁兮柏冬日。
正道驰兮离常流，
蛟龙骋兮放远游。
归旧川兮神哉沛，

不封禅兮安知外！
皇谓河公兮何不仁，
泛滥不止兮愁吾人！①

武帝吟毕瓠子歌，命令随从自将军以下全部参加堵塞决口的战斗。大小官员、将军、校尉、士卒、百姓，砍树、运送、挑土、背柴草，来往穿梭，热火朝天。附近的树木砍完了，柴草用光了，武帝又下令砍伐不远处淇园里的竹子。淇园是战国时期卫国的林苑，秦汉时为皇家离宫，没有皇帝的命令，当然是不能动的。由于更多地采用了树干打桩，然后将树干树枝纵横交错其间再塞上柴草石土的办法，没用很长时间，就把决口堵上了。群情振奋，“皇帝陛下万岁”的欢呼声响彻云霄。汉武帝也兴奋得笑容满面。

新的瓠子大堤修筑起来了，武帝命令在大堤上建筑了一座“宣防宫”以为纪念。这是中国历史上第一次皇帝亲自指挥治水，意义巨大，自此以后，这里八十年中没有发生过大的水灾。

三

武帝时期，国家的重点水利工程在关中地区。

元光六年(前 129 年)，武帝采纳大司农郑当时的建议，命徐伯领导数万民工开凿漕渠，三年完工。漕渠与渭河平行，用于运输粮食。过去运粮，从黄河入渭水到长安，要用六个月的时间，行程九百余里。漕渠完成以后，三百余里就到了，时间缩短了一半，沿渠万余顷土地还可以得到灌溉。

关中的另一项著名水利工程是龙首渠的兴建。龙首渠是一个

① [汉]班固：《汉书》卷二九《沟洫志》，北京：中华书局 1962 年版，第 1682 页。

叫严熊的人建议，武帝批准后开凿的，因凿渠时发现了古生物化石龙骨而得名，目的是引洛水进行灌溉。但那一带土质松软，容易坍塌，不能用通常的办法开凿，于是改用凿井的办法，即沿着计划开凿的渠道，每隔一定距离凿一眼井，“井下相通行水”，也就是地下水渠，叫作“井渠”。这是一种创举，后来这种技术传到了新疆地区，叫作“坎儿井”。

元鼎六年（前 111 年），兒宽任左内史，建议开凿六辅渠。他认为秦代完成的郑国渠上游地势较高，得不到灌溉，应增开六条辅助性的小渠，以灌溉高地农田，武帝批准了这个计划。六辅渠凿成以后，又有许多贫瘠的土地变成了旱涝保收的良田。武帝为此下诏说：农业是天下的根本。有泉流灌溉，才能生长五谷。左右内史管辖的地方，名山河川平原很多，百姓不知道利用，应当通沟渠，蓄水泽，以防旱灾。现在内史地方的稻田租赋太重，要减少一些。不管是当官的还是老百姓，都应当努力务农，尽地力，合理用水，不误农时。①

武帝太始二年（前 95 年），又开凿了著名的白渠。白渠在渭水之北，西起谷口（今陕西礼泉东北），东入栎阳，引泾水入渭，长二百余里，灌溉农田 4500 余顷。白渠修成后，当地人民歌颂道：

田于何所？池阳谷口。
郑国在前，白渠在后。
举臿为云，决渠为雨。
水流灶下，鱼跳入釜。
泾水一石，其泥数斗。
且溉且粪，长我禾黍。

① 参见[汉]班固《汉书》卷二九《沟洫志》，北京：中华书局 1962 年版。

衣食京师,亿万之口。①

除了关中地区以外,武帝也很重视边郡地区的水利建设。如元狩四年(前119年),卫青和霍去病把匈奴赶出大漠以后,两汉政府在自朔方至令居(今甘肃永登)的广大地区,遣田官士卒屯田,引河川灌溉,使大片的荒漠变成了可以耕种的土地。

河西的居延地区(今内蒙古额济纳旗境内),是当时水利灌溉成效显著的地区之一。从《居延汉简甲乙编》中,可以看到居延一带有甲渠、临渠、广渠、水门等名称,肯定与水利灌溉有关。据专家统计和测算,汉代中原地区粮食产量,"一般为每亩一石左右",而"居延地区的屯田,每亩产量应在八斗至一石一斗之间"。② 这在两千年前是很了不起的。

① [汉]班固:《汉书》卷二九《沟洫志》,北京:中华书局1962年版,第1685页。

② 高敏:《从居延汉简看内蒙额济纳旗的古代社会经济状况》,《丝路访古》,兰州:甘肃人民出版社1982年版。

汉武帝封禅的再认识

一

《史记正义》注《封禅书》说：在泰山上做坛祭天称为封，在泰山下一处小山上祭地称为禅，合称封禅。封禅是我国古代皇帝和普天之下的最高大典，目的是为了向天地报告功德，只有创造了太平盛世的天子才有资格举行这样的大典。

汉武帝泰山封禅，到底进行了几次，《史记》没有记载。《史记》成书于武帝太初年间①，离武帝去世还有十几年，不可能记载武帝晚年的活动，而武帝封禅又是在他在位的后半期进行的。但《史记·封禅书》比较详细地叙述了武帝元封元年的第一次封禅，并说，从那以后，建立了汉家封禅的制度，"五年一修封"。《汉书》对武帝封禅的记载前后矛盾，《郊祀志》说是"泰山五年一修封，武帝凡五修封"，《武帝纪》却记载了他六次到泰山封禅的活动。《资治通鉴》(下称《通鉴》)也说他曾六次封禅。这六次是：元封元年(前 110 年)、元封五年(前 106 年)、太初三年(前 102 年)、天汉三年(前 98 年)、太

① 参见[汉]司马迁《史记》卷一三〇《太史公自序》，北京：中华书局 1982 年版。

始四年(前93年)、征和四年(前89年)。由于《汉书》记载上的矛盾,以致至今仍然有的说五次①,有的说六次②。从行文上看,说五次,是因为武帝第一次封禅后,下诏说“古者天子五载一巡狩”,汉尊古制,汉代也五年一修封;从元封元年第一次封禅到征和四年最后一次封禅,其间有三次,每两次距离基本上是五年。说六次,是根据《武帝纪》的记载,其中第二、三次之间,第三、四次之间,第五、六次之间,距离不到五年。说五次带有推测的性质,说六次是根据事实。

二

武帝十分迷信神仙,封禅虽然与装神弄鬼有区别,但也是一种迷信。所以过去一直把封禅作为迷信神仙、劳民伤财的活动,是很有道理的。可是,仔细研读汉代的有关史料,又觉得把武帝封禅完全说成是迷信神仙,似乎没有十分准确地揭示出其历史内涵,在一定意义上离开了历史的深度。

武帝封禅的确是和迷信神仙联系在一起的,由于迷信神仙和追求长生不死,武帝周围聚集了一批装神弄鬼的方士。元鼎四年(前113年),在汾阴(今山西河津南)挖出了宝鼎,齐地方士公孙卿对武帝说,我的老师申公通神仙,得神书,神书上说:“汉之圣者,在高祖之孙且曾孙也。宝鼎出而与神通,封禅。……封禅则能成仙登天矣。”也就是说你汉武帝得宝鼎再去封禅,就能够成为神仙,长生不死。武帝听了高兴得要命,说果真如此,“吾视去妻子如脱履耳”③。

① 参见阮芝生《司马谈父子与汉武帝封禅》,《秦汉史论丛》,法律出版社1992年版,第280—285页。

② 参见李大生《多欲天子汉武帝》,长春:时代文艺出版社1993年版,第579页。

③ [汉]司马迁:《史记》卷二八《封禅书》,北京:中华书局1982年版,第1394页。

拨开神仙怪异的迷雾，最先影响武帝封禅的，是司马相如的《封禅文》[①]。在得宝鼎的前 4 年，即元狩六年（前 117 年），司马相如死。司马相如是武帝最喜欢的也是当时最有名望的大文学家，武帝担心他所写的文章散失，派人到他家收集他的文稿。相如之妻卓文君献出他写的一卷书，那是他专门说封禅之事的一篇文章，后来被称为《封禅文》。近年有文章说司马相如的"封禅文"，"不止是讽谏，简直是尸谏"，是"讽武帝不要夸功封禅"。[②] 我认为这样的说法离开了历史实际，是一种曲解。

据《汉书·司马相如传》载，《封禅文》首先赞美了三皇五帝，特别是尧和周文王的功业，认为有史以来，"君莫盛于尧，臣莫贤于后稷"，"文王改制，爰周至隆"，但尧和周文王与当今大汉的功德相比，又差多了；周天子可举行封禅大典，当今天子为什么那么谨慎，不敢到泰山去封禅呢？"皇皇哉斯事，天下之壮观，王者之卒业，不可贬也，愿陛下全之。"《封禅文》还提出撰写汉代的《春秋》，与先秦六经合而为七。

《封禅文》的后面，有一篇《封禅颂》，大意说，我们现在什么都好，油然作云，沛然为雨，庄稼长得好，百姓也有了积累。天地万物，名山大川，都盼望着君主来封禅。其中当然有对现实的粉饰，有迷信思想，但也有对那个时代的赞美和对汉武帝的崇敬之情。宣扬本朝功德，在汉代称为"宣汉"。东汉初年著名思想家王充的《论衡》，其中的《宣汉》篇说，儒者只赞美三皇五帝和周文王、周武王，而认为汉代没有圣人，其实汉高祖刘邦、汉文帝刘恒、汉武帝刘彻、汉宣帝

① 参见[汉]班固《汉书》卷五七《司马相如传》，北京：中华书局 1962 年版，第 2600 页。

② 阮芝生：《司马谈父子与汉武帝封禅》，《秦汉史论丛》，北京：法律出版社 1992 年版，第 280—285 页。

刘询、汉光武帝刘秀，功德已超过了上古圣王。王充说："使汉有弘文之人，经传汉事，则《尚书》《春秋》也，儒者宗之，学者习之，将袭旧六为七。"如果大手笔写出汉代的功业，可使六经增加一经，变为七经。司马相如在王充一百多年前，也说过这样的话。

西汉时期处在我国封建社会的初期，是封建生产方式的上升阶段，有朝气，蓬勃向上。武帝时期是西汉王朝的鼎盛时期，成就空前。可以说，"宣汉"思想和"宣汉"的举动，不仅是历史发展的需要，而且是一种远见。泰山封禅，是有大功大德的天子向天地神灵报告其功德的一种仪式。说汉武帝迷信神仙，这是没有问题的，但封禅的宣汉意义还是应当肯定的，那里面包含着那个时代各阶层人士的激情和继续建立功德的欲望。司马迁的父亲司马谈没能参加上元封元年的第一次封禅，他难过极了，心情忧郁得不得了，重病之下，"执迁手而泣"，给司马迁留下临终遗言："今天子接千岁之统，封泰山，而余不得从行，是命也夫，命也夫！"①

司马迁对武帝封禅是持批判态度的，但他所批判的是武帝迷信神仙和封禅带来的劳民伤财，他对武帝的功德和向天地报告功德还是肯定的。在《太史公自序》中，司马迁谈到他写《今上本纪》的宗旨时说："汉兴五世，隆在建元，外攘夷狄，内修法度，封禅，改正朔，易服色。"这是他对汉武帝的总的认识，这个认识和司马相如是一致的，其中包括对封禅的认识。

三

在武帝的六次封禅中，最值得注意的是第六次。据《通鉴》记

① ［汉］司马迁：《史记》卷一三〇《太史公自序》，北京：中华书局1982年版，第3295页。

载，第六次封禅毕，武帝突然对群臣说："朕即位以来，所为狂悖，使天下愁苦，不可追悔。自今事有伤害百姓，糜费天下者，悉罢之！"大鸿胪田千秋乘机向武帝进言："方士言神仙者甚众，而无显功，恳请皆罢斥遣之！"武帝同意田千秋的意见，立即下令遣散了全部装神弄鬼的方士。之后武帝又多次对大臣们说："向时愚惑，为方士所欺。天下岂有仙人，尽妖妄耳！节食服药，差可少病而已。"武帝回到长安，不久又下轮台诏书，宣布："当今务在禁苛暴，止擅赋，力本农，修马复令，以补缺、毋乏武备而已。"①

迷信了一辈子的汉武帝为什么突然清醒过来了？一个封建皇帝怎么一下子做起自我批评来，并改变了国家的大政方针？从汉武帝迷信神仙的过程来看，其实并不突然。

汉武帝即位后，就曾先后识破几个方士的骗局。公元前98年，武帝第四次封禅，《史记·封禅书》说："今上封禅，其后十二岁……方士之候祠神人，入海求蓬莱，终无有验。而公孙卿之候神者，犹以大人之迹为解，无有效。天子益怠厌方士之怪迂语矣。然羁縻不绝，冀遇其真。"这说明武帝对方士们已经开始有所觉察，但是由于方士们"羁縻不绝"，武帝依然"冀遇其真"。那以后，方士们的活动不但没有减少，反而更加猖獗起来，以致酿成了几年后的"巫蛊之祸"②。武帝对此痛苦万分，开始深刻反思自己迷信神仙的荒唐与狂悖，所以才有征和四年第六次封禅毕遣散方士的事。

武帝变化的另一个重要原因是，他虽然十分迷信神仙，但他毕竟是一个有作为的政治家。从他一生的主要活动看，他熟知历史，

① [宋]司马光：《资治通鉴》卷二二《汉纪十四》，北京：中华书局1956年版，第741页。

② [宋]司马光：《资治通鉴》卷二二《汉纪十四》，北京：中华书局1956年版，第720页。

善于吸取历史教训，总是从大汉帝国的根本利益和长远利益考虑问题和制定政策。他曾对卫青说："汉家庶事草创，加四夷侵陵中国，朕不变更制度，后世无法；不出师征伐，天下不安，为此者不得不劳民。若后世又如朕所为，是袭亡秦之迹也。"这段话出自《通鉴》，是征和二年追记的，说话的时间不晚于元封五年，因为卫青死于元封五年。这就是说，武帝在十几年前就开始考虑变化的问题了。他即位后"内兴功利，外事四夷"，是因为"汉家庶事草创，加四夷侵陵中国"，是形势的需要，是正确的；他现在改变政策，是不再劳民的需要，是对"亡秦之迹"的警觉，也是正确的。六次封禅的二十几年，是他在位五十多年中阶级矛盾最尖锐的时期，此起彼伏的农民起义不能不使他想起"亡秦之迹"。而对"亡秦之迹"的谈论，在整个汉代几乎都没有中断过。西汉初年的陆贾、贾谊不用说了，武帝在位时期，董仲舒、司马迁、主父偃、徐乐等，都在秦朝为什么速亡方面作过文章，提醒武帝考虑"内兴功利，外事四夷"政策是否得当。东汉思想家王充的《论衡》，一个重要议论中心就是"过秦宣汉"。这样看来，武帝在第六次封禅毕遣散方士、承认自己迷信神仙的过错后，又很快宣布改变政策，回到休养生息，是容易理解的。

司马光说汉武帝好多方面与秦始皇相差无几，但他指出武帝能够"晚而改过"，所以虽有"亡秦之失"而避免了"亡秦之祸"。这个评价是中肯和深刻的。所以把汉武帝封禅从始至终完全看成迷信神仙活动，是不很恰当的。

应当怎样评价董仲舒

近年来，学术界对董仲舒的评价变化很大。① 去年冬天，河北省社会科学院在景县举办了董仲舒国际学术讨论会，纪念董仲舒诞辰 2185 年。② 笔者未能参加此会，但在讲授思想史时，董仲舒评价问题是躲不开的。这里就董仲舒其人、王充论董仲舒、董仲舒的贡献三个方面谈谈看法，也算是参加讨论。

董仲舒其人

董仲舒是个典型的儒生。《汉书》说，"仲舒为人廉直"，"少治春秋，景帝时为博士"。研究学问，专心致志，"盖三年不窥园"。又学以致用，"进退容止，非礼不行"。在两相胶王期间，"以礼义匡王"，"正身以率下，数上疏谏争，教令国中，所居而治"。晚年"去位归居，终不问家产业，以修学著书为事"。③ 这样一个典型的知识分子，很

① 侯外庐等《中国思想通史》、翦伯赞《秦汉史》对董仲舒基本上是否定的。近年来出版的一些著作转为肯定，如金春峰《汉代思想史》（中国社会科学出版社 1987 年版）。

② 董仲舒的生卒年代说法不一，河北省社会科学院同志取生于公元前 191 年，当是大略的推算。

③ ［汉］班固：《汉书》卷五六《董仲舒传》，北京：中华书局 1962 年版，第 2525 页。

难适应官场的活动。和他同时代的公孙弘就很不一样。“公孙弘治春秋不如仲舒，而弘希世用事”，又“恢奇多闻”，“外宽内深”“习文法吏事而缘饰以儒术”①，结果飞黄腾达，“位至公卿”，当了丞相。仲舒虽有“天人三策”，很受汉武帝赏识，但由于他书生气太重，只当上了王国之相，和公孙弘比差远了。董仲舒曾批评公孙弘阿谀奉承，正直的汲黯更是指责公孙弘“多诈不忠”，又批评汉武帝“内多欲而外施仁义”。这一切都不是偶然的。

董仲舒的内心世界可以说是很矛盾的。他是公羊学家，公羊学讲微言大义，为现实服务，他的对策很能说明他对时政的满腔热忱，但他接触实际后发现自己根本不适应政治斗争。他晚年病免归居著书之举，很能说明他的矛盾状态：

> 仲舒以弘为从谀，弘疾之。胶西王亦上兄也，尤纵恣，数害吏二千石。弘乃言于上曰：“独董仲舒可使相胶西王。”胶西王闻仲舒大儒，善待之，仲舒恐久获罪，病免。②

董仲舒关心国家的强大和长治久安，关心黎民百姓的生活（当然也有当大官的欲望），公孙弘却要把他推向是非之地，这不是陷害他吗？可是董仲舒又没有办法，也想不出办法来。惹不起躲着走。“恐久获罪，病免。”他不是真的病了，而是无路可走，只好回家，不然说不定会把命搭上。

有人说，太史公记载董仲舒的弟子认为董仲舒断言辽东高庙火

① ［汉］司马迁：《史记》卷一一二《平津侯主父列传》，北京：中华书局1982年版，第2950页。

② ［汉］班固：《汉书》卷五六《董仲舒传》，北京：中华书局1962年版，第2525页。

灾是“下愚”，说明太史公对董仲舒的灾异说不满。[①] 事情并不是那样简单。

> (仲舒)著《灾异之记》。是时辽东高庙灾，主父偃疾之，取其书奏之天子。天子召诸生示其书，有刺讥。董仲舒弟子吕步舒不知其师书，以为下愚。于是下董仲舒吏，当死，诏赦之。于是董仲舒竟不敢复言灾异。[②]

董仲舒说辽东高庙失火是天意[③]，当然是十分荒唐的。但从他把天人感应说贯彻到底，不避讳汉武帝的权威这个角度讲，他又是耿直和认真的。汉武帝并不反对灾异说，只是董仲舒说他的祖庙失火是天意，才惹怒了他，才下令处死。吕步舒说自己的老师“下愚”，也不表明他反对灾异说，只是在汉武帝面前，汉武帝发怒了，要杀人了，他不得不说他的老师“下愚”。试想，在当时条件下，他如果还说他的老师的好话，或表态不明朗，会有什么结果？所以，太史公记载这件事，不只是反映了他对灾异说的不满，还表明了董仲舒的耿直和书生气，反映了在封建专制条件下坚持一种主张(不管是正确的还是错误的)是多么不容易。

在西汉中期，类似的例子还可以举出好几个。

昭帝时，公羊学家眭弘根据天人感应说解释泰山的奇异现象，上书云：

---

① 参见肖黎《司马迁评传》，长春：吉林文史出版社 1986 年版，第 235 页。

② [汉]司马迁：《史记》卷一二一《儒林列传》，北京：中华书局 1982 年版，第 3128 页。

③ 参见[汉]班固《汉书》卷二七《五行志上》，北京：中华书局 1962 年版，第 1331 页。

> 先师董仲舒有言，虽有继体守文之君，不害圣人之受命。汉家尧后，有传国之运。汉帝宜谁差天下，求索贤人，禅以帝位，而退自封百里，如殷、周二王后，以承顺天命。①

眭弘的这种说法等于要求改朝换代，让刘姓政权“禅让”给他姓，这当然是不行的，结果被以“妖言惑众，大逆不道”处死。

宣帝时，下诏君臣讨论为武帝建宗庙之事。《尚书》学者夏侯胜表示反对，他说：

> 武帝虽有攘四夷广土斥境之功，然多杀士众，竭民财力，奢泰无度，天下虚耗，百姓流离，物故者半。蝗虫大起，赤地数千里，或人民相食，畜积至今未复。亡德泽于民，不宜为立庙乐。

大臣们责备他，说这是皇帝的诏书。书生气十足的夏侯胜仍然说：

> 诏书不可用也。人臣之谊，宜直言正论，非苟阿意顺指。议已出口，虽死不悔。②

结果，夏侯胜以“非议诏书，毁先帝”的罪名下狱。狱中，他还给与他同下狱的黄霸传授经学，“系再更冬，讲论不怠”③。

宣帝时，“为人刚直高节”，“以明经为郡文学”，“对策高弟”，很

① [汉]班固：《汉书》卷七五《眭弘传》，北京：中华书局1962年版，第3154页。

② [汉]班固：《汉书》卷七五《夏侯胜传》，北京：中华书局1962年版，第3156—3157页。

③ [汉]班固：《汉书》卷七五《夏侯胜传》，北京：中华书局1962年版，第3157页。

快升任司隶校尉的盖宽饶，因批评“方今圣道渐废，儒术不行，以刑余为周召，以法律为诗书”，“而为文吏所诋挫”，被迫“引佩刀到北阙下”。①

连司马迁自己不是也因为直言陈述对李陵投降的看法，被处以宫刑了吗？

以上例子，当然可以从另外的角度做出分析，但我们也不难从中得出这样的结论：在封建专制主义官僚机构中，正直的知识分子是难以站住脚的。董仲舒那么为武帝效力，武帝那么看重他的对策，他却没有在朝中当上大官，反倒像孔子、孟子一样，仅以思想家的身份受到重视，原因之一，就是他太耿直、太书生气了。

王充论董仲舒

在古今学者对董仲舒的评价中，我认为王充的评价比较公正。王充评价董仲舒，董仲舒已经故去将近两个世纪了。这时候，董仲舒提出的一套以封建伦常为核心、以阴阳五行为框架的天人感应说，已经深入到社会各个阶层。谶纬神学更是风靡一时。建初四年（79年），汉章帝主持召开了白虎观会议，根据会议内容写成的《白虎通义》，融合儒家经典和谶纬神学，成为封建统治者的“国宪”。在神学泛滥、俗风迷妄之中，王充从鲜明的唯物主义立场出发，独立思考，系统地批判了神学理论和世俗迷信，并写出了《问孔》这样的骇世之作。在一定意义上可以说王充是董仲舒的对立面。但正是王充，对董仲舒做出了比较符合实际情况的评价。他说：

① [汉]班固：《汉书》卷七七《盖宽饶传》，北京：中华书局1962年版，第3247页。

董仲舒表春秋之义,稽合于律,无乖异者。①

若董仲舒、唐子高、谷子云、丁伯玉,策既中实,文说美善,博览膏腴之所生也。使四者经徒能摘,笔徒能记疏,不见古今之书,安能建美善于圣王之庭乎。②

董仲舒虽无鼎足之位,知在公卿之上。③

仲舒之言道德政治,可嘉美也。质定世事,论说世疑,桓君山莫上也。④

这当然是对董仲舒社会政治思想的肯定。王充又说:

汉作书者多,司马子长、扬子云,河汉也,其余泾渭也。然而子长少臆中之说,子云无世俗之论,仲舒说道术奇矣,北(此)方三家尚矣。谶书云:"董仲舒,乱我书",盖孔子言也。读之者或为乱我书者,烦乱孔子之书也。或以为乱者,理也,理孔子之书也。共一乱字,理之与乱,相去甚远。然而读者用心不同,不省本实,故说误也。夫言烦乱孔子之书,才高之语也。其言理孔子之书,亦知奇之言也。出入圣人之门,理乱孔子之书……案仲舒之书不违儒家,不及孔子。其言烦乱孔子之书者,亦

---

① 黄晖:《论衡校释》卷一二《程材篇》,北京:中华书局1990年版,第542页。
② 黄晖:《论衡校释》卷一三《别通篇》,北京:中华书局1990年版,第602页。
③ 黄晖:《论衡校释》卷一三《别通篇》,北京:中华书局1990年版,第604页。
④ 黄晖:《论衡校释》卷二九《案书篇》,北京:中华书局1990年版,第1172页。

非也。①

《新语》，陆贾所造，盖董仲舒相被服焉。皆言君臣政治得失，言可采行，事美足观，鸿知所言，参贰经传，虽古圣之言，不能过增。陆贾之言，未见遗阙。而仲舒之言，雩祭可以应天，土龙可以致雨，颇难晓也。②

这两段话，对比了汉代的四位思想家，说司马迁、扬雄是“汉作书者”中的“河汉”，其余为“泾渭”；又说司马迁、扬雄、董仲舒都是上乘作者；还说董仲舒不及陆贾，批评他搞神学迷信，主观臆想，“颇难晓也”。但总的讲，还是认为董仲舒“不违儒家”。王充关于“理”“乱”孔子之书的说法也很有意思，今人不少著述认为，董仲舒把先秦儒家弄得面目全非了，王充不这样认为。董仲舒所标榜的儒家与先秦儒家相比，的确变化很大，但他也的确继承了先秦儒家最基本的东西（这一点将在第三个题目中加以论述）。

王充还进一步从理论上分析了“汉作书者”这一类儒生的基本特征以及他们与文吏的区别，从更高的层面上肯定了儒生对巩固和加强封建国家政权的巨大作用。他在《论衡·程材篇》中说：

儒生不习于职，长于匡救，将相倾侧，谏难不惧。案世间能建蹇蹇之节，成三谏之议，令将检自敕，不敢邪曲者，率多儒生。阿意苟取容幸，将欲放失，低嘿不言者，率多文吏。文吏以事胜，以忠负。儒生以节优，以职劣。

---

① 黄晖：《论衡校释》卷二九《案书篇》，北京：中华书局1990年版，第1170—1171页。

② 黄晖：《论衡校释》卷二九《案书篇》，北京：中华书局1990年版，第1169页。

儒生所学者,道也。文吏所学者,事也。……儒生治本,文吏治末。道本与事末比,定尊卑之主下,可得程矣。

牛刀可以割鸡,鸡刀难以屠牛。刺绣之师能缝帷裳,纳缕之工,不能织锦。

儒生能为文吏之事,文吏不能立儒生之学。文吏之能,诚劣不及。儒生之不习,实优而不为。

从以上论述我们可以看出:第一,儒生一般都有坚定的信念,他们继承先秦诸子的优良传统,以天下为己任,"以道事将,不可则止"①。他们是一批理想主义者,在为封建国家效力的过程中要求封建统治者实行他们的政治主张,并常常对时务提出批评。《论衡·宣汉篇》:"儒者称五帝三王致天下太平。汉兴以来,未有太平……汉无圣帝也。"第二,儒生所学的东西是"道"和"大义",他们的任务是掌握国家的大政方针,是"匡扶王室",是向当权者进谏,"以经勉为公正之操"②。"儒生治本,文吏治末。"文吏是处理具体行政事务的,两者的重要性相差甚远。"儒生能为文吏之事,文吏不能立儒生之学。"这就如同牛刀可以杀鸡,鸡刀不能宰牛。第三,儒生"日夜讽咏,得圣人之操"③,有高尚的道德和文化修养,能够完成历史赋予他们的任务,"能建蹇蹇之节,成三谏之议","谏难不惧",明明要掉脑袋也要坚持自己的主张,如上文传述的夏侯胜等人。《汉书·霍光传》:"诸儒生多窭人子,远客饥寒,喜妄说狂言,不避忌讳,大将军多仇之。"相比之下,文吏"无篇章之诵,不闻仁义之语",

① 黄晖:《论衡校释》卷一二《量知篇》,北京:中华书局1990年版,第548页。
② 黄晖:《论衡校释》卷一二《量知篇》,北京:中华书局1990年版,第548页。
③ 黄晖:《论衡校释》卷一二《程材篇》,北京:中华书局1990年版,第545页。

“舞文巧法”①，阿意取容，受贿弄权，除了能办事会办事因而不能离开他们外，简直无甚可取之处。

从秦汉时期的历史发展来看，我认为王充的说法是有道理的，也是很深刻的。秦代以吏为师，很快灭亡。汉初儒学复苏，但“汉承秦制”，在制度上基本不变。作为“群儒首”的董仲舒，在“天人三策”中抨击了秦代的“师申、商之法，行韩非之说”和汉代的“好用憯酷之吏”，主张以“教化之吏”取而代之。他提出“罢黜百家，独尊儒术”，使汉代儒生有了统一的思想，从而使他们开始变成一个有凝聚力的群体。“真正发挥作用改造了汉政的，是儒生及受儒家思想影响的那一批知识分子的理论与实践。他们的努力可以说贯穿了整个汉代。他们继承了先秦儒家的传统，通过进谏、对策陈政以及著书作文的方式——如陆贾之《新语》、贾谊之《过秦论》《治安策》，贾山之《至言》，董仲舒之《天人三策》《春秋繁露》等等，积极宣传与发展儒家理论，为汉政提供新的指导原则。”②

东汉末年，有党锢之祸，儒生群体遭到严重打击，东汉政权失去了匡扶力量，很快走向灭亡。司马光说，儒生“以口舌救之，臧否人物，激浊扬清……以至身被淫刑，祸及朋友，士类歼灭而国随以亡，不亦悲乎！”③司马光把“士类歼灭”和东汉政权的灭亡直接联系起来，应当说是很有眼光的。

董仲舒的贡献

在中国历史上，董仲舒主要有哪些贡献呢？我认为他主要有两

① 黄晖：《论衡校释》卷一二《程材篇》，北京：中华书局1990年版，第545页。

② 阎步克：《秦政、汉政与文吏、儒生》，《历史研究》1986年第3期。

③ [宋]司马光：《资治通鉴》卷五六《汉纪四十八》，北京：中华书局1956年版，第1823页。

个方面的贡献。

在政治方面，为西汉政权也为整个中国封建社会设计了一套新的运行机制。董仲舒生活的时代，处在封建社会的初期，统一的封建大帝国刚刚建立不久，地主阶级在组织国家、管理国家、巩固统治地位方面的经验还没有积累起来。秦朝“以法为教”“以吏为师”、极端专制而迅速灭亡，应当说有其必然性。汉兴，地主阶级政治家、思想家总结秦亡的历史教训，董仲舒提出“罢黜百家，独尊儒术”；又根据公羊学提出天道观，认为“屈民以伸君，屈君以伸天”是“春秋之大义”；还提出建太学，兴察举，按照儒家的标准培养和选拔人才。武帝采纳，儒学升为官学，一批批饱读儒家经典，“能直言极谏”的知识分子加入了官僚队伍。他们根据“以民随君，以君随天”的原则行事：臣民百姓虽然居于皇帝之下，应当安心于自己被统治的地位，但皇帝上面还有一个天，他应当服从天意，至于怎样解释天意，那是儒生们的事。也就是说，皇帝不能再像秦始皇那样独断独行，什么事都是他一个人说了算，“天下之事无大小皆决于上”，而必须在决定国家大事时听听儒生们怎样说。这样，就在封建国家机器的运行中，逐步形成了一种对皇权的制约机制，给最高决策的个人随意性增添了一些理性成分，以便更好地代表地主阶级的长远利益和根本利益。这不能不是一个历史的进步。① 当然，在这以前，皇帝也不是完全不征求臣子们的意见，但那时候没有形成儒生的群体，也没有董仲舒提出的那一套系统的理论，所以有很大不同。事实上，在董仲舒死后不久的盐铁会议上，儒生们就显示了自己的力量。

---

① 周予同先生在《〈春秋〉与〈春秋〉学》中说：“董仲舒主张尊崇孔学，罢黜百家，还只是表面的文章；最有关中国社会组织的，是他主张设学校、立博士弟子，变春秋战国的‘私学’为‘官学’，使地主阶级的子弟……化为官僚。董仲舒是官僚政治的定型者。”《周予同经学史论著选集》，上海：上海人民出版社1983年版。

在思想方面，董仲舒继承孔孟儒学，吸收各家思想，构筑了一个以封建伦理思想为核心、以阴阳五行为框架的新儒学体系。春秋战国百家争鸣，是中国古代思想史上的光辉篇章。但在先秦诸子那里，各派偏执自家学说，没有哪一家能够建立起一个包罗万象的思想体系。战国后期，随着国家逐步走向统一，思想家们开始在这方面进行尝试。《吕氏春秋》是进行这种尝试的最早的著作之一。其后，陆贾、贾谊等人，《论六家要旨》《淮南子》等著作，也在这方面进行了巨大的努力，但真正把先秦诸子融为一体的是董仲舒。

人们都说，三纲五常是董仲舒新儒学体系的核心，是董仲舒吸收先秦儒家的伦理思想提出来的。其实，三纲五常本身就是一种综合的产物。首先，“三纲”最早见于《韩非子》：

> 臣事君，子事父，妻事夫，三者顺则天下治，三者逆则天下乱。①

孔孟讲这三种关系时并不强调绝对服从。孔子讲“君君，臣臣，父父，子子”，是对君臣双方、父子双方的要求，“君使臣以礼，臣事君以忠”②，父慈子孝。孟子说：“身不行道，不行于妻子；使人不道，不能行于妻子。”③也还没有妻子绝对服从丈夫的意思。

孔子主张仁德，孟子进一步提出仁、义、礼、智“四端”，二人都强调言而有信。

---

① [清]王先慎：《韩非子集解》卷二〇《忠孝》，北京：中华书局 1998 年版，第 466 页。

② [宋]朱熹：《四书章句集注・论语集注》卷二《八佾》，北京：中华书局 1983 年版，第 68 页。

③ [宋]朱熹：《四书章句集注・孟子集注》卷一四《尽心下》，北京：中华书局 1983 年版，第 366 页。

董仲舒把“三纲”和“五常”放在一起，又加以天人感应说和阴阳五行：

> 天为君而覆露之，地为臣而持载之；阳为夫而生之，阴为妇而助之；春为父而生之，夏为子而养之，秋为死而棺之，冬为痛而丧之。王道之三纲，可求于天。①

> 阴者阳之合，妻者夫之合，子者父之合，臣者君之合。物莫无合，而合各相阴阳……君臣、父子、夫妇之义，皆取诸阴阳之道。君为阳，臣为阴；父为阳，子为阴；夫为阳，妻为阴。②

这样，董仲舒就论证了“三纲五常”的合理性和永恒性。君臣、父子、夫妻三种关系，是中国封建社会最基本的三种关系。中国封建社会的统治基础是小农经济，用三纲五常加强家庭观念，上可以巩固封建统治阶级的需要，下可以强化宗法制度。董仲舒的论证是荒谬的，但“三纲五常”思想符合封建统治阶级的需要，这一点是现实的和合逻辑的。当时正处在封建社会上升时期，历史的进程要求加强封建的生产关系和上层建筑。因此，三纲五常当时还是具有进步意义的，它变成束缚社会发展的绳索是后来的事。

孔孟儒学的核心是仁德。董仲舒在发挥仁德思想时，也把它和天意、阴阳结合在一起了：

---

① [汉]董仲舒：《春秋繁露》卷一二《基义》，上海：上海书店出版社2012年版，第172页。

② [汉]董仲舒：《春秋繁露》卷一二《基义》，上海：上海书店出版社2012年版，第171页。

天道之大者在阴阳。阳为德，阴为刑，刑主杀而德主生。是故阳常居大夏，而以生育养长为事；阴常居大冬，而积于空虚不用之处。以此见天之任德不任刑也。……阳不得阴之助，亦不能独成岁。①

天有阴阳两种属性，阳的具体表现是仁德，阴的具体表现是刑杀。仁义教化是儒家思想，但刑杀也变成了不可缺少的方面，变成了天意的一部分。很明显，这是吸收了法家思想。

仁德思想的理论基础是民本思想。董仲舒继承了先秦儒家的民本思想，也把它纳入以阴阳五行为框架的天人感应体系中去：

天之生民非为王也，而天立王以为民也。故其德足以安乐民者，天予之；其恶足以贼害民者，天夺之。②

夫木者，农也。农者，民也……夫土者，君之官也。君大奢侈，过度失礼，民叛矣。其民叛，其君穷矣。故曰木胜土。③

君主是为百姓而存的，老百姓是制约和战胜君主的力量。这是典型的民本思想。正是从这种民本思想出发，董仲舒主张“限民名田，以赡不足，塞并兼之路”，反对“身宠而载高位”的官吏与民争利，“去奴婢，除专杀之威”，“薄赋敛，省徭役，以宽民力”。④ 这些主张

① ［汉］班固：《汉书》卷五六《董仲舒传》，北京：中华书局1962年版，第2502页。

② ［汉］董仲舒：《春秋繁露》卷七《尧舜汤武》，上海：上海书店出版社2012年版，第150页。

③ ［汉］董仲舒：《春秋繁露》卷一三《五行相胜》，上海：上海书店出版社2012年版，第176页。

④ ［汉］班固：《汉书》卷二四《食货志》，北京：中华书局1962年版，第1137页。

的基本精神，是要减轻对农民的压迫剥削，以缓和阶级矛盾，保护和促进社会生产力的稳定发展。

董仲舒还提出："为人君者，居无为之位，行不言之教，寂而无声，静而无形……为君虚心静处，聪听其响，明视其影，以行赏罚之象。"①这是吸收了道家思想，其中也有法家思想。

董仲舒体系还包括对天地万物和人体构造机能的解释。其中有很多很神秘的东西，所以不少著作把他的体系称为神学体系。董仲舒为什么把许多根本没有必然联系的东西拿来比附呢？比如：

> 天以终岁之数成人之身，故小节三百六十六，副日数也；大节十二分，副月数也；内有五脏，副五行数也；外有四肢，副四时数也。②

很明显，这是为了证明他的理论符合天意：人和天是相同的东西，"天人一也"③，人是天的缩影；人的责任，在于实现上天的意志。天地山川、人兽草木、阴晴风雨、鬼神怪异，以及阴阳五行、三纲五常、以刑辅德、以民为本等，都是天意的具体表现，都在董仲舒体系里有秩序地、对应地排列着。这样，董仲舒就在当时的认识水平上，为绝大多数人找到了一个对周围世界的统一的解释。人们生活在世界上，总需要一种带根本性的理论来为自己和周围世界的一切做出解释。有了这种解释，人们才会相信自己的认识是有根据的和有

① ［汉］董仲舒：《春秋繁露》卷六《保位权》，上海：上海书店出版社 2012 年版，第 144 页。

② ［汉］董仲舒：《春秋繁露》卷一三《人副天数》，上海：上海书店出版社 2012 年版，第 174 页。

③ ［汉］董仲舒：《春秋繁露》卷一二《阴阳义》，上海：上海书店出版社 2012 年版，第 169 页。

逻辑的，才会感到安心，不管这种解释是否正确。

总之，对于董仲舒，我们是否可以这样说：上文谈到的他为封建国家设计的运行机制也好，他构筑的整个新儒学体系也好，似乎都围绕着这样一个意图：努力把儒家从讲起来很好听的比较迂阔的理论变为可以运作的东西。董仲舒相当自觉地利用了当时人们对周围世界、对社会、对人生的认识水平，他努力适应历史发展的需要，把儒家学说和封建政权结合在一起，将秦始皇开创的大一统政治格局推进到制度化的新阶段。所以，我认为董仲舒基本上应当是一个被肯定的人物，只是到了后来，特别是到了封建社会后期，他的思想才变成了束缚人们的精神枷锁。

（原载《河北大学学报》1995 年第 1 期）

董仲舒与汉武帝

——纪念董仲舒诞辰 2185 周年

董仲舒与汉武帝，一个是经学大师、划时代的大思想家①，一个是雄才大略的大政治家。从史料上看，他们之间，只在著名的举贤良对策的那段时间直接接触过。董仲舒曾先后任江都相和胶西王相，其中有一次因为说灾异差点被处死，晚年回家著书，不能说是被重用，但武帝在进行重大决策时一直派人去征求他的意见。本文拟就“对策”和“对策以后”两个阶段，谈谈他与汉武帝之间的关系及有关的一些问题，以纪念这位古代思想家。

对　策

武帝于元光元年（前 134 年）举贤良对策②，董仲舒上对策三篇，史称“天人三策”。在“天人三策”中，董仲舒提出了以天人感应

---

① 冯友兰先生把春秋战国百家争鸣时期称为中国哲学史的“子学时代”，汉代定儒为一尊，他称之为“经学时代”，董仲舒是汉代经学的最大代表。

② 武帝举贤良对策的时间说法不一，《通鉴》记于建元元年（前 140 年），《汉书·武帝纪》记于元光元年（前 134 年），今从汉书。

说为核心的哲学体系和"更化"主张，并建议"罢黜百家，独尊儒术"。汉武帝欣然采纳。

对策一开始，武帝说：为了把皇位"传之无穷"，我日夜思考，先生为贤良之首，思想博大精深，一定要把"大道之要，至论之极"都讲出来，"靡有所隐"①。武帝问：

> 三代受命，其符安在？灾异之变，何缘而起？性命之情，或夭或寿，或仁或鄙，习闻其号，未烛厥理。伊（惟）欲风流而令行，刑轻而奸改，百姓和乐，政事宣昭，何修何饬而膏露降，百谷登……德泽洋溢，施乎方外，延及群生？

用今天的话来说，就是：夏商周三代受命的根据何在？天地间的灾异是由什么引起的？人寿的长短、人性的善恶是怎么回事？怎样才能做到令行禁止、政事祥和、五谷丰登，使天下的老百姓都生活得快乐幸福？都是根本性的问题。这些问题，武帝也问过其他人，但他没有得到满意的回答。董仲舒"少治《春秋》，孝景时为博士"，用毕生的精力研究天人关系问题，当然很愿意给武帝一个高水平的回答。他谦虚了几句后，说：

> 臣谨案《春秋》之中，视前世已行之事，以观天人相与之际，甚可畏也。

董仲舒开头的这几句话，可以说站得很高，给人一种完全有能力回答问题的感觉。他说：我查阅《春秋》，根据那里面记载的前世

① ［汉］班固：《汉书·董仲舒传》，北京：中华书局1962年版。以下凡未注明出处者，均引自本篇。

的历史，研究天人关系，感到太可怕了！他接着说：

国家将有失道之败，而天乃先出灾害以谴告之，不知自省，又出怪异以警惧之，尚不知变，而伤败乃至，以此见天心之仁爱而欲止其乱也。

在这里，董仲舒用灾异谴告的形式提出了天人感应说：上天时刻爱护和关心着君主，但天命靡常，它可以任命好的君主，也可以惩罚坏的君王。如果哪个君主实行暴政，上天先以“灾害谴告之”，“不知自省，又出怪异以警惧之”，还不改变，天命就要转移，政权就保不住了。这一学说的意义在于神化君主又用天命约束君主，这当然是神秘的唯心主义。董仲舒在《春秋繁露·楚庄王》中说：“春秋之法，以人随君，以君随天。”“以人随君”是让老百姓顺从封建君主的统治。“以君随天”是地主阶级用“灾异”约束君主，要他经常进行反省，借上天来限制他的独断独行。这两层意思，都是哲学家们论述过的。[①] 近几年来，有的同志提出，董仲舒的灾异谴告说还有肯定人的主观能动性的一面[②]，很有道理。董仲舒在上面那段话之后又接着说：

自非大亡道之世者，天尽欲扶持而全安之，事在强勉而已。强勉学问，则闻见博而知益明；强勉行道，则德日起而大有功：此皆可使还至而有效者也。诗曰“夙夜匪懈”，书曰“茂（勉）哉

① 参见冯友兰《中国哲学史新编》第三册，北京：人民出版社1986年版，第70页；任继愈主编《中国哲学发展史》（秦汉卷），北京：人民出版社1983年版，第325页。

② 参见金春峰《汉代思想史》，北京：中国社会科学出版社1987年版，第170—174页。

茂哉!”皆强勉之谓也。

政权能否保住的关键在哪儿呢？只要不是太无道的昏君，上天都是要尽一切力量保全的，关键在于自己的努力。君主努力学习，知识多见闻广了，就会变得越来越明智；君主努力行道，就自然会有大德大功。诗经说“夙夜匪懈”，尚书说“茂哉茂哉”，都是说的主观努力的意思。

秦汉时期，封建地主阶级正处在生气勃勃的上升时期，对自己的力量和前途充满信心。董仲舒对策中所说的主观努力，正是当时地主阶级蓬勃向上的主动精神和大有作为的心态的反映。

董仲舒在具体回答“三代受命，其符安在”的时候，同样在强调天的同时强调了人①：

> 臣闻天之所大奉使之王者，必有非人力所能致而自至者，此受命之符也。天下之人同心归之，若归父母，故天瑞应诚而至。书曰“白鱼入于王舟，有火复于王屋，流为乌”，此盖受命之符也。

周文王、周武王获白鱼、赤乌之祥瑞，是他们的“诚”感动了上天。“治乱废兴在于己”。他们的后代子孙“淫佚”，就又受到了上天的惩罚。“及至后世，淫佚衰微，不能统理群生，诸侯背叛，残贼良民以争壤土，废德教而任刑罚。……此灾异所缘而起也。”

应当怎么办呢？董仲舒明确回答，应当“更化”：“当更张而不更

① 在《春秋繁露》中，董仲舒同样强调了人。如：“天地之精所以生物者，莫贵于人。”(《人副天数》)“何谓本？曰：天、地、人万物之本也。”(《立元神》)等。上海：上海书店出版社2012年版，第173、142页。

张，虽有良工不能善调也；当更化而不更化，虽有大贤而不能善治也。故汉得天下以来，常欲善治而至今不可善治者，失之于当更化而不更化也。”怎样更化？董仲舒提出，一是“为人君道，正心以正朝廷，正朝廷以正百官，正百官以正万民，正万民以正四方”。二是注重教化，“凡以教化不立而万民不正也”，“是故南面而治天下者，莫不以教化为大务”。为此要立太学，设庠序，以仁义礼智信“五常之道”为教化的内容。三是任德不任刑，以刑辅德。做到了这些，就可以“德施于方外，延及群生”了。武帝对董仲舒的回答很欣赏，“乃复册之”，又提出了古代帝王的劳逸、奢俭和玉的雕琢问题。这些问题有很强的针对性，其实质仍然是个“更化”的问题，因为汉初以来一直存在“有为”和“无为”的争论。文景时期实行黄老政治，文帝皇后窦氏也提倡黄老无为。建元二年(前 139 年)，御史大夫赵绾请毋奏事东宫，也就是建议以后有事不要再请示窦太后。窦太后大怒，逼迫武帝罢了赵绾和尊儒的丞相窦婴、太尉田蚡、郎中令王臧的官，并将赵、王下吏，二人自杀。窦太后活到建元六年，她以皇太后的身份坚持黄老，使武帝无法推行“有为”政策。窦太后死后的翌年，武帝就这个问题要董仲舒对策，说明了他变“无为”为“有为”的迫切心情。

董仲舒回答说：“帝王之条贯同，然而劳逸异者，所遇之时异也。”古代帝王的劳逸，因其所处的条件不同而不同，不能一概而论。关于奢俭问题，他说“俭非圣人之中制也”，有些东西看起来很奢华，但那是“明尊卑、异贵贱”所需要的，因而不可缺少。说到玉的雕琢，他认为，良玉是可以不雕琢的，但常玉则非雕琢不可。“常玉不琢不成文章，君主不学不成其德。”对武帝提出的几个问题，董仲舒的回答都是“有为”，否定了汉初以来实行的黄老政治。武帝时期，经过高、惠、文、景四朝的休养生息，达到了西汉的鼎盛时期；武帝本人雄才大略又雄心勃勃，主客观条件都要求他也允许他大有作为。要为大有作为而“劳”，要大兴礼乐，要用礼乐对人进行“雕琢”。董仲舒在第一次对策中已经提出了立太学的主张，这一次，他又进一步提出“兴太学、置明师，以养天下之士”，革除官吏选拔中的弊端，①这实际上是为实现汉武帝的抱负培养人才。

但武帝仍然感到不满足，也许是窦太后黜儒的影响尚未消除，使董仲舒没有完全说透。武帝在第三次对策的一开始说：我听说“善言天者必有征于人，善言古者必有验于今”，子大夫明于阴阳造化，习于先圣之道业，但听起来仍感到“文采未极”，“条贯靡竟，统纪未终”，难道先生对现时政治有什么顾虑吗？（“岂惑乎当世之务哉？）”“其悉之，究之，孰之，复之！”希望董仲舒对现时政治发表意见的迫切心情溢于言表。

董仲舒回答说：“前所上对，条贯靡竟，统纪不终，辞不别白，指不分明，此臣浅陋之罪也。”他进一步谦虚地说：“若乃论政事之得失，察天下之息耗，此大臣辅佐之职，三公九卿之任，非臣仲舒所能及也。”有的文章说他这是“卖弄聪明”，依我们看他是要提出他认为可能惹出麻烦的问题。他谦虚后谈了两点：一是为老百姓说话，希望“身宠而载高位”的人学习公仪休，不要与老百姓争利。② 不然，“富者奢侈羡溢，贫者穷极愁苦”，到了“民不乐生，尚不避死，安能避罪”的程度，就不好办了。二是《春秋》大一统者，天地之常经，古今之道谊也。今师异道，人异论，百家殊方，指意不同，是以上亡以持一统；法制数变，下不知所守。臣愚以为诸不在六艺之科孔子之术者，皆绝其道，勿使并进。邪辟之说灭息，然后统纪可一而法度可

---

① 董仲舒指出：“夫长吏多出于郎中、中郎，吏二千石子弟选郎吏，又以富资，未必贤也。……累日以取贵，积久以致官，是以廉耻贸乱，贤不肖浑殽，未得其真。”（《汉书·董仲舒传》，北京：中华书局 1962 年版，第 2512—2513 页）

② 《汉书·董仲舒传》：“公仪子（休）相鲁，之其家见织锦，怒而出其妻，食于舍而茹葵，愠而拔其葵，曰：吾已食禄，又夺园夫红女利乎！”北京：中华书局 1962 年版，第 2521 页。

明，民知所从矣。

这就是影响了中国二千年历史的“罢黜百家，独尊儒术”。当然，西汉王朝空前强大统一，自然会提出思想上学术上统一的问题。应当说，汉武帝和董仲舒相当自觉地承担了建立统一思想的历史任务。侯外庐在《中国思想通史》中援引《西京杂记》“董仲舒梦蛟龙入怀，乃作春秋繁露词”的传闻，然后说：“这样因龙入怀而论著春秋，是象征着什么呢？是不是象征着武帝的圣旨呢？”①我们的古人是很会制造舆论的。董仲舒绕了很大一个圈子才把“独尊儒术”放在对策的最后提出来，显然，他脑子里还游荡着窦太后的阴魂，他是想用武帝的圣旨来驱逐那个阴魂。

对策以后

三次对策以后，武帝任命董仲舒为江都相，事易王，后来又当了几年胶西王的相，就病免归居，著书立说去了。

董仲舒是公羊学大师。公羊学家根据现实政治的发展变化解释《春秋》，创造了适合西汉封建帝国大一统所需要的政治—历史哲学。董仲舒说：“《诗》无达诂，《易》无达占，《春秋》无达辞。”②就是说，《春秋》一书，可以随意解释。例如《春秋》“元年，春，王正月”一条，本来是鲁国史官记载鲁隐公元年的一句话，《春秋公羊传》却认为有很深的含义：“元年者何？君之始年也。春者何？岁之始也。王者孰谓？谓文王也。曷为先言王而后言正月？王正月也。何言乎王正月，大一统也。”也就是说，一切应当统一于王，国家应当高度

① 侯外庐等：《中国思想通史》第二卷，北京：人民出版社1992年版，第91页。

② [汉]董仲舒：《春秋繁露》卷三《精华》，上海：上海书店出版社2012年版，第130页。

统一,这是当时历史发展趋势的反映。

董仲舒那么为汉武帝效力,武帝那么看重他的对策,为什么他没有留在朝中当大官,反倒像孔子、孟子一样,仅以思想家的身份受到重视呢?

这与他个人的特点有关。"仲舒为人廉直",研究学问,"盖二年不窥园"。在实际生活中,"进退容止,非礼不行"。在相胶王期间,"以礼义匡王","正身以率下"。晚年"去位归居,终不问家产业,以修学著书为事"。这样一个典型的知识分子,很难适应官场的活动。我们可以拿他和公孙弘比较一下。同是儒者,由于"公孙弘治春秋不如仲舒,而弘希世用事","又恢奇多闻","外宽内深","习文法吏事而缘饰以儒术"①,所以比董仲舒吃香多了,"位至公卿"。董仲舒批评过他阿谀奉承,正直的汲黯指责他"多诈不忠",又批评汉武帝"内多欲而外施仁义"②,都不是偶然的。在封建专制主义政权体制下,廉正、忠厚的人历尽劫难,多受迫害,公孙弘式的人物平步青云,是有其必然性的。

王充《论衡·程材》说:

> 儒生不习于职,长于匡救,将相倾侧,谏难不惧。案世间能建蹇蹇之节,成三谏之议,令将检身自敕,不敢邪曲者,率多儒生。阿意苟取容幸,将欲放失,低嘿不言者,率多文吏。文吏以事胜,以忠负;儒生以节优,以职劣。

---

① [汉]司马迁:《史记》卷一一二《平津侯主父列传》,北京:中华书局1982年版,第2950页。

② [汉]司马迁:《史记》卷一二〇《汲黯列传》,北京:中华书局1982年版,第3106页。

这段话说得很有道理，也很深刻。

董仲舒的内心世界可以说是很矛盾的。他是公羊学家，他要为现实服务，但他是一个典型的书生，接触实际后他发现自己根本不适应政治斗争。但他还是以满腔的热忱向武帝贡献了自己的意见，他在对策时不能说没有想当官的欲望，但对国家、对社会、对黎民百姓的责任感的成分也不小。他后来终于心灰意冷了，于是病免归居著书，转折点大约在两相胶王之间：

> 先是辽东高庙、长陵高园殿灾，仲舒居家推说其意，草稿未上，主父偃候仲舒，私见，嫉之，窃其书而奏焉，上召视诸儒，仲舒弟子吕步舒不知其师书，以为大愚。于是下仲舒吏，当死，诏赦之。仲舒遂不敢复言灾异。①

董仲舒说辽东高庙失火是天意②，当然是十分荒唐的，但从他把天人感应说贯彻到底的角度讲，他又是耿直和认真的。汉武帝并不反对灾异说，只是董仲舒说他的祖庙失火是天意，才惹怒了他，才要下吏处死。后又“诏赦之”，大概是又想起了董仲舒的对策吧。但董仲舒是从此再也不敢说灾异了。

武帝没有重用董仲舒的另一个原因，可能与他们的指导思想并不完全一致有关。武帝采纳“独尊儒术”，实际上并没有“罢黜百家”。董仲舒主张“诸不在六艺之科孔子之术者，皆绝其道，勿使并进”，但儒家以外的各家不仅一直在公开活动，而且还可以进入宫廷当官，治黄老的汲黯就是明显的例子。当时倾向于法家思想的人物

---

① 参阅周桂钿《董学探微》，北京：北京师范大学出版社1989年版，第2213页。

② 参见[汉]班固《汉书》卷二七《五行志上》，北京：中华书局1962年版，第1331页。

也不少。而董仲舒的公羊学也只是汉代经学中的一派。这种尊崇儒家也让儒家以外的各家存在的政策，也许正是武帝比董仲舒高明的地方。有的学者认为汉武帝和董仲舒完全一致，说董仲舒的神学是汉武帝政治上的“代数学”①，说从那以后开始了儒家学说独裁的局面，是与历史事实有些出入的。

董仲舒之所以没有被重用，还与当时形势的变化有一定关系。② 什么样的形势？“是时方外攘四夷”。元光二年（前133年），为制止匈奴的不断侵扰，武帝决定反击匈奴，从此开始了持续三十多年的开边战争。这个变化，严重影响了国家的政治生活和经济生活，也影响到统治思想。

农民是战争的主要力量，战争使他们的生活状况空前恶化。他们走投无路了，起义不断爆发。③ 富豪之家则对战争袖手旁观。武帝用武力镇压农民起义，用酷吏打击富豪。进行战争，需要任用和提拔军事家。这样，一批批军事将领和主张严刑峻法的酷吏，如卫青、霍去病、张汤、杜周、王温舒、赵禹、成宣等被重用了。儒生们的地位明显地下降了，“被历史扫进了无权的角落”④。

《盐铁论·刺复》说：

当公孙弘之时，人主方设谋垂意于四夷，故权谲之谋进，荆楚之士用……杜周、成宣之属，以峻文决理贵，而王温舒之徒以

① 侯外庐等：《中国思想通史》第二卷，北京：人民出版社1992年版，第96、98页。

② 金春峰在《汉代思想史》（中国社会科学出版社1987年版）中讲了这种看法，很有道理，参阅该书第305—308页。

③ 据《史记·酷吏列传》记载，南阳、齐楚、燕赵等地，“大群至数千人，擅自号，攻城邑，取库兵，释死罪，缚辱郡太守、都尉，杀二千万，为檄告县趣具食，小群以百数，掠卤乡里者，不可胜数也”。北京：中华书局1982年版，第3151页。

④ 金春峰：《汉代思想史》，北京：中国社会科学出版社1987年版，第307页。

鹰隼击杀显。其欲据仁义又以道事君者寡，偷合取容者众。

这说明形势的变化也引起了统治思想的变化。在这样的形势下，董仲舒不被重用是很自然的。

汉武帝虽然没有任命董仲舒当大官，但他一直很重视董仲舒的意见。“仲舒在家，朝廷如有大议，使使者及廷尉张汤就其家而问。”特别是，当连续三十多年的战争使人民痛苦万分，社会矛盾空前激化的时候，汉武帝力挽狂澜，否定了桑弘羊等人继续进行战争的主张，虽然不能说及时，但总算改变了政策，停止了大规模战争，这就是武帝晚年的轮台“哀痛之诏”。诏曰：

今请远田轮台，欲起亭隧，是扰劳天下，非所以优民也。今朕不忍闻！……当今务在禁苛暴，止擅赋，力本农，修马复令以补缺，毋乏武备而已。①

武帝从此不再出兵，并封丞相田千秋为富民侯，表明了休养生息的决心。轮台罪己诏颁布于征和四年，也就是汉武帝死前二年，但改变政策的想法他在几年前就有了。《资治通鉴》在记载征和二年事迹时，有一段追述武帝对大将军卫青所说的话：

汉家庶事草创，加四夷侵陵中国，朕不变更制度，后世无法；不出师征伐，天下不安，如此者不得不劳民。若后世又如朕

① [汉]班固：《汉书》卷九六《西域传下》，北京：中华书局1962年版，第3913—3914页。

所为，是袭亡秦之迹也。①

战争是要打的，不然遭受匈奴人的侵扰，天下不安，但也不能老是打下去，不然，继续劳苦百姓，激化矛盾，会重蹈秦朝速亡的覆辙。而在这以前，在战争正在进行的时候，董仲舒就曾给他指出过秦的社会问题也都存在于汉代，提醒他注意亡秦之迹。②

武帝不断征求董仲舒意见的原因之一，与汉初以来的政治家、思想家对亡秦之鉴的共识有关。无论是出于“内多欲而外施仁义”的需要也好，还是晚年下决心真正实行仁义也好，武帝都有知道董仲舒意见的必要。在一定意义上，可以说西汉统治者把儒学家说确定为统治思想是从秦朝速亡的历史教训中引申出来的。武帝之所以重视董仲舒的意见，还与董仲舒的“更化”思想有关系。更化，那就是说，政策应当随时宜而变易。在这一点上，儒家要比法家灵活多了。武帝把国家转入战争轨道是更化，他要停止战争，缓和矛盾，也是更化。据《汉书・食货志》记载，在武帝“外事四夷，内兴功利”的过程中，董仲舒至少有两次试图说服武帝改变政策：一次是建议武帝“幸诏大司农，使关中民益种宿麦，令毋后时”；另一次，就是指出“亡秦之迹”后建议：

① ［宋］司马光：《资治通鉴》卷二二《汉纪十四》，北京：中华书局1956年版，第726页。

② 董仲舒说上曰：“（秦）用商之法，改帝王之制，除井田，民得卖买，富者田连仟伯，贫者亡立锥之地。又颛川泽之利，管山林之饶，荒淫越制，逾侈以相高；邑有人君之尊，里有公侯之富，小民安得不困？又加月为更卒，已，复为正一岁，屯戍一岁，力役三十倍于古；田租口赋，盐铁之利，二十倍于古。或耕豪民之田，见税什五，故贫民常衣牛马之衣，而食犬彘之食。重以贪暴之吏，刑戮妄加，民愁亡聊，亡逃山林，转为盗贼，赭衣半道，断狱岁以千万数。汉兴，循而未改。”（《汉书・食货志上》，北京：中华书局1962年版，第1137页）

> 限民名田，以澹不足，塞并兼之路。盐铁皆归于民。去奴婢，除专杀之威。薄赋敛，省徭役，以宽民力。然后可善治也。

《汉书·食货志》没有记载武帝对这两条建议的态度，而是接着说：

> 仲舒死后，功费愈甚，天下虚耗，人复相食。武帝末年。悔征伐之事……下诏曰："方今之务，在于力农。"

这里也没有直接讲在武帝改变政策的过程中董仲舒有什么影响，但我们可以从中看到他的某种影响。

武帝下罪己诏的时候，董仲舒已经死了十五年了。① 他们同是那个时代的伟人，他们都曾抱着建立强大国家的强烈愿望又对亡秦之鉴有高度警惕。董仲舒的对策曾经那么及时地满足武帝，满足那个时代的需要。武帝在决定下罪己诏的过程中，不会不想到董仲舒吧？②

（原载《河北大学学报》1993 年第 3 期）

---

① 董仲舒生卒年代说法不一，一般认为他生于公元前 191 年，卒于公元前 104 年前，公元前 104 年距公元前 89 年武帝下罪己诏是 15 年。

② 下面的例子说明武帝后来在关键的时候常常想起董仲舒。建元六年，董仲舒曾以辽东高庙火灾比附，上书要求打击那些不服从中央的诸侯王，武帝没有采纳。元朔六年，淮南王等谋反，武帝想起了"仲舒前言"，叹服其正确，于是派"仲舒弟子吕步舒持斧钺治淮南狱"。(《汉书·五行志》，北京：中华书局 1962 年版，第 1333 页)

“巫蛊之祸”究竟是怎么回事

发生在汉武帝晚年的巫蛊事件，不仅在汉代，而且在中国历史上都以错综复杂、扑朔迷离著称。头绪繁乱，牵扯的人多，杀死的人也多，皇都内外，朝野上下，阴谋诡计连环，女巫方士猖獗。多层次的交叉，多过程的交叉，皇帝皇后太子，丞相大臣郎官，很多人很多事都搅在一起了，连雄才大略的汉武帝也都被搞得近乎疯狂。由于事件本身复杂，不少人读一两遍还弄不清脉络。这里根据《汉书》《资治通鉴》等有关史料做一梳理，用通俗的语言加以叙述，以帮助读者弄清“巫蛊之祸”究竟是怎么回事。

一

公元前92年，征和元年。年号改为征和，意思是经过长期征战，达到了天下和平。

这一年的秋天，武帝在建章宫，忽见一男子带剑入中龙华门。他觉得来者不善，急命左右追捕，男子仓皇逃走。武帝又命令对整个皇宫进行仔细搜查，但仍不见踪影。

到底有没有人来行刺，于史无证。今天看来，此事很可能是武帝产生了错觉，他上了年纪，又纵欲过度，有时精神恍惚，把疑心刺客当成眼睛看到了刺客。但不管真的有没有刺客，他是皇帝，他说有，下面的人不能说没有。皇宫里没有搜到，他又命令三辅骑兵对上林苑大搜捕，还下令关闭长安所有的城门，逐家逐户搜查。折腾了十多天，搅得整个京城不得安宁，结果还是没有搜到，最后斩了宫门守卫官了事。

《汉书·武帝纪》和《资治通鉴》卷二二在叙述上述事件后，分别以“巫蛊起”和“巫蛊始起”作为段落的结束。这种叙述方法意味着，班固和司马光都认为发生在征和元年的上述搜捕刺客事件，是巫蛊之祸的序幕。巫蛊是能用咒语或祭祀的方法与鬼神沟通的女法师。蛊，从字义上讲，是一种神秘的毒虫，进入人体后，无法医治，人即痛苦而死。但这里讲的“巫蛊之祸”是指女巫用念咒语的方法使鬼神降祸于他人，由于当时十分迷信，巫蛊就成了人们互相攻击，致对方于死命的重要方式。但这里的致对方于死命，也不是女巫能咒死对方，而是告发使用巫术的人，特别是告发他诅咒皇帝，从而把他致于死命。敢于诅咒皇帝的人，不但本人必死，还要灭族。

陈皇后利用巫婆诅咒卫子夫的事件败露以后，武帝曾下令禁止巫蛊。但由于武帝本人也十分迷信，无休止地祭天祭地求神仙，巫蛊之风不仅没有制止住，反而越来越风行起来。到征和元年，武帝已经六十多岁了，几十年想成仙而未能，想长生不老而越来越年老体衰；加以骄奢淫逸，美女如云，长年累月，多么强壮的身体多么好的营养也经不起消耗，以致精力不济，神情游移，捕风捉影，把错觉当成事实，胡乱搜捕又胡乱杀人。

搜捕刺客事件结束后，武帝内心产生了很多疑惑：明明有刺客怎么会没有呢？是鬼神？是有人把刺客藏起来了？宫廷里有人在背后搞鬼？……武帝想着想着，脊背上常常渗出冷汗来。有时，他想到自己宏大的气魄和无与伦比的功业，又觉得自己的疑神疑鬼很可笑。可是，他总也摆脱不了那些疑惑。

此后，爆发了一连串的巫蛊案件，这些案件，都与武帝的疑忌心态和迷信鬼神直接相关。

这一年的年底，巫蛊之事牵连到了在任丞相公孙贺。

公孙贺的夫人是皇后卫子夫的姐姐君孺，所以公孙贺也是一位显赫的外戚，儿子公孙敬声年纪轻轻的就当上了太仆，父子并居公卿之位。

这个公孙敬声，依仗自己是皇后的外甥，丞相的儿子，又是中央九卿之一，就十分骄横，不奉公守法，生活上奢侈荒淫，曾擅自动用北军军费1900万钱。

这时，政府正在紧急通缉阳陵大侠朱安世，但一直没有进展，连线索都没有找到。公孙贺向汉武帝提出用抓到朱安世来交换儿子性命，武帝同意。公孙贺手下人马众多，他组织精干人员，严令他们四处查访，尽快抓住朱安世。朱安世果然很快被抓到了，公孙贺命令把他投入监狱，他笑着说：“丞相抓到了我，他也就大祸临头了。我要状告丞相家人的犯罪事实，南山之竹，也难以书写完毕。”

朱安世进监狱的第二天，就上书武帝，告发公孙贺的儿子公孙敬声和武帝女儿阳石公主私通，还指使巫人在祭祠中诅咒当今皇上，并在通往甘泉宫的驰道两旁埋了小木人，咒语十分恶毒，也是针对皇上的。

武帝从陈皇后指使女巫诅咒卫子夫以来，一直十分痛恨巫术，由于他对鬼神的迷信，这种痛恨中还包含着某种恐惧的成分。特别是秋天搜捕刺客事件后，他事事疑神疑鬼。所以当他看了朱安世的上书后，气得浑身发抖，立即派人查明了公孙贺一家与巫蛊的联系，于征和二年(前91年)正月逮捕了公孙贺。公孙贺父子很快在狱中被处决，整个公孙家族也全部被杀死。

丞相一家灭族，震动了整个京师。武帝任命中山靖王刘胜的儿子、郡太守刘屈氂为丞相。

四月，狂风卷着黄沙，横扫长安，很多房屋被刮倒，树木被折断。当时，人们相信天人感应，总感到要有什么灾难降临人间。果然，闰五月，诸邑公主、阳石公主和卫青的儿子卫伉，都牵连到巫蛊案件中，全部被杀。诸邑公主和阳石公主是武帝的亲生女儿，卫伉继承了父亲卫青的封爵，三人的身份都够尊贵的。他们和巫蛊案件是怎样牵连的，史无记载，只知道阳石公主和公孙敬声有不正当男女关系。这给后来研究此案留下了很多余地。有些著作说这是武帝废长立幼的步骤，这个问题我们将在下面讲到。但有一点可以肯定，即武帝的迷信和他晚年的多疑是其中的重要因素。

二

在公孙贺被杀的前三年，太始三年（前 94 年），武帝晚年新宠幸的赵婕妤生刘弗陵。赵婕妤是河间人，有倾国倾城之色，奇特是的她的两拳生来就是握着的，不能张开，武帝拿起她的手，想掰开，那手立即就伸直了，所以人称赵婕妤为拳夫人。拳夫人住在钩弋宫，所以又称她为钩弋夫人。据说，钩弋夫人怀孕十四个月生下刘弗陵，武帝听说帝尧也是母亲怀孕十四个月生下来的，所以对刘弗陵的降生欣喜异常，常常夸耀刘弗陵长得像自己，又把钩弋宫的大门命名为“尧母门”。

据此，班固认为武帝产生了废长立幼的思想，也就是废掉卫皇后生的早已立为太子的刘据，立刚刚生下来的刘弗陵。这种观点，可以说在很大程度上是从后来刘据死于巫蛊之祸，武帝又立刘弗陵这样的实际结果中推演出来的。按照这种反向推演，自然可以把巫蛊之祸看成是武帝易嗣的步骤，但从武帝时期的政策演变和历史发展进程来看，这种看法就有很多地方不符合历史事实，结论是片面的。

刘据的太子之位是元狩元年(前 122 年)确定的,他生于元朔元年(前 128 年),到征和元年,已经 37 岁了。37 岁的年龄,在正常情况下,不仅具备了管理国家、处理军国大事的能力,而且他的性格特点也已经定型。在他 37 年的人生旅途中,他的父亲刘彻忙于建功立业,“内兴功利,外事四夷”,对他的直接教育比较少;对他影响最大的是武帝举贤良对策以后提拔上来的儒生,所以他养成了温和、敦厚、仁慈、好静的性格,有点类似他的曾祖父汉文帝刘恒。在很长一段时间里,武帝认为他不够刚毅武猛,缺乏魄力,“不类己”,希望有“类己”的皇子出生。若干年后,刘据的母亲卫皇后逐渐色衰,武帝所幸王夫人生子刘闳,李姬生子刘旦、刘胥,李夫人生子刘髆。在这种情况下,卫皇后和刘据产生了不安全感,怕将来有那么一天,武帝一道命令下来,废长立幼,他们母子就会跌入深渊。

敏感的汉武帝觉察到了这一点,对大将军卫青说:“汉家庶事草创,加四夷侵陵中国,朕不变更制度,后世无法;不出师征伐,天下不安;为此者不得为不劳民,若后世又如朕所为,是袭亡秦之迹也。太子敦重好静,必能安天下,不使朕忧。欲求守文之主,安有贤于太子者乎?闻皇后与太子有不安之意,岂有之邪?可以意晓之。”

武帝有没有过废长立幼的想法呢?应当说有过。他要变更制度,要出师征伐,要为此劳民,“敦重好静”的太子能协助他完成如此艰巨的使命、守住他创立的功业吗?所以他产生易嗣的想法是很自然的。

但是,武帝对卫青说这段话的目的,显然不在于讲废长立幼,而是在强调刘据仍然是皇位的继承人。后宫议论皇位继承问题,往往把它和后妃的争宠联系在一起;皇帝的视野要开阔一些,他要看继承人是不是“类己”,能否把皇位传下去。武帝对卫青讲上述那段话时,他的“内兴功利,外事四夷”的政策已经实行了近 30 年,这种政策在取得成功的同时,弊病也越来越明显了,董仲舒、徐乐、严安等人也都向武帝指出过这些弊病，武帝自己也清楚地意识到了这些弊病。这时候，武帝在考虑皇位继承人时，已经不再是“类己”不“类己”的问题，而是把它和国家总政策、形势发展的总趋势联系在一起了，他的考虑超过了当时一般人所能达到的高度。

汉武帝雄才大略，他即位后，随着时间的推移，逐渐对国家政策有了一个全盘的考虑。“朕不变更制度，后世无法；不出师征伐，天下不安”，于是“内兴功利，外事四夷”，通过尊儒、改制、用法，建立了一套适合中国封建社会的上层建筑；又倾全国之财力人力物力，北击匈奴，安定大一统的封建大帝国的边境。他知道要达到这样的目的，必须“劳民”，而长期劳民，又会出现“亡秦之迹”，他又必须适可而止，以免重蹈秦王朝的覆辙。所以转变“内兴功利，外事四夷”的总政策，是武帝早已考虑到了的。武帝对卫青说的那段话不晚于元封五年（前 106 年），因为卫青死于那一年。那就是说，他至少在巫蛊之祸十几年前就想到了必须转变政策。

从兴利、开边的角度讲，武帝认为刘据“不类已”，但从转变政策的角度讲，“太子敦重好静”，“性仁恕温谨”，正是武帝所希望的“守文之主”。“欲求守文之主，安有贤于太子者乎？”只有这样的“守文之主”，才“不使朕忧”，武帝才对国家的未来放心。武帝经过反复考虑，仍然决定把皇位传给刘据，完全合乎逻辑。

武帝在位期间，其政策有三次重大转变。第一次是登基后举贤良对策，尊崇儒家，反对黄老。第二次是元光二年（前 133 年）开始大规模用兵，把国家转入战争轨道，重用军事家和酷吏，儒家地位下降。第三次是我们后面将要说到的下轮台诏书，由“劳民”转变为休养生息。在第三次政策转变中爆发了巫蛊之祸，使他把皇位传给“守文之主”刘据的计划落空了，他只好以病老之躯，力挽危局，亲自实现了既定的政策转变。

关于第三次政策转变，武帝在征和元年还有一次明显的表示。

这一年的三月，赵王刘彭祖死，他有一个儿子叫刘淖子。刘淖子的舅父在皇宫当宦官，武帝召见他，问道：“淖子这个人怎么样？”

这位老舅说：“淖子欲望太多。”

武帝说：“欲望太多的人不适合当国君。”

武帝又问刘彭祖的另一位儿子刘昌：“这个人怎么样？”

回答说：“他没有恶名，也没有美名。”

武帝说：“这个人可以。”

于是遣使立刘昌为赵王。

可见，武帝晚年已经十分明确地认为：当诸侯王也好，当皇帝也好，多欲之人是不合适的，应当是平实的人，像刘据、刘昌那样的人。

武帝晚年决心传位给刘据这一点，《资治通鉴》征和二年还有一段记载：

> 太子每谏征伐四夷，上笑曰：“吾当其劳，以逸遗汝，不亦可乎？”上每行幸，常以后事付太子，宫内付皇后；有所平决，还，白其最。上亦无异，有时不省也。上用法严，多任深刻吏；太子宽厚，多所平反，虽得百姓心，而用法大臣皆不悦。皇后恐久获罪，每戒太子，宜留取上意，不应擅有所纵舍。上闻之，是太子而非皇后。群臣宽厚长者皆附太子，而深酷用法者皆毁之；邪臣多党与，故太子誉少而毁多。卫青薨，臣下无复外家为据，竞欲构太子。

在这段记载中，武帝又一次说到了政策转变和传位的关系，重申要传位给刘据；又特别讲到，武帝每次出游，总把身后之事托付给刘据，把宫内之事托付给卫皇后。刘据和卫皇后处理过的事，等武帝回京，把最重要的向他汇报，武帝都没有意见，有时连看都不看一眼，可见武帝对刘据是多么信任。但武帝和刘据秉性不同是一个客观存在，那些“深酷用法者”使劲钻空子，制造了很多不利于刘据的舆论。卫皇后深知这些舆论的厉害，常常告诫刘据要顺从父亲的旨意，不要自作主张。但武帝知道后，认为刘据做得对皇后做得不对。武帝晚年，远居甘泉宫（在今陕西淳化县），信任江充、苏文、常融等人。苏文诬告刘据与宫女乱搞，常融说武帝有病“太子有喜色”，武帝都不为所动。甚至被任命为绣衣使者的江充持节入宫处理巫蛊之事，污蔑刘据以“巫蛊诅咒皇帝”，刘据怒杀江充，武帝得知后，仍然说：“太子必惧，又忿充等，故有此变。”不但不谴责刘据，还为他做解释。这里哪有易嗣的意思呢？这样看来，钩弋夫人怀孕十四个月生刘弗陵后，武帝命名钩弋宫大门为“尧母门”，那不过是武帝老年得子，一时高兴而已，可以肯定他没有下决心以刚刚生下来的刘弗陵代替刘据。武帝作为我国封建社会地主阶级大有作为的政治家，他晚年做出的决定，是以他一生丰富的政治经验为基础的，他不会凭一时的高兴就把早已选定的适合他的总战略思想的刘据废掉而换上一个小娃娃。

三

汉武帝上述这样一个总的思想，也可以从他对“万石君”一家的使用上看出来。

汉景帝时，石奋及其四个儿子（长子石建，次子三子的名字史无记载，四子石庆）都是二千石的大官，加在一起是万石，景帝赐石奋为“万石君”。

“万石君”一家，性情恭顺谨慎，特别在尊君和实行孝道方面，可以说做到了尽善尽美。每逢去参加朝贺之礼，经过皇宫门阙时，他们一律下车趋步行走；遇到皇帝的车驾，一定要凭轼为礼；子孙们回家探望，石奋也穿上朝服，正儿八经地接见他们，子孙们跪拜如仪。

子孙们有了过失，石奋不责备他们，只是不吃饭，等大家都责备犯错的人，让他肉袒请罪，保证改过，族中长老也来担保，他才答应吃饭。子孙们到了成年，即使在他身边休息，也必须把帽子戴上，皇上赐食，把食物送到他家里，他也一定要叩头匍匐而食，像皇帝真的在面前一样。所以，万石君一家的孝顺恭谨之名，远近郡县和诸侯列国，没有不知道的，连齐鲁的儒生也自叹弗如。

建元二年（前 139 年），窦太后打翻了武帝的儒生班子，让石建当郎中令，石庆当内史，是看中了他们恭顺谨慎和胆小怕事的一面。当时年轻气盛、一心想干一番大事业的汉武帝当然是瞧不起他们的。窦太后死后，武帝“内兴功利，外事四夷”的政策很快开足了马力。但武帝并没有撤掉石建石庆，而是把石庆提升为九卿之一的太仆。元狩元年（前 122 年），武帝立刘据为太子，在为太子选老师时，又选上了石庆。石庆给刘据当老师一当就是七年，而且武帝认为石庆这七年干得很好，又把他提升为御史大夫，几年后又提升为丞相，封牧丘侯。石庆很喜欢自己的次子石德，武帝又任命石德当刘据的老师，一直当到被杀死。在下一节我们将看到，正是这个石德，在刘据遭江充诬陷，有口难辩，走投无路的情况下，给刘据出了假借武帝名义的主意，杀死阴谋家江充。《史记》《汉书》都说，石庆当丞相时，他的子孙们“为吏至二千石者十三人”。整个武帝时期，还有哪一家人有那么多必须经过皇帝亲自任命的二千石大官呢？这一切难道是偶然的吗？

武帝大力推行“内兴功利，外事四夷”政策，是有其历史根据的，也取得了很大的成功。但整个汉代的舆论，都没有离开过“亡秦之迹”。西汉初年不用说了，武帝时，董仲舒、司马迁、主父偃、徐乐等，都在总结秦朝速亡的历史教训方面做过很多工作，建议武帝改变“内兴功利，外事四夷”政策。这不能不对熟悉历史又对现实十分敏感的汉武帝产生影响。东汉思想家王充用了很大的精力研究这个问题,《论衡》的一个重要议论中心,就是“过秦宣汉”。在这样的历史条件下,当“内兴功利,外事四夷”政策的负面效应暴露出来后,当汉武帝开始反思过去的时候,他的思想很快就在用人政策上反映出来了。他年轻气盛的时候瞧不起石庆等人是自然的,他后来重用石庆,让石庆父子当刘据的老师更是可以理解的。显然,刘据的“敦重好静”的性格,与石庆父子长时间当他的老师有一定关系。我们把这一切联系起来看,可以加深对汉武帝这个历史人物的理解,加深对巫蛊之祸的理解。

四

发生在武帝晚年的巫蛊之祸十分复杂。按照《汉书》“巫蛊之祸起自朱安世,成于江充”的说法,丞相公孙贺、诸邑公主、阳石公主、卫伉的被杀,只不过是这场大祸的开始。事实上也是这样。那以后,江充一伙策划了利用巫蛊除掉太子刘据的大阴谋,使巫蛊之祸迅速蔓延扩大,把整个长安城都搞得疯狂起来,酿成了一场大屠杀。

江充原名江齐,赵国邯郸人,为人狡猾,善于钻营,外表魁伟而内心阴暗,为了达到自己的目的,常常不择手段。

江齐为了达到向上爬的目的,他把自己善于弹琴又能歌善舞的妹妹嫁给赵国太子刘丹,他由此被赵王刘彭祖敬为上宾。但时间久了,他想当大官的野心得不到满足,便与太子丹产生了矛盾。他对赵王说刘丹与姐妹有奸,刘丹得知后派人逮捕他,他逃走了,刘丹杀了他的父亲和哥哥。

江齐逃离赵国,西行入关,改名江充,来到长安,上书武帝状告刘丹奸乱。武帝怒,派兵围赵王宫,刘丹被捕入狱。武帝又召见了江充,见他容貌壮伟,仪表堂堂,满心欢喜,说:“燕赵果然多奇士。”拜为绣衣直指,督察三辅及贵戚近臣。

江充绞尽脑汁揣摩和猜测武帝的心思。当时贵戚近臣多奢靡，江充奏请不法贵戚充戍北边。贵戚子弟都找到武帝叩头哀求，表示愿意入钱赎罪，武帝同意。《汉书》说，仅此一项，政府就得钱数千万。武帝由此更加信任江充。

有一次，长公主刘嫖坐车在驰道上行驶，江充看到了，大声责问刘嫖，刘嫖说："我有太后诏书。"江充查看了太后诏书，说："公主一人可走驰道，随从者不行。"遂将公主随从车马没收。

又一次，江充随武帝去甘泉宫，遇上刘据派往甘泉宫问候武帝的人也坐车行驶在驰道上，他立即命令扣留刘据的使者。刘据听说后慌忙派人向他承认错误，说希望不要让皇上知道这件事，请饶了这一回。江充不理会刘据的请求，把此事报告了武帝。武帝认为他做得对，并提拔他担任水衡都尉。江充从此威震京师。

从征和元年开始，武帝身体大不如前。前面讲过的搜查刺客事件和公孙贺父子、两位公主因与巫蛊有牵连被诛杀，使武帝越来越心神不安。武帝虽然痛恨巫蛊，但他迷信神鬼，相信方士，所以女巫活动不但不能禁止，到后来更加猖獗起来。他们和方士一起，聚集京师，出入宫廷，教唆嫔妃，传播妖言，蛊惑人心。后宫之人为求福避灾，忌妒争宠，纷纷埋木头人诅咒对方，或互相告发对方诅咒皇帝。这种恶毒手段十分有效，被指为诅咒皇帝的人当然要处死。一时间，长安内外，道旁室内，遍生巫蛊，死者甚多。后宫和被牵连的官员，每次都处死好几百人。长安城陷入一片恐怖之中。

武帝年老多病，精神恍惚，疑神疑鬼，睡觉时常常被噩梦惊醒。《资治通鉴》载，一次武帝午睡，梦见数千个小木人持杖向自己打来。显然，梦中的小木人与现实埋小木人有关，他认为有很多人用埋木人的办法诅咒他，才有此梦。

已与刘据结下仇恨的江充，看到武帝身体一天不如一天，一旦驾崩，刘据即位，他江充怎么办？他越想越害怕，于是下决心利用巫蛊除掉刘据。

江充实现自己阴谋的第一步，是造谣生事。一次，刘据去拜见皇后，在后宫待的时间长了一些。江充就指使他的心腹苏文向武帝报告说："太子在后宫调戏宫女。"武帝没说什么。后来卫皇后知道了这件事，叫刘据去向武帝澄清一下。刘据说："只要自己没错，何必怕他们？皇上那么聪明，他不会相信奸臣的。"

还有一次，武帝身体不适召见刘据。江充的另一个心腹常融向武帝报告说："太子听说皇上病了，脸上喜洋洋的。"随后刘据进来，武帝见他脸上还留着泪痕，又做出笑脸来问候武帝。武帝看出太子的真心，知道常融在捣鬼，就把常融杀掉了。

武帝晚年多住甘泉宫，与卫皇后和太子刘据很少见面，而江充倒是常随左右，这又是一个可以利用的条件。江充看到长安城的巫蛊之风越刮越盛，就对武帝说："陛下的病，恐怕是巫蛊引起的。"武帝认为江充说得对，立即派他查办巫蛊案件。

把刘据搞掉的机会到来了。一不做二不休，江充的下一步就是挖木头人。他派了很多心腹，到处挖洞，逮捕埋木人的嫌疑分子包括夜间祭祀者等。他们想逮捕谁，就预先把木头人埋在谁家附近进行陷害。又施以酷刑，用烧红了的铁器烙人，强迫人们招认和互相告发，在短时间内，以"诅咒皇帝"罪名处死的就有好几万人。

江充还有一个心腹叫檀何，说自己能"望气"。他对武帝说："我看皇宫里的鬼气很重，那里面肯定埋了不少木头人。若不把那些木头人挖出来，陛下的病好不了。"于是，武帝又命令江充带领苏文、檀何等人到宫里去挖木头人。他们先从皇帝很少见到的宫女的住房开始，直到卫子夫的皇后宫和刘据的太子宫，每寸土地都挖遍，到处都堆着泥土，连放张床的地方都没有。江充宣扬说，太子宫里挖出来的木头人最多，应当立即上奏皇上。这其实是无中生有，天大的冤枉，木头人是江充等人预先准备好，挖地时趁人不注意放进去的。

但刘据着慌了，他明知道是江充在陷害他，却又无法说清楚。他找到老师石德商量办法。石德说：“公孙宰相和公主就是这样被他们害死的，现在他们又这样干，是栽赃还是真的，你根本无法解释清楚。我建议先把江充囚禁起来，追查他们的罪行。皇上住在甘泉宫，离得远，没有别的办法。奸臣们猖狂到这种地步，难道你没有想到秦始皇之子扶苏之事（指始皇遗诏公子扶苏继位，赵高等矫诏，改成赐扶苏死，立胡亥继位）？”

刘据吃惊地说：“我这个当儿子的怎么敢擅自诛杀皇上委派的大臣？不如我亲自去甘泉宫晋见皇上，也许能够摆脱灾难。”

但这时江充已派人到甘泉宫，刘据去报告的车马又被江充的人拦截了。刘据陷入绝境，只好采纳石德的建议，派人装扮成皇帝的使者，逮捕了江充等人。江充的另一个亲信韩说拒捕，当即被杀死。刘据见到被捕的江充，骂道：“你这个奸贼，你祸害了赵国，还要祸害我们父子吗？”说着，一声令下，武士们砍下了江充的脑袋。那个说自己会“望气”的檀何被拖到上林苑，活活烧死。

刘据为了预防江充的心腹们反扑，连夜派人把事情通报了卫皇后，又打开兵器库，分发兵器，调集军队，把守宫门。可是，苏文已到甘泉宫报告说太子起兵造反。武帝不相信，说：“那一定是太害怕了，他恨江充，所以出了事。我把他召来问问。”于是派使者去召刘据来见。使者到达长安，见有人从城里逃出来，就不敢进城了，回来报告说：“太子已经造反了，他们要杀我，我逃回来了。”

武帝这才相信太子已反，下诏命丞相刘屈氂领兵捉拿刘据。刘屈氂把京师将士召集起来，进攻太子，双方在长安城里混战了四五天，死伤了几万人。很多大臣知道刘屈氂有皇帝的诏书，倒向了丞相这一边。刘据看到大势已去，便带着两个儿子直奔南门而逃。

五

汉长安城的南门叫作覆盎门，守卫覆盎门的是司直田仁。田仁认为刘据是武帝的亲儿子，就打开城门让他逃走了。

丞相刘屈氂领兵赶到覆盎门，要杀田仁。御史大夫暴胜之说："司直是二千石高级官员，应当先奏请皇上再杀。"武帝得知大怒，派人责问暴胜之，暴胜之自杀，田仁则被腰斩。

接着武帝又派人收了卫皇后的印。卫皇后想起自己一生的遭遇，大哭一场。边哭边向侍奉自己多年的宫女们说："说什么生女当如卫子夫，还不如当个歌女，还不如做个平民百姓的妻子。"说完上吊自杀。

对于太子的门客，武帝下令：凡是出入过宫门的一律处死；跟随太子作战的，一律灭族；因种种原因被迫参加到太子一边的，全家放逐敦煌。

整个长安城疯狂了。武帝怒气冲天，几昼夜不吃不睡，他几乎丧失了理智，无法使自己平静下来。大臣们则十分恐惧，不知道怎么办才好，不敢进谏。长安街上，血迹斑斑，来不及清理的尸体已经散发出奇臭。市民们战战兢兢地躲在家里不敢出门，昔日繁华的都城笼罩在一派恐怖的气氛之中。

正在这时候，壶关三老令狐茂上书汉武帝，说："臣听说父母有如天地，儿子好比天地间的万物，天地平安，万物才能茂盛，父慈母爱，儿子才会孝顺。当今皇太子是汉朝皇位的合法继承者，将要继承万世基业，担当起祖列宗传下来的重任。从亲缘关系上讲，太子又是皇帝的嫡长子。而江充不过是一个普通百姓，一个乡村出身的贱民，陛下重用他，他衔至尊之命迫害太子，把自己的奸诈掩盖起来，又指使他的死党胡作非为，阻隔亲戚之路，使太子进不能见到皇上，退则困于乱臣，他的冤屈无处告，不忍忿忿之心，才杀死江充。至于子盗父兵，那不过是救难自保罢了。臣窃以为太子无谋反之心……陛下没有把事情搞清楚，就深过太子，发盛怒，发兵围剿，还派三公亲自指挥，致使知者不敢言，辩士不敢说，臣甚为悲痛！希望陛下宽心慰意，不要苛求亲人，不必为太子的错误担心，更不要再对太子用兵，迫使他在外面长期流亡。臣不胜惓惓，待罪建章宫下，昧死上闻。”

看了令狐茂的上书后，武帝有所感悟，但没有下令赦免太子。

刘据一行逃出长安城后东行，来到湖县（河南灵宝县境），藏在泉鸠里的一个贫穷人家。主人督促全家昼夜织履，卖钱供给他们几个人的生活费用。刘据觉得很难为情，想起还有一个老友住在湖县，家道殷富，于是写信求助，不料这一动作走漏风声，新安县令李寿带领差役，迅速包围了泉鸠里。刘据见无路可走，便闭门自缢而死，两个儿子和房东主人拒捕被杀。

李寿派人飞马报功。武帝得知太子刘据自缢的消息，开始清醒起来，他开始调查巫蛊之祸究竟是怎么回事。调查的结果证明：太子宫根本没有埋过木头人，太子根本没有谋反之心，这场大祸完全出自江充一伙的阴谋！

这时候，高寝郎、田千秋也上书为太子申冤，说：“子弄父兵，罪当鞭笞，天子之子杀错了人有什么罪呢？这是我梦中一位白发老人告诉我的话。”武帝立即召见田千秋。田千秋身高八尺，相貌堂堂，说到太子之死，声泪俱下，武帝也为之动容，说：“父子间的事，别人难以说话，惟独你说得这样清楚。这是高庙有灵，先生应当担任我的辅佐大臣。”遂拜田千秋为九卿之一的大鸿胪，并下令诛灭江充全家，把苏文绑在渭桥上烧死。那些到湖县追捕太子的也被杀死。

武帝失去了太子刘据，十分懊悔，越想越难过，就在湖县修建了一座宫殿，叫作“思子宫”，又高筑“归来望思之台”，以寄托他对太子刘据的思念。这时候，他已经是68岁高龄了。

汉武帝虽然在元封五年（前106年）以前已经明确了要转变政策，把“内兴功利，外事四夷”的多欲政治转变为与民休息，但由于他把转变政策的希望寄托在刘据身上，他自己还是要继续征伐和大兴功利，所以他的多欲政治的弊端越来越明显。特别是连年战争再加上不断发生天灾，广大农民无法生活，到公元前100年前后，社会矛盾尖锐到一触即发的程度，已经有不少地方爆发了农民起义。武帝派兵镇压，无济于事，制定“沉命法”，处斩镇压不力的地方官，也不解决问题。他感到问题严重了，开始想：是不是等将来由刘据再改变政策的打算行不通了？如此劳民，天下愁苦，这不是在重蹈秦始皇父子的覆辙吗？

再没有比江充一伙利用巫蛊谋害刘据对武帝的思想震动更大的了。巫蛊之祸夺去了他的亲生儿子、他最合适的继承人，把长安城搞乱了，把国家搞乱了，几乎把他汉武帝搞得疯狂起来。他平静下来后，开始回顾他登基以来的漫长岁月。为了大汉帝国的强盛，他南征北战，开拓疆土，兴建太学，制定制度，鼓励名家写出漂亮文章，选拔的人才灿若群星。

可是，他汉武帝也做了许多荒唐事，使百姓愁苦的事，对国家对社稷不利的事，让天下耻笑的事。他羡慕秦始皇的气魄，可他必须避免秦始皇的结局。他认定自己一定要改变政策，只有改变政策，才能避免秦始皇的结局。原计划由刘据来做的事，只有自己来做了。

六

汉武帝改变政策，关键的一年是征和四年（前89年）。这一年的三月，武帝躬耕巨定（今山东广饶），公开承认自己做了很多糊涂荒谬之事，他说：“我即位以来的所作所为，很多事情都是荒谬狂妄的，使天下百姓受苦受难。后悔已经来不及了，从今天起，凡是伤害百姓、浪费国家财物的活动，一律停止！”

大鸿胪田千秋抓住时机对武帝说：“那些方士们老是谈论神仙，可是从来没有一点效果。他们根本没有用，请陛下一齐罢黜，让他们回家去。”武帝同意，并立即下令遣散全部方士。

六月，以主张改变政策的田千秋为丞相，封富民侯。同月，针对搜粟都尉桑弘羊的建议，下轮台诏书。桑弘羊的建议说：“轮台（今新疆轮台）以东有五千多顷土地可以耕种，请陛下派军队到那里去屯田，然后招募百姓去那里开荒。这样，那一带不仅可以种五谷，还可以帮助乌孙（今新疆伊宁）。”

武帝的轮台诏书说：“前些时候有人要求每人加税30钱，作为加强边防的费用，这是增加老百姓的负担。而今又有人要求派遣军队到轮台去屯田。我以为不可。轮台在车师（今吐鲁番）以西1000多里，以前去攻打车师，虽然获得了胜利，但因路途遥远，粮秣不继，沿途死了几千人，何况轮台远在车师以西呢。由于我的失误，曾屡次派李广利去攻打匈奴，结果士兵死伤很多，我至今还感到痛心。现在又要求派兵到遥远的轮台屯田垦荒，这不是扰乱天下，使百姓陷于愁苦吗？我不忍心听到这些话。当务之急是：严禁苛暴，停止擅自征收赋税，提倡农业生产，鼓励养马，恢复马复令（以养马免除赋役）。只要国家不缺乏费用，军队能维持边防就行了。”

轮台诏书是武帝政策转变的标志，说明他改变了过去几十年“内兴功利，外事四夷”的多欲政治，重新确立了与民休息的大政方针。

与此同时，武帝又任命有名的农业专家赵过当搜粟都尉。赵过推广“代田法”和新式农具。按照“代田法”，以宽一步、长百步的一亩为例，纵向开三条沟堆三条垄，沟、垄各宽一尺，种子播于沟中，苗长高时，分几次用垄上的土培根部，作物能耐风旱。第二年，沟、垄调换位置，以调节地力。这是一种适应西北地区自然条件的比较科学的轮耕法。据史书记载，代田法用二牛三人耕作，每年可种地五顷，每亩产量可增加到一石以上。赵过推广的耧播技术，每天能播一顷。这种耧有三个铁制的耧足，一牛在前面拉耧，一人在后面扶耧，是一种很先进的农具。

赵过又把这些先进的农业技术，用行政手段推广开去。《汉书・食货志》说，当时的郡国守相，命令县令和乡三老力田，都必须接受农业新技术和新式农具的培训，培训后再去督导农民用新技术新农具进行生产。广大农村的实权人物带头这么干，自然会取得很好的效果。

武帝的新政策受到普遍欢迎，新的耕作方法用力小收获多，农村状况很快有了好转。

武帝末年，各种矛盾搅在一起，爆发了巫蛊之祸。轮台诏书的发布和贯彻，使矛盾得到缓和，社会经济得到恢复和发展，迎来了汉昭帝和汉宣帝时期的"昭宣中兴"。巫蛊之祸是一场大祸，是一场大悲剧，悲剧过去，西汉社会又出现了几十年的安定和繁荣。

刘秀的改革与东汉帝国的复兴

一、刘秀的政治改革

公元 25 年，刘秀在大地主的支持下，在农民起义的战火中称帝，建立了东汉政权。此后，他开始进行统一中国的战争：镇压农民军，扫荡地方割据势力。到公元 36 年，全国基本上达到统一。

由于长期战乱，到东汉初年，社会经济遭到严重破坏，田园荒芜，人口锐减。《后汉书·光武帝纪》说："王莽末，天下旱蝗，黄金一斤易粟一斛。至是野谷旅生。麻菽尤盛，野蚕成茧，被于山阜，人收其利焉。"《后汉书·郡国志》说："至光武中兴，百姓虚耗，十有二存。中元二年(57 年)，民户四百二十七万千六百三十四，口二千一百万七千八百二十。"比西汉末"民户千二百二十三万三千六十二，口五千九百五十九万四千九百七十八"少多了。[1] 加以王莽改制造成制度上的极端混乱及西汉末年以来社会风气的败坏，新建的东汉政权，必须实行一系列的改革才能摆脱困境，稳定政局，达到长治久安。

---

① [汉]班固：《汉书》卷二八《地理志》，北京：中华书局 1962 年版，第 1640 页。

刘秀东汉初年在政治方面的改革，主要有以下几点。

(一)“退功臣而进文吏”

建武十三年(37年)四月，刘秀“大飨将士，班劳策勋。功臣增邑更封，凡三百六十五人”①。这三百六十五人都封为列侯，给予崇高的地位和优厚的物质待遇。刘秀与这些功臣关系十分密切。比如，马武“为人嗜酒……时醉在御前面折同列，言其短长，无所避忌。帝故纵之，以为笑乐”。刘秀对其他大臣也是如此：“帝虽制御功臣，而每能回容，宥其小失。远方贡珍甘，必先遍赐列侯，而太官无余。”②甚至有的功臣死了，他还亲自去吊唁。

虽然如此，但刘秀还是果断地解除了他们的实权。除了高密侯邓禹、固始侯李通、胶东侯贾复参与军国大事外，其余绝大多数人只是“以列侯奉朝请”，即参加无实际内容的朝会活动。这些列侯的封邑也比西汉少多了，最大的只有四个县，小的只有几百户。

刘秀这样做，显然是吸收了西汉时期的历史教训。西汉初年，刘邦大封功臣为诸侯王，不久，这些诸侯王的势力威胁到皇权，刘邦一个一个地翦灭了他们。刘邦消灭了异姓王后又大封同姓王，这些同姓王又构成对中央的威胁，后来经景武削藩，才算解决了问题。刘秀在建立和巩固东汉政权的过程中，妥善处理开国功臣的问题，给他们优厚的礼遇而解除他们的实权，应当说是很高明的。事实上，这对于那些戎马出身、不守法纪，又不懂得如何管理国家的功臣来说，也起到了避免野心膨胀，而“完其封禄”，“以功名延庆于后”③的作用。

---

① [南朝宋]范晔：《后汉书》卷一《光武帝纪》，北京：中华书局1965年版，第62页。

② [南朝宋]范晔：《后汉书》卷二二《朱景王杜马刘傅坚马列传》，北京：中华书局1965年版，第785页。

③ [南朝宋]范晔：《后汉书》卷二二《朱景王杜马刘傅坚马列传》，北京：中华书局1965年版，第787页。

刘秀在“退功臣”的同时，大力收罗天下之士充任官职。他特别重视那些隐居山林、不仕王莽的士人。西汉末年，一些不愿为王莽出力的知识分子，有的隐居山林，有的避世教书，表现了士人的气节。《后汉书·逸民列传》说：“汉室中微，王莽篡位，士之蕴藉义愤甚矣。是时裂冠毁冕，相携持而去之者，盖不可胜数。”刘秀认为，这些人熟悉前汉旧典，知道如何治理国家，又有高尚的情操，是巩固政权必不可少的。所以他多方访求、网罗这些士人，并委以重任。比如熟悉儒家经典、“性宽仁恭爱”的卓茂，平帝时为高密令，王莽篡权后，“不肯作职吏”，“以病免归郡”。刘秀即位后，先求访之，并下诏曰：

> 前密令卓茂，束身自修，执节淳固，诚能为人所不能为，夫名冠天下，当受天下重赏……今以茂为太傅，封褒德侯，食邑二千户，赐几杖车马，衣一袭，絮五百斤。[①]

又如伏湛，“时仓卒兵起，天下惊扰，而湛独晏然，教授不废。谓妻子曰：‘夫一谷不登，国君彻膳；今民皆饥，奈何独饱？’乃共食粗粝。……光武即位，知湛名儒旧臣……征拜尚书”[②]。

总之，刘秀“退功臣而进文吏”[③]政策的做法是：“高秩厚礼，允答元功，峻文深宪，责成吏职。”[④]这种做法一方面防止了那些打天

① [南朝宋]范晔：《后汉书》卷二五《卓鲁魏刘列传》，北京：中华书局1965年版，第871页。

② [南朝宋]范晔：《后汉书》卷二六《伏侯宋蔡冯赵牟韦列传》，北京：中华书局1965年版，第893页。

③ [南朝宋]范晔：《后汉书》卷一《光武帝纪》，北京：中华书局1965年版，第85页。

④ [南朝宋]范晔：《后汉书》卷二二《朱景王杜马刘傅坚马列传》，北京：中华书局1965年版，第787页。

下的功臣不听命令，削弱中央皇帝的专制统治；另一方面，由于那些儒生文吏没有功劳，也就不容易对皇权构成威胁，从而保证了皇帝“总揽权纲”。①

（二）外戚不得封侯与政

西汉后期，政治腐败，其中一个重要因素是外戚干政。东汉初年，外戚违法之事也经常发生，“贵戚椒房之家，数因恩势，干犯吏禁，杀人不死，伤人不论”②。所以广汉太守蔡茂上书说：“今者，外戚骄逸，宾客放滥，宜敕有司案理奸罪，使执平之吏永申其用，以厌远近不缉之情。”③刘秀为防止外戚干政，规定“后宫之家，不得封侯与政”④。这个规定，在东汉初年是很起作用的。比如“博通群书”的冯衍交结外戚，被发现后受到惩罚。

> 后卫尉阴兴、新阳侯阴就以外戚贵显，深敬重衍，衍遂与之交结，由是为诸王所聘请，寻为司隶从事。帝惩西京外戚宾客，故皆以法绳之，大者抵死徒，其余至贬黜。衍由此得罪，尝自诣狱，有诏赦不问。西归故郡，闭门自保，不敢复与亲故通。⑤

直接被打击的是宾客，但刘秀的目标却是针对外戚的，这一点阴氏及其他外戚也都明白。所以外戚中的很多人都在权势地位面前谦恭退让，以免被皇帝猜忌。比如建武九年（33年）刘秀欲封阴

① ［南朝宋］范晔：《后汉书》卷一《光武帝纪》，北京：中华书局1965年版，第85页。

② ［南朝宋］范晔：《后汉书》卷二六《伏侯宋蔡冯赵牟韦列传》，北京：中华书局1965年版，第907页。

③ ［南朝宋］范晔：《后汉书》卷二六《伏侯宋蔡冯赵牟韦列传》，北京：中华书局1965年版，第907页。

④ ［南朝宋］范晔：《后汉书》卷二《明帝纪》，北京：中华书局1965年版，第124页。

⑤ ［南朝宋］范晔：《后汉书》卷二八《桓谭冯衍列传》，北京：中华书局1965年版，第978页。

兴，阴兴极力辞让，说："臣未有先登陷阵之功，而一家数人并蒙爵土，令天下觖(冀)望，诚为盈溢。臣蒙陛下、贵人恩泽至厚，富贵已极，不可复加，至诚不愿。"[①]又如刘秀的母舅樊宏，也常告诫其子说："富贵盈溢，未有能终者。吾非不喜荣执也，天道恶满而好谦，前世贵戚皆明戒也。保身全己，岂不乐哉！"[②]刘秀也有意识地让他们谦退，鼓励他们遵守法规。如参与军国大事的功臣之一、刘秀的妹夫李通，被任命为大司空，但他经常"谢病不视事"，刘秀则"每优宠之"。[③] 又如外戚阴识，"入虽极言正议，及与宾客语，未尝及国事。帝敬重之，常指识以敕戒贵戚，激励左右焉"[④]。

但是，刘秀的外戚"不得封侯与政"的政策，在执行过程中是有折扣的。例如，仅樊宏一家，即封五侯：樊宏封长罗侯，其弟樊丹封射阳侯，其侄樊寻封玄乡侯，族兄樊忠封更父侯，后来樊宏又封寿张侯。[⑤] 又如外戚阴兴，虽未封侯，但当了侍中，后来被任命为卫尉，是中央九卿之一。建武二十年(44 年)，刘秀得了风眩病，以为自己活不长了，又让阴兴"受顾命于云台室"[⑥]。再如刘秀的皇后之弟郭况，先封绵蛮侯，后徙封为阳安侯。其从兄郭竟，以征伐有功封新郪

---

① [南朝宋]范晔：《后汉书》卷三二《樊宏阴识列传》，北京：中华书局 1965 年版，第 1131 页。

② [南朝宋]范晔：《后汉书》卷三二《樊宏阴识列传》，北京：中华书局 1965 年版，第 1121 页。

③ [南朝宋]范晔：《后汉书》卷一五《李王邓来列传》，北京：中华书局 1965 年版，第 576 页。

④ [南朝宋]范晔：《后汉书》卷三二《樊宏阴识列传》，北京：中华书局 1965 年版，第 1130 页。

⑤ 参见[南朝宋]范晔《后汉书》卷三二《樊宏阴识列传》，北京：中华书局 1965 年版，第 1124 页。

⑥ [南朝宋]范晔：《后汉书》卷三二《樊宏阴识列传》，北京：中华书局 1965 年版，第 1131 页。

侯。郭竟之弟郭匡封发干侯。[①] 但总的讲，刘秀作为开国皇帝，他还是很注意防范外戚的，所以终光武一代，外戚为非歹的事也很少。如《后汉书·朱浮传》所说，刘秀“清明履约，率礼无违，自宗室诸王、外家后亲，皆奉遵绳墨，无党执之名。至或乘牛车，齐于编人。斯固法令整齐，下无作威者也”。

（三）“虽置三公，事归台阁”

东汉初年，刘秀在政治方面最重大的改革，是削弱“三公”的权力，也就是削弱相权，扩大尚书台的权力，以加强皇权。

在中国封建专制主义中央集权政体中，始终存在皇权与相权的矛盾。西汉武帝时，为了削弱相权，已经开始加强尚书台的权力。中朝外朝的形成，可以说就是武帝加强尚书台的结果。但在整个西汉时期，三公还是权力很大、地位很高的，以致产生了西汉末年“君主失权，强臣窃命”的现象。刘秀认为，要加强皇权，必须采取措施，彻底改变这种状况，他的措施就是把原来属于三公的权力划归尚书台，如仲长统所说：

> 光武皇帝愠数世之失权，忿强臣之窃命，矫枉过直，政不任下，虽置三公，事归台阁。自此以来，三公之职，备员而已。[②]

三公，西汉前期称为丞相、太尉、御史大夫，西汉后期改为大司徒、大司马、大司空。东汉初，沿用大司徒、大司空的称号。建武二十七年（51 年），去掉“大”字，称司徒、司空，这也是抑制三公的表

---

① 参见[南朝宋]范晔《后汉书》卷一〇《皇后纪》，北京：中华书局 1965 年版，第 403 页。

② [南朝宋]范晔：《后汉书》卷四九《仲长统列传》，北京：中华书局 1965 年版，第 1657 页。

现。大司马一职称太尉，这是因为刘秀曾任刘玄更始政权的“行大司马事”，为避讳而改用西汉旧称。“事归台阁”以后，原来作为西汉最高行政长官（丞相）的司徒，改管民政；原来作为全国最高监察长官（御史大夫）的司空，不再负责监察，只管重大水利工程。这样一来“三公”的权力就小多了，实际上是徒有虚名，并无其实；实权集中到尚书台去了，而尚书台是直接听命于皇帝的。

尚书台的地位变得如此重要，其组织机构也随之扩大。西汉武帝时，尚书台已分曹办事，那时候共分为四曹：常侍曹、二千石曹、民曹、客曹。刘秀即位后，又进一步把尚书台扩大为以下六曹：

吏曹（即常侍曹），主公卿事。
二千石曹，主郡国二千石事。
民曹，主吏民上书事。
三公曹，主断狱事。
南主客曹，主南部少数民族及外国事。
北主客曹，主北部少数民族及外国事。①

尚书台的最高长官是尚书令，秩千石；另设尚书仆射一人为副，秩六百石；又设左右丞各一人，秩四百石，协助尚书令和仆射办事。下面的六曹，每曹设尚书一人，秩六百石；侍郎六人，秩四百石；令史三人，秩二百石。这样一个尚书台组织，俨然是一个完备的中央政府。其中的尚书令、尚书仆射，再加上六曹尚书，合称“八座”，而尚书令、御史中丞、司隶校尉，又在朝会时有专席独座，谓之“三独座”。

① 东汉六曹有不同说法。翦伯赞《秦汉史》认为六曹为三公曹、吏曹、民曹、二千石曹、南主客曹、北主客曹。林剑鸣《秦汉史》认为六曹为吏曹、二千石曹、民曹、三公曹、南北主客曹、中都官曹。

这一切，清楚地说明了尚书台在东汉国家机器中的实权地位。正如东汉李固所说：

> 今陛下之有尚书，犹天之有北斗也。斗为天喉舌，尚书亦为陛下喉舌。斗斟酌元气，运平四时。尚书出纳王命，赋政四海，权尊执重，责之所归。①

尚书令权力虽大，但秩禄很低。这种情况，虽然皇帝控制起来比较容易，但影响到尚书台的权威，所以皇帝有时以三公主持尚书台工作，叫作“录尚书事”。

(四)加强监察制度

加强监察制度，是东汉初年政治改革的重要内容，主要有以下三个方面：

1.扩大御史中丞的职权。东汉初年，把西汉负责最高监察机构的御史大夫改为司空，主管重大水利工程。由原来隶属于御史大夫的御史中丞主管御史台，负责监察百官，秩禄为千石，其权位与尚书令、司隶校尉并重，朝见皇帝时有专席独座。御史中丞之下，有治书侍御史二人，负责解释法律条文；另有侍御史十五人，掌察举官吏违法，接受公卿奏事。百官朝见皇帝或国家举行祭祀、封侯拜将大典时，御史中丞及御史台人员要负责监察威仪。后来，御史中丞的权力逐渐扩大，如执行法律、掌理案狱、图书秘籍、监督军旅等，都变成了他职权范围之内的事。

2.复置司隶校尉。西汉武帝时设置，负责监察京师百官及三辅地方官，到汉成帝时废除。东汉初年，刘秀复置司隶校尉，秩比二千

① [南朝宋]范晔：《后汉书》卷六三《李杜列传》，北京：中华书局1965年版，第2076页。

石。东汉司隶校尉直属皇帝,位在九卿之上,公卿朝见皇帝时有专席独座。其职权,一是监察中央除三公外的百官犯法者,“无所不纠,唯不察三公”①;一是监察并主管京师附近一州之事,包括河南、河内、河东、弘农、右扶风、左冯翊、京兆尹七郡。后来,司隶校尉的职权又有扩大,甚至监察到外戚的头上。如安帝即位后不久,邓太后下诏司隶校尉及河南尹、南阳太守曰:“每览前代外戚宾客,假借威权,轻薄谑詷,至有浊乱奉公,为人患苦。咎在执法怠懈,不辄行其罚故也。今车骑将军骘等虽怀敬顺之志,而宗门广大,姻戚不少,宾客奸猾,多干禁宪。其明加检敕,勿相容护。”②

3.扩大刺史机构及职权。西汉武帝初设刺史,以“六条”监察地方官吏和强宗豪右。但西汉刺史乘传周行郡国,无固定治所。东汉初年,除司隶校尉的辖区以外,刘秀把全国分为十二州,每州设刺史一人,秩六百石。东汉刺史与西汉刺史相比,有以下几个不同点:一是从刘秀开始,把它正式确定为地方上的最高监察机构,由原来的无固定治所变成了有一定治所。二是东汉刺史的机构和属僚扩大了。西汉刺史只从二千石从事中择得随员,东汉刺史则有别驾、主簿、功曹、书佐、兵曹、从事史、考经师、律令师、上计掾史等。三是西汉刺史每年八月巡行所监察的郡国,年底到京师奏于皇帝。建武十一年(35 年)底,刘秀“初断州牧(即刺史)自还奏事”③。也就是从这一年起,刺史不必亲自到中央来了,只派计吏进京奏事即可。四是权力的扩大。西汉旧制,“州牧奏二千石长吏不任位者,事皆先下三

① [唐]杜佑:《通典》卷三二《职官》,北京:中华书局 1988 年版,第 881 页。

② [南朝宋]范晔:《后汉书》卷一〇《皇后纪》,北京:中华书局 1965 年版,第 423 页。

③ [南朝宋]范晔:《后汉书》卷一《光武帝纪》,北京:中华书局 1965 年版,第 58 页。

公,三公遣掾史案验,然后黜退"①。刘秀时,改为"不复委任三府,而权归刺举之吏"②。后来,一州的一切行政、司法大权都归刺史掌管。刺史的权力大了,往往就欺上瞒下,贪赃枉法。章帝时,马严上书说:"臣伏见方今刺史太守专州典郡,不务奉事尽心为国,而司察偏阿,取与自己,同则举为尤异,异则中以刑法,不即垂头塞耳,采求财赂。"③东汉后期,刺史改称州牧④,变成了地方上的最高行政长官,并握有领兵之权;有了军权,便纷纷拥兵自重,逐渐形成地方割据势力。

州牧拥兵自重,形成割据势力是东汉末年的事。总的看,上述三个系统的监察机构,对于加强皇权起了很大的作用。

(五)地方行政制度的改革

东汉地方行政,大体上沿袭西汉的郡国并立和郡之下设县、乡的制度。但为了适应新的形势和进一步加强皇权,也进行了若干改革。这些改革的主要内容是:

1."并省四百余县",裁减吏员。《东汉会要·职官四》:"建武六年六月辛卯,诏日:'夫张官置吏,所以为人也。今百姓遭难,户口耗少,而县官吏职所置尚繁,其令司隶、州牧各实所部,省减吏员。县国不足置长吏可并合者,上大司徒、大司空二府。'于是条奏并省四百余县,吏职减损,十置其一。"东汉初年,人口比西汉末年大量减

---

① [南朝宋]范晔:《后汉书》卷三三《朱浮列传》,北京:中华书局1965年版,第1143页。

② [南朝宋]范晔:《后汉书》卷三三《朱浮列传》,北京:中华书局1965年版,第1143页。

③ [南朝宋]范晔:《后汉书》卷二四《马援列传》,北京:中华书局1965年版,第860页。

④ 刺史名称几经变化。西汉武帝时称刺史,成帝时改为州牧,哀帝又改称刺史,不久又改称州牧。刘秀于建武元年设州牧,十八年改称刺史,灵帝时又改称州牧,但有的地方仍称刺史。

少，而设置的郡县还是那样多。刘秀下此诏书，裁并了四百多县，大约相当于西汉的四分之一；吏职减少了十分之九。这对于减少开支、恢复经济、稳定政局都起到不小的作用。

2."省诸郡都尉，并职太守。"①都尉是郡国掌管军事的长官，省掉它，目的也是减少官吏。但把都尉之权并于太守的结果，却使郡太守的权力过大了。原来郡太守主政，现在军政兼于一身，有了领兵打仗的权力。这和东汉末年州牧拥兵自重一样，为形成军事割据提供了条件。

3.削弱封国。东汉和西汉一样，与郡平行，陆续封了一些王。据统计，刘秀及以后诸帝共分封诸侯王五十人（不包括袭封），其中前三帝（光武、明帝、章帝）分封三十三人。② 但这些封国的面积比西汉初年小多了，王的权力也被削弱了很多。西汉初年的封国大多数都是"跨州兼郡，连城数十"；从刘秀开始，封国的领地一般只有一个郡大，最多两个郡，不少封国连一个郡的地盘也没有。就王的权力说，西汉初年的诸侯王处于半独立状态，几乎拥有封国之内的一切权力；东汉初年的王却无治民之权，封国的官吏也都由皇帝任命，他仅有的权利是"食封"，也就是以封国土地上的租税供其衣食。

刘秀的用意十分明显，就是禁止诸王干政和向中央闹独立性，以加强和巩固封建专制主义中央集权。但这些诸侯王并不都那么老老实实地享乐混日子，他们"竞修名誉，争礼四方宾客"③。刘秀为了对付他们，于建武二十四年（48 年）"诏有司申明旧制阿附蕃王

① ［南朝宋］范晔：《后汉书》志第二八《百官志》，北京：中华书局 1965 年版，第 3621 页。

② 参见林剑鸣《秦汉史》下册，上海：上海人民出版社 1989 年版，第 226 页。

③ ［南朝宋］范晔：《后汉书》卷四二《光武十王列传》，北京：中华书局 1965 年版，第 1427 页。

法"[①]。这是西汉武帝时的法令,规定凡"阿曲附益王侯者,将有重法"[②]。但有的诸侯王仍然不听,更始帝刘玄之子刘鲤被封为寿光侯,甚得刘秀之子、沛献王刘辅的欢心,"鲤怨刘盆子害其父,因辅结客,报杀盆子兄故式侯恭"[③]。刘恭被杀是建武二十八年(52 年)的事,刘秀得知后,十分恼怒,立即下诏逮捕刘辅入狱,"诸王宾客多坐刑罚"[④],"因诏郡县捕王侯宾客,坐死者数千人"[⑤]。又如建武二十九年(53 年),有人上奏:"诸王所招待者,或者伪杂,受刑罚者子孙,宜可分别。"刘秀大怒,"诏捕王客,皆被以苛法,死者甚多"[⑥]。从此以后,诸王"各循法度"[⑦]。

为了使诸王遵纪守法,刘秀坚决支持那些敢于纠察诸王的官吏。有一次,刘秀的叔父、赵王刘良与中郎将张邯争车道,当场逼令张邯退车让路。司隶校尉鲍永劾奏刘良"无藩臣之礼,大不敬",刘秀十分赞赏,"由是朝廷肃然,莫不戒慎"。[⑧]

以上是东汉初年刘秀在政治方面的几项改革。这几项改革,从总结西汉的历史经验出发,目的在于抑制功臣、诸王和外戚,削弱相权,加强皇权,同时加强中央对地方的控制。应当说,这些改革是起

① [南朝宋]范晔:《后汉书》卷一《光武帝纪》,北京:中华书局 1965 年版,第 76 页。
② [南朝宋]范晔:《后汉书》卷一《光武帝纪》,北京:中华书局 1965 年版,第 76 页。
③ [南朝宋]范晔:《后汉书》卷四二《光武十王列传》,北京:中华书局 1965 年版,第 1427 页。
④ [南朝宋]范晔:《后汉书》卷四二《光武十王列传》,北京:中华书局 1965 年版,第 1427 页。
⑤ [南朝宋]范晔:《后汉书》卷一《光武帝纪》,北京:中华书局 1965 年版,第 80 页。
⑥ [南朝宋]范晔:《后汉书》志第一八《五行志》,北京:中华书局 1965 年版,第 3360 页。
⑦ [南朝宋]范晔:《后汉书》卷四二《光武十王列传》,北京:中华书局 1965 年版,第 1427 页。
⑧ [南朝宋]范晔:《后汉书》卷二九《鲍永列传》,北京:中华书局 1965 年版,第 1020 页。

了很大作用的。东汉政权在比较短的时间内稳住了政局，为恢复和发展社会经济准备了条件。但是，刘秀政治改革中的某些内容，如把都尉“并职太守”，却使太守掌握了兵权，后来地方官拥兵割据，不能说与此无关。另外，刘秀对外戚的抑制也不是很彻底。

二、刘秀的经济改革

刘秀经历了西汉王朝衰亡的全过程，对西汉末年和王莽时期的腐朽统治有切身体会。东汉初，经济凋敝，他面对着一个贫穷和充满危机的社会。农民在起义斗争中所显示的力量，他记忆犹新。这一切，使他不能不小心谨慎地开始自己的统治。建武二年（26 年）正月，他刚上台不久，就下诏曰：“诚欲传于无穷，宜如临深渊，如履薄冰，战战栗栗，日慎一日。”又说：“在上不骄，高而不危；制节谨度，满而不溢。敬之戒之。”①在这个思想指导下，刘秀在经济方面进行了不少改革，其中主要有以下三点。

（一）解放奴婢和囚徒

奴婢问题，是西汉中期以来最严重的社会问题之一。奴婢的大量存在，不仅说明当时虽然已经进入了封建社会但还存在着奴隶制残余，而且说明很多劳动人手离开了社会生产，转而成为官僚地主贵族的家内杂役，这显然对封建国家是很不利的。刘秀很重视奴婢问题，他从称帝的第二年起，到建武十四年（38 年），共下了六道解放奴婢的诏令：

建武二年（26 年）五月，诏曰：“民有嫁妻卖子欲归父母者，恣听之。敢拘执，论如律。”即已经被卖出去的奴婢，想回家的，不准拘执。

① ［南朝宋］范晔：《后汉书》卷一《光武帝纪》，北京：中华书局 1965 年版，第 26 页。

建武六年(30年)十一月,“诏王莽时吏人没入为奴婢不应旧法者,皆免为庶人”。即释放王莽时沦为奴婢的人。

建武七年(31年)五月,“诏吏人遭饥乱及为青、徐贼所略为奴婢下妻,欲去留者,恣听之。敢拘制不还,以卖人法从事”。也就是释放因饥荒和青、徐二州战乱而沦为奴婢的人;拘制不还者依法从事。

建武十二年(36年)三月,“诏陇、蜀民被略为奴婢自讼者,及狱官未报,一切免为庶人”。也就是陇蜀地区的奴婢,不管狱官上报不上报,一律免为庶人。

建武十三年(37年)十二月,“诏益州民自八年以来被略为奴婢得,皆一切免为庶人;或依托为人下妻,欲去者,恣听之;敢拘留者,比青、徐二州以略人法从事”。即宣布益州地区的奴婢一律为庶人;敢拘留奴婢者,按青、徐二州的法律办事。

建武十四年(38年)十二月,“诏益、凉二州奴婢,自八年以来自讼在所官,一切免为庶人”。

以上均见《后汉书·光武帝纪》。《光武帝纪》还记载,在建武十一年(35年),刘秀曾先后三次下诏,禁止杀伤和虐待奴婢:二月诏曰:“天地之性人为贵。其杀奴婢,不得减罪。”八月诏曰:“敢炙灼奴婢,论如律。”十月:“诏除奴婢射伤人弃市律。”以前杀死奴婢是可以减罪的,以后不得减罪,也就是和杀死普通人一样;凡炙灼奴婢者,一律依法治罪。刘秀的二月诏书,在“其杀奴婢,不得减罪”前还有一句话:“天地之性人为贵。”那就是说,他把杀奴婢不得减罪和“人为贵”联系在一起了,奴婢也是人,他们应当得到和一般老百姓一样的身份和法律地位。

《后汉书·光武帝纪》还记载着刘秀下令释放囚徒的诏书:

建武二年(26年)三月,刘秀“大赦天下”,并下诏书:“顷狱多冤人,用刑深刻,朕甚愍之。孔子云:‘刑罚不中,则民无所措手足。’其与中二千石、诸大夫、博士、议郎议省刑法。"

建武五年(29年)五月,诏曰:"狱多冤结,元元愁恨……其令中都官、三辅、郡、国出系囚,罪非犯殊死一切勿案,见徒免为庶人。"①

这两次下诏,说明刘秀十分重视冤狱囚徒之事。东汉时期关于这方面的具体法律条文已经很难见到,但从当时的情况看,刘秀建武二年诏书责成百官"议省刑法",五年又下诏除"犯殊死"之罪者以外的已判刑的囚徒一律免为庶人,是相当认真的。《后汉书·百官志》说:"诸州常以八月巡行所部郡、国,录囚徒。"这里"录囚徒"是平冤狱的意思。② 那就是说,中央宣布释放囚徒以后,郡国还有不执行或执行不彻底的,州刺史要去检查并"即时平理"。

刘秀关于释放奴婢和囚徒的改革,有着明显的进步意义。我们知道,秦汉时期还处在封建社会初期,还存在不少奴隶制残余,这主要表现在奴婢问题上。秦末和西汉末年的农民大起义有力地扫荡了奴隶制残余;刘秀释放奴婢的改革,也是对奴隶制残余的一次比较集中的解决,从而使封建生产关系逐步走向成熟。具体到东汉初年来说,刘秀的这一改革,也起到了增加社会劳动力、缓和阶级矛盾、稳定社会秩序、推动生产力向前发展的作用。

(二)减轻赋役,安抚百姓

西汉文景时期,轻徭薄赋,三十税一,为历来史家所称道。东汉初年,百姓虚耗,经济凋敝,社会动荡不安。刘秀面临的形势和西汉初年一样,他提出的措施也和西汉初类似:

建武六年(30年)十二月,刘秀下诏曰:"顷者师旅未解,用度不足,故行什一之税。今年士屯田,粮储差积。其令郡国收见田租三

① [南朝宋]范晔:《后汉书》卷一《光武帝纪》,北京:中华书局1965年版,第39页。

② 《后汉书·百官志》胡广注:"县邑,囚徒,皆阅隶视,参考辞状,实其真伪,有侵冤者,即时下时理也。"北京:中华书局1965年版,第3618页。

十税一，如旧制。”[①]三十税一，在历代王朝中是最轻的。“如旧制”，即和西汉文景时期一样。

刘秀还多次下诏减免徭役，救济灾荒。下面是见于《后汉书·光武帝纪》中的几次：

建武六年（30 年）正月，诏曰：“往岁水旱蝗虫为灾，谷价腾跃，人用困乏。朕惟百姓无以自赡，恻然愍之。其命郡国有谷者，给禀高年、鳏、寡、孤、独及笃癃、无家属贫不能自存者，如律。二千石免加循抚，无令失职。”

建武二十二年（46 年）九月，发生地震，诏曰：“日者地震，南阳尤甚。……赐郡中居人压死者棺钱，人三千。其口赋逋税而庐宅尤破坏者，勿收责。”“逋税”是拖欠的田租，也就是房屋破坏严重的，原来拖欠的田租不收了。

建武二十九年（53 年）二月，“赐天下男子爵，人二级；鳏、寡、孤、独、笃癃、贫不能自存者粟，人五斛”。七月，免除济阳县是年徭役。

建武三十一年（55 年）五月，又有水灾，再赐天下鳏、寡、孤、独及贫不能自活者粟，人六斛。

与此同时，刘秀对参加起义的农民采取安抚政策，不让官吏残酷镇压起义军，对那些害怕起义军的官吏不加惩处。“吏虽逗留回避故纵者，皆勿问”，“其牧守令长坐界内盗贼而不收捕者，又以惧捐城委守者，皆不以为负”。[②] 很明显，刘秀是想用软的一手瓦解农民起义军。他的这种做法起到了用严厉镇压的办法所起不到的作用，“于是更相追捕，贼并解散”[③]。对于已经解散的农民军，刘秀也不

① [南朝宋]范晔：《后汉书》卷一《光武帝纪》，北京：中华书局 1965 年版，第 50 页。
② [南朝宋]范晔：《后汉书》卷一《光武帝纪》，北京：中华书局 1965 年版，第 67 页。
③ [南朝宋]范晔：《后汉书》卷一《光武帝纪》，北京：中华书局 1965 年版，第 67 页。

处罚他们，而是“徒其魁帅于它郡，赋田受禀，使安生业”。在这种安抚政策下，那些在战乱中逃离家乡的农民也回乡安居乐业了。

（三）度田

度田，就是清查土地和人口数量。土地问题，从西汉起，一直是一个没有解决的严重社会问题。加以西汉末年以来处在战争的环境中，很多户口流失，农民从地主手里夺取了不少土地，更多的土地和户口又被地主隐瞒起来，所以东汉政府无法知道全国土地和人口的确切数字。为了弄清全国到底有多少土地和人口，以便国家征收赋税和征发徭役，刘秀于建武十五年（39 年）下诏“州郡检核垦田顷亩及户口年纪”①。这是度田的开始。

但是，当时很多大地主不仅拥有大量土地，而且拥有私人武装，他们反对清查，根本不把地方官吏放在眼里，有的与地方官吏勾结起来，随意谎报数字，度田遇到了很大的阻力。而度田官吏对一般农民的土地和人口则查得清清楚楚，甚至把房屋里落都当作耕地进行丈量计算，引起了广大农民的反对。

《后汉书·刘隆传》说：“十五年，诏下州郡检核其事，而刺史太守多不平均，或优饶豪右，侵刻羸弱，百姓嗟怨，遮道号呼。时诸郡各遣使奏事，帝见陈留吏牍上有书，视之，云‘颍川、弘农可问，河南、南阳不可问’。……帝曰：‘……何故言河南、南阳不可问？’对曰：‘河南帝城，多近臣，南阳帝乡，多近亲，田宅逾制，不可为准。’”

《东观记》也说：“刺史太守多为诈巧，不务实核。苟以度田为名，聚人田中，并度庐屋里落，聚人遮道啼呼。”②

刘秀知道这种情况后，以“度田不实”之罪，于建武十六年（40 年）九月处死了河南尹张伋和十余个郡太守，继续度田。在这种情

① [南朝宋]范晔：《后汉书》卷一《光武帝纪》，北京：中华书局 1965 年版，第 66 页。
② [南朝宋]范晔：《后汉书》卷一《光武帝纪》，北京：中华书局 1965 年版，第 66 页。

况下，不少大地主使用他们的私人武装进行反抗，很多农民也由于对度田的做法不满而参加了反抗。“郡国大姓及兵长、群盗处处并起，攻劫在所，害杀长吏。郡县追讨，到则解散，去复屯结。”①事情弄得很难办，后来刘秀只好采取妥协政策。建武十七年(41 年)，刘秀回到家乡舂陵，宗室诸母对他说：“文叔少时谨信，与人不款曲，唯直柔耳。今乃能如此！”刘秀大笑曰：“吾理天下，亦欲以柔道行之。”②这就意味着他在实际上接受了宗室诸母对他“今乃能如此”的指责，放弃了度田。他在一年前还很坚决，杀了十余个度田不实的太守。现在他明确宣布要以柔道治理天下了。从此以后，度田之事不了了之。

度田事件反映了地主阶级内部这样一种矛盾：刘秀是代表大地主利益的，可是他要巩固中央集权，必须打击地方势力，这是地主阶级长远效益、总体利益之所在；但很多地主往往不顾整体只顾自身的利益，所以地主阶级政权就不免和个别地主分子产生对抗。东汉政权是大地主支持下建立起来的，那些大地主的势力一开始就很大，刘秀在对抗中采取妥协政策是有其必然性的。

三、刘秀的文化教育改革

刘秀在王莽时期“之长安，受《尚书》”③，是个太学生出身、满身儒生气的人。在战争年代的戎马倥偬中，他仍不忘给部下讲儒家经

① [南朝宋]范晔：《后汉书》卷一《光武帝纪》，北京：中华书局 1965 年版，第 67 页。

② [南朝宋]范晔：《后汉书》卷一《光武帝纪》，北京：中华书局 1965 年版，第 68—69 页。

③ [南朝宋]范晔：《后汉书》卷一《光武帝纪》，北京：中华书局 1965 年版，第 1 页。

典。"中年以后，干戈稍戢，专事经学。"[①]当皇帝后，"数引公卿、郎、将讲论经理，夜分乃寐"[②]。其文臣武将，也多是喜诗书、尚礼仪之辈。赵翼《廿二史札记》云："西汉开国，功臣多出于亡命无赖，至东汉中兴，则诸将帅皆有儒者气象，亦一时风会不同也。……是帝（按指光武帝）本好学问，非同汉高之儒冠置溺也。而诸将之应运而兴者，亦皆多近于儒。……所谓有是君即有是臣也。"

但刘秀的好儒，与西汉立今文经为官学后排斥古文经不一样，他不仅不限制古文经的讲授和流传，而且还想把古文经立为官学。如建武初年，讨论立左氏传博士之事，博士范升攻击"左氏浅末"，认为"不宜立"。陈元闻之，上书辩论，认为应立左氏传博士。"书奏，下其议，范升复与元相辩难，凡十余上。帝卒立《左氏》学，太常选博士四人，元为第一。"[③]虽然后来由于"论议喧哗，自公卿以下，数廷争之"，又撤掉了左氏传博士，但此事说明刘秀不存古文、今文之见。因为在他看来，不论是古文经，还是今文经，都讲伦理纲常，都尊帝王，都可以为他服务。这种态度对东汉经学古文和今文的合流起了很大的作用。

刘秀十分重视太学的作用。"建武五年（29 年），乃修起太学，稽式古典，笾豆干戚之容，备之于列，服方领习矩步者，委它乎其中。"[④]刘秀还亲自到太学去视察。《后汉书·桓荣传》说，建武十九年（43 年），刘秀"驾幸大学，会诸博士论难于前，（桓）荣被服儒衣，

① [南朝宋]范晔：《后汉书》卷七九《儒林列传》，北京：中华书局 1965 年版，第 2588 页。

② [南朝宋]范晔：《后汉书》卷一《光武帝纪》，北京：中华书局 1965 年版，第 85 页。

③ [南朝宋]范晔：《后汉书》卷三六《陈元列传》，北京：中华书局 1965 年版，第 1233 页。

④ [南朝宋]范晔：《后汉书》卷七九《儒林列传》，北京：中华书局 1965 年版，第 2545 页。

温恭有蕴籍，辩明经义，每以礼让相厌，不以辞长胜人，儒者莫之及，特加赏赐。又诏诸生雅吹击磬，尽日乃罢”。除了中央办的太学以外，地方上也兴办郡国学。如建武六年（30年），李忠迁丹阳太守，到任后“乃为起学校，习礼容，春秋乡饮，选用明经，郡中向慕之”①。班固《东都赋》有“四海之内，学校如林”的说法，说明东汉学校之多，当然其中有一些不一定是光武在位时办起来的。

刘秀在文化教育方面的改革，有一个突出的特点，就是重视道德品质。这也是儒家的一贯主张。这不仅表现在学校教育上，也表现在选拔官吏的标准上。应劭《汉官仪》说：

> 世祖（刘秀）诏：“方今选举，贤佞朱紫错用。丞相故事，四科取士。一曰德行高妙，志节清白；二曰学通行修，经中博士；三曰明达法令，足以决疑，能案章覆问，文中御史；四曰刚毅多略，遭事不惑，明足以决，才任三辅令，皆有孝悌廉公之行。自今以后，审四科辟召，及刺史、二千石察茂才尤异孝廉之吏，务尽实核，选择英俊、贤行、廉洁、平端于县邑，务授试以职。有非其人，临计过署，不便习官事，书疏不端正，不如诏书，有司奏罪名，并正举者。”

在这段话里，刘秀不仅把道德标准放在首位，而且三次提到道德标准，当然也提到文化标准和办事能力。如果复核时不符合标准，不但“有司奏罪名”，而且要追查推举者的责任。

刘秀十分注意道德的感化作用。他要求别人做到的，自己首先力求做到。例如，他提倡节俭，他自己就“身衣大练，色无重彩，耳不

① ［南朝宋］范晔：《后汉书》卷二一《李忠列传》，北京：中华书局1965年版，第756页。

听郑卫之音，手不持珠玉之玩，宫房无私爱，左右无偏恩。建武十三年，异国有献名马者，日行千里，又进宝剑，贾兼百金，诏以马驾鼓车，剑赐骑士。损上林池籞之官，废聘望弋猎之事。其以手迹赐方国者，皆一札十行，细书成文。勤约之风，行于上下”①。他反对厚葬之风，在建武二十六年(50年)作寿陵时，他就下诏效仿西汉文景二帝，实行薄葬。②

在刘秀的提倡和带动下，东汉初年，形成了一种重视儒家学说、重视道德品质的风气。“三代以下，风俗之淳美，无尚于东京者。”③由于这种风气的熏陶，光武时期出现了一批忠于朝廷、敢于抗击邪恶势力的有才干的“良吏”。

如姑臧县长孔奋，其前任在那里任职，“不盈数月辄致丰积”，而孔奋“在职四年，财产无所增。事母孝谨……躬率妻子，同甘菜茹。时天下未定，士多不修节操，而奋力行清洁，为众人所笑，或以为身处脂膏，不能以自润，徒益苦辛耳。奋既立节，治贵仁平”④。

又如大司空宋弘，“家无资产，以清行致称”。一次，刘秀请他吃饭，看见新做的屏风上画着美女，就多次看那美女。他就严肃地说：“未见好德如好色者。”听到这严肃的批评，刘秀就撤了那屏风。⑤当时，刘秀的姐姐湖阳公主守寡，她看着宋弘的容貌品行都很好，就想嫁给他。刘秀找了个机会试探他说：“谚言贵易交，富易妻，人情

① [南朝宋]范晔：《后汉书》卷七六《循吏列传》，北京：中华书局1965年版，第2457页。

② 参见[南朝宋]范晔《后汉书》卷一《光武帝纪》，北京：中华书局1965年版，第51页。

③ [清]顾炎武：《日知录》卷一三，上海：上海古籍出版社1985年版。

④ [南朝宋]范晔：《后汉书》卷三一《孔奋列传》，北京：中华书局1965年版，第1098页。

⑤ 参见[南朝宋]范晔《后汉书》卷二六《宋弘列传》，北京：中华书局1965年版，第904页。

乎?”宋弘回答说:“臣闻贫贱之知不可忘,糟糠之妻不下堂。”[①]事情只好作罢。

再如南阳太守杜诗,“性节俭而政治清平,以诛暴立威……省爱民役”,又兴修水利,广拓土地,使“郡内比室殷足”。[②]

最典型的是洛阳令董宣。刘秀的姐姐湖阳公主的苍头,白日杀人,隐藏主家,董宣派人捕之不得,即在那个苍头陪公主出行时,“驻车叩马,以刀画地,大言数主之失,叱奴下车,因格杀之”。公主“还宫诉帝,帝大怒,召宣,欲箠杀之”。董宣说:“陛下圣德中兴,而纵奴杀良人,将何以理天下乎?臣不须箠,请得自杀!”随即以头击楹,血流满面。刘秀让他给公主赔个不是,“宣不从,强使顿之,宣两手据地,终不肯俯”,获得了“强项令”的美名,刘秀赐给他钱三十万。[③]董宣最后死于任上,“诏遣使者临视,唯见布被覆尸,妻子对哭,有大麦数斛、敝车一乘”。刘秀知道后,感叹地说:“董宣廉洁,死乃知之!”[④]

东汉初年,类似上述“良吏”,还可以举出司隶校尉鲍永、宣秉,桂阳太守卫飒,九真太守任延,左冯翊张湛、郭丹,汝南太守邓晨,渔阳太守张堪,会稽太守第五伦,太中大夫郭伋等。这样一批“良吏”的出现,当然不能都归结于刘秀的文化教育改革和他提倡儒家的道德教化,但可以肯定,是与他的指导思想紧密相连的。东汉是儒家思想运用于政治比较多的朝代,而东汉初年是运用得比较成功的时

① [南朝宋]范晔:《后汉书》卷二六《宋弘列传》,北京:中华书局1965年版,第905页。

② [南朝宋]范晔:《后汉书》卷三一《杜诗列传》,北京:中华书局1965年版,第1094页。

③ 参见[南朝宋]范晔《后汉书》卷七七《酷吏列传》,北京:中华书局1965年版,第2490页。

④ [南朝宋]范晔:《后汉书》卷七七《酷吏列传》,北京:中华书局1965年版,第2490页。

期。刘秀在这方面的改革，对于巩固和加强皇权，稳定当时的局势，形成一种比较清明的政治是起了很大作用的。

四、东汉帝国的复兴

公元57年，刘秀死去，汉明帝继位。刘秀在其在位的三十多年中实行了一系列改革政策：在政治上，加强了中央集权，稳定了全国大一统的局面；在经济上，改变了东汉初年的困境，为以后的发展奠定了一个很好的基础。从汉明帝起，经汉章帝到汉和帝，基本上是沿着刘秀的改革政策前进的，和帝时达到了东汉的全盛时期。明、章、和三帝实行的改革政策主要有以下几点。

（一）继续限制诸王和外戚

《后汉书·皇后纪》记载，永平十五年（72年），（明）帝案地图，将封皇子，悉半诸国。后见而言曰："诸子裁食数县，于制不已俭乎？"帝曰："我子岂宜与先帝子等乎？岁给二千万足矣。"

这说明，从明帝永平十五年开始，所封诸王的县数又减了一半。《后汉书·孝明八王列传》论曰："明帝封诸子，租岁不过二千万，马后为言而不得也。贤哉！岂徒俭约而已乎！如骄贵之无大厌，嗜欲之难极也，故东京诸侯鲜有至于祸败者也。"

也就是说，明帝这样做，不仅是为了"俭约"，而且有政治上的意义：诸王的地盘越小，越没有力量和皇帝分庭抗礼。在限制其力量的前提下，诸王如果犯法，一般不予处死，而是宽大处理。例如和帝时，汝南王刘畅迷信卜筮，想当天子，后被揭发，"有司诸征畅诣廷尉诏狱，和帝不许"①。卯，只削其二县。刘畅十分感激，上书表示决

① ［南朝宋］范晔：《后汉书》卷五〇《孝明八王列传》，北京：中华书局1965年版，第1676页。

心改过，并要求再裁减四县，放妻妾中无子者还家。很明显，诸王力量小了，再进行感化教育，也会起到一定的作用。

关于对外戚的限制，马援是一个比较典型的例子。马援是东汉开国功臣，战功显赫。但由于他的女儿是明帝的皇后，所以明帝就有意限制他的声望。永平初，援女立为皇后。显宗图画建武中名臣、列将于云台，以椒房故，独不及援。东平王苍观图，言于帝曰："何故不画伏波将军（按指马援）像？"帝笑而不言。[①]

为什么不把马援画于云台？是为了减少外戚的政治影响。这样的意图不好给东平王刘苍讲明，所以明帝只是笑笑，不说话。

章帝时，外戚窦氏势力迅速扩大，和帝时即收缴中郎将窦宪的印绶，改封冠军侯，令其离开洛阳就国。窦宪就国后自杀。

上述情况表明，直到和帝时，刘秀限制诸王和外戚的政策还在继续执行着，但已经出现了外戚专权。和帝依靠宦官铲除外戚势力，又为后来的宦官势力的发展和专权提供了条件。

（二）继续减轻赋役，鼓励发展生产

明帝继位后下的第一道诏书，先谦虚了一番，接着表示要"以元元为首"，"惠于鳏寡"，并宣布赐鳏寡孤独粟，人十斛。之后，又十一次下诏减轻刑罚或赦免罪犯，减免赋税、徭役，救济贫苦百姓等。章帝与和帝时期，也多次下诏减轻赋役。《后汉书·章帝纪》把这种减轻赋役的政策称为"平徭简赋"，意思是和西汉初年的轻徭薄赋一样的。

应当特别指出，在明、章、和三帝时期，除了"平徭简赋"以外，还多次强调重视和发展农业生产。

建武中元二年（57年），也就是明帝刚刚继位的那一年，十二月

① 参见［南朝宋］范晔《后汉书》卷二四《马援列传》，北京：中华书局1965年版，第852页。

下诏说:“方春戒节,人以耕桑。其敕有司条顺时气,使无烦扰。”这是在春天即将到来之际,命令有关部门,一定不要做那些妨碍农桑的事。

永平三年(60 年)正月,诏曰:“夫春者,岁之始也。始得其正,则三时有成。……有司其勉顺时气,劝督农桑,去其螟蜮,以及蟊贼。”“三时”指夏、秋、冬,春要开始得好,夏、冬就会有好的收成,主管农业的官员一定要抓紧时机,“劝督农桑”。“螟蜮”和“蟊贼”,是农作物的害虫,这里指人为的烦扰,命令臣下一定不要侵扰百姓。

永平十年(67 年)四月,诏曰:“昔岁五谷登衍,今兹蚕麦善收,其大赦天下。方盛夏长养之时,荡涤宿恶,以报农功。百姓勉务桑稼,以备灾害。吏敬厥职,无令愆堕。”勉励百姓即使丰收了也要努力耕作,“以备灾害”。

以上见于《后汉书·明帝纪》。章、和时期,也有过几次类似的诏书。如建初元年(76 年)正月章帝下诏,要求“方春东作,宜及时务。二千石勉劝农桑,弘致劳来”。元和三年(86 年)二月,章帝又下诏说:“今肥田尚多,未有垦辟。其悉以赋贫民,给与粮种,务尽地力,勿令游手。所过县邑,听半入今年田租,以劝农夫之劳。”[①]这种把国家的未垦荒地租借给无地贫民的办法叫作“假民公田”。

以上措施,对于发展农业生产,使百姓安居乐业,有着明显的作用。

(三)提倡儒学

前文已叙及刘秀提倡儒学的情况,明帝在位期间,“遵奉建武制度,无敢违者”[②]。从小“好儒术”的章帝更加重视儒学。《后汉书·章帝纪》说,章帝“深元元之爱……尽心孝道……平徭简赋,而人赖

① [南朝宋]范晔:《后汉书》卷三《章帝纪》,北京:中华书局 1965 年版,第 154 页。
② [南朝宋]范晔:《后汉书》卷二《明帝纪》,北京:中华书局 1965 年版,第 124 页。

其庆。又体之以忠恕，文之以礼乐。故乃蕃辅克谐，群后德让”。章帝在位期间，提倡儒学最大的动作是主持召开了“白虎观会议”。

建初四年（79 年），杨终向章帝建议：“宣帝博征群儒，论定‘五经’于石渠阁。方今天下少事，学者得成其业，而章句之徒，破坏大体。宜如石渠故事，永为后世则。”①

章帝采纳了这个建议，下诏说：“盖三代导人，教学为本，汉承暴秦，褒显儒术，建立‘五经’，为置博士。其后学者精进，虽曰承师，亦别名家。孝宣皇帝以为去圣久远，学不厌博，故遂立大、小夏侯《尚书》，后又立京氏《易》。至建武中，复置颜氏、严氏《春秋》，大、小戴《礼》博士。此皆所以扶进微学，尊广道艺也。”（光武）中元元年诏书，“五经”章句繁多，议欲减省。至永平元年，长水校尉儵奏言，“先帝大业，当以时施行。欲使诸儒共正经义，颇令学者得以自助”②。

从杨终的建议和章帝的诏书看，是因为对儒家经典的解释太烦琐，“破坏”了经典的“大体”，应当加以纠正，“共正经义”，所以有必要像西汉宣帝那样“博征群儒”，开会解决，而且刘秀在中元元年（56年）已经发出过诏书，要求解决这个问题。

白虎观会议于当年召开。会议的内容，由班固整理成《白虎通义》一书，简称《白虎通》。《白虎通》和西汉后期以来烦琐的学风不同，它集中论述了四十三个专题。这四十三个专题，几乎包括了封建社会上层建筑的所有内容，核心思想是“三纲五常”。武帝提倡经学以来，经学各派，主要是今文经、古文经，一直在争论。到章帝时，这种争论大体上趋于一致，从而把董仲舒的思想向前推进了一步。“从武帝到章帝的两百年间，经学是一个时代思潮。如果说董仲舒

① [南朝宋]范晔：《后汉书》卷四八《杨终列传》，北京：中华书局 1965 年版，第 1559 页。

② [南朝宋]范晔：《后汉书》卷三《章帝纪》，北京：中华书局 1965 年版，第 138 页。

是这个思潮的起点，《白虎通》则是这个思潮的顶峰。”①《后汉书·曹褒传》论曰：“孝章永言前王，明发兴作，专命礼臣，撰定国宪，洋洋乎盛德之事焉。”就是说，当时就有人把《白虎通》称为“国宪”，可见它已经具有了法典的性质。

用历史唯物主义的观点来分析，一方面，我们应当看到，《白虎通》中有大量糟粕，它完全是为地主阶级统治劳动人民服务的；另一方面，我们还应当看到，秦汉时期还处在封建社会的上升时期，章帝主持白虎观会议，统一各派经学，其中还有继续完善封建社会上层建筑的用意。也就是说，东汉时期，封建社会还在向前发展，对当时统治阶级提倡儒学的做法，不能一概否定，而应当做出历史的分析。

正是在这种提倡儒学的气氛下，明、章、和时期，又出现了一批符合儒家道德标准要求的廉正的“良吏”，如第五伦、王涣、钟离意、王景、宋均、秦彭等。

第五伦任会稽太守，“虽为二千石，躬自斩刍养马，妻执炊爨。受俸裁留一月粮，余皆贱贸与民之贫羸者”。会稽多迷信，百姓常被迫杀牛祭神。第五伦到任后，“有妄屠牛者，吏辄行罚。民初颇恐惧，或祝诅妄言，伦案之愈急，后遂断绝，百姓以安”。永平五年(62年)第五伦“坐法征”，离任时，“老小攀车叩马，嗁呼相随，日裁行数里，不得前。伦乃伪止亭舍，阴乘船去。众知，复追之。及诣廷尉，吏民上书守阙者千余人”②。

又如秦彭，章帝建初元年(76年)迁山阳太守，“以礼训人，不任刑罚。崇好儒雅，敦明庠序。……有遵奉教化者，擢为乡三老，常以

① 任继愈主编：《中国哲学发展史》(秦汉卷)，北京：人民出版社1985年版，第472页。

② [南朝宋]范晔：《后汉书》卷四一《第五伦列传》，北京：中华书局1965年版，第1397页。

八月致酒肉以劝勉之。吏有过咎，罢遣而已，不加耻辱。百姓怀爱，莫有欺犯。兴起稻田数千顷，每于农月，亲度顷亩……”①

再如钟离意。永平三年（60 年）大旱，明帝大起北宫，钟离意“诣阙免冠上疏”：“昔成汤遭旱，以六事自责……窃见北宫大作，人失农时，此所谓宫室荣也。自古非苦宫室小狭，但患人不安宁。宜且罢止，以应天心。”明帝只好“敕大匠止作诸宫”。②

综上所述，从光武帝起，经明帝、章帝、和帝，这四位皇帝进行了一系列改革。这些改革，在政治上是沿着西汉武帝加强皇权的方向进行的；在经济上，则基本上是西汉初年的轻徭薄赋和武帝下轮台诏之后的那些做法；在文化教育和对官吏的管理上，四位皇帝高举儒家的旗帜，使作为地主阶级统治思想的儒家和组成封建国家机器的官僚队伍逐渐融为一体，大批符合儒家道德标准的官僚队伍的成长就能说明这一点。也就是说，统治阶级更自觉地利用儒家学说来加强自己的统治了。由于这一系列改革在很多方面取得成功，东汉帝国复兴了。

由于重视发展经济和改革社会制度，东汉前期社会在不太长的时间里稳定了下来，逃亡在外的人回到了故乡，农业很快得到恢复和发展。《后汉书·明帝纪》说，到永平十二年（69 年），“天下安平，人无徭役，岁比登稔，百姓殷富，粟斛三十，牛羊被野”。从这时起到和帝，是东汉的极盛时期。据统计，到和帝末年，全国有“户九百二十三万七千一百一十二，口五千三百二十五万六千二百二十九，垦

① ［南朝宋］范晔：《后汉书》卷七六《循吏列传》，北京：中华书局 1965 年版，第 2467 页。

② ［南朝宋］范晔：《后汉书》卷四一《钟离意列传》，北京：中华书局 1965 年版，第 1408 页。

田七百三十二万一百七十顷八十亩百四十步”①。这个数字少于西汉，这是因为刘秀度田不了了之，地主豪强们隐瞒了不少土地和人口。

这一时期的生产工具又有了明显的进步。如水排的发明和应用。水排即水力鼓风机，以水激轮，再用曲棍把水轮圆周运动改为风箱的往复运动。这种技术我国比欧洲早一千二百年。又如和帝时蔡伦总结前人经验发明的造纸技术②，是世界公认的我国人民对世界文明做出的重要贡献。再如明帝时命王景等整治黄河和汴渠，经过这次整治，黄河大约有八百多年(到 1048 年)没有发生改道，水灾也比过去少多了。崔寔《四民月令》中有不同土壤种植不同作物，种植宽度也应不同的记载，反映了农业技术的进步。东汉的农业产量，仲长统说是“计稼穑之入，令亩收三斛”③。这要比西汉“百亩之入，不过百石”有所增加。

东汉王朝统治着一个版图辽阔的多民族的大国，在当时的世界上占有极其重要的地位。它东方连通日本，以金印赐倭奴国王，又派使者西行出使大秦(罗马帝国)，北边打败了匈奴，南与南亚各国关系密切。所以无论从国家实力来看，还是从国际地位来看，把刘秀开创的事业称为“中兴”，都不能算过分。

---

① [南朝宋]范晔:《后汉书》志第二三《郡国志》，北京:中华书局 1965 年版，第 3534 页。

② 考古工作者已发现西汉的“麻纸”，但据轻工业部造纸研究所对迄今发现的古纸做的科学鉴定，认为只有蔡伦纸才是真正的纸。(见 1980 年《文物》第 1 期王菊华、李玉华《从几种汉纸的分析鉴定试论我国造纸术的发明》)。

③ [南朝宋]范晔:《后汉书》卷四九《仲长统列传》，北京:中华书局 1965 年版，第 1656 页。

东汉末年的改革思潮

光武中兴，在东汉前期开辟了一个兴盛的时期。这个时期有近八十年的时间。汉和帝以后，也就是从东汉中期开始，政权就主要由外戚和宦官两大集团控制了。

外戚专权，主要是通过太后父兄担任大将军兼尚书实现的。公元135年至159年的二十多年间，梁商、梁冀父子执政，外戚势力发展到了顶峰。梁冀任大将军时，年幼的质帝说了他一名“跋扈将军”，就被毒死。他还杀死了很多不愿依附他的人。他独断专行，文武百官不敢违背他的意志，连皇帝也不能参与决策。他强占土地，兴建私苑，拦掠妇女，并“遣客出塞，交通外国，广求异物”①。他当权时期对郡县的征发比过去增多十倍，人民大批死亡。他当皇太后的妹妹死后，他失去了靠山，才被桓帝联合宦官力量消灭。

外戚妨碍了皇权，皇帝要掌握实权，打击外戚，当时只能依靠宦官。因为东汉的三公九卿已被削权，变成了不能轻易接近皇帝的“备员”，宦官是皇帝身边唯一可以依靠的力量。和帝、安帝、桓帝都是借助宦官锄掉外戚的。

---

① ［南朝宋］范晔：《后汉书》卷三四《梁冀列传》，北京：中华书局1965年版，第1181页。

宦官在反对外戚专权的斗争中取得了皇帝的信任，也发展成为一个政治集团。宦官郑众因与和帝合谋而封侯。郑众死后，其养子被允许继承他的爵位，开了宦官养子袭爵的先例。公元135年，顺帝下令宦官可以养子袭爵。宦官们还常常假传圣旨，强制推行，皇帝实际上成了他们的傀儡。

宦官和外戚一样凶恶，他们的统治和外戚一样黑暗。在外戚宦官专权时期，“州郡牧守承顺风旨，辟召选举，释贤取愚”①。察举制度更为腐败，“举秀才，不知书。察孝廉，父别居。寒素清白浊如泥，高第良将怯如鸡”②，不附权贵的士人受到排斥。这种情形激起了士大夫阶层的反对。开始，这种反抗只是个别的或少数人的行动，如安帝时期名儒杨震和张纲的反抗。至桓、灵时期，一部分正直的官僚和在野的士大夫、太学生联合起来，形成了一股反对外戚宦官的政治力量。当时的太学生已达三万余人，他们抨击朝政，赞扬敢于干犯权贵的李膺和陈蕃，说：“天下楷模李元礼（李膺），不畏强御陈仲举（陈蕃）。”李、陈二人成了反对宦官的领袖人物。

但宦官得到皇帝的信任，握有实权，他们的残酷镇压造成了“党锢之祸”。桓帝延熹九年（166年），术士张成唆使其子杀人，当时担任司隶校尉的李膺将其逮捕后，适逢国家大赦，李膺因张成与宦官关系密切，就把他们处死了。宦官集团唆使张成弟子上书，诬告李膺与太学生、诸郡儒生学士“共为部党，诽讪朝廷，疑乱风俗”③。桓帝大怒，下令逮捕李膺等二百余人，后经尚书说情，免归田里，禁锢

① ［南朝宋］范晔：《后汉书》卷七八《宦者列传·曹节》，北京：中华书局1965年版，第2526页。

② 杨明照：《抱朴子外篇校笺》卷一五《审举》，北京：中华书局1991年版，第393页。

③ ［南朝宋］范晔：《后汉书》卷六七《党锢列传》，北京：中华书局1965年版，第2187页。

终身。这就是所谓“党锢”事件。此后不久，桓帝死，灵帝即位，重用陈蕃，宦官先发制人，陈蕃、李膺皆死，大批士人又被禁用。从此之后，政权进一步落到宦官手中，士大夫和太学生的斗争以失败而告终。

司马光在评论这段历史时说：

> 天下有道，君子扬于王庭，以正小人之罪，而莫敢不服。天下无道，君子囊括不言，以避小人之祸，而犹或不免。党人生昏乱之世，不在其位，四海横流，而欲以口舌救之，臧否人物，激浊扬清，撩虺蛇之头，跷虎狼之尾，以至身被淫刑，祸及朋友，士类歼灭而国随以亡，不亦悲乎！①

司马光显然是站在封建主义正统观点上说话的，但他对东汉这段历史的评论不无道理。士人君子一般是地主阶级长远利益、总体利益的代表者，他们受重视的时候，也就是从皇帝到百官都用儒家道德标准要求自己的时候，如东汉前期那样，就可以做到“君子扬于王庭以正小人之罪”，这叫作“天下有道”。相反，在“天下无道”的情况下，士人的意见不但不被采纳，还受到打击，甚至士人本身也被“歼灭”，也就是说如果封建国家政权没有一批代表地主阶级长远利益的人帮助制定政策，匡正时弊，拾遗补阙，进行改革，其结果就是走向灭亡，“士类歼灭而国随以亡”。司马光的分析是很有深度的。

士大夫和太学生们反对宦官的斗争，在当时具有正义性，博得了社会的同情。但总的讲，这种斗争是统治阶级内部斗争。士大夫和太学生们出身清高，不齿与宦官为伍，但他们也提不出解决当时

① [宋]司马光：《资治通鉴》卷五六《汉纪四十八》，北京：中华书局 1956 年版，第 1823 页。

社会矛盾的任何办法。他们进行斗争的主要原因，是外戚宦官专权堵塞了他们的仕进之路，如果仕途通达，太学生就不会那么激烈。“党锢之祸”后，经学衰落了，政治更加腐朽，在这种情况下，一股社会批判和社会改革思潮兴盛起来。

经学的衰落可以追溯到和帝时期。章帝时期，博征群儒召开“白虎观会议”，把以“三纲五常”为核心的汉代经学集中整理为《白虎通义》，使经学思潮达到顶峰。章帝以后，和帝继位，在一段时间内出现了外戚专权。虽然和帝亲自铲除了外戚势力，但由于外戚专权违背了经义，所以出现了“学者颇懈”的情况。“自安帝览政，薄于艺文，博士倚席不讲，朋徒相视怠散，学舍颓敝，鞠为园蔬，牧儿荛竖，至于薪刈其下。”①就是说，从安帝起，原来讲经学的“学舍”不仅不讲经学了，而且已经荒废了。其根本的原因，仍然是以皇帝为首的统治阶级违背了经学所主张的原则，用实际行动破坏了经学的核心内容——三纲五常。在外戚专政之下，君权也好，父权也好，夫权也好，都无从谈起了。政治的腐朽使士人感到失望，他们当中的很多人不再像过去那样把经学当作仕进的手段，而开始走向隐居，或传授弟子，或闭门著书。《后汉书·儒林列传》中有不少这样的例子。如何休，“为人质朴讷口，而雅有心思，精研《六经》，世儒无及者。以列卿子诏拜郎中，非其好也，辞疾而去。不仕州郡”。又如任安，“少游太学……通数经……还家教授，诸生自远而至。初仕州郡。后太尉再辟，除博士，公车征，皆称疾不就”。桓帝时，安阳人魏桓多次被征召，其同乡也劝他去上任。魏桓说：

夫干禄求进，所以行其志也。今后宫千数，其可损乎？厩

① ［南朝宋］范晔：《后汉书》卷七九《儒林外传》，北京：中华书局1965年版，第2547页。

马万匹，其可减乎？左右悉权豪，其可去乎？

劝他上任的同乡回答："不可。"魏桓慨然叹曰："使桓生行死归，于诸子何有哉！"[①]遂隐居不出。

但更多的士人，特别是年轻的太学生，则关注着政局的发展变化。在宦官专权时期，他们以李膺、陈蕃为首进行反抗，结果被镇压，高扬经学原则的人或被禁锢，或被处死，破坏经学原则的宦官掌握政权，"主荒政缪，国命委于阉寺"[②]，经学地位一落千丈。

在这种情况下，东汉末年一批进步的思想家，如王符、崔寔、仲长统、荀悦等，对当时的社会进行了大量的揭露和批判，提出了不少改革的设想，其主要的内容如下。

(一)反对天命，主张人事为本

武帝提倡儒学以来，以董仲舒"天人感应"为基础的"君权神授"思想成为占统治地位的意识形态。两汉之际盛行的谶纬迷信就是这种思想的一个典型。东汉进步思想家，从王充开始，就批判"君权神授"思想。仲长统坚持"天人相分"的观点，认为天是自然，"天之道"是自然规律；国家的盛衰兴亡是人道使然，与"天之道"无关。"人事为本，天道为末"，"故审我已善，而不复恃乎天道，上也：疑我未善，引天道以自济者，其次也；不求诸己，而求诸天者，下愚之主也"。[③] 这是非常深刻的见解。仲长统认为：

---

① ［南朝宋］范晔：《后汉书》卷五三《周黄徐姜申屠列传》，北京：中华书局1965年版，第1741页。

② ［南朝宋］范晔：《后汉书》卷六七《党锢列传》，北京：中华书局1965年版，第2185页。

③ ［清］严可均：《全上古三代秦汉三国六朝文·全后汉文》卷八九，北京：中华书局1958年版，第1910页。

豪杰之当天命者，未始有天下之分者也。无天下之分，故战争者竞起焉。于斯之时，并伪假天威，矫据方国，拥甲兵与我角才智，程勇力与我竞雌雄，不知去就，疑误天下，盖不可数也。①

在“无天下之分”的时候，各路豪杰的所谓应“天命”，都是“伪假天威”，实际上他们完全是凭借实力来夺取政权的。天命是不存在的。君主的统治地位只不过意味着他在“拥甲兵与我角才智，程勇力与我竞雌雄”方面取得了胜利。

仲长统还认为，自建立统治以来，每个朝代都经历了兴起、守业、衰亡三个阶段。“存亡以之迭代，政乱从此周复，天道常然之大数也。”②就是说，这是一个必然的发展过程。他说，东汉末年已经进入了衰亡的乱世，而且比以往任何时候都乱：

昔春秋之时，周氏之乱世也。逮乎战国，则又甚矣。秦政乘并兼之执，放虎狼之心，屠裂天下，吞食生人，暴虐不已，以招楚汉用兵之苦，甚于战国之时也。汉二百年而遭王莽之乱，计其残夷灭亡之数，又复倍乎秦、项矣。以及今日，名都空而不居，百里绝而无民者，不可胜数。此则又甚于亡新之时也。悲夫！不及五百年，大难三起，中间之乱，尚不数焉。变而弥猜，下而加酷，推此以往，可及于尽矣。嗟乎！不知来世圣人救此

① [南朝宋]范晔：《后汉书》卷四九《仲长统列传》，北京：中华书局1965年版，第1646页。

② [南朝宋]范晔：《后汉书》卷四九《仲长统列传》，北京：中华书局1965年版，第1647页。

之道，将何用也？又不知天若穷此之数，欲何至邪？①

身处乱世的仲长统陷入了悲观主义，这是很自然的。他作为一个进步的封建主义思想家，在当时看不到前途，但他的关于封建社会治乱的观点却在一定程度上反映了封建王朝变化的规律。

怎么办？仲长统提出了十六条办法：

明版籍以相数阅，审什伍以相连持，限夫田以断并兼，定五刑以救死亡，益君长以兴政理，急农桑以丰委积，去末作以一本业，敦教学以移情性，表德行以厉风俗，核才艺以叙官宜，简精悍以习师田，修武器以存守战，严禁令以防僭差，信赏罚以验惩劝，纠游戏以杜奸邪，察苛刻以征烦暴。②

他提的这些办法，都是从人事着手的，符合他的“人事为本”的主张。

(二)揭露外戚宦官专权，主张加强君权，加强法治

在仲长统、王符看来，东汉末年最大的祸害就是外戚宦官专权。当时从上到下大大小小的国家机构，都有外戚宦官的党羽，他们危害国家，无恶不作：

权移外戚之家，宠被近习之竖，亲其党类，用其私人，内充京师，外布列郡，颠倒贤愚，贸易选举，疲驽守境，贪残牧民，挠

① [南朝宋]范晔：《后汉书》卷四九《仲长统列传》，北京：中华书局 1965 年版，第 1649—1650 页。

② [南朝宋]范晔：《后汉书》卷四九《仲长统列传》，北京：中华书局 1965 年版，第 1653 页。

扰百姓，忿怒四夷，招致乖叛，乱离斯瘼。①

而外戚宦官一旦得到皇帝的信任，变成显贵，他们就必然要结党营私。王符从历史角度分析了这个问题：

远迹汉元以来，骄贯之臣，每受罪诛，党与在位，并伏辜者，常十二三。由此观之，贵宠之臣，未尝不播授私人进奸党也。②

仲长统认为，亲族关系和政治关系是两种不同的关系，不容混淆。外戚专权，就是皇帝把亲族关系运用于政治关系的结果。他指出：

母后之党，左右之人，有此至亲之执，故其责任万世。……未若置丞相自总之。若委三公，则宜分任责成。夫使为政者，不当与之婚姻；婚姻者，不当使之为政也。③

如何铲除这种祸害呢？仲长统认为关键在于皇帝的权威。只要皇帝亲握朝纲，一道诏书就可以解决问题。他说：

或曰：政在一人，权甚重也。曰：人实难得，何重之嫌？昔者霍禹、窦宪、邓骘、梁冀之徒，籍（按通"藉"）外戚之权，管国家

① ［南朝宋］范晔：《后汉书》卷四九《仲长统列传》，北京：中华书局1965年版，第1657页。

② ［清］汪继培笺，彭铎校正：《潜夫论笺校正》卷二《本政》，北京：中华书局1985年版，第92页。

③ ［南朝宋］范晔：《后汉书》卷四九《仲长统列传》，北京：中华书局1965年版，第1658页。

之柄；及其伏诛，以一言之诏，诘朝而决，何重之畏乎？！

强调加强皇权是有道理的，但说只要皇帝一下决心，一道诏书就可以铲除外戚集团和宦官集团，则说得太轻松了。

与仲长统相比，王符提出的加强君权、限制豪强以解决贵戚专权的办法，显得更为切实有力一些。王符的中心思想可概括成“尊君重令”，他说：

民之所以不乱者，上有吏；吏之所以无奸者，官有法；法之所以顺行者，国有君也；君之所以位尊者，身有义也。义者，君之政也；法者，君之令也。人君思正以出令，而贵贱贤愚莫得违也，则君位于上，而民氓治于下矣。①

又说：

行赏罚而齐万民者，治国也；君立法而下不行者，乱国也；臣作政而君不制者，亡国也。②

就是说，君主必须亲自掌握政权，而不允许“臣作政”；君主出令“行赏罚而齐万民”，而不允许“立法而下不行”。这样就可以做到官吏无奸，百姓莫违，把国家治理好。

王符特别强调法的作用。他说：“议者必将以为刑杀当不用，而

① ［清］汪继培笺，彭铎校正：《潜夫论笺校正》卷五《衰制》，北京：中华书局1985年版，第239页。

② ［清］汪继培笺，彭铎校正：《潜夫论笺校正》卷五《衰制》，北京：中华书局1985年版，第238页。

德化可独任，此非变通者之论也，非救世者之言也。”①他主张：“妄违法之吏，妄造令之臣，不可不诛也。”②

在东汉末年外戚宦官专权而君权衰微的情况下，仲长统和王符主张加强君权，加强法治，应当说是有很强的针对性的。

(三)反对门第取士，主张尚贤使能

东汉末年，阀阅取士，贡举不实，是政治黑暗的又一表现。王符揭露说：

> 今观俗士之论也，以族举德，以位命贤。……无是能而处是位，无是德而居是贵。③

> 世之所以不治者，由贤难也。……直以面誉我者为智，谄谀己者为仁，处奸利者为行，窃禄位者为贤尔。……今世主之于士也，目见贤则不敢用……④

> 群僚举士者，或以顽鲁应茂才，以桀逆应至孝，以贪饕应廉吏，以狡猾应方正，以谀谄应直言，以轻薄应敦厚，以空虚应有道，以嚚闇应明经，以残酷应宽博，以怯弱应武猛，以愚顽应治剧。名实不相副，求贡不相称。富者乘其材力，贵者阻其势要，

① [清]汪继培笺，彭铎校正：《潜夫论笺校正》卷五《衰制》，北京：中华书局1985年版，第242页。

② [清]汪继培笺，彭铎校正：《潜夫论笺校正》卷五《衰制》，北京：中华书局1985年版，第241页。

③ [清]汪继培笺，彭铎校正：《潜夫论笺校正》卷一《论荣》，北京：中华书局1985年版，第34页。

④ [清]汪继培笺，彭铎校正：《潜夫论笺校正》卷一《贤难》，北京：中华书局1985年版，第48、51页。

以钱多为贤，以刚强为上。凡在位所以多非其人，而官听(职)所以数乱荒也。①

在这种情况下，很多正直清高之士不受征召而遁世隐居，经学急剧衰落，皇帝被外戚、宦官、奸邪之人所包围，是很自然的事。王符认为，要改变这种状况，治理好国家，首先必须知贤，"凡南面之大务，莫急于知贤"②，"国以贤兴，以谄衰；君以忠安，以忌危。此古今之常论，而世所其知也"③。到哪里去挑贤者呢？王符认为，贤人到处都有，"十步之间，必有茂草；十室之邑，必有俊士。贤材之生，日月相属，未尝乏绝。……此非今世之无贤也，乃贤者废锢而不得达于圣主之朝尔"④。王符还认为，选用贤才，不能求全责备，而应当"弃其所短，而采其所长，以致其功"，做到"各以所宜，量材授任"。⑤任官以后，还必须按时考绩，这就如同家"有五子十孙，父母不察精懊，则勤力者懈弛"，"大人不考功，则子孙惰而家破穷；官长不考功，则吏怠傲而奸宄兴；帝王不考功，则直贤抑而诈伪胜"。⑥

王符还说到鉴别人才的标准："天地之所贵者人也，圣人之所尚

① [清]汪继培笺，彭铎校正：《潜夫论笺校正》卷二《考绩》，北京：中华书局1985年版，第68页。

② [清]汪继培笺，彭铎校正：《潜夫论笺校正》卷二《考绩》，北京：中华书局1985年版，第62页。

③ [清]汪继培笺，彭铎校正：《潜夫论笺校正》卷三《实贡》，北京：中华书局1985年版，第151页。

④ [清]汪继培笺，彭铎校正：《潜夫论笺校正》卷三《实贡》，北京：中华书局1985年版，第151页。

⑤ [清]汪继培笺，彭铎校正：《潜夫论笺校正》卷三《实贡》，北京：中华书局1985年版，第156、158页。

⑥ [清]汪继培笺，彭铎校正：《潜夫论笺校正》卷二《考绩》，北京：中华书局1985年版，第63页。

者义也，德义之所成者智也。”①德的标准是重要的，但德必须以才智去成全，也就是坚持德才兼备的标准。荀悦也谈到这个问题，主张“合而用之，以才为贵；分而行之，以行为贵”②。即在德才兼备的情况下，才是主要的；在有德无才或有才无德的情况下，德是主要的。

（四）重农思想和民本思想

东汉末年的进步思想家，还针对土地兼并和农民破产而变为流民的问题提出了一些改革设想。他们在这方面的指导思想是重农思想和民本思想。

从《潜夫论》看，王符主要是从豪强地主生活腐朽，奢侈性消费品大量增加，吸引农民弃农求末，到城市从事奢侈品生产，加深了农业危机的角度分析的。他说：

> 今举世舍农桑，趋商贾，牛马车舆，填塞道路，游手为巧，充盈都邑。治本者少，浮食者众。商邑翼翼，四方是极。今察洛阳，浮末者什于农夫，虚伪游手者什于浮末。是则一夫耕，百人食之，一妇桑，百人衣之。以一奉百，孰能供之？天下百郡千县，市邑万数，类皆如此，本末何足相供？则民安得不饥寒？饥寒并至，则安能不为非？③

> 今民去农桑，赴游业，披采众利，聚之一门，虽于私家有富，

---

① ［清］汪继培笺，彭铎校正：《潜夫论笺校正》卷一《赞学》，北京：中华书局 1985 年版，第 1 页。

② ［明］黄省曾注，孙启治校补：《潜夫论笺校正 · 杂言》，北京：中华书局 2012 年版，第 187 页。

③ ［清］汪继培笺，彭铎校正：《潜夫论笺校正》卷三《浮侈》，北京：中华书局 1985 年版，第 120 页。

然公计愈贫矣。①

为了挽救危机，他提出“守本离末”的主张：

夫富民者，以农桑为本，以游业为末；百工者，以致用为本，以巧饰为末；商贾者，以通货为本，以鬻奇为末。三者守本离末则民富，离本守末则民贫。②

这里，王符把“致用”的手工业和“通货”的商业也算帮“本”，只把奢侈性工商业算作“末”加以反对，在认识上比前人进了一步。

崔寔也主张重农，他针对土地兼并造成的危机，提出恢复井田制，因为井田制可“使人饥饱不遍，劳逸均齐，富者不足僭差，贫者无所企慕”③。

荀悦不主张井田制，而主张“耕而勿有”：

或曰：“复井田与？”曰：“否。专地非古也，井田非今也。”“然则如之何？”曰：“耕而勿有，以俟制度可也。”④

即耕种土地的人对土地有使用权而无所有权，想用禁止买卖的办法

① [清]汪继培笺，彭铎校正：《潜夫论笺校正》卷一《务本》，北京：中华书局1985年版，第17页。

② [清]汪继培笺，彭铎校正：《潜夫论笺校正》卷一《务本》，北京：中华书局1985年版，第16页。

③ [清]严可均：《全上古三代秦汉三国六朝文·全后汉文》卷四六，北京：中华书局1958年版，第1452页。

④ [明]黄省曾注，孙启治校补：《申鉴注校补·时事》，北京：中华书局2012年版，第78页。

禁止兼并。主张恢复井田制也好，主张“耕而勿有”也好，从本质上讲都是否定土地私有制。这是不可能的。因为土地私有制（即地主土地所有制）和小农经济是中国封建社会赖以存在的基础。

与重农思想相联系，王符、荀悦、崔寔还提出了民本思想，认为老百姓是国家的基础，应当加以爱护。

王符说：

> 国以民为基，贵以贱为本。愿察开辟以来，民危而国安者谁也？下贫而上富者谁也？故曰：“夫君国将民之以，民实瘠，而君安得肥？”夫以小民受天永命，窃愿圣主深惟国基之伤病，远虑祸福之所生。①

荀悦说：

> 人主承天命以养民者也，民存则社稷存，民亡则社稷亡。故重民者，所以重社稷而承天命也。②

崔寔说：

> 是以有国有家者，甚畏其民，既畏其怨，又畏其罚，故养之如伤病，爱之如赤子，兢兢业业，惧以终始。③

---

① ［清］汪继培笺，彭铎校正：《潜夫论笺校正》卷五《边议》，北京：中华书局1985年版，第274页。

② ［明］黄省曾注，孙启治校补：《申鉴注校补·杂言》，北京：中华书局2012年版，第148页。

③ ［清］严可均：《全上古三代秦汉三国六朝文·全后汉文》卷四六，北京：中华书局1958年版，第1450页。

东汉进步思想家继承了先秦以来的民本思想，他们认为，老百姓虽然卑贱，却是国家的根本；开天辟地以来，没有哪个君主在百姓处于危难的情况下自己能够保住社稷的，应当像养伤病者一样爱护百姓，爱民如子，兢兢业业地进行统治，采取各种措施关心人民，为人民谋福利。

除了上述几点以外，东汉末年的进步思想家还提出了其他一些问题和改革主张。比如关于“公私之分”的问题，他们提出：“国君之所以致治者，公也，公法行则轨（宄）乱绝。”①“我有公心焉，则士民不敢念其私矣。”②当然，在封建社会里，君主是地主阶级的总代表，他根本不可能有什么“公”。但这里的“公”是指封建国家和地主阶级的总体利益，“私”是指君主和官僚们的私利，从这个角度讲，提出“公私之分”，主张君主和封建官僚要有“公心”，也不是没有意义的。

东汉末年进步思想家的上述改革思潮，代表了当时社会下层知识分子的主张。由于他们没有某一学说或学派作中心，也没有一个或几个政治上很有影响的人物作领袖，所以，改革主张虽然提出来了，却没有发展为行动。尽管如此，他们的改革思潮和对当时社会的批判，对于时人认识东汉末年危机，加速经学的衰落，还是起了很大作用的。

东汉末年进步思想家在政治上无能为力，又受到道家思想的影响，所以他们当中有的人就向老庄思想发展。如仲长统：

---

① ［清］汪继培笺，彭铎校正：《潜夫论笺校正》卷二《潜叹》，北京：中华书局1985年版，第97页。

② ［清］严可均：《全上古三代秦汉三国六朝文·全后汉文》卷八八，北京：中华书局1958年版，第1896页。

蹰躇畦苑，游戏平林。濯清水，追凉风，钓游鲤，弋高鸿。讽于舞雩之下，咏归高堂之上。安神闺房，思老氏之玄虚；呼吸精和，求至人之仿佛。与达者数子，论道讲书，俯仰二仪，错综人物。弹《南风》之雅操，发清商之妙曲。消摇一世之上，睥睨天地之间。不受当时之责，永保性命之期。如是，则可以陵霄汉，出宇宙之外矣。①

这是他自己的志趣，超然脱俗，有点像陶渊明了，开了魏晋之风的先河。

东汉末年的改革思想没有变成改革行动，“党锢之祸”又严重打击了士人阶层，这使封建统治者失去了匡扶力量，整日沉溺于酒色之中。桓帝大造宫室，广选美女五六千人。灵帝更是设法搜刮钱财，挥霍无度，他的后宫一天的衣食之费需数百金。他公开卖官，上至公卿，下至一般官吏，都有定价，以满足其享乐之需。与此同时，门阀大族都过着奢侈腐朽的生活。仲长统揭露说：“琦赂宝货，巨室不能容；马牛羊豕，山谷不能受。妖童美妾，填乎绮室，倡讴伎乐，列乎深堂。……三牲之肉，臭而不可食；清醇之酎，败而不可饮。”②另一方面，在封建统治阶级的残酷压榨剥削之下，广大人民处于饥寒交迫之中，“民众而无所食”③；加以蝗灾和水灾，农民流离失所，走投无路，整个社会动荡不安，终于在中平元年（184 年）爆发了声势浩大的黄巾大起义。大起义的风暴席卷全国，约有百余万人参加了

① [南朝宋]范晔：《后汉书》卷四九《仲长统列传》，北京：中华书局 1965 年版，第 1644 页。

② [南朝宋]范晔：《后汉书》卷四九《仲长统列传》，北京：中华书局 1965 年版，第 1648 页。

③ [南朝宋]范晔：《后汉书》卷五七《刘陶列传》，北京：中华书局 1965 年版，第 1847 页。

起义，沉重地打击了东汉统治。

在黄巾起义时期，封建统治阶级的内部矛盾暂时缓和下来，掌握政权的宦官集团和被排挤的官僚集团以及各地方的地主武装，都来镇压农民起义。大起义被镇压下去了，统治阶级内部的矛盾斗争又激烈起来。一些地主装武集团在镇压农民起义中发展了自己的力量，中央政权早已无力对他们发号施令，他们各据一方，互相兼并，逐步形成了三国鼎立的局面。

试论秦汉时期的改革

一、秦朝改革的成功与失败

秦朝的改革是成功的。秦始皇运用商鞅变法以来的改革政策缔造了一个专制主义中央集权的封建大帝国，为中国封建社会奠定了基本的政治格局。但秦朝是短命的，它只存在了短短的十五年，而这种短命又是秦始皇和秦二世父子的政策造成的。从这个意义上讲，秦统一以后的很多做法又是失败的。

秦朝处在封建社会的初期，它的一系列改革政策是崭新的，有生命力的，老百姓是拥护的，为历代史家所肯定。这一点，连往往把秦之失政说过头①的汉初政治家也不否认。贾谊《过秦论》说：

> 秦并海内，兼诸侯，南面称帝，以养四海，天下之士斐然向风，若是者何也？曰：近古之无王者久矣。周室卑微，五霸既殁，令不行于天下，是以诸侯力政，强侵弱，众暴寡，兵革不休，

① 吕思勉先生有“汉人轻事重言”之说。（见吕思勉《秦汉史》上，上海：上海古籍出版社1983年版，第13页）

士兵罢敝。今秦南面而王天下，是上有天子也。既元元之民冀得安其性命，莫不虚心而仰上，当此这时，守威定功，安危之本在于此矣。

贾谊《过秦论》的主旨，在于指出秦始皇父子的错误和总结秦朝速亡的历史教训，但他以气势磅礴的笔调描绘了秦的强盛，同时指出，全国的臣民们，都伸着脖子眼巴巴地看着秦始皇，因为长期战乱，人民希望有一个安定生产和生活的环境。"当此之时，守威定功，安危之本在于此矣。"秦王朝的长治久安是大有希望的。

可是，这样一个处在封建社会初期发展的封建大帝国，为什么那样迅速地灭亡了呢？秦朝的改革究竟该如何评价呢？

对于这个历代都进行过很多讨论的问题，贾谊和汉初另一位思想家陆贾有一个共同的看法。贾谊的说法是"仁义不施，而攻守之势异也"①。陆贾的说法是秦始皇不懂得"逆取而顺守之"的道理。陆贾还说："秦非不欲治，然失之者，乃举措太众，刑罚太极故也。"②假如秦统一后实行仁义之策，文武并用，就没有刘邦的戏。

陆贾和贾谊认为，秦以武力统一，建立全国政权，做法是正确的；但建立全国政权以后，形势变了，还沿用原来那一套做法，就不行了。秦统一后进入了和平时期，和平时期和战争时期不一样，有很多新情况新问题，应当多用软的一手，仍然用打天下的方式，结果必然失败。

秦的统一事业，基本上是凭借强有力的中央集权的君主专制制度，用军事编制的方法把农民组织起来，以严刑峻法强制推行耕战政策，形成了一支比东方六国强大得多的军事力量来完成的。这种

① [汉]司马迁：《史记》卷六《秦始皇本纪》，北京：中华书局1982年版，第282页。
② 王利器：《新语校注·无为》，北京：中华书局2012年版，第62页。

做法是十分残暴的。所谓秦王朝的改革，其内容基本上是商鞅变法在全国范围的推广。

为什么这种极其残暴的统治在统一以前不但没有激化秦国的阶级矛盾，反而受到人民的拥护呢？这是因为，在残酷的对外兼并战争面前，秦内部的阶级矛盾被一场接一场的胜利缓和下来了。秦国百姓处在残酷的统治之下，但他们可以从耕战政策中得到实际利益，“有军功者，各以率受上爵”。那是一种特定的历史环境，在那种环境中，人民群众能忍受残暴统治是可以理解的。

崇尚法治是秦朝改革的一大特点和一大优点，但宗法制度是维系中国封建社会的一个十分重要的因素。大一统的封建国家的经济基础——地主土地所有制和大量存在的小农经济，必须依靠高度集中的政权来管理，同时也离不开仁义、慈孝等伦理道德方面的教化。法制要有，仁孝也不可缺少。秦朝“仁义不施”，首先就脱离了中国封建社会的实际。这与秦国的历史文化传统有关，也与秦始皇迷信法家、排斥儒家有关。秦始皇“以吏为师”“焚书坑儒”的做法，都有其必然性。秦始皇等人经营的秦帝国，是我国历史上第一个封建大帝国，他没有前人统治这样的封建大帝国的经验可资借鉴。汉代以儒家学说为指导思想，讲仁义，实行“孝悌力田”政策，正是从秦朝速亡的历史教训中引申出来的。

秦始皇不懂得“攻守之势异也”“逆取而顺守之”的道理，所造成的最严重的后果，是继续大规模横征暴敛。据范文澜先生推算，秦朝全国人口约二千万左右，其中百分之十五被征发服役。① 秦朝统治者对劳动人民的残酷压榨几乎没有制度上的定额和限制。在他们心目中，全国人民都是奴隶。秦时黔首指自耕农，在身份上与奴隶、刑徒是不一样的，但在实际上却没有什么区别。汉代国家和皇

① 参见范文澜《中国通史简编》第二编，上海：上海新知书店 1947 年版，第 18 页。

室在财政上是分开的，大司农掌管的赋税收入用于国家开支，少府掌管的山海池泽之税用于皇室。秦九卿中也有大司农（秦时称治粟内史）和少府这两个卿，但秦却把所有的收入都归少府，“头会箕赋，输于少府”①，供皇帝及其家人享用。滥发徭役，横征暴敛，荒淫无度，给生产力带来灾难性的破坏。广大劳动人民“常衣牛马之衣，而食犬彘之食”②，“丁男被甲，丁女转输，苦不聊生，自经于道树，死者相望”③。这是秦王朝最大的失误，也是它迅速灭亡的主要原因。

秦朝统治者的主观愿望，是为了巩固刚刚建立的专制主义中央集权的政权体制，巩固由他们亲手统一起来的多民族的封建大帝国。这样的愿望是应当肯定的。他们实行的加强统一的很多改革措施也是好的，如郡县制的推广、法律制度的统一，“使黔首自实田”，在全国实行土地私有制，统一文字和货币，统一度量衡，等等。但是，由于他们统一后还继续实行只适合于战争环境的那些政策，其客观效果就背离了他们的主观愿望。可以说，从统一之日起，秦始皇就开始走向他的主观愿望的反面了。

有人说：“秦兴也，法家，秦亡也，亦法家。”④这是有一定道理的。秦始皇对韩非的书佩服得五体投地：“嗟呼，寡人得见此人与之游，死不恨矣。”⑤秦的耕战政策来源于法家，严刑峻法来源于法家，君主绝对专制更是来源于法家。《史记·秦始皇本纪》有一段卢生批评秦始皇的话，是反映了实际情况的：

---

① 刘文典撰，冯逸、乔华点校：《淮南鸿烈集解》卷一三《汜论训》，北京：中华书局2013年版，第437页。

② ［汉］班固：《汉书》卷二四《食货志》，北京：中华书局1962年版，第1137页。

③ ［汉］班固：《汉书》卷六四《严安传》，北京：中华书局1962年版，第2812页。

④ 郭兴文：《秦亡原因新探》，《文博》1988年2月12日。

⑤ ［汉］司马迁：《史记》卷六三《韩非列传》，北京：中华书局1982年版，第2155页。

> 始皇为人,天性刚戾自用,起诸侯,并天下,意得欲从,以为自古莫及己。专任狱吏,狱吏得亲幸。博士虽七十人,特备员弗用。丞相诸大臣皆受成事,倚办于上。上乐以刑杀为威,天下畏罪持禄,莫敢尽忠。上不闻过而日骄,下慑伏谩欺以取容。秦法不得兼方,不验辄死。然候星气者至三百人,皆良士,畏忌讳谀,不敢端言其过。天下之事无大小皆决于上,上至以衡石量书,日夜有呈,不中呈不得休息。

他对谁也不相信,一切都是独断独行,丞相大臣都是备员,博士良士不敢说话,天下是狱吏的天下,这就必然导致他闭目塞听,不了解实际情况。不了解实际情况又决定一个封建大国的一切,其结果如何可以想象。但这正符合韩非"人主之患在于信人"①的主张。

秦始皇还十分相信"五德终始"说,认为秦为水德,水为阴性,主刑杀,"刻削毋仁恩和义,然后合五德之数。于是急法,久者不赦"②。这样,秦始皇就进一步把法家思想推向了极端,把秦引向失败。

法家的眼光是敏锐的,法家理论是有很多合理的成分。但是,从秦朝灭亡以后,我国各封建王朝的政治家和思想家再也没有公开打出法家的旗号,而是以儒家学说为号召,吸收法家的合理成分,或者,干脆打着儒家的旗号实行法家的主张。这是令人深思的。

二、汉代改革的进程和动力

汉代的改革,大致经历了以下几个阶段。

---

① [清]王先慎:《韩非子集解》卷五《备内》,北京:中华书局1998年版,第115页。
② [汉]司马迁:《史记》卷六《秦始皇本纪》,北京:中华书局1982年版,第238页。

1.汉初，从西汉建立到景帝末年，吸收秦朝速亡的历史教训，改变暴秦苛刻寡恩的弊端，实行与民休息的政策。高祖入关不久就宣布："父老苦秦苛法久矣"，"与父老约法三章"，"余悉除去秦法"。[①] 登基后又命陆贾总结秦朝灭亡及"古成败之国"的历史教训。陆贾提出"道莫大于无为"，不要"极武"不要"用刑太极"，而要"文武并用"。这是汉初"无为而治"的开始。在这个思想指导下，西汉初年一系列与民休息的政策，使社会经济很快恢复发展起来，在政治、法律、文化、思想方面也宽松多了，这是一次很大的改革。"文景之治"充分反映了这次改革的成果。历史上有"汉承秦制"的说法，那是指汉代继承了秦建立的中央集权体制，在具体政策上，汉初变化还是很大的。

2.汉武帝变无为为有为。经过高、惠、文、景几朝的休养生息，以及对北方匈奴侵袭的退让、容忍政策，经济得到了比较迅速的恢复和发展。武帝初年，国库充实了，国力空前加强，武帝有了大有作为的经济基础。汉初的改革是成功的，但同时，汉初的黄老无为政策已经显露出弊端。社会上出现了土地兼并和两极分化。统一的局面也隐藏着分裂的危机。贾谊敏锐地看到了这一点，认为无为而治不能再继续下去了，而应当积极有为。他说：

> 悲夫！俗至不敬也，至无等也，至冒其上也，进言者犹曰"无为"，可为长太息者此也。[②]

汉武帝雄才大略，积极有为，对汉初政治、经济、意识形态诸方面进行了大刀阔斧的改革。在政治上，加强中央集权，设"中朝"以

① [汉]班固：《汉书》卷一《高帝纪》，北京：中华书局1962年版，第23页。

② 阎振益、钟夏：《新书校注》卷三《孽产子》，北京：中华书局2000年版，第108页。

制”外朝”，下推恩令而藩国自析，派刺史以究不法太守，打击地方豪强；在经济上，实行国家专卖政策，并配套实行货币改革；在思想上，“独尊儒术”。在边境少数民族问题及对外关系上，一改过去的忍辱退让政策，对匈奴进行了大规模战争。这一切，使西汉进入鼎盛时期。

3.武帝的开边战争消耗了大量人力物力，加以统治阶级骄奢淫逸，赋税徭役一再增加，土地兼并迅速发展，社会矛盾越来越尖锐。武帝感到问题严重，必须改变政策，于是有“轮台罪己之诏”。这是武帝晚年的一次改革。这次改革收到了良好的效果，社会很快稳定了下来。汉昭帝和汉宣帝继续实行这一政策，经济又得到了恢复和发展，出现了“昭宣中兴”。有的著作认为这是汉初与民休息政策的再度登场，其实有明显的不同：汉初是黄老思想指导下的与民休息，国家实行不干涉主义；昭宣时是以吸收了法家思想的儒家学说为主导，按宣帝的说法，是王道和霸道杂用。

4.西汉后期，政治黑暗，土地兼并愈演愈烈，统治阶级更加腐朽，农民多次起义，于是有师丹、孔光等人的限田之议。限田之议因外戚权臣的反对而未能实行，矛盾激化。危难中，王莽篡权改制。王莽有解决危机的主观愿望，但他附会古制，任意乱改，又用非其人，改制很快失败，社会矛盾因此更加尖锐，遂爆发了西汉末年的农民大起义。

5.东汉初年刘秀的改革。东汉初年，经济凋敝，初会动荡。刘秀标榜“中兴”汉业，他的改革，在政治方面，基本上是沿着武帝加强中央集权的方向进行的，如“虽置三公，事归台阁”和加强监察制度的做法，就是如此。在社会经济政策上，解放奴婢，鼓励流民回故乡生产，限制土地兼并，又压缩行政机构，节约开支，则是武帝轮台诏以后政策在新情况下的继续。明帝和章帝继续实行刘秀的改革政策，使东汉初年的社会经济走向稳定和繁荣。

6.东汉中后期的改革思潮。刘秀的改革政策影响到明、章二帝，和帝以后，政权开始由外戚和宦官两大集团控制。东汉后期，宦官专权，政治越来越腐朽，地方豪强势力恶性膨胀。一部分比较正直的官吏和太学生“激扬名声，互相题拂；品核公卿，裁量执政”①，即所谓“清议”；一些思想家提出了抑制豪强、加强君权、讲究法制、信赏必罚的改革主张。士子们的“清议”招来了“党锢”之祸，结果是“士类歼灭，而国随以亡”②。

上述改革对秦汉时期的历史进程起了巨大的推动作用。

1.推动了生产力和生产关系的发展。铁器的推广，新式农具和生产技术的发明，手工业的繁荣，科学文化的发达，使汉代生产力达到中国进入封建社会后的第一个高峰，使中国成为当时世界上最强盛的国家之一。

在生产关系上，秦朝和西汉前朝，还保留着不少奴隶制残余。农民起义扫荡了奴隶制残余，从刘邦到刘秀，多次下诏解放奴婢，使大量奴隶身份的人变为自耕农。西汉时期的政策，大体上是一种保护自耕农和中小地主的政策，汉武帝“六条问事”在这方面表现得很明显。但在封建社会中，土地兼并是一种必然的发展趋势，所以在西汉中叶以后和整个东汉时期，大土地所有制发展得很快，形成了许多豪族地主。东汉豪族地主的庄园中依然有许多奴婢，但一般说来，他们已经不再是奴隶制的残余，而是依附于大地主的农奴了。秦汉时期奴隶制残余的逐渐消灭和封建地主土地所有制的发展，是一个合乎客观规律的历史进步。

① [南朝宋]范晔：《后汉书》卷六七《党锢列传》，北京：中华书局1965年版，第2185页。

② [宋]司马光：《资治通鉴》卷五六《汉纪四十八》，北京：中华书局1956年版，第1823页。

2.加强了中央集权的政权体制，形成了统一的多民族国家。封建专制主义中央集权的政权形式出现于战国。秦统一后，在全国范围内建立了统一的中央集权，在中央实行三公九卿制，在地方上实行郡县制。“汉承秦制”又“承弊通变”，使中央集权制趋于稳定。景武削藩，打击地方势力；武帝又建立“中朝”，加强皇权，同时建立“太学”培养官吏，用察举制度选拔人才，逐步形成了皇帝控制下的“士人政府”。东汉光武帝进一步削弱相权，加强皇权。

有的同志认为，从秦到汉的政治改革，使政权素质降低了，因为秦完全抛弃了世卿世禄制，而汉的“仕进之路为地主阶级上层所控制”①。这样的看法值得商榷。秦和汉初统治集团主要是军功地主，他们打天下可以，但不能完成守天下，治理国家，使国家长治久安的任务。完成这样的任务的人在汉代逐步培养和选拔出来了，他们发挥了自己的才能，在当时条件下为国家做了大量好事。这显然是政权素质的提高，而不是降低。秦的短命和汉的长期稳定发展，本身就反映了哪个政权素质高，哪个政权素质低。

秦汉中央集权政体的加强，推动了统一的多民族国家的形成，强大的中央集权消除了匈奴对内地的侵扰。发达的经济文化使中原的影响很快深入到少数民族地区。边疆各民族和汉族的关系越来越密切。秦汉时期，我国作为一个统一的多民族的伟大国家已经形成。

3.找到了统一的适合中国封建社会的统治思想。战国时期，在大规模改变生产关系的同时，地主阶级思想家已在探索适合新情况的统治思想。《吕氏春秋》包容各家，是试图制造统一思想的重要著作。汉初思想家陆贾、贾谊、淮南王刘安，也都在这方面做过尝试，但做得比较成功的是董仲舒。这一方面是因为汉初的一系列改革

① 顾奎相等：《中国古代改革史论》，沈阳：辽宁大学出版社1992年版，第192页。

为武帝时期的大一统创造了政治上和经济上的条件；另一方面，董仲舒是公羊学家，他按照现实需要解释《春秋》，他创立的新儒学体系吸收了道、法、阴阳诸家思想，又主张皆绝各家之道而独尊儒术。汉武帝的改革，在思想上肯定了董仲舒的主张。但当时董仲舒的公羊学只是汉代经学当中的一派，后经宣帝时的石渠阁会议和东汉章帝时的白虎观会议，儒家学说才定型为封建社会的统治思想。

那么，如何看待秦汉时期改革的动力呢？

马克思主义认为，在阶级社会中，阶级斗争是社会发展的动力。在封建社会中，基本的阶级斗争形式是农民反对地主阶级的斗争。"在中国封建社会里，只有这种农民的阶级斗争，农民的起义和农民的战争，才是历史发展的真正动力。"①秦汉时期，处在中国封建社会的初期，当时的改革，作为地主阶级巩固统治地位，使封建社会走向成熟的手段，其主要的动力，我们认为是来自农民反抗地主阶级的阶级斗争。秦汉时期发生过多次农民起义，其中大规模农民起义有三次，这些起义都直接间接地推动了当时的改革。

汉初改革的动力来自秦末农民大起义。秦朝统治者的残酷压榨激起了陈胜吴广领导的起义，汉初统治者总结了秦亡的历史教训，实行以轻徭薄赋为主要内容的与民休息政策，并下令释放奴隶。武帝时，土地兼并发展，再加上对匈奴长期战争的消耗，使农民纷纷破产，破产农民多次举行起义，武帝感到问题严重，于是有了晚年的改革（下轮台诏）。西汉末年的农民大起义不仅直接打击了豪强地主，抑制了土地兼并，而且迫使刘秀一连下了六道解放奴婢的命令。刘秀本人是大地主，他下的限制大地主兼并土地的"度田"令虽然没有彻底贯彻执行，但也间接地反映了农民起义的威力。

从秦汉时期来看，除了农民反抗地主阶级的阶级斗争以外，统

① 毛泽东：《中国革命和中国共产党》，北京：人民出版社 1967 年版，第 6 页。

治阶级的内部矛盾也对改革起着推动作用。汉初封国制度造成了不少割据一方的势力，使中央和地方之间的矛盾尖锐化，于是有了景武削藩。皇权和相权之间的矛盾推动着君主集权制度的加强，武帝时“中朝”的产生，光武时，“虽置三公，事归台阁”，都是加强皇权、削弱相权的反映。

三、秦汉改革的历史地位

秦汉时期开创了中国大一统的政治格局，建立了大一统政治格局的经济基础——封建地主土地所有制（同时存在大量自耕农），形成了统一的统治思想。这些方面，都是通过一系列改革确立下来的，对两千年的中国封建社会影响极为深远。所以，秦汉时期的改革，在中国历史上占有十分重要的地位。

秦汉大一统的政治格局，核心的东西是建立、巩固封建专制主义中央集权的政权体制。这一时期的改革，主要也是围绕着这个中心进行的。秦始皇建立了皇帝制度，从此，“家天下”成为封建君主专制制度的重要内容，权力高度集中，“天下之事无大小皆决于上”。在皇帝独裁之下，是一套处理具体事务的三公九卿行政系统。汉代沿袭秦的中央集权政体，并把它完备起来，巩固下来。魏晋南北朝到唐宋，中央行政系统变为三省六部，明清时又变为内阁六部，但基本框架变化不是很大。

汉武帝创置中外朝的做法对后代影响巨大。当三省六部发展成为中央政府的时候，在唐代，皇帝又开始启用身边的亲近侍从参与朝政，形成新的决策机构。这种现象直到明代的内阁和清代的军机处。

秦朝曾有郡县制和分封制的争论。汉初实行郡国并立制度，景武削藩以后，被分封者只有物质待遇而没有了政治权力。清代学者龚自珍指出：

> 汉有大善之制一，为万世法，关内侯是矣。汉既用秦之郡县，又兼慕周之封建，侯王之国，与守令之郡县，相错处乎禹之九州，是以大乱繁兴。封建似文家法，郡县似质家法，天不两立。天不两立，何废何立？天必有所趋，天之废封建而趋一统也昭昭矣。然且相持低昂徘徊二千余年，而后毅然定。何所定？至我朝而大定。关内侯，汉之虚爵也。虚爵如何？其人揖让乎汉天子之朝，其汤沐邑之入，稍稍厚乎汉相、公卿。无社稷之祭，无兵权，无自辟官属。①

这种封虚爵的办法很精明，它使受封者享有虚名，也分到一些土地作为"汤沐邑"。但是，他只能在"汤沐邑"中收租税，不能掌握政权。他的后代除了"汤沐邑"以外，也没有别的什么可以继承。这个制度，有分封而无害于中央的统一，所以以后的各封建王朝也一直在不同程度上实行着。

汉武帝把全国分成十三州部，以秩卑权重的刺史进行监察的做法也对后代影响很大。唐代和明清时期分道设按察使（或巡按御史）监察地方，同样是"秩卑而命尊，官小而权重"。

早在春秋战国时期，土地制度已经发生了剧烈的变化，但封建土地所有制在全国的确立，则是在秦汉时期。公元前 216 年，秦颁布"使黔首自实田"的命令，要农民向政府证实自己所有的土地，等于宣布了土地私有制。西汉初年，刘邦下令给复员将士以田宅，又号召逃亡人口回乡，"复故爵田宅"，使土地私有制进一步发展。

---

① ［清］龚自珍：《龚自珍全集·答人问关内侯》，上海：上海人民出版社 1975 年版，第 331 页。

在秦汉私有土地中，居支配地位的是地主土地所有制，同时存在大量自耕农。这种地主土地所有制居支配地位同时又存在大量自耕农的现象，为历代封建王朝所共有。但由于土地买卖，大地主的兼并，自耕农不断分化，到西汉中朝，农民纷纷破产。这种土地兼并和农民破产的状况，也在以后的各封建王朝反复出现。所以，限制大地主兼并土地，保护自耕农和中小地主利益，以维护封建国家的长治久安，不仅为汉代，也为历代政治家、改革家所重视。

在意识形态方面，汉武帝采纳董仲舒的主张，把儒家学说确立为统治思想，也影响了二千余年。史家讲“汉承秦制”，又讲“汉家法周”，前者指专制主义中央集权政体，后者指宗法等级和封建伦理道德。这两个方面，从西汉初年开始，到东汉初年完成，中间起决定作用的，从意识形态方面讲，就是董仲舒。

改革是一种自上而下的求得社会稳定和发展的活动，它涉及政治、经济、军事、思想文化各个方面。从秦汉改革史中，我们可以看到，在一个大国里，如果没有一个强有力的能控制全国局势的中央政府，任何改革都是搞不成的。在秦汉时期，这样的中央政府，意味着皇权和中央集权的巩固和强大。试想，如果没有西汉前期的削藩和其他加强集权的措施，汉武帝如何推动他的一系列改革？王莽改制失败的原因很多，其中也与中央集权的衰落有一定关系。东汉初年的改革虽然取得了显著成就，但也有一些改革半途而废，其根本原因，就是地方豪强势力太强大了。我们从秦汉改革史中还可以看到，封建统治者改革的目的，固然是为了加强他们自己的统治地位，但是，只有那些适合社会发展需要的改革措施，才是具有生命力的。如汉初改革适合了长期战乱后休养生息的需要，景武削藩适合了加强中央集权的需要，武帝开边战争适合了保护北方广大农耕地区安定生产免受匈奴侵扰的需要，所以这些改革都取得了成功。秦始皇的改革，总的讲是适应建立中央集权的需要的，但他的焚书坑儒、以吏为师、严刑峻法、轻罪重刑、残酷压榨、大规模征发徭役等做法，是与社会需要相违背的，所以秦很快就灭亡了。适合社会发展的需要，归根到底，也就是反映了人民的愿望。这一点，贾谊在那个时代就已经看出来了，他说："夫民者，万世之本也，不可欺。""与民为敌者，民必胜之。"①"夫忧民之忧者，民必忧其忧；乐民之乐者，民亦乐其乐。"②这些话，可以说闪烁着真理的光辉。人民群众是历史的主人，这个马克思主义的基本观点，我们从改革史的角度加以思考，会进一步加深认识。

总之，秦汉时期的改革在中国改革史上占有十分重要的地位。研究这个时期的改革，对于深入了解我国封建社会的确立和发展演变是十分必要的，对于我们今天弘扬中华民族的优秀传统，从更高的层次上认识和自觉地执行改革开放政策，也是很有意义的。

（原载《河北大学学报》1994 年第 1 期）

① 阎振益、钟夏：《新书校注》卷九《大政上》，北京：中华书局 2000 年版，第 341 页。
② 阎振益、钟夏：《新书校注》卷六《礼》，北京：中华书局 2000 年版，第 216 页。

汉朝中央集权的政治制度的巩固和发展

一、西汉专制主义统治的巩固

(一)西汉王朝的建立

公元前 209 年爆发的第一次全国性农民大起义,经过不到三年的斗争,终于推翻了秦王朝的统治。秦朝灭亡以后,起义军分成了刘邦和项羽两个比较强大的集团。这两个集团,为了争夺农民起义的果实,攫取全国的统治权,进行了激烈的争斗。

在向秦进攻的过程中,刘邦很注意对居民和降将的安抚,而项羽却往往屠城杀降。刘邦到咸阳,召集当地父老,宣布废除秦朝苛法,并约法三章:"杀人者死,伤人及盗抵罪",深得拥护。

项羽听说刘邦已入咸阳,也率军入关。他用强大的军力压服刘邦,进入咸阳,大肆烧杀抢掠,并自立为西楚霸王,建都彭城(今江苏徐州),分封十八王。

被项羽分封为汉王的刘邦,于公元前 206 年进入关中,陆续消灭了项羽用来阻止他扩张的势力。接着又领兵东征彭城,但为项羽击败,退守荥阳、成皋之间,与项羽相峙。后来,刘邦巩固了关中,又联络了反项羽的力量，才逐渐转为优势。公元前202年初，刘邦与韩信、彭越会师，围项羽于垓下（今安徽灵璧境）。项羽退至乌江（今安徽和县境）自刎。

灭项羽后，刘邦于公元前202年十月在定陶即皇帝位，是为汉高祖，国号“汉”，史称“西汉”或“前汉”。先定都洛阳，不久迁长安。

刘邦得天下后，曾与臣下一起总结经验。大臣王陵认为刘邦对立功者不吝赏赐，而项羽却妒贤嫉能，所以一胜一败。刘邦认为自己的成功在于善于用人。这些都有道理。但最根本的，是刘邦注意总结和吸收秦朝灭亡的教训，比如他废除秦苛法、实行约法三章等，得到了人民的拥护；而项羽却走到哪里抢掠烧杀到哪里，结果大失人心。人心的向背决定了刘、项之争的胜负。

（二）汉高祖稳定封建秩序的措施

长期战争使生产受到严重破坏，社会经济凋敝，农民大量流亡，城市人口锐减，商业萧条。新建立起来的西汉政权，国库空虚，财政困难。皇帝想要配齐四匹一色的马来拉车都办不到，丞相和将军只好坐牛车。① 面对这种局面，以刘邦为首的西汉统治者，把发展农业生产、稳定封建秩序作为自己的首要任务，陆续采取了以下措施：

第一，分给复员军吏士卒田宅并免除其徭役。刘邦做皇帝后颁布了“以有功劳行田宅”和免除从军士卒徭役的命令。② “行田宅”，就是分给复员军吏士卒土地和宅园。爵位七级的公大夫及其以上者，封给食邑，七级以下的也分给一定数量的土地和宅园。入关灭秦的关东人愿留在关中为民的，免除十二年徭役，回关东的免除六年徭役。这些措施使一部分军官变成了地主，一般士卒也得到了好处，从而扩大了西汉政权的社会基础。

---

① 参见［汉］司马迁《史记》卷四《平准书》，北京：中华书局1982年版，第1417页。

② 参见［汉］班固《汉书》卷一《高帝纪》，北京：中华书局1962年版，第54页。

第二，“复故爵田宅”。即给战乱中流亡山泽的人恢复故爵，并各归本土恢复田宅，对战争中小官吏们强占的土地也给予事实上的承认。这些人大多数是地主，因此这项措施得到了地主阶级的广泛支持。

第三，命丞相萧何制定比秦律缓和的九章律，代替临时颁布的约法三章。

第四，迁豪。娄敬建议把齐诸田，楚国的屈、景、昭三大家族，燕、赵、韩、魏后裔及豪杰名家，迁至关中，一可以便于西汉政府的控制，二可以北防匈奴，万一东方有事，这些人还可以作为借助力量。① 刘邦接受了这项“迁豪”的建议，从公元前 198 年开始，迁齐、楚大族昭氏、屈氏、景氏、怀氏、田氏等十余万口于关中，给予良田美宅。

第五，因饥饿自卖为奴婢的人，一律免为庶人。

第六，抑制商人。刘邦从政治上和社会地位上对商人加以抑制，为他们另立户籍，称为“市籍”，并规定：“市籍”者一律不准穿丝织品和细葛衣服，不准操兵器，不得乘车骑马，不得做官，要交加倍的人口税。

第七，减轻田租，十五税一。

汉高祖的上述这些政策，一方面使地主阶级的统治秩序重新得到稳定，另一方面使农业生产得到了恢复和发展。

汉高祖命陆贾著书说明秦失天下的原因，陆贾所著《新语》一书的《无为》篇说，秦代“事逾烦天下逾乱，法逾滋而奸逾炽，兵马益设而敌人逾多。秦非不欲为治，然失之者乃举措暴众而用刑太极故也”。汉初统治者从这些教训中认识到，只有轻徭役、薄租赋、缓刑罚，才能巩固自己的统治。这就出现了西汉初年的所谓“黄老无为”

① 参见[汉]司马迁《史记》卷九九《刘敬传》，北京：中华书局 1982 年版，第 2719 页。

的政治思想。汉高祖和文景时期的“与民休息”政策，体现了这种无为思想，促进了社会经济的发展。

(三)郡国并立与削藩

楚汉战争期间，刘邦为了争取力量，打败项羽，曾分封一些强有力的将领为王。西汉初年，为王者有七人，即楚王韩信、梁王彭越、淮南王英布、韩王信、赵王张敖、燕王臧荼、长沙王吴芮。中央直接控制的地区用郡县制管理。这就形成了西汉初年异姓诸王的封国与郡县并立的局面。

异姓诸王占据着关东广大的地域，势力很大，是中央集权的严重障碍。汉高祖采取了坚决的措施消灭诸王。他首先消灭燕王臧荼，立卢绾为燕王，接着消灭了韩信和彭越。这时，淮南王英布恐惧不安，下令集结军队，并于公元前 196 年七月发动叛乱。刘邦迫于形势，带病出征，击败英布。英布逃到番阳被乡民杀死。①

刘邦凯旋后，路过家乡，邀诸父老兄弟一同饮酒。宴会上，他抚今忆昔，无限感慨，遂敲打乐器高歌：“大风起兮云飞扬，威加海内兮归故乡，安得猛士兮守四方！”②反映了刘邦统一全国后的高兴和渴求人才的心情。

此后，刘邦又消灭了赵王张敖和韩王信。长沙王吴芮，封国僻远，又处于汉与南越的缓冲地带，所以暂予保留。

刘邦总结秦朝的教训时，认为秦未封同姓子弟为王是其速亡的原因之一。因此，他铲除了异姓诸王，又先后封了九个同姓王侯，并规定：“非刘氏而王，天下共击之。”③

刘邦分封同姓王侯，是想依靠刘氏宗族的力量统治全国。为了

---

① 参见[汉]司马迁《史记》卷九一《黥布列传》，北京：中华书局 1982 年版，第 2606 页。

② [汉]司马迁：《史记》卷八《高祖本纪》，北京：中华书局 1982 年版，第 389 页。

③ [汉]司马迁：《史记》卷九《吕后本纪》，北京：中华书局 1982 年版，第 400 页。

控制同姓诸国，他规定各王国的丞相、太傅、内史、中尉等重要官吏均由中央委派，并规定无中央虎符不得调遣军队。但各王国可以自置御史大夫以下的官吏，可以自征租赋、自铸货币、自行纪年，实际上仍然处于半独立状态。

刘邦死后，继位的惠帝软弱无能，大权逐渐落到他母亲吕后手里，吕后违背“非刘氏而王，天下共击之”的规定，分封她的侄子吕产、吕禄等为正，由吕氏及其亲信掌握了中央大权。吕后死后，刘氏诸王及西汉大臣合力消灭了诸吕的势力，迎立刘邦的儿子代王刘恒为帝，是为文帝。

这时，同姓诸王的势力得到进一步发展。他们恃亲骄横，贪得无厌，想方设法与中央政府争权、争势、争人口，甚至用驱逐、杀害、收买的办法把中央委派的相、中尉等控制在他们手里，以对抗中央统一的法令。贾谊在《治安策》中陈述当时中央和王国形势说：“天下之势，方病大瘇，一胫之大几如腰，一指之大几如股”，“欲天下之治安，莫若众建诸侯而少其力。力少则易使以义，国小则亡邪心”。[①] 贾谊的建议虽然当时没有引起文帝的重视，但贾谊死后四年，文帝把齐国一分为七，把淮南国一分为三，削弱了诸侯的力量。

文帝死后，景帝即位。在文帝时已经崭露头角的晁错上“削藩策”。他说诸王“削之亦反，不削亦反。削之，其反亟，祸小；不削之，其反迟，祸大”[②]。公元前 154 年，景帝用晁错之策，削楚王东海郡，削赵王常山郡，削胶西王六县。将及吴国，吴王刘濞就联络楚、赵、胶西、胶东、淄川、济南等六国，发动叛乱，史称“七国之乱”。由于梁国的坚守和汉将周亚夫率军进击，叛乱在三个月内被平定。接着，景帝把吴、越等王国分成若干小王国，并颁布了诸王不能自治其国

① [汉]班固：《汉书》卷四八《贾谊传》，北京：中华书局 1962 年版，第 2237 页。

② [汉]班固：《汉书》卷三五《吴王刘濞传》，北京：中华书局 1962 年版，第 1906 页。

的法令，规定：诸王只能衣食王国租税，无权过问王国政事，王国的所有行政权，官吏任免权，全部归中央政府，废除王国中的御史大夫、廷尉等官僚机构，降低其他官职的秩禄和权限。从此，诸王难制的局面大为缓和，中央集权显著加强了。

但是，直到武帝继位时，有些王侯仍然“连城数十，地方千里”①，这是继续加强中央集权的障碍。公元前 127 年，汉武帝采纳了主父偃的建议，颁布“推恩令”，规定诸王侯除嫡长子继承王位外，其他子弟可在王国中封侯，由皇帝制定这些小侯国的封号。按照汉制，侯国隶属于郡，其地位相当于县，而且，一个王国分成几个侯国，王国的直属领地进一步缩小，力量进一步分散，结果是地方势力逐渐削弱和中央集权进一步加强。武帝以后，王国辖地也不过数县，其地位与郡相当。公元前 112 年，汉武帝又以祭宗庙时王侯贡献的“酎金”斤两不足、成色不佳为由，削夺了 106 个列侯的爵位。至此，诸王侯强大难制的问题基本上得到解决。

西汉初年，贵族养士的风气仍然很盛，有势力的王侯往往招揽宾客、游士、儒生各色人等。诸王侯策划反对中央政权时，这些人又往往成为他们的重要助手。公元前 122 年，淮南王安和衡山王赐被告谋反，武帝下令尽捕其宾客党羽，牵连致死者达数万人。接着，武帝颁布“左官律”和“附益法”，前者规定王国的官吏为“左官”，不许他们在朝内任职；后者限制士人与诸王交游。从此以后，“诸侯唯得衣食租税，贫者或称牛车”②，其中支脉疏远者，更与一般富豪差不多了。

---

① ［汉］司马迁：《史记》卷一一二《平津侯主父列传》，北京：中华书局 1982 年版，第 2961 页。

② ［汉］班固：《汉书》卷三八《高五王传》，北京：中华书局 1962 年版，第 2002 页。

(四)“罢黜百家,尊崇儒术”

惠、文、景时期,西汉统治者一度提倡黄老思想。但是,事实证明,黄老思想对加强中央集权不利,而汉初以来儒家学派又一直抓住秦朝速亡批判法家。这样,吸收了某些法家思想的新儒家思想,便越来越受到重视。

新儒的代表人物是董仲舒。公元前 140 年,董仲舒在上武帝“天人三策”中,建议以儒家作为封建国家的统治思想,凡“诸不在六艺之科、孔子之术者,皆绝其道”①,即所谓“罢黜百家,尊崇儒术”。丞相卫绾和太尉田蚡也有类似主张。但当时由于窦太后好黄老之学,儒家的主张一时未被采纳。公元前 135 年,窦太后死,武帝在长安设太学,置“五经”博士,专授儒家经典《诗》《书》《易》《礼》《春秋》,同时起用田蚡为相,罢黜不治儒学的博士,优礼延揽儒生数百人。从此,以董仲舒为代表的儒家思想就变成了统治思想。

董仲舒认为:“唯天子受命于天,天下受命于天子”,所以应当“屈民而伸君,屈君而伸天”。② 如果人君无道,天即降灾,所以人君必须“强勉行道”③。这就是他的“天人感应”学说。

他主张“道之大原出于天,天不变道亦不变”④,但同时他又认为改朝换代能够纠偏补弊。他说:“继治世者其道同,继乱世者其道变。”⑤他认为秦朝是乱世,无可修改,汉朝必须改弦更张。不过在他看来,“王者有改制之名,无易道之实”⑥,所以不影响“天不变道

① [汉]班固:《汉书》卷五六《董仲舒传》,北京:中华书局 1962 年版,第 2523 页。

② [汉]董仲舒:《春秋繁露》卷一《玉杯》,上海:上海书店出版社 2012 年版,第 121 页。

③ [汉]班固:《汉书》卷五六《董仲舒传》,北京:中华书局 1962 年版,第 2498 页。

④ [汉]班固:《汉书》卷五六《董仲舒传》,北京:中华书局 1962 年版,第 2519 页。

⑤ [汉]班固:《汉书》卷五六《董仲舒传》,北京:中华书局 1962 年版,第 2519 页。

⑥ [汉]董仲舒:《春秋繁露》卷一《楚庄王》,上海:上海书店出版社 2012 年版,第 120 页。

亦不变”的理论。

他主张大一统，说：“《春秋》大一统者，天地之常经，古今之通谊也。”①他所谓“大一统”，就是“强干弱枝，大本抑末”，削弱诸侯，一统天下。而要做到这点，就不能“师异道”，必须罢黜百家，独尊儒术。

怎样进行统治呢？他吸收了阴阳家的思想。他说，天道以阳为主，以阴佐阳，人君的统治也应当以德为主，以刑辅德。他的所谓德，就是仁义礼乐、人伦纲常。他主张通过教育来培养这样的德。

董仲舒的思想对加强中央集权，巩固封建国家的统一，是有积极意义的。他对秦朝法家政策的批判，他提倡的以德为主，也有助于防止暴政，缓和对农民的压迫剥削。但其思想核心是维护封建统治秩序，神化专制皇权，因此为以后的封建统治阶级长期拥护。

二、西汉中央集权的政权体制

（一）皇帝和皇室

西汉的政权体制沿袭秦朝而又有所发展。皇帝的至尊地位已经从制度上确定下来，以致连他的衣食起居都规定了特别的称号。“汉天子正号曰皇帝，自称曰朕，臣民称之曰陛下。其言曰制诏，史官记事曰上。车马衣服器械百物曰乘舆，所在曰行在，所进曰御。其命令一曰策书，二曰制书，三曰诏书，四曰戒书。”②特别是，经过董仲舒等人的神化，把皇帝的统治说成是“天意之所予也”③，并披

① ［汉］班固：《汉书》卷五六《董仲舒传》，北京：中华书局1962年版，第2523页。

② ［汉］蔡邕：《独断》卷一，［清］章学诚：《文史通义校注》卷一《诗教》，北京：中华书局1985年版，第90页。

③ ［汉］董仲舒：《春秋繁露》卷一〇《深察》，上海：上海书店出版社2012年版，第160页。

上一层温情的外衣。“陛下上为皇天子，下为黎庶父母”①。“王者父天母地，为天之子也”②。皇帝之所以为万民之至尊，是因为他是天立的，是天地之子代天治理万民。服从皇帝就是服从“天意”，服从父母。这样，就把封建专制主义皇权发展到了一个新的阶段。

皇帝是封建国家的最高统治者，全国的政治、经济、军事、司法等一切大权，任凭他一人独断专行。秦汉时代有朝议制度，遇有重大国事，如君主的废立，官爵的封赠，以及立法、处罪等，皇帝都召集群臣共议。但议事的范围，参议的人员，均无法律上的规定，只由皇帝一人决定。朝议本身也不能做出任何决定，而仅仅是给皇帝提供参考意见，最后决定权仍操在皇帝手里。

皇帝发布的诏令是汉律的基本渊源。皇帝说的话具有和法律同等的效力。他可以颁布法律，也可以废除法律。例如，汉文帝欲废相坐令，大臣们以为此令由来已久，不应废除，再三谏阻。但文帝不从，最后令丞相陈平奉诏执行。所以有“前主所是著为律，后主所是疏为令”③的说法。

皇帝行使职权的信号一般有四种：符、玺、节、诏。

符有铜虎符和竹使符。铜虎符用于发兵，竹使符用于出入征发。

关于天子玉玺的说法不一。④ 汉高祖入关时，子婴将秦玺献给他。从此秦玺便成为传国玺，每个皇帝即位都必须先接受它。但此

---

① [汉]班固：《汉书》卷七二《鲍宣传》，北京：中华书局1962年版，第3089页。

② [清]陈立：《白虎通疏证》卷一二《郊祀》，北京：中华书局1994年版，第561页。

③ [汉]班固：《汉书》卷六〇《杜周传》，北京：中华书局1962年版，第2659页。

④ 《汉书·霍光传》注：孟康曰汉初有三玺。天子之玺自佩，行玺、信玺在符节台。《史记正义》则说天子有六玺。皇帝行玺、皇帝之玺、皇帝信玺、天子行玺、天子之玺、天子信玺。皇帝信玺，凡事皆用之，玺令施行，天子信玺，以迁拜、封侯之玺，以发兵。传国玺，自在六玺之外。所以天子凡七玺。

玺除作为信物由皇帝自佩以外，并无其他用途。“凡事皆用之”的是皇帝信玺。皇帝发布命令、封侯、升降官吏等，都使用信玺。

节是用毛做成的，样子像竹节。受命者持节为凭证，传达皇帝的命令。

诏是皇帝颁布的一种命令。

汉高祖以平民为帝，不懂朝仪之礼。后来，曾为秦博士的叔孙通为之定朝仪大礼，“每月朔岁首为大朝受贺……二千石以上上殿称万岁……百官受赐宴享大作乐”①。高祖高高在上，威风凛凛，十分得意地说：“吾乃今日知为皇帝之贵也。”②

皇室一般指皇帝的母亲、妻妾及其子女。皇帝妻妾，“妻称皇后，妾皆称夫人。又有美人、良人、八子、七子、长使、少使之号焉”③。但皇室中最重要的成员是皇太后、皇后、太子。

皇太后虽然是皇帝的母亲，但也不一定年龄很大。据《西汉会要》卷二记载，昭帝妻年六岁立为皇后，十四五岁就当上皇太后了。

选后的方法主要有两种：一是每年八月派遣“相工”到洛阳选十三岁以上、二十岁以下的美女入宫；一是大臣向皇帝贡献自己的亲生女儿，由“相工”相看酌定。④ 由于不少皇帝荒淫短命，年轻的皇后很快会变成皇太后。

皇太后和皇后均有食邑。皇后秩比国王。皇太后因为与皇帝有母子关系，更为显赫，“皇太后至尊之号，天下一统”⑤。她可以左右朝政，贬诛大臣，甚至改换朝纲。在皇帝死而无嗣或继位者年龄

① [南朝宋]范晔：《后汉书》志第五，北京：中华书局1965年版，第3130页。

② [汉]司马迁：《史记》卷九九《叔孙通传》，北京：中华书局1982年版，第2723页。

③ [汉]班固：《汉书》卷九七《外戚传》，北京：中华书局1962年版，第3935页。

④ 参见[南朝宋]范晔《后汉书》卷一〇《皇后纪》，北京：中华书局1965年版，第400页。

⑤ [汉]班固：《汉书》卷八六《师丹传》，北京：中华书局1962年版，第3505页。

很小的时候，就更是如此。蔡邕在《独断》中说："秦汉以来，少帝即位，后代而摄政称皇太后。……后摄政则后临前殿朝群臣，后东面，少帝西面。群臣奏事上书皆为两通，一诣太后，一诣少帝。"

太子是被确定为继承皇位的皇子。叔孙通说："太子天下本。本壹摇，天下震动。"①可见，太子地位的稳定与否，被看作是关系到封建国家政局稳定与否的大事。

我国从周代起，就确立了嫡长子继承制。但实际上，由于种种原因，至尊的继承者并不一定就是嫡长子。秦二世胡亥是秦始皇的次子，汉武帝是景帝的中子，昭帝是武帝的少子，就是明显的例子。皇帝三宫六院，妻妾成群，儿子很多。预先确定继承人的目的，就是为了避免争夺皇位而引起的混乱和相互厮杀，也是为了更好地贯彻在位皇帝的"圣旨"。

从我们掌握的史料来看，还不能确切地知道预立太子制度确立的具体时间。《史记》载秦始皇临危赐其长子书，谓"乃为玺书赐公子扶苏"。不称太子称公子，说明秦时尚未形成预立太子制。《史记》又载，汉高祖欲废刘盈而另立如意为太子未成，刘盈仍以太子身份登上皇位。汉文帝即位数月后，群臣奏请预立太子，文帝不纳，有司遂谓："豫（预）建太子，所以重宗庙社稷，不忘天下也。"②文帝迫于群臣争议，也立了太子。从这些记载看，太子制度的确立，可初步断定始于西汉初年。

太子既然是国之储君和未来的至尊，所以立太子的仪式十分隆重。皇帝临朝，百官大会，读策授玺，大赦天下。经过这样隆重的典礼立定的太子，当然不能轻易废立。袁宏论说："夫建太子以为储

① ［汉］班固：《汉书》卷四三《叔孙通传》，北京：中华书局 1962 年版，第 2129 页。
② ［汉］班固：《汉书》卷四《文帝纪》，北京：中华书局 1962 年版，第 111 页。

贰，所以重宗统，一民心也。非有大恶于天下，不可移也。”①

但是，由于皇帝的母亲皇太后也是至尊，权威极大，而皇室内外争夺皇位者历来就不乏其人，这些人决不会因为立了太子而善罢甘休。所以，预立太子制度的确立，对于稳定封建国家政局所起的作用，实际上是很小的。

(二)中央官僚机构的加强

汉初沿袭周代三公官名，设太师、太傅、太保之职。但汉代的三公已不干预政事，完全变成了辅导皇帝个人的“宫官”。

贾谊有一段话说得很清楚：

> 天子不喻于前圣之德，不知君民之道，不见礼仪之正，诗书无宗，学业不法，太师之责也。古者齐太公职之。天子不惠于庶民，不礼于大臣，不中于折狱，无经于百官，不哀于丧，不敬于祭，不诚不信，太傅之责也。古者周公职之。天子处位不端，受业不敬，言语不叙，音声不中，进退升降不以礼，俯仰周旋不以节，此太保之责也。古者燕召公职之。②

西汉中央政府中的最高官吏，和秦朝一样，是丞相、太尉、御史大夫。秦汉虽然都设有左右丞相，但位次不同。“秦以左为上，汉以右为尊”③。《汉书·陈平传》也说：“于是乃以太尉(周勃)为右丞相，位第一。平徙为左丞相，位第二。”

关于西汉时代丞相的职权，《史记·陈丞相世家》中说：“宰相

---

① [晋]袁宏：《后汉纪·光武皇帝纪》卷七，北京：中华书局2002年版，第131页。

② [唐]杜佑：《通典》卷二〇《三公总叙》，北京：中华书局1988年版，第505页。

③ [清]阎若璩：《尚书古文疏证》卷五注，上海：上海书店出版社2012年版，第103页。

者，上佐天子理阴阳，顺四时，下遂万物之宜，外镇抚四夷诸侯，内亲附百姓，使卿大夫各得任其职焉。”具体一些说，就是：领导中央政府主持封建国家一切法律、法令和政策的实施，统领百官奏事——领衔奏事或把百官奏事转呈天子，“岁竟丞相课其殿最，奏行赏罚”①——这一条与御史大夫一起进行，向皇帝荐举高级官吏和任免一般官吏，还有某种程度上的封驳诏书的权力。总之，汉初的丞相，特别在汉武帝以前，内政、外交、民政、立法、司法、用人、赏罚等，都是他管辖的范围。

关于丞相封驳诏书的权力，可以举出《汉书·王嘉传》的例子。“（哀帝）下丞相御史益封（董）贤二千户，及赐孔乡侯、汝昌侯、阳新侯国，嘉封还诏书。”按照当时的制度，天子诏书必须同时下丞相、御史两府，丞相执行，御史大夫将诏书登记保存。如丞相同意天子诏书，就去执行，用当时的术语来表达，叫作“谨奉诏”；如丞相不同意天子的诏，他就不肯去执行，叫作“不奉诏”。当然，这种“不奉诏”的情况是极少的。而且，“不奉诏”的结果，对于丞相一般来说是很不好的。就拿丞相王嘉来说，他封驳是封驳了，但哀帝却大怒。然而哀帝责问的不是封驳之事，而是借与此无关的事发泄。又如丞相周亚夫谏阻景帝封匈奴降者徐卢等五人为侯，景帝说：“丞相议不可用”，结果是，“亚夫因谢病免相”。②

但总的说来，在西汉前期，丞相是权力大、威望高的，也能得到皇帝的某种尊敬。《后汉书·陈宠传》说：“汉典旧事，丞相所请，靡有不听。”又说：“三公③称曰冢宰，王者待以殊敬，在舆为下，御坐为

---

① [汉]班固：《汉书》卷七四《丙吉传》，北京：中华书局1962年版，第3147页。

② [汉]班固：《汉书》卷四〇《周亚夫传》，北京：中华书局1962年版，第2061页。

③ 西汉后期，丞相、太尉、御史大夫分别改称大司徒、大司马、大司空。这时的“三公”指这“三司”，不再指太师、太傅、太保了。

起。入见参政而议政事，出则监察而董是非。”上述周亚夫的例子在西汉前期是比较少的，那说明皇帝已不信任丞相，丞相必须辞职。《续汉志》卷二四注云：“丞相旧位在长安时……每国有大事，天子车驾幸其殿。”也能说明当时皇帝对丞相的态度。

然而皇帝毕竟是最高统治者，主持政府工作的丞相权力大了，威望高了，二者之间必然产生矛盾。这种矛盾发展的总方向，是削弱相权，加强皇权，也就是加强专制主义中央集权。有些论述中国古代政治制度史的书，抹杀统治阶级内部的矛盾，说皇帝“屈君伸臣”，丞相“尽瘁王室”，“事实上，秦汉时代对于君权和相权，就有恰好至当的配合”。[①] 这是不符合历史事实的。不仅秦汉时代，就连一般被认为是整个封建社会中最稳定的时期之一的西汉初年，皇帝和丞相之间也始终存在着矛盾。

萧何为刘邦立下了汗马功劳，又很懂得臣子只能绝对忠于君主的道理，行动上也十分检点，但他仍然引起了高祖的怀疑。《史记·萧相国世家》载：“汉三年……上数使使劳苦丞相。鲍生谓丞相曰：‘王暴衣露盖，数使使劳苦君者，有疑君心也。为君计，莫若遣君子孙昆弟能胜兵者悉诣军所，上必益信君。’于是何从其计，汉王大悦。”《萧相国世家》上还说，萧何晚年，刘邦还关过他的监狱，并指责他没能像李斯对待秦始皇那样，做到“有善归主，有恶自与”。刘邦和萧何之间的矛盾，是很能说明问题的。

西汉中期以后，丞相的地位发生了明显的变化。一个变化，是丞相、太尉、御史大夫分别改称大司徒、大司马、大司空，分掌民政、军事、土木营造。原御史大夫主管的文书工作，由在内廷保管文书的尚书令代替。其监察职权专属御史中丞，御史台的机关名称开始出现——我国封建社会第一次建立了专门的监察机构，这一变化显

① 曾繁康：《中国政治制度》，台北：“中国”文化大学出版部 1988 年版，第 41 页。

著地加强了皇权，削弱了相权。原来丞相总理庶政，单独负责，是行政官吏中的最高者，爵为列侯，秩食万石，俸钱月六万，御史大夫不过相当于副相，秩中二千石，相差很多。改为三司即三公以后，三者地位平等，一人负责制变成了三人负责制，三人互不统属而总属于皇帝。职权一分为三，爵、秩、奉也不得不相等。成帝时"御史大夫为大司空，封为列侯，益大司马大司空奉如丞相"①，也就是都变成秩食万石，月钱六万了。

另一个变化，是"中朝"和"外朝"的出现。从武帝起，随着政治、经济势力的增强，战争的胜利，皇权进一步上升，皇帝开始选用一批地位较低的内廷办事人员参与朝政。其中为皇帝掌管文书的尚书，更是出纳章奏，操持机柄。有时还给宦官以"中书令"的称号，使之参与国事。这些人逐渐形成了一个宫内决策机构，称为"中朝"，与以丞相为首的行政系统"外朝"相对应。"中朝"和"外朝"的划分，是封建政权体制的一个重要演变，它反映了皇帝和丞相在权力分配上的矛盾和皇权的加强。西汉"中朝"职官中最重要的是尚书。尚书原为隶属于少府的小官，由于皇帝赋予权力才掌握了国家的决策机构，并于成帝建始四年(前 29 年)设官分职，建立了尚书台。

西汉中央机构的其他官职，仍沿袭秦制设九卿、列卿，仅官职名称有些变化。如奉常改为太常，郎中令改为光禄勋，典客改为大鸿胪，治粟内史改为大司农，中尉改为执金吾，将作少府改为将作大匠。

(三)地方政权

西汉的地方政权，基本上仍然是郡县两级。郡是地方上的最高一级政权，设郡守为长官，俸禄二千石。郡守有处理一郡兵、刑、钱、谷事务以及任命郡县属吏之权。郡守下设副职郡尉，平时协助管理

① [汉]班固:《汉书》卷一〇《成帝纪》，北京:中华书局 1962 年版，第 329 页。

士兵的征发和训练,维护地方治安,战时则率兵出征。

郡下设县,以县令为长官,由朝廷直接任免。县令下面有县丞掌民事,县尉掌军事。

西汉官僚机构强化的重要表现之一,是属吏的大量增加,中央的三公九卿是如此,地方的郡县也是如此。这里仅就《汉书》所见郡守的重要属吏,列表如下:

表1　西汉时期重要属吏表

郡吏名称	职掌	出处
别驾		《汉书·黄霸传》
主簿	行总录众事	《汉书·黄霸传》
议曹	典领文书	《汉书·朱博传》
贼曹	主参谋	《汉书·薛宣传》
五官掾	主盗贼事	《汉书·王尊传》
贼捕	署功曹及诸曹事	《汉书·张敞传》
督邮		《汉书·尹翁归传》
督邮书掾		《汉书·朱博传》
郡掾祭酒		《汉书·鲍宣传》
太守卒史		《汉书·萧何传》
郡文学		《汉书·梅福传》
郡文学史	主讲习	《汉书·郑崇传》
郡文学卒史	同上	《汉书·郑崇传》
学经师	同上	《汉书·平帝纪》
宗师	主讲经书	《汉书·平帝纪》
少府		《汉书·文翁传》
舍人	掌管郡守财物	《汉书·高帝纪》
直符吏		《汉书·王尊传》

汉朝已有相当严密的编户制度，户籍管理的优劣是考察地方长官政绩的一项重要内容。县下面的乡、里按什伍编民。“什主十家，伍主五家，以相检察，民有善事恶事，以告监官。”①在官府掌握的户籍中，所属居民的年龄、性别、社会关系、土地财产以及身长、肤色等有着详细的记录，作为征收赋税和征发徭役的根据。每年八月核查一次，禁止随意迁徙。此外每十里设亭，以监视和防范人民的反抗斗争。

对地方官的监督，汉初由丞相遣史担任。武帝为了加强中央对地方的控制，把全国划分为十三个监察区，叫作十三州部，每州部设刺史一人，作为圈定的监察官。② 刺史在中央御史中丞的领导下，对州部内所属的郡、国“以六条问事”。“六条”为武帝手订，内容是：

一条，强宗豪右，田宅逾制，以强凌弱，以众暴寡；

二条，二千石不奉诏书、遵承典制，倍（背）公向私，旁诏守利，侵渔百姓，聚敛为奸；

三条，二千石不恤疑狱，风厉杀人，怒则任刑，喜则淫赏，烦扰刻暴，剥截黎元，为百姓所疾，山崩石裂，妖祥讹言；

四条，二千石选署不平，苟阿所爱，蔽贤宠顽；

五条，二千石子弟恃怙荣势，请托所监；

六条，二千石违公下比，阿附豪强，通行货赂，割损正令也。③

刺史为六百石，职位不高，也不是一级政权，所以尽管他可以监察二千石的郡守和诸王侯，但无权处理，只能向中央报告。

---

① ［南朝宋］范晔：《后汉书》志第二八《百官志》，北京：中华书局 1965 年版，第 3625 页。

② 十三州中一州为京师及京畿各郡，长官是司隶校尉，其余十二州是：冀州、豫州、兖州、徐州、青州、荆州、扬州、益州、凉州、并州、幽州、交州。

③ 参见［汉］班固《汉书》卷一九《百官公卿表》，北京：中华书局 1962 年版，第 742 页。

西汉政权是地主阶级的政权，但是，以皇帝为代表的统治集团和地方豪强势力之间，在争夺对人民的统治权和剥削权上，也存在矛盾。上述六条监察内容，突出地反映了武帝设刺史的目的在于严防郡守与地方势力相互勾结，形成对中央集权不利的割据局面。

西汉的地方行政制度，历来为史家所称道。其原因，我们认为应当归结为中央和地方之间的矛盾处理得相对来说比较好，能够收到上下相制、内外相维的效果。这也是当时政局相当稳定的原因之一。汉宣帝说："庶民所以安其田里而亡叹息愁恨之心者，政平讼理也。与我共此者，其唯良二千石乎！"①

(四)官吏的选拔和任用制度

西汉王朝建立后，陆贾常在刘邦面前称道《诗》《书》，刘邦开始不以为然，说："乃公居马上而得之，安事《诗》《书》！"陆贾回答："居马上得之，宁可以马上治之乎？且汤武逆取而以顺守之。文武并用，长久之术也。"②刘邦这才认为陆贾有道理，并把选拔统治人才的问题提到日程上来。

公元前196年，刘邦发布求贤诏令。诏令说："盖闻王者莫高于周文，伯者莫高于齐桓，皆待贤人而成名。今天下贤者智能，岂特古之人乎？患在人主不交故也。士奚由进？今吾以天之灵，贤士大夫，定有天下，以为一家，欲其长久，世世奉宗庙亡绝也。贤人已与我共平之矣，而不与我共安利之，可乎？贤士大夫有肯从我游者，吾能尊显之。布告天下，使明知朕意。"③求贤诏令的对象是有治国才能的"贤士大夫"，要求把有才有德者的身材尺寸、仪表肤色、年龄等

① [汉]班固：《汉书》卷八九《循吏传》，北京：中华书局1962年版，第3624页。

② [汉]司马迁：《史记》卷九七《郦生陆贾列传》，北京：中华书局1982年版，第2699页。

③ [汉]班固：《汉书》卷一《高帝纪》，北京：中华书局1962年版，第71页。

登记汇报，以备差派。

汉初还实行一种任子制度，让官僚子弟在政府机构中练习政事，作为地主阶级所需人才的后备力量。这些人通常数以千计，多荟萃于九卿之一的郎中令，被称为郎官，郎官又有郎中、侍郎、中郎之分。《汉书·董仲舒传》说："夫长史多出于郎中、中郎，吏二千石子弟选郎吏，又以富赀，未必贤也。"指的就是这回事。郎官的大部分担任中级官吏，少数有才能者选拔到皇帝左右任职。史载：武以父任为郎①，光以兄(霍去病)任为郎②，可见苏武和霍光也是通过这条途径入仕的。

西汉选拔官吏的一项最重要的制度是察举制度。这项制度是从文帝开始实行的。文帝曾发布诏书说："二三执政……举贤良方正能直言极谏者，以匡朕之不逮。"③又诏曰："诸侯王、公卿、郡守举贤良能直言极谏者。"④这后一次诏举来的"贤良能直言极谏者"，晁错即在其中。但这时还没有期限和人数的规定，因此只能算是察举制度的开始。

察举成为一种比较完备的选官制度，是在汉武帝时代。"自武帝初立，魏其、武安为相而隆儒矣。及仲舒对策，推明孔氏，抑黜百家，立学校之官，州郡举茂材、孝廉，皆自仲舒发之。"董仲舒的具体主张是："使诸列侯郡守二千石，各择其吏民贤者，岁贡各二人，以给卫宿。"⑤察举的期限、人数、对象，都比文帝时完备了。公元前134年，武帝"初令郡国举孝、廉各一人"⑥。这样，察举制度就确立起

① 参见[汉]班固《汉书》卷五四《苏武传》，北京：中华书局1962年版，第2459页。
② 参见[汉]班固《汉书》卷六八《霍光传》，北京：中华书局1962年版，第2931页。
③ [汉]班固：《汉书》卷四《文帝纪》，北京：中华书局1962年版，第116页。
④ [汉]班固：《汉书》卷四《文帝纪》，北京：中华书局1962年版，第116页。
⑤ [汉]班固：《汉书》卷五六《董仲舒传》，北京：中华书局1962年版，第2513页。
⑥ [汉]班固：《汉书》卷六《武帝纪》，北京：中华书局1962年版，第160页。

来了。

汉代察举的有孝廉、茂材，还有贤良方正、文学、明经、明法、兵法等。这些都是功名，有了功名，便可实授官职。察举的标准大致有四条：德行高妙，志节清白；学通行修，经中博士；明达法令，足以决疑；刚毅多略，遇事不惑。

实行察举制度的头几年，郡国执行不力，有的不荐一人。所以武帝规定二千石"不举孝，不奉诏，当以不敬论，不举廉，不胜任也，当免"①，以督促察举制度的实行。

武帝以后，孝廉一科成为士大夫仕进的主要途径，被举的孝廉，多在郎署供职，由郎迁为尚书、侍中、侍御史，或外迁县令长丞尉，再迁为刺史、太守。

武帝还采纳了公孙弘的建议，为五经博士置子弟员，每年考试，能通一经以上者可补文学掌故的官缺，成绩优良者可任郎中。武帝时还用上书拜官的办法招揽人才。

官吏选拔出来之后，一般通过以下几种方式任用。

一曰"守"。《汉书·平帝纪》注云："诸官初任皆加试守一岁乃为真，食全俸。"韩延寿被任命为东郡太守，"入守左冯翊，满岁称职为真"②。所以，"守"为试用性质，称职转正，不称职或罢归原职，或免官。如"颍川太守黄霸以治行第一入守京兆尹，霸视事数月不称，罢归颍川"③。试用期间俸禄较低，转正后才能"食全俸"。

二曰"兼"。《汉书·赵充国传》说："赵充国为后将军，兼水衡都尉。"可见"兼"乃本官兼任其他官职，即一人任二官以上者。

三曰"领"。《汉书·食货志》说："桑弘羊为治粟都尉，领大农。"

---

① ［汉］班固：《汉书》卷六《武帝纪》，北京：中华书局1962年版，第167页。
② ［汉］班固：《汉书》卷七六《韩延寿传》，北京：中华书局1962年版，第3213页。
③ ［汉］班固：《汉书》卷七六《张敞传》，北京：中华书局1962年版，第3221页。

“孔仅为大农丞，领盐铁事。”可见“领”类似兼任。武帝以后，“领尚书事”成为中央政府除皇帝以外最有实权的职务。

四曰“假”。《汉书·曹参传》说：“汉二年，参拜为假左丞相，入兵屯关中。”又《史记·高祖本纪》记载，韩信破齐，使人请为假齐王。这里的“假”，是暂时代理之意。

五曰“平”。《汉书·于定国传》说：“定国以光禄大夫平尚书事。”“敞以大夫平尚书事。”[①]汉代“平”只用于尚书，即以本官平決尚书之职。

六曰“行”。一般较低级官吏行高级官吏之职曰“行”。如“汤为御史大夫，数行丞相事”[②]。

七曰“待诏”。“待诏”是等待诏命之意，带有候补性质。如《汉书·东方朔传》说，东方朔初待诏公车，俸禄微薄，后升为待诏金马门，俸禄稍增。

西汉政府通过上述措施，既扩大了地主阶级子弟的仕途，又使统治机构补充了人才，对于加强统一的专制主义中央集权有着重大作用。

（五）加强中央集权的财经政策

武帝常用兵，耗费巨大，加上宫廷的浩繁开支，文景时期的积蓄很快用光了。为了解决财政困难，汉武帝实行了一系列加强中央集权的财经政策。

1.统一货币。西汉初年没有建立统一的币制，允许郡县诸侯王国和私人铸钱。因此，各种钱币大小不一，轻重不等，市场物价也很紊乱，国家管理极不方便。为了解决这个问题，武帝于公元前113年下令取消郡国铸钱的权力，由京师的钟官、辨铜、均输三官负责铸

① [汉]班固：《汉书》卷七六《张敞传》，北京：中华书局1962年版，第3223页。
② [汉]班固：《汉书》卷五九《张汤传》，北京：中华书局1962年版，第2645页。

造新的五铢钱，并把以前各郡国所铸的钱一律销毁，所得的铜输给三官。这次禁令严，新钱质量又好，所以币制得到了长期稳定。货币的统一，没有强大的国家力量是不行的；货币统一以后，又使封建国家的中央集权得到了加强。

2.盐铁专卖。汉初，冶铁、煮盐，都由富商豪强把持。他们投机倒把，大发横财，却“不佐国家之急”。汉武帝下令把盐、铁业收归国家专营，国家在各地设盐官、铁官管理盐铁的生产和销售。还规定酒也由国家专卖。专卖政策打击了富商豪强，增加了国家的财政收入。

3.均输平准。汉武帝为了从商业上获利，于公元前110年在郡国设立了均输官，归大司农领导，专门负责管理郡国对中央贡品的运输和调度。同时在京师设立平准官，负责收购各地货物，调剂市场，平衡物价，使“宦官大贾亡所牟大利”，而把“大利”归于政府，成为“安边足用之本”。①

4.算缗和告缗。这是西汉统治者重农抑商政策的继续和发展，也可以说是汉武帝剥夺大商贾以充实国库的措施。公元前119年，武帝颁布了算缗、告缗令。算缗是向商人、高利贷者征收财产税和所得税，每二千钱抽取一算（一百二十钱）。对手工业者则四千抽一算。另外，车船等物资也抽一定的税。如果隐瞒不报或呈报不实，则没收全部财产，并强迫戍边一年。告缗是奖励告者，规定告发者赏给没收财产的一半。

上述措施实行的结果，打击了地方豪强和大商人的势力，加强了中央政府对财政经济的控制，有利于巩固专制主义中央集权的封建国家。

---

① [汉]班固：《汉书》卷二四《食货志下》，北京：中华书局1962年版，第1176页。

三、王莽改制

西汉末年，阶级矛盾异常尖锐，农民起义迫在眉睫。在西汉王朝摇摇欲坠之际，王莽出任大司马大将军，辅政汉天子。

王莽字巨君，其姑母王政君为汉元帝皇后。仗恃这一裙带关系，自汉成帝起，王氏家族先后有九人封侯，五人为大司马大将军。王莽掌权后，于公元5年毒死平帝，立了一个年仅两岁的"孺子婴"为皇帝，他自己当"假皇帝"。公元8年，他废掉孺子婴，正式取代汉帝位，改国号为"新"。

王莽之所以登上皇位，并成为当时"托古改制"的代表人物，一方面是由于出身外戚；另一方面，他的一些做法起了迷惑、笼络人心的作用。当他的群辈兄弟争着"以舆马声色佚游相高"时，他"勤身博学，被服如儒生"①；他二子杀死了奴婢，他痛责并令其自杀偿命；当郡国发生旱灾、蝗灾时，他献钱一百万、田三十顷，请大司农分给农民；王莽还征集天下通晓古文今文经学及天文、历算、兵法、医学的士人数千到京师，并为他们建筑学舍。这些做法，使他成了当时一个有相当声誉的人。

王莽改制，在政治制度方面，可以说变动很大，影响很小。他附会西周的官制，在中央设四辅，即太师、太傅、国师、国将，位上公；三司，即大司马、大司徒、大司空；四将，即更始将军、卫将军、立国将军、前将军；下设九卿、二十七大夫、八十一元士，组成中央政府；又置六监，分别掌管京师宫殿的戍卫，以及皇帝的舆服等。在地方上，改郡守为大尹，改都尉为太尉，改县令为宰。又大肆改变郡、县的划分和名称，造成了很大混乱。

① [汉]班固：《汉书》卷九九《王莽传》，北京：中华书局1962年版，第4039页。

王莽面临的问题，主要是土地的无限制集中和农民大量转化为奴婢的问题。他在公元9年下诏说："强者规田以千数，弱者曾无立锥之居；又置奴婢之市，与牛马同栏，制于民臣，颛断其命。"针对这种情况，他宣布："更名天下田曰王田，奴婢曰私属，皆不得买卖。其男口不盈八而田过一井（九百亩）者，分余田于九族、邻里、乡党。故无田，今当受田者，如制度。敢有非井田圣制，无法惑众者，投诸四夷，以御魑魅。"①但官僚、贵族们坚决反对这项政策。贫苦农民却因生活所迫，不得不出卖土地或儿女，以致触犯法令，沦为罪犯。结果，不但没有解决土地问题和奴婢问题，反而激化了矛盾，王莽只好下令废除这项政策，"诸名食王田，皆得卖之，勿拘以法。犯私卖买庶人者，且一切勿治"②。这样，王莽改制的这项主要措施就宣告失败了。③

公元10年，王莽下诏实行五均六管。目的是节制商人对农民的过度剥削，制止高利贷者的猖獗活动，并使国家获得经济利益。西汉时全国有六大中心城市，王莽改长安东市为京市，西市为畿市，改洛阳为中市，邯郸为北市，临淄为东市，宛为南市，成都为西市。五均就是把这六大城市市令、市长改称五均司市师，各郡县设司市，由地方官兼任。司市师或司市统称市官。每季的中月，司市官评定本地物价，叫作市平。物价高过市平，司市官照市平出售所藏货物；物价低于市平，听买卖双方自由交易，货物滞销时，司市官按实价收购，使卖方不受损失。民因祭祀和丧葬需用钱，可向钱府借贷，不付利息；经营生意缺乏本钱的，亦可低利借贷。

---

① [汉]班固：《汉书》卷九九《王莽传》，北京：中华书局1962年版，第4111页。

② [汉]班固：《汉书》卷九九《王莽传》，北京：中华书局1962年版，第4130页。

③ 据陈直先生考证，"王田"之制"有部分实行之可能"，见《汉书新证》，天津：天津人民出版社1979年版，第477页。

由国家专卖盐、酒、铁（主要是农具），官铸铜钱，同时控制名山大泽，去山泽采集者收税，再加上五均赊贷，总称六管。六管中除五均赊贷是平准法的发展外，其余五项都是汉武帝实行过的。总掌五均六管的官职叫作羲和。羲和派遣命士到各郡督察五均六管。命士全都是大商人出身，这也和武帝以商人为盐铁官一样。但武帝手中握有强大的力量，能控制住商人，王莽无力这样做，加以王莽任用的大小官吏均无俸禄，他们用各种办法扰民肥私，这项政策也没有取得很大效果就失败了。

最后，王莽还进行了币制改制。

为了显示他的新政权的力量，他还对边疆少数民族进行任意的欺凌，给各族人民带来了极大的痛苦。

王莽以外戚身份上台，他的“托古改制”，有旨在缓和阶级矛盾的一面，但他的一切活动，都是为了保持住自己的统治地位，所以当遇到地主阶级的反对时，他很快放弃了改制。他本人原是西汉贵族集团里的一分子，他的改制不可能解决当时的阶级矛盾，反而使之更加尖锐化，最终导致农民大起义，这些都是必然的。

陈直先生说：“莽制变更太速，时期太短。”①所以虽然动作很大，但东汉建立后，光武中兴，很快又恢复了西汉旧制，莽制对后世制度实际上没有什么影响。

四、东汉政治制度的变化

（一）中央机构的变化和皇权的加强

东汉的政治制度，直接沿袭西汉。但是，东汉政权是在大规模农民起义之后，依靠地主阶级的支持建立起来的。东汉统治者既要

① 陈直：《汉书新证》，天津：天津人民出版社 1979 年版，第 477 页。

吸取西汉后期以来的历史教训，又面临着地主豪强的强大势力。这种历史教训和现实要求，反映在政治制度的发展变化上，就是封建专制主义中央集权的加强。东汉中央机构的变化主要有两个方面。

1.进一步削弱丞相权力，提高皇权，以尚书台总理国政。东汉初期，仍以三公(三司)为丞相，但除处理一些例行公事以外，职权已大大削弱："今之三公，虽当其名，而无其实。"①"光武皇帝愠数世之失权，忿强臣之窃命，矫枉过直，政不任下，虽置三公，事归台阁(尚书台)。自此以来，三公之职，备员而已。"②刘秀进一步采用汉武帝重用内朝官员的办法，加重尚书的职权，扩大尚书的机构，正式称为尚书台。名义上，尚书台仍属少府，是内廷小官，居九卿之下。实际上，它已成为国家实际行政事务的最高管理机关。"今陛下之有尚书，犹天之有北斗也。斗为天喉舌，尚书亦为陛下喉舌。……尚书出纳王命，赋政四海，权尊势重，责之所归。"③

尚书台的长官称为尚书令，秩别由西汉时的六百石提高为千石，其副职称为"尚书仆射"，秩六百石。由于尚书台长官的职位特别重要，东汉多由太傅或大将军等高官兼任，称为"录尚书事"或"平尚书事"。"每帝即位，辄置太傅录尚书事。"尚书台的机构也扩大为下设六曹。吏曹主公卿事，二千石曹主郡国二千石事，民曹主官吏上书事，三公曹主审判事，南主客曹、北主客曹主少数民族及国际交往事。这六曹，就是后代六部的前身。尚书台的人员，除设尚书令及其副职左右尚书仆射作为主管官吏外，到东汉，已有三十六名尚

① [南朝宋]范晔:《后汉书》卷四六《陈忠传》，北京：中华书局1965年版，第1565页。

② [南朝宋]范晔:《后汉书》卷四九《仲长统传》，北京：中华书局1965年版，第1657页。

③ [南朝宋]范晔:《后汉书》卷六三《李固传》，北京：中华书局1965年版，第2076页。

书侍郎，每曹六人；十八名令史，每曹三人，负责起草文书等项工作。另外，尚书令下还设有左、右丞各一人，秩四百石。这样，尚书台就掌握了全国的政治、军事、吏治、司法等大权，“总领纲纪，无所不统”①。

尚书台示意图：

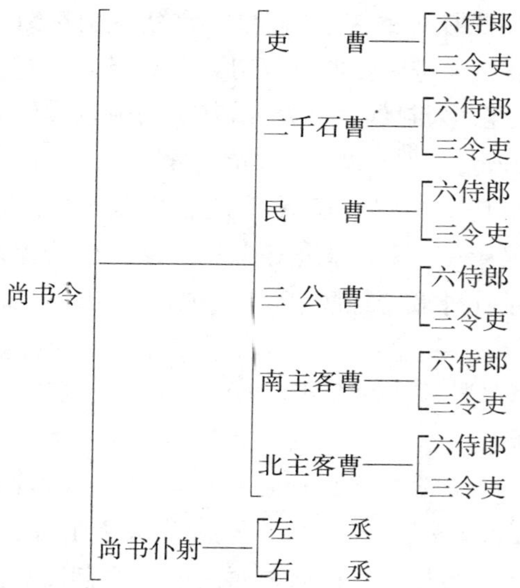

2.建立专门的监察机构。西汉末年，宰相机构改为三司即三公制后，由于具体职权范围发生了变化，建立“御史台”作为专门行使监察权的监察机构。东汉沿袭这种做法，不再设御史大夫，而以御史中丞为长官。御史台与尚书台，以及管理宫廷传达的“谒者台”并称“三台”。同时，还建立了皇帝直接掌握的司隶校尉，负责监察京

① ［唐］杜佑：《通典》卷二二《尚书省》，北京：中华书局1988年版，第588页。

师及周围州郡官吏和三公以下的百官，职权与御史中丞相仿。上朝之时，司隶校尉与尚书令、御史中丞平起平坐，很受皇帝重视。司隶校尉属官众多，有权直接捕人。

另外，东汉宫廷中还设有侍中、黄门侍郎等侍从官职，以及由宦官担任的中常侍、小黄门等内廷侍从官。这些人负责传达皇帝口诏，又可以阅览尚书进呈的文件，因而也逐渐有了实权。

皇帝的亲重，便是权势的来源，而皇帝宫廷机构逐渐扩大和取代三公掌握国家实权，又进一步使皇权得到了加强。

东汉初年，功臣众多，封侯者百余人，其中功劳较大的二十八人明帝时以图像绘于云台。但在政治上，光武帝则一反汉高祖以功臣任丞相的办法，不给功臣实职实权，剥夺他们的兵权。除任边将者外，多数功臣以列侯奉朝，只有邓禹等少数人参与公卿议政。鉴于王莽代汉，光武帝不让外戚干预政事，不给他们尊位。例如，马援功勋虽大，但由于是外戚，甚至不能列入云台二十八将之中。光武帝禁止宗室诸王蓄养羽翼，公元 52 年，他下令郡县收捕诸王宾客，牵连而死的数以千计。

东汉统治者也把儒学看作是加强皇权的精神武器，继续鼓吹“君权神授”理论。班固说：“王者父天母地，为天之子也。”①光武帝特别重视从儒生中选拔人才。除承袭西汉的察举制度、任子制度，每年每二十万人举孝廉一人外，还把征辟僚属制度化。“征”是皇帝下诏书特别征召“名流”做官，“辟”是公卿大夫及郡守启用士人做属员。

（二）地方机构的变化和刺史权力的扩大

东汉初年，人口相比西汉末年大量减少，而设置的郡县还是那样多。刘秀裁并了四百多县，大约相当于西汉的四分之一。吏职减

① ［清］陈立：《白虎通疏证》卷一二，北京：中华书局 1994 年版，第 561 页。

去了十分之九。地方政权中最重要的改革，是"省诸郡都尉，并职太守"①。

东汉统治者大量裁减官员的原因，是"百姓遭难，户口耗少，而县官吏职，所置尚繁"②。也就是紧缩开支，减少调役，以利经济恢复和社会安定。

但是，并都尉于太守的结果，却使郡守的权力过大了。原来郡守主政，现在军政兼于一身；原来郡守有虎符才能发兵，现在郡守有了领兵权，不需要中央的虎符了，这就为形成军事割据提供了条件。

东汉初年仍沿用郡县两级制，州只是监察区，不是一级地方政权。光武帝曾于建武元年(25 年)设州牧，十八年又改为刺史。灵帝时，为了镇压农民起义，于公元 188 年正式确立州为中央与郡之间的一级政权，形成了州、郡、县三级地方制度，并改刺史为州牧(有的地方仍称刺史)。州牧不再是单纯的监察官，他的权力比以前大多了。主要表现在：

1.设置固定治所和庞大的幕僚机构。起初，刺史作为巡察郡国的监察官并无固定治所，"始置刺史，监察非法，不过六条，传车周流，匪有定镇"③。东汉时，刺史不再岁终入京奏事，可自置营辕。《通考》上说："汉制刺史秉传周行郡国，无适所治。中兴所治有定处。"有固定治所是行政机构具有的性质。

西汉初置刺史时，其随员从二千石卒吏中选择。东汉规定州郡掾属可自行辟举，这为刺史扩大自己的幕僚机构开辟了道路。《通典》云，东汉时期刺史幕僚机构庞大，有别驾、治中、主簿、功曹、书

① [南朝宋]范晔：《后汉书》志第二八《百官志》，北京：中华书局 1965 年版，第 3621 页。

② [南朝宋]范晔：《后汉书》卷一《光武本纪》，北京：中华书局 1965 年版，第 49 页。

③ [南朝宋]范晔：《后汉书》志第二八《百官志》，北京：中华书局 1965 年版，第 3260 页。

佐、簿书、兵曹、部郡国从事史、典郡书佐、考经师、月令师、律令师、上计掾史等。

2.监察权力超出了六条范围。开始是巡视郡国，六条问事。东汉时州的一切行政、司法大权都归刺史。不仅如此，刺史权力大了，往往就欺上瞒下，贪财枉法。当时马严上书云："臣伏见方今刺史太守专州典郡，不务奉事尽心为国，而司察偏阿，取与自己，同则举为尤异，异则中以刑法，不即垂头塞耳，采求财赂。"①

3.刺史掌握了军权。和郡守一样，有了军权，便纷纷拥兵自重，逐渐形成割据势力。

(三)地主豪强势力的发展和门阀的出现

刘秀针对西汉后期以来越来越严重的土地兼并和奴婢问题，于公元26—38年连续六次颁布释放奴婢的诏令，于公元39年下诏检核垦田顷亩和户口年龄，名为度田。但是，州郡官吏畏惧豪强，不敢对他们推行度田。刘秀处死了几个陈报不实的地方官僚，并发兵威胁他们的反抗，度田才有所进展。

释放奴婢和度田虽然都取得了一些成就，但豪强并没有从根本上削弱，土地兼并仍在继续发展，广大农民生活依然很痛苦。这种情况使刘秀忧心忡忡，他说："即位三十年，百姓怨气满腹，吾谁欺，欺天乎！"②

地主豪强兼并土地的结果是大量地主庄园的出现。这种庄园，"连栋数百，膏田满野，奴婢千群，徒附万计，船车贾贩，周于四方，废居积贮，满于都城"③。农民创造的财富没有流入国库而为豪强地

① [南朝宋]范晔：《后汉书》卷二四《马严传》，北京：中华书局1965年版，第860页。

② [南朝宋]范晔：《后汉书》卷七《祭祀志》，北京：中华书局1965年版，第3161页。

③ [南朝宋]范晔：《后汉书》卷四九《仲长统传》，北京：中华书局1965年版，第1648页。

主所攫取，这是东汉不像西汉那样强大的重要原因。据崔寔著《四民月令》一书记载，东汉的地主庄园还拥有一支私家武装，每年二、三月或八、九月“缮五兵，习战射”。这种私兵是封建经济的产物，它种下了东汉末年豪强地主武装割据的根源。

从阶级关系上来讲，东汉与西汉基本相同，但东汉的土地兼并更为严重，地主豪强势力更大更为猖獗。特别是，从大地主中发展起来的门阀大族，形成了一个世代为官的政治集团，在东汉社会中占有特别重要的地位。

东汉时期，士人通过察举、征辟为官。被举者往往不惜以君臣、父子之礼对待举主，如举主死后门生、故吏服丧三年就是一例。大官僚与自己的门生、故吏结成集团，也增加了自己的力量。举主、被举者都是最大的地主，他们世居高位，门生、故吏遍天下。当时国家选士亦唯“论族姓阀阅”，他们又照例优先。这就形成了在政治、经济、意识形态诸方面具有相同特征的门阀家族。

由于门阀大族的特殊地位，所以当政的外戚、宦官都不能不与他们周旋。门阀大族在本州本郡的势力更具有垄断性质，太守上任，往往要辟本地门阀为掾属，并委政于他们，让他们充当州郡的实际统治者。崔寔在《政论》中记有这样的歌谣：“州郡记，如霹雳，得诏书，但挂壁”①，此时门阀的力量要超过皇帝诏书的力量了。

（四）外戚、宦官的黑暗统治与党锢

东汉初期，皇帝多用同豪族联姻的办法得到他们的支持。开始，皇帝不允许外戚干预政治，但既与皇帝联姻，外戚势力必然迅速扩张。中期以后，他们的势力无法制驭了，皇帝变成了他们的傀儡。章帝之后有六个皇太后临朝执政。外戚为了长期把持政权，多立幼

① ［清］严可均：《全上古三代秦汉三国六朝文·全后汉文》卷四六，北京：中华书局1958年版，第1454页。

童当皇帝。如汉和帝死，不立和帝长子刘胜，而立才生百日的殇帝。殇帝不到一年死，又立十三岁的安帝。此后所立的质帝八岁，桓帝十五岁，灵帝十二岁，都是不懂事的小孩子。

外戚专权，主要是通过太后父兄担任大将军兼录尚书事实现的。公元135—159年的二十多年间，梁商、梁冀父子执致，外戚势力发展到了顶峰。梁冀任大将军时，年幼的质帝说了他一句"跋扈将军"就被毒死。他还杀死了很多不愿依附他的人。他独断专行，文武百官不敢违背他的意志，连皇帝也不能参与决策。他强占土地，兴建私苑，抢掠妇女，并"遣客出塞，交通外国，广求异物"①。他当政时期对郡县的调发比过去增多十倍，人民大批死亡。他妹妹皇太后死后，他失去了靠山，才被桓帝联合宦官力量消灭。

外戚妨碍了皇权，皇帝要掌握实权，打击外戚，当时只能依靠宦官。因为东汉的三公九卿已被削权，变成了不能接近皇帝的"外朝"官，宦官是皇帝身边唯一可依靠的力量。和帝、安帝、桓帝都是借助宦官锄掉外戚的。

宦官在反对外戚专权的斗争中取得了皇帝的信任，也发展成为一个政治集团。宦官郑众因与和帝合谋而被封侯。郑众死，其养子被允许继承他的爵位，开了宦官养子袭爵的先例。公元135年，顺帝下令宦官可以养子袭爵。宦官养子袭爵的制度化说明了宦官已经成为一支政治力量。他们还常常假传圣旨，强制推行。皇帝实际上又成了他们手中的傀儡。宦官和外戚一样凶恶，他们的统治和外戚一样黑暗。在外戚宦官专权时期，"州郡牧守承顺风旨，辟召选

① [南朝宋]范晔：《后汉书》卷三四《梁冀传》，北京：中华书局1965年版，第1181页。

举，释贤取愚”①。察举制度更为腐败，“举秀才，不知书。举孝廉，父别居。寒素清白浊如泥，高弟良将怯如鸡”②，不附权贵的士人受到排斥。这种情形，激起了士大夫阶层的反对。士大夫和太学生们抨击朝政，赞扬敢于干犯权贵的李膺、陈蕃等人。李膺当司隶校尉时惩办不法宦官，宦官使人上书诬告李膺交结生徒，“共为部党，诽讪朝廷”③。公元167年，桓帝下令逮捕“党人”二百余，李膺等被赦归田里，禁锢终身。这就是“党锢”事件。不久，桓帝死，灵帝即位，窦武出任大将军，重用陈蕃，并起用李膺等人，密谋诛杀宦官。但宦官先发制人，结果窦武、陈蕃、李膺皆死，大批士人又被禁锢。从此以后，政权进一步落入宦官手中，“党人”斗争以失败而告终。

士大夫和太学生们反宦官的斗争，在当时具有一定的正义性，博得了社会的同情。但总的来讲，这种斗争是统治阶级内部的斗争。士大夫和太学生们出身清高，不齿与宦官为伍，但他们也提不出解决当时社会矛盾的任何办法，所以他们不可能得到人民的支持。

（五）两汉的军事制度

西汉初期，兵役制是和徭役制结合在一起的。当时规定：男子在二十三至五十六岁期间，服兵役两年，一年在郡内，一年在京师或戍边。此外，男子每年还要戍边三日，不愿去的可纳钱三百；每年服徭役一个月，或在郡县，或在王国，不愿服役的纳钱二千。

军队分京师军和地方军，京师军又分为南军和北军。南军由卫

---

① ［南朝宋］范晔：《后汉书》卷七八《宦者曹节传》，北京：中华书局1965年版，第2526页。

② 杨明照：《抱朴子外篇校笺》卷一五《审举》，北京：中华书局1991年版，第393页。

③ ［南朝宋］范晔：《后汉书》卷六七《党锢传》，北京：中华书局1965年版，第2187页。

尉统率,负责保卫宫城;北军由中尉统率,负责保卫京城。南北军外,还有侍从皇帝的郎,由郎中令率领。

地方军也叫郡国军,有车骑、材官、楼船三种。车骑用于平原;材官即步兵,用于山地;楼船即水兵,用于江河湖泊。无论是京师军还是地方军,都必须有皇帝的虎符才能调动。

按照汉初的军事制度,军力分散于全国各地,无重兵随时听任中央调遣。为了加强中央的军力,武帝创建屯骑、步兵、越骑、长水、射声、虎贲、胡骑七校尉,常驻京师。七校尉兵都统于原有的中垒校尉,故又合称八校尉。每校尉分领七百人,合计五千余人。

为了节制军队,加强宫廷防卫,武帝又于公元前138年设期门军,于公元前104年设羽林军。期门军约为千人,羽林军七百人,其成员选自西北的天水、定安、上郡、北地、陇西、河西六郡的"良家子",归郎中令掌管。

汉代的军事编制,出征时将军统率的军队为独立单位,将军下面有部,设校尉与军司马;部下有曲,设军侯,曲下有屯,设屯长。所有军队,战时由皇帝委派将军统率,而由大将军统一指挥,战罢解任。西汉时每年八月还要举行都试,由郡守、都尉、县令(长)等检阅兵士,进行考核。

至东汉,光武帝为了集中兵权,废除了地方兵制,裁撤了郡都尉,并其职于太守;停止了每年八月征兵操练的都试,让地方兵吏一律归还民伍。地方兵废除后,国家军队由中央招募农民或征发刑徒组成。同时行刺史领兵之制,使刺史兼有一州军政大权。这些措施,对于加强中央的军力起了一定作用,但让郡守、刺史兼管军事的结果,却与东汉统治者强化中央集权的愿望背道而驰。

(六)两汉的法律

刘邦的"约法三章",简便易懂,受人欢迎。但随着阶级斗争形势的发展变化，西汉统治者感到“三章之法，不足以御奸”①了，于是命丞相萧何“捃摭秦法，取其宜于时者，作律九章”②。

《九章》是西汉初年最重要的一部法典。它不仅采用了秦律中的“宜于时者”，还远取李悝的《法经》。《晋书·刑法志》说，《九章》就是在《法经》的基础上，“益事律兴、厩、户三篇”。也就是在盗、贼、囚、捕、杂、具六律之外，增加了用于擅兴徭役的兴律，用于畜牧马牛的厩律，用于婚姻、赋税的户律。《九章》之外，高祖还命叔孙通制定了有关朝仪的专律十八篇。文帝时晁错也对法律有改动。武帝时又有“张汤与赵禹共定诸律令”③。这些都说明，西汉法律是在萧何九章的基础上不断补充和完善的。

惠帝，文、景帝，都实行过省刑除苛措施。特别是文帝，即位不久便废除了收孥相坐律令。之后，又下诏废除了处灭族刑的诽谤妖言罪和肉刑，以髡钳城旦舂代替黥刑，笞三百代替劓刑，笞五百代替刖刑。景帝又将笞五百减为三百，笞三百减为二百，后来又将笞三百减为二百，二百减为一百，并规定：“箠长五尺……当笞者笞臀。”④后人为此赞扬文帝说：“自是以来，天下之人犯者始免断肢体，刻肌肤，百世之下，人得以全其身不绝其类者，文帝之德大矣。”⑤

东汉法律，基本上援用西汉《九章》。刘秀在大动乱之后当上皇帝，所以比较注意维持社会秩序。他曾赐予执法严明的董宣以“强项令”的称号。刘秀胞姊之奴杀人，董宣依法处决。刘秀听从胞姊控告，欲笞杀董宣。董宣据理自辩，终于说服了刘秀。刘秀不仅赦

① [汉]班固：《汉书》卷二三《刑法志》，北京：中华书局1962年版，第1096页。
② [汉]班固：《汉书》卷二三《刑法志》，北京：中华书局1962年版，第1096页。
③ [汉]班固：《汉书》卷五九《张汤传》，北京：中华书局1962年版，第2638页。
④ [汉]班固：《汉书》卷二三《刑法志》，北京：中华书局1962年版，第1100页。
⑤ [明]丘濬：《大学衍义补》，上海：上海书店出版社2012年版，第161页。

免了董宣，而且还赐钱三十万，誉以“强项令”的称号。

东汉皇帝，自刘秀起，曾多次颁布弛刑诏书，这对缓和阶级矛盾有一定作用。但是，东汉豪强权势日盛，特别是后期，世乱如麻，国家法令根本无法执行。一些思想家呼吁以法治民，以法救时，德刑并用，但没有产生实际效果。

两汉法律的基本形式是律、令、科、比。律是比较稳定的经常适用的法律，上述萧何制定的《九章》就是一例。皇帝诏令也是重要的法律。《汉书·杜周传》记载杜周在回答断狱“不循三尺法”，而以皇帝旨意为准的责问时说：“三尺（法）安出哉？前主所是著为律，后主所是疏为令，当时为是，何古之法乎？”皇帝至高无上，他的话当然也就具有法律效力。

科有两种意思。一种是“课其不如法者，罪责之也”；一种是“科谓事条，比谓类例”。[①] 前者指对犯罪者的处刑，后者如《后汉书·陈宠传》所说：“汉兴以来，三百二年，宪令稍增，科条无限。”《晋书·刑法志》中也有关于汉科的记载。

比就是赋予典型判例以法律效力。由于这种方法能够更巧妙地用来镇压人民，所以它被统治阶级广泛采用。

两汉时期虽然实行过省刑除苛措施，但对人民的反封建斗争，从来是严酷镇压的。“大逆不道”罪不仅犯罪者本人腰斩，而且父母、妻子、兄弟姊妹一律弃市；严重的还要夷三族，给过路的“大逆不道”者饮食，也以“通行饮食罪”处死。而官僚贵族犯罪，却可享受以钱赎罪、请皇帝恩免、不带刑具等特权；六百石以上的官吏犯罪，还不得擅自判决，必须由皇帝决定。这就说明，两汉的法律，其本质和国家政权一样，依然是地主阶级意志的集中表现。

① ［南朝宋］范晔：《后汉书》卷二八《桓谭传》，北京：中华书局1965年版，第959页。

五、两汉时期中央政府对边疆地区的管辖

自古以来，我国就是一个多民族的国家。秦始皇灭六国后，我国各民族第一次直接统一在一个中央政府之下。两汉时期，中央政府直接管理边疆地区的少数民族，使我国各民族间的经济、文化联系进一步加强，促进了我国多民族国家的进一步发展。

（一）汉朝同匈奴族的关系

西汉初年，匈奴力量强大。公元前200年，刘邦亲率三十二万大军迎战匈奴，结果被匈奴围困在平城（今山西大同市）七天七夜，经重贿匈奴单于王后才得突围。从此，西汉政府感到自己实力虚弱，不得不采取“和亲”政策，即把汉室宗女嫁给匈奴单于，并赠送大量礼物，以求暂时相安。文帝曾接受贾谊积极防御的建议，打败过匈奴，但匈奴依然不断袭扰，给中原人民带来很大灾难。景帝时，晁错总结了对付匈奴的经验教训，建议“徙民实边”，亦兵亦农，把生产和军事结合起来。晁错的建议是西汉对匈奴的战略思想的一次大转变。

但真正改变局面的是汉武帝。武帝多次派大将卫青、霍去病领兵向匈奴大规模出击，迫使其远徙，不能再在大漠以南建立王庭。屡败匈奴后，西汉政府在河套地区设置了朔方郡和五原郡，迁内地十万人口于朔方；在河西地区设置了武威、张掖、酒泉、敦煌四郡，迁内地人口七十二万于陇西、北地、西河、上郡等地，并从令居（今甘肃永登）西至敦煌修起了长城。边塞的烽燧系统也建立起来了。屯田、城堡、烽燧，成了西汉在西北边境的政治、军事据点和先进经济、文化的传播站，推动了那一带各民族的社会发展。

西汉昭帝时，匈奴统治集团发生分裂。公元前53年，呼韩邪单于引众归汉，南徙于阴山附近。公元前33年，元帝以宫人王昭君嫁

呼韩邪单于，结束了百余年来汉与匈奴之间的战争局面。

西汉末年，匈奴统治者利用内地发生战争的机会，又不断到内地抢掠。东汉初年，匈奴又发生内讧，分为南北二部。南匈奴请求内附，得到东汉允许。公元50年，刘秀授予南单于印玺、冠带，命他住在云中（郡治在今内蒙古托克托）地区，不久又转驻西河郡的美稷（今内蒙古鄂尔多斯市东胜附近），分屯部众于北边各郡，助汉守边。东汉政府还派“使匈奴中郎将”住南匈奴政府所在地，中郎将下设安集掾史，监督和参与南匈奴司法行政。

这时北匈奴还时常到内地骚扰。公元89年，东汉派窦宪、耿秉率军大破北匈奴，招降二十万人。此后，部分北匈奴人西迁，转入欧洲，留在原地者，东汉政府按照统治南匈奴的办法对待他们。

（二）西域都护府的建立

汉代一般把玉门关、阳关以西的新疆地方以及中亚的一些地区，称为西域。那里建有三十六国，互不统属。西汉初年，匈奴的势力伸展到西域，征服了这些小国。

为了战胜匈奴，武帝想联合被匈奴所迫从河西迁到西域的大月氏，于是派张骞出使大月氏，但中途为匈奴人所俘，被拘留十多年才乘间逃出。张骞后来虽到了大月氏，但联合它的目的却没有达到。公元前119年，张骞再次出使，还是没有圆满成功。

张骞通西域后，西汉与西域的联系越来越多。使者来往沿途索取饮水食物引起不满，楼兰、姑师等国遂勾结匈奴劫杀西汉使者。为了确保西域通道，武帝于公元前108年派赵破奴、王恢率兵进攻楼兰、姑师，两国兵败降汉。公元前104年，武帝又派李广利征大宛，经过四年战争，大宛降服。此后，西汉在敦煌到罗布泊之间沿途设驿站，在轮台（今新疆轮台）、渠犁（轮台东南）等屯田，置使者校尉领护。这是西汉政府在西域设置行政机构的开始。汉宣帝时，又在乌垒城（轮台东北）设西域都护府，由骑都尉、谏大夫出任，督察和管辖西域各国。

西汉末年和王莽时期，中央失去控制西域的能力，那里出现了五十多个政权。匈奴人乘虚而入，大肆勒索。东汉初年，各小国纷纷请求中央政府恢复在西域的行政机构，驱除匈奴。但当时东汉政府力量不足，没有答应。公元 73 年，汉明帝命窦固占领伊吾，设置宜禾都尉，进行屯田。第二年，东汉恢复了西域都护，以陈睦充任，并以耿恭为戊校尉，关宠为己校尉。

窦固进驻伊吾后，派班超到西域各地进行联络。班超先到鄯善，他夜袭匈奴使者，使鄯善王决心归汉。接着，班超又威服于田(今和田)，废匈奴所立疏勒王，立亲汉的疏勒贵族为王。

公元 75 年，明帝死，匈奴控制的焉耆、龟兹乘机攻杀都护，北匈奴和车师围攻戊、己校尉。新即位的汉章帝采取妥协政策，命戊、己校尉和班超回国。这个命令遭到东汉官吏和西域各国的抵制。当地人苦留班超，班超决心留驻西域。公元 91 年，班超被任命为都护，驻守龟兹，巩固了对西域的管辖。公元 102 年，班超七十一岁，病老回洛阳。其后任失和于西域诸国，北匈奴势力又猖狂起来。公元 123 年，东汉政府派遣班超的儿子班勇为西域长史。班勇击退了北匈奴，再一次打通了西域通路。

张骞、班超以及班勇在西域的活动和西域都护府的建立，对发展汉族和少数民族之间的经济、文化交流，对于我国成为多民族国家起了重大作用。

(三)南方各郡的设立

我国西南部的少数民族，汉代统称“西南夷”，其中比较大的是夜郎，且兰、滇、邛、筰等。公元前 130 年，西汉政府派唐蒙前往夜郎，赠以礼物，说服夜郎归属，在那里置犍为郡(今四川宜宾县西南)。以后，西汉政府又置十余县，隶属蜀郡(郡治今成都市)，并使邛、筰接受了中央管辖。公元前 111 年，西汉把邛都改为越巂郡(今四川西昌县东南），筰都改为沈黎郡（今四川汉源县东北），冉駹改为汶山郡（今四川茂县北），白马改为武都郡（今甘肃武都县）。公元前109年，滇王降汉，汉封他为滇王，并赐印，置益州郡。

秦灭六国后，曾在闽越（今福建境内）、南越（今两广地区）置郡县。西汉初年，刘邦封闽越君无诸为闽越王。惠帝时，封东瓯（今浙江南部）首领为东海王。景帝平定七国叛乱时，东瓯杀死了兵败来投的吴王刘濞。

公元前138年，闽越发兵围东瓯，东瓯求援于汉。武帝派兵前往救援，援兵未到，闽越退走。东瓯人为免受攻击请求内迁，被汉政府迁于江淮之间，与汉人齐户。公元前135年，闽越又攻打南越。南越向汉廷告急，武帝派兵援救。闽越王郢之弟余善杀郢，兵退。汉封原闽越王无诸之孙及余善为王，共治闽越。

汉初，刘邦派陆贾使南越，南越王赵佗表示臣服。后来，南越相吕嘉反对南越王以内地诸侯相待的要求，并杀死了南越王及汉使，武帝闻讯出兵，杀死吕嘉，并于公元前111年在南越分置苍梧（今广西梧州市）、郁林（今广西桂平西）、儋耳（今海南儋州北）、珠崖（今广东琼山县东南）、南海（今广州市）、合浦（今广东合浦县北）等九郡，由西汉政府直接统治。

东汉时期，政府又在南方设置了一些新的郡县，如澜沧江以西的永昌郡（今云南保山）、江夏郡（今湖北黄冈境）等。明帝时，汶山以西的白狼、槃木等百余部相率归汉，白狼王还赋诗三章，纪念这一重大历史事件。

（四）东北地区乌桓校尉和玄菟郡的设立

生活在我国东北地区的乌桓、鲜卑等少数民族，汉代统称之“东胡”。匈奴强盛时，他们曾受匈奴贵族的奴役。武帝时，霍去病率兵击破匈奴，把一部分乌桓人徙于上谷、渔阳、右北平、辽西、辽东五郡，设护乌桓校尉进行管辖。

当时，乌桓以北居住着鲜卑族，松花江流域居住着夫余族，长白山区居住着高句丽人。武帝在高句丽置县，属玄菟郡(今辽宁新宾西)，由西汉政府直接管理。

东汉初年，乌桓曾骚扰北方沿边各郡。光武帝以币、帛招服乌桓。公元49年，封乌桓帅八十一人为侯王、君长，让他们率众入居塞内，为东汉侦察匈奴、鲜卑动静。东汉在上谷宁城(今河北万全)复置护乌桓校尉，进行管辖。

东汉初，鲜卑贵族随匈奴到辽东抢掠。公元45年，辽东太守打败鲜卑人，一个鲜卑首领率部降汉。不久又一个鲜卑贵族到洛阳朝见，刘秀封他为王，并命护乌桓校尉兼管鲜卑人。

公元49年，夫余王遣使洛阳，刘秀回赠厚礼，此后夫余王年年进贡。

总之，两汉时期，我国各民族之间出现了密切的政治、经济、文化交往，也发生了一些战争。但汉朝所进行的战争，多数是起了维护边境安全、保障生产的作用，总的结果是加强了各民族之间的联系，使许多民族地区加入了中国的版图，推动了各族人民的共同进步，对于我国多民族国家的形成有重大历史意义。

关于邪马台国的几个问题*

——兼论汉魏时期中日之间的友好往来

邪马台[①]国是公元三世纪存在于日本列岛上的若干小国之一。关于邪马台国的文献资料，原出自中国史书。多年来，日本史学家根据我国史书的记载，结合本国的出土文物，对邪马台国问题进行了深入的研究，写出了大量的著作和论文。特别是第二次世界大战后，由于日本古代史研究的禁区被打破，对这个问题进行探讨的人越来越多，除专家外，在日本全国还有多达五千人的业余研究者[②]，出现了一个地道的"邪马台国热"或"古代史热"。

本文拟在简要介绍日本学者一些研究成果的基础上，对以下四个问题谈谈我们的粗浅看法。

一、关于"邪马壹"和"邪马台"的争论

生活在日本列岛上的古代居民，在我国史书中是以"倭"的称号

---

* 此文与北京大学任清玉教授合写。

① 台字在文献资料中作臺，本文在引用文献时仍作臺，在其他场合则简为台。

② 参见加藤秀俊《"日本学"的展望》，《诸君》1976 年第 1 号。

出现的。据《汉书·地理志》记载，倭人在日本列岛上建立的国家，在汉时有百余国。而最早也是最详尽记录邪马台国情况的，则是《三国志·魏书·东夷传·倭人条》，即通常所说的《魏志·倭人传》。作者陈寿先在蜀、魏，后在晋朝做过官，死于晋惠帝元康七年(297年)。《魏志·倭人传》是在《魏书》和《魏略》①的基础上写成的，是我们今天研究邪马台国最重要的文献资料。

《魏志·倭人传》的可靠性，已为日本的考古发掘所证实，日本学者直木孝次郎指出，研究公元三世纪时的日本史"最可靠的材料——文字记载的史料——就是《魏志·倭人传》"。《魏志·倭人传》"第一次在史书上描写了日本人的面貌"。②

当然，由于《魏志·倭人传》是在当时条件下记录的外国事情，作者陈寿也没有亲自到过日本列岛，他的记载不可能十分准确。同时，由于长期反复传抄和刻印，出现差错也是不可避免的。因此，我们今天在运用它的时候，必须采取分析的态度，有些问题要多方考证，决不能主观臆断。关于"邪马壹"和"邪马台"的争论，就属于这类问题。

在今天通行的《魏志·倭人传》版本中，邪马台作"邪马壹"。大多数史学家认为，这个"邪马壹"也是邪马台(臺)之误。就连认为校订《魏志·倭人传》本文要慎重的内藤虎次郎(内藤湖南)，也说"邪马壹是邪马台之讹"。

但到1969年，日本史学家古田武彦对此提出了不同看法。他认为，把通行的《三国志》各版中的邪马壹国说成邪马台国是没有根

① 陈寿写《三国志》以前，王沈的《魏书》已经问世，《隋书·经籍志》说它有四十八卷。另外还有鱼豢的《魏略》，《唐书·经籍志》说它有三十八卷。这两部史书虽已失传，但在裴松之为《三国志》所作的注和雍公叡为《翰苑》所作的注以及《通典》中，均可见到《魏略》的部分逸文。陈寿在编纂《三国志》时肯定参考了这些书。

② 见直木孝次郎《日本的历史·倭国的诞生》，株式会社小学馆1975年版。

据的，其理由主要是：(1)在现行的《三国志》版本即宋代绍兴和绍熙本中，都作邪马壹国。虽然《后汉书》和以后的《梁书》都作“邪马臺”国，但《三国志》成书在三世纪末，而《后汉书》成书是在五世纪中叶，《梁书》则是七世纪以后编纂的。用晚出的书籍订正早出的书籍，是违反历史学常识的；(2)五世纪学者裴松之注释《三国志》时，并未对邪马壹发生任何怀疑，因而未加注释。

古田的说法在日本史学界曾引起争论，这是很自然的。因为如果真的不是邪马台的话，多年来关于邪马台国的讨论、著述，其前提就会发生动摇。一字之差牵涉到一大段日本古代史的根本问题。下面我们分析一下古田的说法是否能够成立。

我们认为，弄清这个问题的关键是《魏志》的版本问题。写作“邪马壹”的《后汉书》(五世纪)，虽然成书年代较《三国志》(三世纪)为晚，但它却比现在通行的《三国志》版本[①](十二世纪)要早。《后汉书·倭传》沿袭《魏志·倭人传》是没有问题的，但它所依据的肯定不会是十二世纪的绍兴本和绍熙本，而是五世纪以前的古写本。[②]“邪马壹”正是来源于这种古写本的。十二世纪版本中的“邪马壹”，显然是在刻印的过程中弄错了。我们可以举出下面几个例子来证明这一点。

1.七世纪时由唐人魏徵监修的《隋书》[③]明确指出：倭国“……都于耶靡堆，则魏志所谓邪马台者也”。这里第一次出现“耶靡堆”这个名称，是《隋书》根据新材料对地名的译法的更动。在隋朝时期，我国同倭国的交往，又进入一个新的高潮，两国间频有使者往来，隋

① 《三国志》最早的刻本是北宋咸平六年(1003年)的国子监本。现在通行的最早版本是绍兴本和绍熙本(12世纪)，其后是武英殿本和汲古阁本。

② 在9世纪以前，尚未发明印刷术，一切书籍全靠抄写流传。

③ 《隋书》记载的经、诗部分是在唐贞观十年(636年)完成的。

文帝时又了解到不少关于倭国的情况，这在唐人编纂的《隋书》里都有所反映。① 这里应当注意的是：(1)“耶靡堆”与“邪马台”译音相近，而同“邪马壹”则相去甚远；(2)从《隋书》说的“耶靡堆”即《魏志》所谓“邪马壹”来看，在编纂《隋书》的七世纪，当时流传的《魏志》写的就是“邪马壹”。参加过《隋书》编写工作的李延寿，在他所著的《北史》中，又重申了《隋书》的这个说法。

2.公元660年，在唐人张楚金写的《翰苑》中，有倭国“凭山负海镇马台以建都”的文句。这里的“马台”，指的就是“邪马台”。这也可以说明，七世纪通行的说法是“邪马台”，而不知有“邪马壹”。

3.尤其应当重视的，是公元983年成书的《太平御览》所引的《魏志・倭人传》。那里面明确写道：“又南水行十日陆行一月，至邪马台国，户七万，女王之所都。”这就告诉我们，直到十世纪，传世的《魏志・倭人传》写的仍是“邪马台”。

造成这种错误的原因很多。一种情况是出现在抄写、刻印过程中，这大部分是由于字形相近所致。类似的情况还有“景初三年”或“景初二年”的疑案。在《魏志・倭人传》的通行本中写的是“景初二年”，但在《太平御览》所引的《魏志・倭人传》中却是“景初三年”。不过这一错误容易根据史实加以纠正，也没有引起很大的争论，现在差不多已公认为“景初三年”了。

还有一种情况是在原本中就写错了。如《魏志・倭人传》中的“一大国”，无论在通行本还是在《太平御览》所引本中都是这样写的，甚至在《魏略》的逸文中也是如此。但它应当改为“一支国”，这是确凿无疑的，因为它所指的确实就是今天对马海峡中的“壹

① 《隋书》记载：“开皇二十年(600年)倭王姓阿每，字多利思比孤，号阿辈鸡弥，遣使诣阙，上令所司访其风俗。”[唐]魏徵：《隋书》卷八一《倭国列传》，北京：中华书局1973年版，第1826页。

岐”岛。

至于裴松之未对“邪马壹”发生疑问因而未加注释的问题，从我们以上的分析中也很容易理解：当时的版本中写的并非“邪马壹”，他当然也就没有必要注释了。

总之，从上述分析中，我们可以断定，《魏志·倭人传》通行本中的“邪马壹”，是十世纪后的某个时候在刻印过程中出现的差错。《后汉书》和《梁书》写作“邪马台”是有根据的。吉田的说法显然站不住脚。

二、关于邪马台国的地理位置问题

这是一个日本史学界争论时间最长的问题。他们主要有两种不同的看法：(1)大和说，认为邪马台国在畿内大和，即今天的奈良盆地；(2)九州说，认为邪马台国在九州地区。

这两种说法的共同之处是它们都认为邪马台国在日本列岛上。对《魏志·倭人传》所写的由带方郡至邪马台国的路线的看法，有些地方也一致或基本一致。如由带方郡出发，到朝鲜半岛的南部，渡朝鲜海峡，经对马、壹岐到肥前（佐贺县）梭浦郡，再到筑前（福冈县）怡土郡，二说都没有异议。距伊都国东南百里的奴国，相当于《古事记》和《日本书记》中的那津、傩县，即今之福冈市，二说也基本一致。但接下去就不一致了，九州说认为不弥在须玖东南的大宰府附近，大和说认为不弥在宗像郡的津屋崎町附近。对路线方向和距离的不同看法导致了对邪马台国所在地的不同看法。

《魏志·倭人传》对这条路线所经各小国的记载，详略程度是不一样的，大体是越往北越详细一些。一般人认为，邪马台国及其以北的六国，记载基本上是准确的。所谓“使译所通三十国”，实际上恐怕只是包括邪马台国在内的“其道里、户数可略载”的七国。至于斯马国以下的二十一国，虽然它们都统属女王国，但实际上魏使并未到达过，只是根据倭人的传闻记录下来的，所以只能举出一些名字来，准确程度就很难讲了。记载上的含混不清，是后世对邪马台国所在地等问题众说纷纭的又一个原因。

大和说的弱点是，按照《魏志·倭人传》的记载，邪马台国在九州的伊都之南，而从伊都往南是不能到达大和的。

大和说是怎样解决这个问题的呢？在战前，此说的代表人物内藤虎次郎认为，在中国古书上，东与南不分、西与北不分是很平常的事。但他并没有找到很充分的根据。战后，宝贺信夫从地图学的角度提出了进一步的解释，才使大和说在方向问题上有了较为有力的论据。

宝贺信夫认为，所谓邪马台国在伊都国之南，这是《魏志·倭人传》将日本列岛误解为从九州到畿内是向南延伸的缘故。在中国古代的地图中，日本是一个比实际位置偏南的南北方向的列岛，甚至明代和清初的地图也有不少是如此。例如建文四年(1402 年)所绘制的《混一疆理图》，就是以九州为北、以东国(今关东地区)为南的，位置也显然偏南了。根据这种说法，《魏志·倭人传》记载的去邪马台国的方向，实际上就不往南，而是往东了，即应把“南”读作“东”。因此，邪马台国应该在畿内大和。

九州说的弱点，是无法解释“水行二十日”加上“水行十日陆行一月”那样长的距离。

在战前，为了解决这个问题，此说的代表人物白鸟库吉根据《魏志·倭人传》的叙述，认为应当把握三点：(1)邪马台国在不弥国南面；(2)从不弥国到邪马台国要过水路；(3)邪马台国南面还有一个狗奴国，并算出了从不弥国到邪马台国的距离是一千三百里。① 据此，他得出了邪马台国在九州筑前南面的结论。

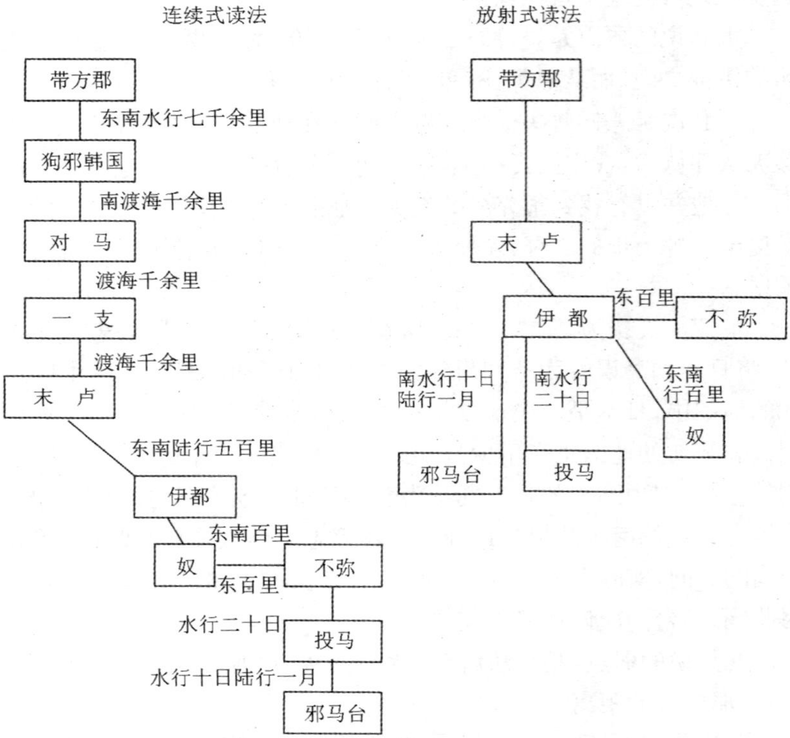

（说明：按照榎氏的解释，“水行十日陆行一月”，应读作“假如水行需十日，

① 据《魏志·倭人传》记载，从带方郡经狗邪韩国、对马、一支直到不弥的里数，合计一万零七百余里；从带方郡到邪马台国的一万二千余里中减去这个里数，得出从不弥国到邪马台国的距离是一千三百里。

假如陆行需一月”；邪马台在伊都之南，是水行十日或陆行一月可以达到的地方。他还根据唐代法典集《唐六典》提出，一天步行五十里，陆行一个月就是一千五百里。这个距离再加上从带方到伊都的一万零五百里，就大体上相当于《魏志·倭人传》所说的总距离一万二千里。）

但白鸟并没有解决“水行十日陆行一月”的矛盾。在这个问题上提出新解释的是东京大学的榎一雄。榎氏认为，对去邪马台国路线传统的连续读法，后半段是错误的，他提出了以伊都国为中心的放射式读法。

按照这种新的读法，从伊都国到邪马台国的距离就没有那么远了。

除了上述两种说法以外，近年来又出现了一些新的说法。

1967年，黑田正夫提出邪马台国应是今天的台湾。① 1975年，内田吟风提出邪马台国应是苏门答腊的耶婆提国。② 内田认为，倭是从朝鲜、日本列岛、中国台湾，直到苏门答腊岛等地居民的总称，日本列岛上有倭人，但邪马台国与日本无关，今后应把邪马台国从古代日本史中除掉。

日本一些进步史学家认为，没有必要在邪马台国究竟在哪里的问题上争来争去，而应当着重研究邪马台国的社会性质。我们认为，着重研究社会性质是对的，但如果邪马台国真的不在日本列岛上的话，多年来关于邪马台国的争论不就失去前提了吗？因此，邪马台国的地理位置问题还是应当搞清楚的，起码应当搞清楚它是不是在日本列岛上。

那么，邪马台国究竟在哪里呢？我们认为至少有这样两点可以

① 见1967年《学士会会报》。

② 见1975年1月27日《朝日新闻》。

肯定。

第一,《魏志·倭人传》真实地记录了三世纪时日本列岛的情景。比如,它写道:“倭人在带方东南大海之中,依山岛为国邑。旧百余国,汉时有朝见者,今使译所通三十国。”“计其道里,当在会稽东冶①之东。”“参问倭地,绝在海中洲岛之上,或绝或连,周旋可五千余里。”

这些关于日本列岛的地理知识,在前汉时期已经有了。到三国时期,随着两国往来的增多,这方面的知识更加丰富起来。如说那里的对马国(今对马岛)“所居绝岛,方可四百余里,土地山险,多深林,道路如禽鹿径……无良田,食海物自活,乘船南北市籴”;说一支国(今壹岐岛)“方可三百里,多竹木丛林……差有田地,耕田犹不足食,亦南北市籴”;说末卢国②“滨山海居,草木茂盛,行不见前人”。这样的描写,是基本上符合三世纪时日本列岛的状况的。

《魏志·倭人传》不仅描绘了当时日本列岛的自然地理,而且还给我们展示了那里粗略的政治地图。例如,它指出那里存在着邪马台和狗奴国两大势力;卑弥呼“统属”着二十多个部落;伊都国在以卑弥呼为女王的部落联盟中占有特殊地位等。这些,都相当准确地传达了当时日本列岛趋向统一的信息。

当然,从今天更符合实际的角度来看,《魏志·倭人传》中有的记载是很不准确的。例如“周旋可五千余里”就不是确切的数字。再如,关于日本列岛的位置,既说在“带方东南大海之中”,又说“在会稽东冶之东”。后一说法显然把日本列岛看得过分偏南了。这可

① 今浙江一带。

② 内藤虎次郎认为相当于今天佐贺县东松浦半岛上的唐津一带。

能是陈寿把吴、魏两国的材料混杂起来的缘故。[①] 这种错误一直延续了很久,从《后汉书》到《隋书》,都是这样写的。

第二,日本考古发掘出来的文物证明了中国史书记载的可靠性。《后汉书·倭传》说:"建武中元二年,倭奴国奉贡朝贺,使人自称大夫,倭国之极南界也,光武赐以印绶。"《光武帝本纪》也记载了这次朝贡:"建武中元二年一月辛未,倭奴国遣使奉献。"根据日本学者的考证,倭奴国大概在博多湾平野一带。在那里发掘的弥生时代中期的墓中,发现了许多包括前汉在内的我国制造的物品。公元1874年,在九州的志贺岛上,又发现了刘秀赐给倭奴国王的金印,印文曰"汉委奴国王"("委奴"即倭奴的简写),证实了《后汉书》的记载是可靠的。

据《魏志·倭人传》记载,在公元239至248年短短的九年中间,倭使四次来魏,魏使两次去倭,双方互赠了大量物品。这也已为日本的考古发掘所证实。例如,日本的福冈、长崎、大阪、京都、长野等地都发现了王莽时期铸造的钱币"货泉",奈良县天理市的一个古坟中出土了刻有东汉灵帝中平年号(184—189年)的铁制大刀,大阪府和泉市黄金冢古坟出土了刻有魏景初三年铭文的铜镜,等等。

这些考古发掘出来的文物,绝大部分都集中在西日本,从而在三世纪的日本列岛上划了九州和畿内两个文化圈。上述持九州、大和两说的日本学者们的意见,虽然至今尚未统一,但他们把邪马台的所在地缩小到了这一带。在这两个文化圈内,九州岛上的山门、山户,读音均为ヤマト;倭和后来在畿内建国的大和,读音亦为ヤマト。据《梁书·倭传》记载,在卑弥呼和其宗女台与之后,"复立男王,并受中国爵命。晋安帝时,有倭王赞……"说明后来的大和国家

① 《吴书》说:会稽海外有东鳀人,澶州……即徐福求仙药之地。[晋]陈寿:《三国志》卷三〇《东夷传》,北京:中华书局1982年版,第854页。

是邪马台国发展起来的，对大和说有利。十多年前在大阪府和泉市黄金冢古墓发现的有景初三年铭文的铜镜，恰与《魏志·倭人传》记载的曹魏赐卑弥呼铜镜百枚相符，这是大和说迄今为止最有力的证明。

综合上述，我们认为至少可以得出两点结论：(1)邪马台国确实在日本列岛上。黑田和内田不仅曲解了文献资料，而且无视考古学的大量发现，他们认为邪马台国不在日本列岛上的结论显然是错误的。(2)邪马台国处在九州和畿内两个文化圈内，在畿内的可能性大些。

三、关于邪马台国的社会性质问题

战前的争论，主要是围绕邪马台国的地理位置进行的。战后，由于日本军国主义的垮台和随之而来的日本学术界的活跃，一些进步史学家开始讨论邪马台国的社会性质问题。在这方面，近年来日本史学界提出了各种各样的意见，其中主要有两种不同的意见。一种意见认为，在邪马台国存在的三世纪，甚至四世纪，日本列岛还处在原始民主制阶段。女王卑弥呼是包括邪马台国在内的倭地各小国的王们共立的，她受王们的制约，王权尚未世袭化。各小国的王们还不是国家的统治者，而是原始共同体的代表。另一种意见认为，当时的日本社会已经有了明显的阶级对立，邪马台国已经脱离了原始形态而具有了专制君王制的性质，卑弥呼是邪马台国内各种势力共立的。王权已在一定程度上世袭化。还有的学者认为，邪马台国的贵族手中已经集中了纯粹的私有土地和在生产中起重要作用的奴隶。①

① 参见佐伯有清《邪马台国研究史》及1975年4月号《中央公论·历史与人物》。

下面谈谈我们对这些问题的看法，让我们先从生产力谈起。

邪马台国处在弥生时代①后期。《魏志·倭人传》记载了当时日本社会的经济状况："种禾稻、纻麻、蚕桑、缉绩、出细纻、缣绵。其他无牛马虎豹羊鹊。兵用矛、楯、木弓。木弓短下长上，竹箭或铁镞。"

水稻种植应当是日本列岛先进地区的事情。日本考古学不仅发现了陶器上的稻米痕迹和煮饭用的瓮形陶器，而且发现了水稻种植和一些村落的遗迹。这些遗迹往往是在水源充足的低平地区，土地划成方块，四周筑堤，有的则用一排排矮木桩做畦梗。② 最近日本还发现了弥生时代的一个舂米杵子，上面刻有清晰的花纹。③ 这说明，日本当时的水稻生产已经相当进步了。

但是，由于日本列岛滨海而又几乎没有草原，所以很多地区还是以捕鱼为生，从事狩猎的人很少，没有发展成为畜牧业。文献记载是比较符合实际情况的。

从考古发掘来看，当时用于生产和生活的工具，还主要是经过磨制的石镰、石锄等细石器和木锹、骨贝制工具以及用陶轮生产的陶器。金属器具虽较被称为金石并用时期的公元一、二世纪有所增加，但铁器仍多用于兵器（刀剑、甲胄、箭头等），铜器多为祭器以及生活用品（铜镜、铜铎等）。这说明当时日本列岛的生产力水平还是比较低。这种低水平的生产力要求人们共同劳动。一些日本学者认为当时的日本社会处于原始民主制阶段，是有一定根据的。

但是，《魏志·倭人传》讲到了倭人喝酒的情形。酿酒在粮食有

① 相当于公元前200年至公元300年。因弥生式陶器得名，这种陶器是在西日本弥生地方发现的用陶轮生产的陶器。

② 见1978年3月16日《读卖新闻》。

③ 见1978年3月16日《读卖新闻》。

富裕的情况下才有可能。考古发掘出来的贮藏稻米的陶器，进一步证明了有剩余粮食。有了剩余就必然产生剥削，从而使原始公社制走向瓦解。实际上，邪马台国也产生了最初的剥削和阶级的萌芽。

关于邪马台国的社会状况，《魏志·倭人传》做了自相矛盾的描写。一方面，是"其会同坐起，父子男女无别"，"无盗窃，少诤讼"，这是原始社会的状况。另一方面，又说倭人尊卑有差，已有"大人""下户"和"生口"的区别。"生口"可以赠人，当指刚刚出现的奴隶。"大人"当时是占有较多财产、拥有一定特权的氏族贵族（族长、酋长等）。"下户"则指一般平民。下户见大人，"博手以当跪拜"，"相逢道路，浚巡入草"，下户对大人说话时，"或蹲或跪，两手据地，为之慕敬"。至于卑弥呼，则活时"千人自侍"，死后百人殉葬。这似乎又是奴隶社会了。

对于这种看起来互相矛盾的描述，有些史学家感到困惑。我们认为，这种矛盾的记载，在某种程度上可以说是原始社会向奴隶社会过渡的反映。因为邪马台国各地的发展是不平衡的，即使同一地区的发展水平也不可能完全一样。而且，古代日本从原始社会进入奴隶社会经历了很长时间，其中前后两个社会发展阶段的各种现象是长期交叉存在着的。这种复杂情况被出使邪马台国的中国官员带回国，陈寿把它写进《三国志》，出现矛盾是很自然的。不过，当时的中国人是戴着封建主义的有色眼镜去看待日本的，他们把原始社会末期奴隶社会初期的酋长看得和后来的国王一样，把卑弥呼的威风和她的奴婢数字夸大一些，这一点倒是值得注意的。

就我们所接触到的文献资料来说，还不能说明邪马台国是什么样的土地制度。从上述社会关系来推测，我们认为，虽然开始出现的氏族贵族凭借特权占有他人的劳动，也有了一些奴隶，但土地很可能还是属于氏族共有的。按照一般私有制出现的规律，也是先把生活用品化为私有，随后是生产工具，再以后是牲畜、收获物和房屋，最后才是土地和山林川泽。认为当时的贵族手里集中了“纯粹的私有土地”的说法，根据是很不充分的。

卑弥呼女王的共立问题，也与邪马台国的社会性质有直接关系。《魏志·倭人传》说：“其国本亦以男子为王，住七八十年，倭国乱，相攻伐历年，乃共立一女子为王，名曰卑弥呼，事鬼道，能惑众，年已长大，无夫婿，有男弟佐治国。”这段话说到了共立卑弥呼的背景和她之所以上台的原因。

这里所说的“住七八十年，倭国乱，相攻伐历年”，可以和《后汉书·倭传》说的“桓灵年间，倭国大乱”互相印证。“住”字当系“往”的误写，是说从卑弥呼与曹魏交往的三世纪四十年代上溯。从那时上溯七八十年，正好是后汉桓帝、灵帝时期（147—189 年）。

这次大乱的主要原因，是处在由原始社会向奴隶社会过渡时期的倭地各小国之间，由于生产的发展和人口的增加，产生了力量上的不平衡和利益的矛盾。后汉王朝进一步衰落引起的朝鲜半岛上的活跃①，则从外部助长了这次大乱。长期战乱使倭地荒芜了，社会动荡遍及很多地区，弄得大家无法收拾，最后以妥协告终。共立卑弥呼为女王，应当是这种妥协的结果之一。有的日本学者认为卑弥呼是邪马台国内部共立的。如果是这样的话，那么如何解释共立前“倭国大乱”“相攻伐历年”呢？在邪马台国那样一个小国内发生那样的长期战乱，是能够想象的吗？

可以认为，《魏志·倭人传》中的所谓“国”，还不是真正意义上的国家，而是由原始社会向奴隶社会过渡时期的部落。根据摩尔根的研究，在易洛魁人的一个部落中，每个氏族的酋长从本氏族中选

① 《魏志·东夷传》说：“桓灵之末，韩濊强盛，郡县不能制，民多流入韩国。”就是指的当时半岛上的活跃状况。［晋］陈寿：《三国志》卷三〇《东夷传》，北京：中华书局 1982 年版，第 851 页。

出后，还必须得到其他氏族的确认。[①] 在一个部落联盟中，部落酋长由本部落选出，但每一部落都对其他部落具有否决权。[②] 如果我们把女王“境界”以内的各小国看成部落，并进而把它们看成原始社会末期奴隶社会初期的部落联盟，似乎就可以比较合理地解释作为共立背景的长期战乱，并比较自然地得出共立的主体是各小国的王们的结论。卑弥呼死后，“更立男王，国中不服，更相诛杀……复立卑弥呼宗女台与……国中遂定”，进一步说明了各小国的王们对邪马台国立王的制约，王位显然尚未世袭化。

《魏志·倭人传》还说，“其俗，国大人皆四五妇，下户或二三妇”。把这和“其国本亦以男子为王”联系起来看，可以说明当时的邪马台国已经进入父权制阶段。既然如此，那么为什么在大乱之后又“共立一女子为王”呢？我们认为，这正是各小国长期战乱后达成妥协的反映，而卑弥呼“事鬼道、能惑众”和“年已长大，无夫婿”，又使她获得了一种特殊的身份。于是她就被推上了女王的宝座。这种特殊的历史现象，在其他民族的其他历史发展阶段，也是出现过的。

各小国共立了女王，女王派“大率”常驻伊都国。《魏志·倭人传》说，派这个“大率”是为了“检察诸国，诸国畏惮之”，它像是中国的刺史。这显然是用当时中国的眼光看待日本，把看到的和听到的情况夸大了。《魏志·倭人传》写得很清楚，“大率”是在女王国以北“特置”的，以南没有这个官职。这是为什么呢？比较合理的解释是，为了保护与中国、朝鲜的通道，而不能把它看成卑弥呼已经统治

① 参见恩格斯《家庭、私有制和国家的起源》单行本，北京：人民出版社 1972 年版，第 83 页。

② 参见马克思《摩尔根〈古代社会〉一书摘要》单行本，北京：人民出版社 1965 年版，第 112 页。

了各小国的证据。从女王国派了“大率”，当地人有点害怕、好奇是很自然的。

但是，卑弥呼能够向其他小国派遣“大率”，这又不能不是原始社会末期奴隶社会初期新出现的现象。因为不管这个“大率”是干什么的，他毕竟是一个部落派遣到另一个部落去的官员，而这在典型的原始氏族社会是无法想象的。

《魏志·倭人传》的下述描写，可以作为邪马台国已经产生国家机器的证明：“居处宫室楼观，城栅严设，常有人持兵守卫。”这是在说卑弥呼女王实行统治的情形。为了扩大在已经“统属”自己的诸小国中间的影响，为了和南面的狗奴国进行战争，随着最初的阶级萌芽的产生，卑弥呼已经拥有一定的政治和军事力量了。支持这支力量的，在物质方面，是“收租赋”①；在精神方面，是“能惑众”的鬼道。

然而我们不能把这些国家机器的萌芽估计得过高，更不能因此得出邪马台国已经具有了专制君主制的性质的结论。比如，《魏志·倭人传》上说：“其犯法，轻者没其妻子，重者灭其门户。”说“犯法”，是违背当时的实际状况的。在氏族社会的高级阶段，“对卑怯、背叛和反自然的淫行判处死刑，是在人民大会里宣判的。在这里，人民大会同时也是宣判法庭”②。当时朝鲜半岛的高句丽，在生产力水平、经济结构、社会制度等方面，都不低于邪马台国。但在那里“无牢狱，有罪，诸加评议，便杀之，没入妻子为奴婢”③。正是恩格斯讲的那种情况。我们没有找到日本列岛有关这方面的记载。按

① 这里当指一种平民向氏族贵族交的贡品。因为中国当时已有先进的赋税制度，出使倭国的中国官员也就把这种贡品称为租赋。

② 恩格斯：《家庭、私有制和国家的起源》，北京：人民出版社 1972 年版，第 142 页。

③ [南朝宋]范晔：《后汉书》卷八五《高句丽》，北京：中华书局 1965 年版，第 2813 页。

照我们的理解，当时倭地不存在后来意义上的法律，倭人所谓法只能是习惯法而已。有人违反习惯法，便依照习惯法处之。不过，诛杀全家的"连坐法"大有可能是当时的中国传去的。很多民族在原始社会都会通过占卜决定重大行动，包括对外进行战争、杀人的习惯。《魏志·倭人传》说，"其俗举事行事，有所云为，辄灼骨而卜，以占吉凶，先告所卜，其辞如令龟法，视火坼占兆"。"没妻""灭门"的对象，很有可能是这样决定的。

《魏志·倭人传》关于"持衰"的记载，很能说明邪马台国是按习惯行事的。当时漂洋过海到中国来，是一件非常艰苦而又冒着极大危险的事。为了战胜海上的困难，他们"恒使一人，不梳头，不去虮虱，衣服垢污，不食肉，不近妇人，如丧人，名之为持衰。若行者吉善，共顾其生口财物；若有疾病，遭暴害，便欲杀之，谓其持衰不谨"。可以认为，那种蓬头垢面的打扮，在日本古人看来，是对大自然的自然状态的崇拜，是对鬼神和肩负神圣使命的虔诚，是一种美德，类似后来一些宗教的斋戒，它能使航海者安全顺利地到达彼岸。反过来说，如果航海顺利，就证明持衰者"谨"，他可以得到奴隶和财物；如果在海上遇到风暴遭受损失或有人病死，便认为"持衰不谨"，就可能被杀掉。这显然是更古远的年代流传下来的习惯做法，只是原始社会末期奴隶社会初期出现的新因素影响了这种习惯。

总体而言，包括邪马台国在内的倭地各小国基本上还是一些原始部落，"统属"女王的小国构成了一个强大的部落联盟，那里已经产生了最初的阶级和国家机器的萌芽。三世纪的日本处在从原始社会向奴隶社会的过渡阶段。

四、关于邪马台国与曹魏的友好往来

日本是我国一衣带水的邻邦。两国人民交往的历史，可以追溯到远古时代。据古地理学和冰川学的研究,大约在一万年以前,日本列岛和亚洲大陆是连在一起的。今天两国考古发掘出来的旧石器也极为相似,说明在人类还没有形成国家的时候,居住在我们两国土地上的先人就已经有了交流。大约在距今一万年左右,冰川融化,海水上涨,才把日本列岛和大陆分开了。

海水可以隔断陆路交通,却隔不断我们两国祖先的往来。来自鞑靼海峡的寒流和来自对马海峡的暖流在日本海相遇,形成一股左旋回流。在古代航海技术十分落后的条件下,人们刳木为舟,顺着这股回流飘过海面,开辟了两国之间最古老的航道。

中日两国最早见诸文字记载的交往,是在西汉王朝建立以后。公元前 109 年,汉武帝在我国东北及境外设置了乐浪、玄菟、临屯、真番四郡。公元二世纪班固所编的《汉书·地理志》,提到倭人"以岁时来献见",说明两国之间的接触明显地增多了。

前文已经说到倭奴国到洛阳向后汉王朝"献见",汉光武帝赐给倭奴国王金印的事,说明到后汉时倭奴国已经成为可以对外建立联系的比较强大的部落或部落联盟;而刘秀把金印赐给倭奴国王,则意味着后汉对它的地位的承认和对两国关系的重视。

在我国,从战国时代起,在委任官吏的重要职位时,就有赐给印绶的惯例。这种印与绶的等级规定得相当严格。印有金、银、铜质的区别,绶有朱、绿、紫、青、黑、黄的区别。以金印而论,又有金印朱绶、金印绿绶和金印紫绶三种。金印朱绶或绿绶赐给国内王侯,紫绶赐给公侯、丞相或将军,而在对外国国王册封的时候,则大都赐予金印紫绶。在汉光武帝赐给倭奴国金印紫绶之后,还有和帝赐予掸[①]国王金印紫绶,安帝赐予羌金印紫绶的例子。可见,赐予金印紫绶是对"外臣"册封中的最高待遇。

① 在今缅甸境内。

《后汉书》还说，安帝永初元年（107 年），倭国王帅升等遣使到洛阳，献上“生口”一百六十人，并表示愿意亲自朝见。这个倭国（或称倭面土国），无疑也是当时日本九州地区的一个部落或部落联盟。

自倭国王帅升等遣使向后汉朝贡以后的一百多年，史书上没有两国来往的记载。到三国时期，这种交流又频繁起来。这种情况是与当时两国所处的环境分不开的。

前面已经说过，在后汉桓、灵年间，倭国发生了大乱，“相攻伐历年”，卑弥呼上台当了邪马台国女王，大乱才得止息。

在我国，后汉王朝衰亡之后，从公元 220 年起，进入了三国鼎立时期。在后汉末年，辽东太守公孙度拥兵割据，自立为辽东侯、平州牧，还控制了乐浪郡，俨然成了独霸一方的小皇帝。其子公孙康又于建安年间（196—219 年）割乐浪郡南部，新设带方郡，并在那里统治了三代五十年。在公孙氏统治辽东期间，倭国是否与他们有所往来，尚无资料说明，但他们却成了曹魏与日本列岛交往的一大障碍。所以史书上说：“公孙渊（公孙康之子）父祖三世有辽东……逐隔断东夷，不得通于诸夏。”①这种情况到了魏明帝景初年间才发生了变化。

景初二年（238 年），曹魏的强大对手诸葛亮病死，使曹魏解除了后顾之忧，于是魏明帝马上抽调大兵，由太尉司马懿挂帅，发动了征讨公孙氏的战争。司马懿于景初二年正月发兵，八月就彻底打败并杀死了公孙渊。接着，魏明帝派刘昕（可能就是刘夏）和鲜于嗣分别去接收了带方郡和乐浪郡。

曹魏的强大、统一和倭地以卑弥呼为女王的邪马台国的出现，为两国的重新开始往来创造了条件。

据《魏志·倭人传》记载，在公元 239—248 年的短短九年间，倭

① ［晋］陈寿：《三国志》卷三〇《东夷传》，北京：中华书局 1982 年版，第 840 页。

使四次来魏，魏使两次去倭，频繁程度是此前未有的，交往的规模也超过了以往任何时期。

景初三年(239年)六月，倭女王卑弥呼遣难升米、都市牛利等到带方郡。曹魏对此非常重视，先是带方郡太守刘夏派人将使者护送到首都洛阳。到达洛阳时，魏明帝已患病死去，新即位的皇帝魏少帝(齐王芳)立即下诏封卑弥呼为“亲魏倭王”，赐予金印紫绶，并任命来使难升米为率善中郎将，都市牛利为率善都尉。使者带来的贡品，有男生口四人，女生口六人，斑布(带斑纹的麻布)二匹二丈。魏少帝回赠绛地交龙锦五匹、绛地绉粟罽十张、蒨绛五十匹、绀青五十匹、绀地句文锦三匹、细斑华罽五张、白绢五十匹、金八两、五尺刀二口、铜镜百枚、真珠铅丹五十斤。诏书、金印和赠品，于公元240年(正始元年)由带方郡官吏梯儁送到倭女王国——这是魏使第一次去倭。卑弥呼托使臣上表，答谢诏恩。“亲魏倭王”的金印，现在尚未发现，但宣和集古印谱中拓有此印，现存日本《好古录》中。

公元243年，倭女王又派伊声耆、掖邪狗等八人到魏，献生口、倭锦、绛青缣、锦衣、帛衣、丹、短弓等物。魏又任命掖邪狗等为率善中郎将。

这时，倭女王卑弥呼与狗奴国男王卑弥弓呼之间发生了冲突，派遣载斯、乌越赴带方郡，向魏诉说边境的不安。于是魏于公元245年授予率善中郎将难升米黄幢——黄色的军旗和檄文，并于公元247年由带方郡官吏送到倭国，以表示对卑弥呼的支持——这是魏使第二次去倭。

卑弥呼死后，台与又派掖邪狗等二十人来魏，贡献男女生口及物品若干。邪马台国与曹魏的交往，加强了卑弥呼的地位，促进了倭地各部落的统一，也稳固了曹魏的边界。

卑弥呼上台以后，很多倭人部落形成了以她为王的部落联盟，日本列岛上出现了统一的趋势。但是，由于仍然存在像狗奴国那样的强大势力与之对抗，她不但无法做到进一步的统一，而且本身的存在也受到了威胁。在这种形势下，她加强与曹魏的往来，借助曹魏的影响提高自己的声望，是一种很有远见的做法，也很见效果。比如在对付狗奴国进攻和卑弥呼死后解决王位纷争，立卑弥呼宗女台与为王问题上，都可以看到曹魏的影响。

曹魏之所以重视女王国，除了"绥抚种人，勉为孝顺"的意图外，当时还有围绕着公孙氏的问题同长江下游孙吴的一场斗争。公孙氏为了保住在辽东一带的地盘，时而向曹魏称臣，时而同孙吴勾结，弄得辽东一带很不安宁。显然，曹魏与卑弥呼建立关系，能够起到"远交近攻"，稳定东北边境的作用。

两国的交流还促进了日本列岛经济文化的发展，为后来进一步发展两国人民之间的长期友好关系奠定了基础。

当时的中国，经过两汉和三国时期的发展，经济文化已经达到了很高的水平。周围国家羡慕中国，很希望同中国进行贸易。虽然他们往往与中国皇帝以君臣相称，中国的封建帝王也在他们面前摆出君临一切的架势，但由于中日之间隔着大海，他不好对倭人发号施令，倭人朝贡也只能是一种特殊形式的贸易，两国之间实际上是平等的。正是这种实际上的平等关系和朝贡贸易，为后来两国间的长期友好关系打下了基础，同时大大促进了日本列岛经济文化的发展。

日本历史学家内藤虎次郎说："日本民族未与中国文化接触以前是一锅豆浆，中国文化就像卤水一样，日本民族和中国文化一接触就成了豆腐。"①从后来两国经济文化的频繁交流及其对日本的影响来看，这个说法是有道理的。

（原载北京大学《亚非问题研究》1981年第1期）

① 郭沫若：《郭沫若文集》，春明书店1949年版，第67页。

郭嘉对曹操统一北方的贡献

郭嘉是汉末至三国时期的重要历史人物。陈寿在《三国志》中专门为他立传，记载了他一生的主要事迹。

郭嘉（字奉孝）的一生是短暂的，仅活了 38 岁（170—207）。但他贡献巨大.他跟随曹操 11 年，转战南北，出谋划策，多次取得胜利，在曹操统一北方的活动中起到了不可替代的作用。

郭嘉少年时就有远大的志向，“不与俗接”，而结交俊杰英豪。所以虽然一般老百姓不知道他，但有胆有识的人都认为他是奇才。

为施展自己的才华，郭嘉首先投奔袁绍。袁绍出身于四世三公，在当时北方军阀中势力最大，他占有广阔的地域，兵多将广，再加上门生故吏遍天下，霸业似可成就。但郭嘉和袁绍共事后，发现袁绍原来是一位“徒欲效周公之下士，而未知用人之机。多端寡要，好谋无决”的无能之辈，与这样的人“共济天下大难，定霸王之业，难矣！”①于是又离开了袁绍投奔曹操。当时，曹操与袁绍相比，明显处于劣势，但他看到了袁绍不会用人这个致命的弱点。这一年郭嘉才 26 岁。

① ［晋］陈寿：《三国志》卷一四《郭嘉传》，北京：中华书局 1982 年版，第 431 页。

曹操十分欣赏郭嘉的才能，说："使孤成大业者，必此人也。"①郭嘉也十分敬佩曹操，他说："真吾主也。"在曹操的谋士中，郭嘉是最年轻的，但却深得曹操的重用，他被任命为司空军祭酒。从此郭嘉如鱼得水，在曹操的统一事业中大展才华。

当时，袁绍势力地跨青、冀、并、幽四州，是曹操北方最强大的对手。曹操虽把汉献帝迎到许昌，取得了"奉天子以令不臣"的有利地位，但他的力量却远不如袁绍。公元 199 年，袁绍率精兵十万，劲骑万匹，南渡黄河，曹操能用于迎击袁绍的士兵不过两三万人，深感寡不敌众，力不从心。

郭嘉却坚定了曹操战胜袁绍的决心和信心。他首先举出刘邦战胜项羽的例子，晋人傅玄的《傅子》一书记载了郭嘉对当时形势的分析，郭嘉对曹操说："刘、项之不敌，公所知也。汉祖唯智胜，项羽虽强，终为所擒。"然后从十个方面进行分析，说"绍有十败，公有十胜"：

> 绍繁礼多仪，公体任自然，此道胜一也。绍以逆动，公奉顺以率天下，此义胜二也。汉末政失于宽，绍以宽济宽，故不摄，公纠之以猛而上下知制，此治胜三也。绍外宽内忌，用人而疑之，所任唯亲戚子弟，公外易简而内机明，用人无疑，唯才所宜，不间远近，此度胜四也。绍多谋少决，失在后事，公策得辄行，应变无穷，此谋胜五也。绍因累世之资，高议揖让以收名誉，士之好言饰外者多归之，公以至心待人，推诚而行，不为虚美，以俭率下，与有功者无所吝，士之忠正远见而有实者皆愿为用，此德胜六也。绍见人饥寒，恤念之形于颜色，其所不见，虑或不及

① ［晋］陈寿：《三国志》卷一四《郭嘉传》，北京：中华书局 1982 年版，第 431 页。

也，所谓妇人之仁耳，公于目前小事，时有所忽，至于大事，与四海接，恩之所加，皆过其望，虽所不见，虑之所周，无不济也，此仁胜七也。绍大臣争权，谗言惑乱，公御下以道，浸润不行，此明胜八也。绍是非不可知，公所是进之以礼，所不是正之以法，此文胜九也。绍好为虚势，不知兵要，公以少克众，用兵如神，军人恃之，敌人畏之，此武胜十也。

公元200年，曹操以五千奇兵，夜袭袁绍军于官渡（今河南中牟）附近的乌巢，烧袁军粮草辎重一万余车，袁军大乱。他又乘势以万人大破袁军主力，全歼袁绍七万余人，袁绍仅率八百骑兵逃回河北。这就是历史上以弱胜强的著名战例之一——官渡之战。

关于如何对待刘备的问题，郭嘉的看法也是高瞻远瞩的。《魏书》记载说：刘备来奔，以为豫州牧。或谓太祖曰："备有英雄志，今不早图，后必为患。"太祖以问嘉，嘉曰："有是。然公提剑起义兵，为百姓除暴，推诚仗信以招俊杰，犹惧其未也。今备有英雄名，以穷归己而害之，是以害贤为名，则智士将自疑，回心择主，公谁与定天下？夫除一人之患，以沮四海之望，安危之机，不可不察！"太祖笑曰："君得之矣。"

当时刘备力量弱小，来投奔曹操，有人建议杀掉他，不然"后必有患"。郭嘉同意早杀刘备，但又认为曹操起义兵、招俊杰，如果杀了刘备这样的英雄，不就背上了害贤的黑锅吗？有了害贤的坏名声，谁还来投奔？"公与谁定天下？"所以不可不察。曹操说他深得其中之理。

在统一过程中，郭嘉善于利用敌人的矛盾。袁绍死后，曹操继续攻打袁绍的两个儿子袁谭、袁尚，攻下黎阳（今河南浚县东）后，又追到邺[①]，连战连胜，士气很高。郭嘉认为：袁绍对这两个孩子都很爱，没有确定他们谁是继承人。袁谭、袁尚兄弟二人之间一定钩心斗角，争权夺利，很快就会分裂。如果逼得太急，他们就要合作；放松一些，他们之间的矛盾就会扩大。据此，郭嘉建议曹操南下荆州，摆出攻打刘表的样子，“以待其变，变后而后击之，可一举定也”[②]。于是曹操率军南下。公元203年8月，曹操到西平，袁谭、袁尚果然在冀州一带打起来了，曹操又率军北上，坐收渔利，很快平定了冀州。

曹操平定冀州之后，袁尚投奔辽宁的乌桓。当时，南有荆州刘表，北有乌桓袁尚。公元209年，曹操欲征乌桓，但怕刘表乘虚而攻许昌。郭嘉分析了刘表和依附于刘表的刘备之间的关系，指出：“表，坐谈客耳，自知才不足以御备，重任之则恐不能制，轻任之则备不为用，虽虚国远征，公无忧矣！”[③]郭嘉还分析了辽宁一带的地理形势，提出“轻兵兼道”“掩其不意”的作战方针。曹操采纳郭嘉的建议，很快征服了乌桓，完成了北方的统一大业。

这时候，郭嘉这位年轻有为功勋卓著的战略家，已积劳成疾，年仅38岁便离开了人世。

郭嘉的早逝使曹操十分悲伤。

郭嘉死后第二年，爆发了著名的赤壁之战，曹军大败。曹操说：“郭奉孝在，不使孤至此。”[④]可见郭嘉在曹操心目中的地位。

---

① 邺，冀州治所。
② ［晋］陈寿：《三国志》卷一四《郭嘉传》，北京：中华书局1982年版，第434页。
③ ［晋］陈寿：《三国志》卷一四《郭嘉传》，北京：中华书局1982年版，第434页。
④ ［晋］陈寿：《三国志》卷一四《郭嘉传》，北京：中华书局1982年版，第435页。

三国两晋南北朝的政治制度

一、各王朝的兴亡

东汉末年，各地豪强崛起，出现了许多武装集团。这些集团镇压了黄巾农民起义后又相互兼并，形成了曹操、刘备、孙权各据一方的局面。曹操统一了北方，刘备占荆州，孙权据有江南。

当时孙刘力量远不及曹操，但刘备的军师诸葛亮和孙权的大将周瑜利用曹军的弱点和曹操的轻敌思想，赤壁一仗，打败曹军。接着，刘备入蜀，占领益州。220年，曹操死，其子曹丕废汉献帝，自己称帝，国号魏。次年，刘备称帝，国号汉。不久孙权亦称帝，国号吴。至此，三国鼎立局面正式形成。

三国之中，魏国最强。这不仅是因为它占据中原、关中广大地区，条件优越，而且是因为作为政治家军事家的曹操，所实行的屯田制度取得了一定的成功。连年战争使社会经济遭到严重破坏，曹操招募农民在无主土地上耕作。屯田区土地所有权属于国家，中央大司农总管派典农中郎将、典农校尉和屯田都尉具体管理。屯田农民是国家的佃客，向国家交纳地租，不能随便离开，但不服兵役和徭役，能保证农时。此外，魏国还实行军事屯田，部分地减轻了农民养兵运粮的负担。屯田制在一定程度上缓和了阶级矛盾，巩固了曹魏政权。

但是，曹魏政权是在世家大族的支持下发展起来的，它不仅没有触动世家大族的基础，反而通过实行“九品中正制”确认了他们垄断国家政权的特殊地位，以致最后失国于司马世家之手。263 年，魏灭蜀。265 年，司马炎代魏称帝，建立西晋王朝。280 年晋灭吴，统一了中国。

西晋实行占田制，规定官吏按官品占田、占客、荫亲属。这实际上是封建国家用法律形式保障了官僚的特权，从而使世家大族拥有大量土地、佃客和依附农民。西晋王朝的建立没有直接受到农民起义的震撼，所以统治阶级对农民的压榨特别残酷，生活特别腐化，统治集团内部争权夺利的斗争特别尖锐，以致爆发了“八王之乱”。人民无法忍受，纷纷起义。316 年，西晋亡。

一些少数民族，主要是从西北内迁的匈奴、鲜卑、羯、氐、羌，也参加了起义。西晋亡后，这些少数民族的上层分子，模仿汉制，先后在北方建立了许多王朝，这就是所谓“五胡十六国”时期。

317 年，原来驻守江南的西晋宗室司马睿，在流亡世族和江南地主的支持下，在建康（今江苏南京）建立了东晋王朝。公元五世纪，东晋为刘宋王朝代替，之后又历经齐、梁、陈各王朝，史称南朝。北方则被鲜卑族的拓跋氏统一为北魏王朝，以后分为东魏和西魏。后来东魏为北齐代替，西魏为北周代替，史称北朝。这种南北对峙局面延续了二百七十年之久。

南方从东晋开始，北方从北魏开始，进入了相对来说比较稳定的时期。在南方，由于大量北方农民南流，带去了先进的生产技术，也增加了劳动力，推动了经济的发展。在北方，魏孝文帝从公元 471—499 年实行了一系列改革，如均田制，把荒田分给无地农民耕种，统一收取赋税；模仿汉制改革行政，实行官吏的俸禄制；改鲜卑姓为汉姓,三十岁以下的鲜卑人改说汉话等。这些改革,表明了各民族融合的必然趋势,有利于社会的进步和经济的发展。

在这几百年中,农民进行过多次起义斗争,南北朝之间也进行过几次战争。577 年,北周灭北齐。581 年,北周政权为汉族大臣杨坚夺取,建立了隋王朝。

二、政治制度的变化

(一)中央三省制度的形成

三国两晋南北朝时期,从全国来讲,是封建割据的局面,但就每一个王朝来讲,还都是封建专制主义中央集权的政体。北方少数民族进入中原以前虽然处在奴隶制甚至氏族制阶段,但他们进入中原后很快受到先进的封建生产方式的影响,其上层统治者迅速转化为地主阶级,也都先后建立了封建王朝。

东汉以来,中央机构的三公,已是名义上的官职,三公的地位和名望还是很高的,“然皆无事,不与朝政”①。晋时又增设太宰、太傅、太保、大司马、大将军,合称“八公”,但也是“特假以名号,不必尽知国政”②的官职。此外,还设有丞相、相国,但不常设,职权因人而异,总的来讲和三公一样,没有实际权力。这些官职无实权而又能够存在并有所扩大的原因,是担任这些官职的人有统治经验,皇帝必要时可以向他们提出咨询,同时,给某些权臣以高位而夺其实权,也是缓和统治阶级内部矛盾的一种方法。

东汉时,三公的权力已为尚书台取代。但当时尚书台仍隶属于三公之下九卿之一的少府,尚书的品秩也不过千石,与万石的三公

① [元]马端临:《文献通考》卷四八《职官考》,北京:中华书局 2011 年版,第 1379 页。
② [清]黄本骥:《历代职官表》,长沙:岳麓书社 2009 年版。

相差甚远；而且，三公是名义上的宰相，事情的决定，表面上还要经过三公，即《通考》所谓汉代尚书“未尝尽夺三公之权”。这种情况，到三国两晋南北朝时期，发生了根本性的变化。

从曹魏时起，尚书台与少府的隶属关系被取消，变成了皇帝领导下的名副其实的全国最高行政机构。尚书台由皇帝指定亲信重臣兼录尚书事，是皇帝之下的最高官职，被正式称为宰相。但录尚书事并不经常设立，尚书令是不设录尚书事时的最高长官，亦称宰相。尚书令的权力也很大，北魏高肇做尚书令时，“附之者旬月高升，背之者陷以大罪”①。

尚书令下设左右仆射，协助处理各项事务。再下面是执行具体事务的左右丞、各曹尚书及其属官。当时一般分设六曹，即掌管官吏的吏部曹，掌管户籍、土地的左民曹，掌管赋税、钱粮、财政的度支曹，掌管礼仪、祭祀的礼部曹，掌管军政的五兵曹，掌管司法的都官曹。每曹设尚书为长官，尚书下又根据事务的多少设若干小曹。小曹以郎中为长官，数目后来固定为三十六个。

随着尚书台地位的加强和组织机构的扩大，南朝宋时改称尚书省或寺，南朝梁时正式称为尚书省。

尚书令的权力日益扩大，使皇帝认为有加以牵制的必要，于是设中书监、令。秦汉时，中书为宫中小官，多以宦者充任。三国时所设中书监、令，由于接近皇帝，起草诏令，参与军政大事，分散了尚书令的一部分权力。后来，中书监扩大为中书省，其长官为中书令，下设侍郎、中书舍人等属官，成为国家的中枢机关。

魏晋时，随着中书省权力的增长，皇帝又采取让侍中参政的办法牵制中书令。汉时，侍中为皇帝侍从官，职位低，无属官，属于少府。但因接近皇帝，参与政事，地位逐渐提高。北魏时多以侍中辅

① ［北齐］魏收：《魏书》卷八三《高肇传》，北京：中华书局1974年版，第1830页。

政，侍中也就逐渐扩大为门下省，设置了黄门侍郎、给事中等属官。至此，三省制度正式形成。

杜佑在《通典》中说："自魏晋重中书之官，居喉舌之任，则尚书之职，稍以疏远。至梁、陈，举国机要，悉在中书，献纳之任，又归门下，而尚书但听命受事而已。"由于三省长官互相牵制，分散了宰相的权力，实际上是皇权的相对加强。三省制是我国封建政治制度的一个发展，对以后的封建王朝的官僚机构影响很大。

三省之外，中央机构中秦汉以来的九卿依然保留，只是由于三省组织和权力的扩大，其职权被削夺了。

(二)州、郡、县三级地方体制的确立

东汉后期，州、郡、县三级地方政权已经形成，三国两晋南北朝时期都沿袭不改。只是在西晋初年，晋武帝曾分封皇族子弟二十七人为王，还设立了公、侯、伯、子、男五级爵位，以满足世家大族的欲望。在所封的王国内，有相对独立的财、政、军大权。各王国可以自行任免官吏，并根据封国的大小而有不同的军队建制。大国设上、中、下三军，兵员五千；次国上、下两军，兵员三千；小国一军，兵员一千五百。这样，本来为了屏藩帝室、平衡和抑制地方势力的封王措施，却助长了地方势力的割据。

三国两晋南北朝时期的地方机构，最高的是州。州的长官为刺史，国都所在州之刺史，多称州牧。刺史下面设别驾、治中、长史、司马等属官。刺史多兼领兵权，后又发展成刺史兼都督诸州军事，加将军衔，权力大到可以杀二千石以下官吏。为了防止刺史权力过大而同中央作对，皇帝经常派皇室子弟或亲信担任刺史，有时则空其位而由其属官代理，或在刺史下设典签官，由亲信担任，分刺史职权并进行监督。

州下设郡，郡长官太守也有领兵权，晋时还有将军称号。太守的属官较汉时为多。

郡下设县，县长官一律叫县令。县令的属官也比汉代多。这一时期，州、郡、县三级地方组织，在北魏比较特殊。北魏的刺史、太守、县令，均设三职，一为拓拔宗室，一为非宗室鲜卑人，一为汉人，不同民族的地主阶级联合执政，很有特色。

县下设乡、里，和汉代基本一样。北魏则在基层实行宗主都护制，即在坞堡组织的基础上委派豪族地主作宗主进行统治。486年，魏孝文帝又废除了宗主督护制，建立“三长制”，即五家一邻，设一邻长；五邻为一里，设一里长；五里为党，设一党长，与汉制什伍组织相同。三长的职责，是检户口、征收租赋、征发徭役和兵役。

北魏规定：县令能静一县“劫盗”者，兼治二县；能静二县者，兼治三县，三年迁升太守；郡太守能静二郡者，兼理三郡，三年迁升刺史。这个规定，清楚地说明了当时各级政权镇压人民的本质。

（三）九品中正制与门阀

曹操在统一北方的过程中，网罗了一些受到农民战争和稍后的豪强兼并战争打击的豪强地主，重用了一些丧失门第又得不到乡举里选机会的士人。他的选官准则是“治平尚德行，有事赏功能”，并发布和屡次重申“唯才是举”的教令。这些，对于他重建专制统一的统治，是有积极作用的。

但是，曹魏的选官制度，不能回避东汉末年以来地方门阀势力的发展。换言之，要巩固封建政权，就必须处理政府和地方门阀之间的矛盾。曹魏用以处理这一矛盾的办法，就是实行“九品中正制”。从另一方面讲，“九品中正制”也是针对汉末社会动荡、人口流动、户籍混乱的情况提出来的。《晋书·卫瓘传》说：“魏氏承颠覆之运，起丧乱之后，人士流移，考详无地，故立九品之制，粗且为一时选举之本耳。”士人脱离了自己的本籍，必须有适当的人来主持评定他们做官的事。

220年，曹操死，曹丕代汉称帝，“陈群为吏部尚书，制九格登用,皆由于中正。考之簿世,然后授任"①,开始推行"九品中正制"。九品中正制的基本内容是,中央政府选择"贤有识鉴"的现任中央机构官吏出任州郡的"中正",州为大中正官,郡为小中正官。他们的职责是根据家世、才、德,将辖区内的人才列为九品——上上、上中、上下、中上、中中、中下、下上、下中、下下,上报中央政府,由中央政府按品级任官。这个制度,表面看来,权在中央,也多少选出过一些有才干的人。但实际上,由于担任中正的基本上都是门阀士族的代表,所以官吏的选任权越来越为门阀士族所掌握。这种状况,到西晋时更为严重。"台阁选举,涂塞耳目,九品访人,唯问中正。故据上品者,非公侯之子孙,则当涂之昆弟也。"②西晋一、二品列为上品,凡上品出身者均享有最优越的政治特权。如果说曹丕称帝后选任官吏除主要根据家世之外,还适当考虑德才的话,那么西晋则以家世作为唯一标准,形成了"上品无寒门,下品无势族"③、"公门有公,卿门有卿"④的现象。

九品中正制的推行,进一步巩固了士族门阀制度,使它在东晋和南北朝初期达到了鼎盛阶段。当时,南朝王、谢、袁、萧、顾、陆等几家大士族,轮流掌握国家权力,他们的子弟二十岁便出任被人看重的官职,而一般"寒门"子弟三十岁才可当一个被人看不起的官职。

九品中正制的意义在于:在肯定门阀特权的基础上承认朝廷对地方的完整权力,以维持封建国家的统一。但是,这种制度推行的结果,却使门阀士族垄断了国家政权,使他们在政治上越来越腐朽,

① [宋]王钦若:《册府元龟》卷六三五《考课》,南京:凤凰出版社 2006 年版,第 7336 页。
② [唐]房玄龄:《晋书》卷四八《段灼传》,北京:中华书局 1974 年版,第 1347 页。
③ [唐]房玄龄:《晋书》卷四五《刘毅传》,北京:中华书局 1974 年版,第 1274 页。
④ [唐]房玄龄:《晋书》卷九二《王沈传》,北京:中华书局 1974 年版,第 2382 页。

也加深了士族与庶族(“寒门”)的矛盾。到南北朝后期,士族势力衰落,庶族地主的势力扩大,九品中正制便成为历史发展的障碍。

(四)寒门的兴起和科举制度的萌芽

在门阀统治下,被称为“寒门”的庶族地主的仕途遇到严重障碍。但是,贵族们又不能把庞大的官僚机构全部包下来。所以,要把寒门完全排斥在政权之外,是不可能的。

九品中正制实行以后,九个品级中又逐渐分成了上品和下品,一、二品为上品,三品以下为下品。这个区别,在官职上则表现为清官和浊官之分,上品当清官,下品当浊官。西晋之后,这种清浊之分变成了士庶之分的标志,凡士族做的官就是清官,凡寒人做的官便是浊官。这说明,庶族地主虽然不能进入统治机构最高层,但他们还是有当官的资格的。

所谓清官,他们或居高官议论而不治事,或以“文学相处”,自命清高;他们“贵仕素资,皆由门庆,平流进取,坐至公卿”①,而不屑于办事才干或以功升迁。他们不仅不关心政事,甚至可以不关心自己的品第,因为只要有了自己的门阀血统,就有了一切。所谓浊官,就是干实际工作、负实际责任的官职。清官不愿干、不能干的政务由寒人来干,权力自然要转入寒门之手。《陈书·后主纪》上说:“自魏正始、晋中朝以来,贵臣虽有识治者,皆以文学相处,罕关庶务,朝章大典,方参议焉。文案簿领,咸委小吏,浸以成俗。”②指的就是这种情况。

三世纪以后,大量北方人南渡给南方带来了先进的生产技术,促进了南方经济的发展,从而使一部分农民上升为新兴地主。这部分新兴地主和原来未挤入士族队伍的庶族地主结合起来,使寒门的

① [梁]萧子显:《南齐书》卷二三《王逊传》,北京:中华书局1972年版,第438页。
② [唐]姚思廉:《陈书》卷六《后主纪》,北京:中华书局1972年版,第120页。

力量得到了进一步的加强。另一方面，门阀势力和专制皇权是相矛盾的。专制皇权的强弱主要取决于其直接控制农民的多少，而门阀势力越大，它荫庇的户口就越多。皇帝为了加强自己趋于衰弱的皇权，必须同门阀进行斗争；聚集在政府各部门的寒人也必须为自己开辟政治道路。目的不同，目标一致，寒门就和皇权结合起来了。《南齐书·幸臣传》序云："孝武以来，士庶杂选"，"诏命殆不关中书，专出舍人。省内舍人四人，所置四省，其下有主书令史，旧用武官，宋改文吏，人数无员，莫非左右要密。……外司领武官，有制局监，领器仗兵役，亦用寒人被恩幸者"。中书舍人控制中书省，制局监控制禁卫军①，很明显，是皇帝任用寒人以加强皇权的表现，这当然也就加强了寒门的政治地位。

能说明寒门兴起的，还有国家选拔人才政策方面的变化。如《梁书·武帝纪》所记载的明经考试："其有能通一经，始末无倦者，策实之后，选可量加叙录。虽复牛监羊肆，寒门后品，并随才试吏，勿有遗隔。"这种选拔、任用官吏不限门第、不限名额的规定，在北朝后期也有了。根据《隋书·卢恺传》的记载，西魏时已经"罢门资之制"，"选无清浊"。《北史·儒林传序》说："齐制，诸郡并立学，置博士，助教授经。学生俱久差逼充员，士流及豪富之家皆不从调……其博士、助教及游学之徒通经者，推择充举。射策十条，通八以上，听九品出身，其尤异者，亦抽蒙擢。"南梁、西魏、北齐的做法，打破了士庶界限，反映了庶族地主的愿望和要求，为隋唐时代的科举制度开辟了道路。《北齐书·儒林·马敬德传》上说，马敬德被举为秀才，是自请在州先行考试而获得通过的，这已经具有隋唐科举制的

① 《南齐书·吕文度传》："世祖即位，为制局监……殿内军队及发遣外镇人，悉关之，甚有要势。"可见制局监权力很大。[梁]萧子显：《南齐书》卷五六《吕文度传》，北京：中华书局1972年版，第978页。

特点，应当看作是科举制度的萌芽。

（五）军事制度的变化

三国两晋南北朝时期，社会长期处于战乱状态，各王朝都建立了一支数量很大的军队。开始，一般沿用东汉以来的募兵制。后来，比较普遍实行的是世兵制，即当兵者世代相传，父亡子继或兄亡弟及。世兵之家被称为军户或营户，有特殊户籍，不受州郡管辖。世兵身份低于平民，法律规定世兵妻子因夫死改嫁或女儿出嫁，都只能嫁给世兵，世兵逃亡，妻子被没为官奴或处死。魏晋南朝均实行世兵制，以保证在战争频繁的情况下有比较充足的兵源。

魏晋军队分为中军和外军，即中央军和地方军。曹魏中军主要有武卫、中垒、中坚、领军、护军和东汉以来的五营兵。晋以后，中军主要有七军五校①，军设将军，营设校尉。中军的主要任务是保卫京师和进行割据战争。地方军归州郡统率，主要用于镇压人民。

北朝，北魏初实行族兵制。拓跋氏统帅若干部落，即所谓三十六大姓，部落成员壮者皆兵。迁都洛阳后也设置了羽林、虎贲之兵，孝文帝时扩大到十五万人，由左右武卫军分别统率，总领于中央的领军将军。北魏的地方军亦由州郡统率。此外还有镇兵和称为防、戍的军事组织。镇兵主要是为防御北方民族的侵扰而建立的，不属州郡而由专门机构镇将管辖。戍是戍边组织，设戍主和副戍主。戍比镇小，受镇或州的指挥。防设防主和副防主，主要用于镇压人民及对付统治阶级内部的反对者。

550年，北朝西魏开始实行府兵制。在中央统率下，分设六柱国，十二大将军，二十四开府。每府各统一军，每军二千人，全军约四万八千人，构成府兵系统。府兵制是在初步实行均田制的基础上，把鲜卑部落兵制和封建经济结合在一起而形成的。府兵制规

① 七军：左卫、右卫、前军、后军、左军、右军、骁骑；五校：屯骑、越骑、步兵、长水、射声。

定，六户人家有三丁者抽一人充当府兵，该兵所需衣物粮食等，由六家供给。这显然只有在核查户口、占田情况之后才能做到。府典另立户籍，身份较平民稍高，并免除一切赋役，专门致力于训练和战争，因此有较强的战斗力。

（六）司法监察制度的变化

这一时期，司法机关大体上沿袭汉制。中央设廷尉，曹魏时只在廷尉下增置律博士一人。北齐变化比较大些，廷尉改名并扩大为大理寺，下面有卿、少卿、正、监、平等属吏，律博士增加到四人，新设明法掾二十四人，槛车督二人，掾、司直、明法各十人。① 地方司法权仍属地方行政长官。这一时期的地方司法权较大，一般案件均可在州郡解决。死刑的处决权由皇帝亲自掌握。

中央监察机构仍承袭东汉的御史台，但东汉时受少府节制，三国两晋南北朝时期成了皇帝直接掌握的独立机构（南朝称南司，北魏称御史中尉，北周称宪司）。御史台的长官仍为御史中丞，权力极大，"自皇太子以下，无所不纠"②。北魏的御史中尉"出入千步清道"，"王公百辟，咸使逊避，其余百僚，下马弛车止路旁，其违缓者，以棒棒之"。③ 但是，如果群臣有罪，御史中丞失纠，则要免官。

晋以后，御史中丞下设御史若干，名目繁多，主要是治书侍御史、殿中侍御史及禁防、检校、督运、监军等御史。汉时有固定的地方监察机关，曹魏以后不再设置，改由中央派出不定期的巡御史执行其职责。

汉朝的司隶校尉，到魏晋初期仍然保留，但它与御史中丞的职权是重叠的。因此，随着御史台职权的加强，到东晋，并其行政权于

① 参见［唐］魏徵《隋书》卷二七《百官志》，北京：中华书局1973年版，第756页。
② ［唐］杜佑：《通典》卷二四《职官六》，北京：中华书局1988年版，第663页。
③ ［唐］杜佑：《通典》卷二四《职官六》，北京：中华书局1988年版，第665页。

各州刺史，并其监察权于御史台，便把它废掉了。

三国两晋南北朝时期司法监察机构及其职权的扩大，特别是关于御史中丞失纠要免官等规定，说明统治者越来越重视国家机构的实际效能了。

(七)立法概况

在三国两晋南北朝时期，各王朝都进行了法律的编纂。

蜀汉丞相诸葛亮赏罚严明，善于运用法律维护封建统治，主张“尽忠益时者，虽仇必赏，犯法怠慢者，虽亲必罚”①。陈寿在《进诸葛亮集表》中记有“法检”上下篇、“科令”上下篇、“军令”三篇，应当是诸葛亮主持制定的法律篇目，可惜绝大部分已经散失了。

孙吴也曾制定法律。《文献通考》上说：“吴之律令，多依汉制。”三国时期，最有影响的还是魏律。曹操时就很强调法治，“治定之化，以礼为首，拨乱之政，以刑为先”②。明帝时，令陈群等以汉九章律为基础，制定《魏律》十八篇，也就是在九章之外增加了劫掠、诈伪、毁亡、告劾、系讯、断狱、请赇、惊事、偿赃九篇，并改具律为刑名，列为篇首。这种结构一直为后世的封建法典所沿用。

《晋律》礼律并重，文字简约。律文只有十二万六千三百字，而汉律及其解说则为七百七十三万余字。南北朝时期，南朝宋、齐均用晋律，梁陈亦变动不大。

北朝的北魏，鲜卑族在进入中原以前既无文字也无法律。但他们后来很注意吸收汉族的先进文化，也在汉律的基础上，参照魏晋南朝的法律，制定了北魏律。北魏律共二十篇，现今可考者仅十五篇的篇目。

北朝的法律，还有东魏的《麟趾格》、北齐的《北齐律》、西魏的

① [晋]陈寿：《三国志》卷三五《诸葛亮传》，北京：中华书局1982年版，第934页。

② [三国]曹操：《曹操集·以高柔为理曹掾令》，北京：中华书局2013年版，第44页。

《大统式》和北周的《大律》，其中《北齐律》以“法令明审，科条简要”著称。“南北朝诸律，北优于南，而北朝尤以齐律为最。”①所以后来隋文帝虽然取代北周，却舍周律而采齐律，唐律亦以齐律为蓝本。

这一时期的法律，虽然各王朝之间存在某些差异，但其本质都是地主阶级压迫农民的工具。拿被历代统治者所崇尚的《北齐律》来说，其中的“重罪十条”，即反逆、大逆、叛、降、恶逆、不道、不敬、不孝、不义、内乱，基本上都是指农民对封建统治的反抗。魏晋律中规定的“八议”，即亲、故、贤、能、功、贵、勤、宾，则是这八种特权人物犯罪时可减免刑罚。北魏、南陈还实行“官当”制度，即以官品抵罪，这是只有做大官的士族才能享有的特权。而人民犯罪则用极其残酷的刑罚，如死罪，除腰斩、斩首、枭首、弃市外，北魏还定有绞刑、车裂、沉渊等。

三国两晋南北朝时期，各王朝更替频繁，它们为了巩固和加强自己的统治，都努力提高自己的封建国家机器的效能，这就推动了律学的兴旺与发达，使研究、讲习法律，注释法律的风气流行一时。结果，一些法律术语变得越来越规范化了，一些封建司法的经验之谈，也反映了一定的客观规律，如对“故意”“过失”“共犯”“累犯”的解释和处理就是如此。因此无论从形式上，还是从内容上来讲，这一时期的法律，都是我国封建法制史发展的一个重要阶段。

---

① 程树德：《九朝律考》，北京：中华书局2006年版，第393页。

唐初政治家集团与唐代政治的刷新

一、唐初政治家集团

公元618年，李渊称帝，国号唐，年号武德。李渊即位后，立长子李建成为太子。但次子李世民战功显赫，威望甚高。于是兄弟二人展开了争夺皇位的斗争。626年，李世民和他的谋臣们在宫城的玄武门发动兵变，杀死建成，李渊被迫让位，李世民即位，627年改年号为贞观。

李世民初即位时，面临着十分严峻的局势。经济上，全国呈现出一片凋敝残破的景象；政治上，由于他是杀兄逼父上台，武德年间的朝臣不满，李建成的余党反对。特别是李建成接受魏徵、王珪的建议，曾借镇压刘黑闼起义之机到河北一游，与那里的地方势力建立了联系。建成被杀后，幽州都督卢江王瑗曾企图起兵反抗，这是太宗的一个大的隐患。

面对这样的形势，李世民首先考虑的是如何稳定政局的问题，如果政治局势不稳定，他是站不住脚的。显然，他必须坚决依靠自己的旧部——秦王府的官员。但他又不能只依靠他们，因为这些官员中缺乏山东、河北一带的代表人物，又对李建成余党怀有强烈的敌对情绪。他们不可能处理好山东、河北问题和与李建成余党的关系。

对于李建成余党，太宗认为，其中不少人很有才华，如果对这些人予以重用，不但可以把他们的才干用于治理国家，比较顺利地解决山东、河北问题，而且有利于瓦解东宫势力，消除他们的恐惧心理，使政局迅速走向稳定。

父亲在位时的旧臣，如宇文士及、萧瑀、陈叔达、封德彝、裴寂等，多为旧宗室、贵族出身，思想保守。但这些人在武德时期对巩固唐初统治是起了不少作用的，他们在朝中拥有很大的势力。太宗既不能忽视他们，又不能完全依靠他们。

经过如上的分析，李世民即位后，立即着手改组中央政府。他首先把旧秦王府系统的房玄龄、长孙无忌、杜如晦等人提拔为宰相。其次，他任命原在李建成手下任职的魏徵、王珪作谏议大夫，后来又很快提拔为宰相。对待武德旧臣，他让封德彝、裴寂留任，把宇文士及、萧瑀、陈叔达罢去相职，后来又把裴寂贬到南方。另外，还对一些庶族地主的代表人物如马周、李勣、张亮、张玄素、杜正伦等委以重任。这样一个班子，既保证了秦王府系的人掌握实权，又团结了三个方面的势力，特别是任用了较多的庶族地主的代表人物，对稳定政局，广泛听取意见，更好地代表整个地主阶级利益，大有好处。

二、统治政策的调整和政府机构的完备

鉴于隋速亡的教训，太宗君臣采取了一系列调整统治政策的措施。

首先是裁减和合并机构。太宗对房玄龄说："官在得人，不在员多"，命玄龄并省，留文武总六百一十三员。中央官员原来是二千多

人，一下子砍掉了三分之二，决心可谓大矣。这对于提高办事效率，节省开支，渡过财政困难，起了很大的作用。

其次是减轻刑罚。贞观元年，太宗命令大臣重新修订律令。新修订的《贞观律》，与隋律相比，死罪减少了92条，改流刑为徒刑71条，删去"兄弟连坐俱死"，"凡削烦去蠹，变重为轻者，不可胜纪"。太宗多次重申，司法判刑，不论轻重，都要依法律治罪，对于死罪的判决，尤其应当慎重，不但必须由刑部详复，而且要由中书门下四品以上官及尚书九卿议定，还要经过多次复奏①，才能执行。贞观四年，全年才断死刑29人。②

再次，在继续实行武德七年制定的均田制和租庸调制的同时，鼓励农耕，轻徭薄赋，注意兵役、徭役的征发不夺农时，多在冬季进行，"使比屋之人，恣其耕稼"③。此外，太宗还拿出"御府金帛"，赎回农民因灾害而卖掉的子女，并赎回隋朝末年没入突厥者八万口人。这些措施，使唐朝政府获得了更多的劳动力。在调整统治政策的同时，唐朝统治者建立了相当完备的专制主义中央集权政治制度。

在唐朝的中央机构中，皇帝仍居最高支配地位，总揽全国政权。皇帝以下，最重要的机关就是"三省"。

"三省"制度形成于三国两晋南北朝时期，隋朝正式确立了三省六部体制。唐承隋制，并进一步把它完善了。

尚书省，是最高的行政管理机关，长官是尚书令。至唐朝，由于唐太宗曾任过尚书令，以后就没有再正式任命，而由尚书令下面的

---

① 当时规定京师地区死刑要五复奏，地方上的死刑三复奏。

② 参见[宋]司马光《资治通鉴》卷一九三《唐纪十》，北京：中华书局1956年版，第6103页。

③ [唐]吴兢：《贞观政要集校》卷八《备农》，北京：中华书局2009年版，第427页。

左右仆射领导尚书省。尚书省长官的职权,开始是与中书、门下二省长官一起"参与机密",决定军国大事,并负责掌握尚书省具体执行中书省颁布的皇帝诏旨,和门下省审阅皇帝批准的各种奏章。尚书省除尚书令、左右仆射之外,还有具体管理和检查各部各司事务的左右丞,以及左右司郎中、左右司员外郎等属官。

中书省,是掌握机要、决定军国大事的最高机构。其长官中书令参与、研究国家军政的决策,领导中书省处理尚书省及其他机关的奏章、公文,并根据皇帝的旨意起草诏令及下行文书。中书省由于它特殊的职权地位越来越显要,"盖以佐天子而执大政者也"①,它的机构也日益扩充。中书令下设中书侍郎、中书舍人,还有右散骑常侍、右补阙、右拾遗、起居舍人、通事舍人等属吏。

门下省地位与中书省相当。其长官侍中(隋朝曾改为纳言),有权参与机密,研究军国大事。侍中根据皇帝的旨意,负责审查各种上行文书,并提出供皇帝裁决的意见。侍中还有一种特殊的职权,即对中书省草拟的下行诏令文书,认为不便实行的,可以封驳奏还。这种封驳制度,一方面可以使皇帝诏旨更符合整个地主阶级的利益,另一方面也是对权力很大的中书省的一种牵制。唐太宗说:"国家本置中书、门下以相检察,中书诏敕或有差失,则门下当行驳正。"②所以封驳是加强皇权、巩固专制统治的一个重要环节。门下省除侍中外,还设有门下侍郎、给事中,以及附于门下省的左散骑常侍、谏议大夫、起居郎、左补阙、左拾遗等官职。

唐代的地方制度设州、县两级,并把全国分为十道监察区,以了解民情,考察官吏的政绩,加强对全国的统治。

这样一套整齐、严密的政治制度,是盛唐政治的一个重要标志,

---

① [唐]李林甫:《唐六典》卷九《中书令》,北京:中华书局1992年版,第273页。

② [宋]司马光:《资治通鉴》卷一九二《唐纪八》,北京:中华书局1956年版,第6041页。

也是唐代前期社会稳定、经济繁荣的一个重要原因。

三、政治气象的刷新

在中国古代封建专制主义官僚政治的发展史上，唐代政治占有重要的地位。由于唐代处在我国封建社会的鼎盛时期，所以唐代政治具有它以前和它以后的朝代所没有的一些特点。这些特点，可以借用唐诗研究中的四个字来概括，叫作“盛唐气象”。在唐代，特别在它的前期，整个社会呈现出一种蓬勃向上的精神，让我们举出一些例子。

1.唐制——凡皇帝正式诏书，必须经过以下程序：

①由五名中书舍人各自拟稿并署名，叫作“五花判事”；

②由中书令或中书侍郎选定其中一稿并加以补充修润；

③呈送皇帝写上“敕”字；

④下行至门下省审核，不同意的“封驳”，同意的加盖“中书门下之印”，交尚书省执行。

这最后一道十分重要。在唐代，不加盖“中书门下之印”的诏令，被认为是违法的，下属机关不承认。据《旧唐书·刘祎之传》载，武则天在位时，有民告刘受贿“兼与许敬宗妾有私”，则天命刺史王本立宣敕缉拿。由于该敕令未加盖“中书门下之印”，祎之不服，反问道：“不经凤阁鸾台，何名为敕？”①

唐代还有一种被称为“斜封墨敕”的非正式任官方式。按制度，唐代是以“赤牒授官”的，即任官之状用赤笔书写。但中宗时，“因依妃、主墨敕而授官者，谓之斜封”②。从那以后，凡皇帝不经过正常

① 武则天在位时，把中书省改称凤阁，把门下省改称鸾台。

② ［后晋］刘昫：《旧唐书》卷八七《刘祎之传》，北京：中华书局1975年版，第2848页。

程序个人做主所授之官，其委任状均用墨笔写斜封，以示区别于正式官员。在唐代，斜封官是被人瞧不起的。

2.唐有“前资官”的规定：考官的人多而官位有限，于是规定官吏任满（四年为一任）后，解职为“前资官”，须等候下一次任官机会。等候时间的长短，因官吏的品位及功过而不同：“凡一岁为一选，自一选至十二选，视官品高下以定其数，因其功过而增损之。”①这个规定，加上科举制度的开放性和竞争性，使唐代的官僚机构比其他朝代更有活力。

唐代政治气象的刷新，与唐初政治家深刻总结隋朝速亡的历史教训有关系，与唐代制度的完善和经济的繁荣有关系，更直接的原因，是庶族地主力量发展壮大的结果。

南北朝后期，门阀衰落，寒门兴起。隋唐时期是科举制度的公开报考和择优录取，为庶族地主开拓了仕途。科举官僚不仅人数越来越多，而且越来越取代门阀官僚而进入高层统治集团。太宗时，曾按当时的官爵等级编了一个《氏族志》，凡 293 姓，1651 家。由于当时的士族观念还很浓厚，所以编进《氏族志》的绝大部分是士族贵族，少数不是士族出身的也是唐初功臣。武则天一上台，首先把《氏族志》改为《姓氏录》，不管是不是士族出身，凡是五品以上官员，都一律写进去。《姓氏录》共 245 姓，287 家，很多通过科举进身的中小地主“浊流官”都入列了。从《氏族志》到《姓氏录》的变化，说明唐代封建等级正处在重新变动组合之中，那些不靠血缘而靠自己努力登上政治舞台的中小地主已经压不住了。据统计，唐太宗时，宰相中只有 1 人为隋秀才，其余 28 人都不是科举出身。高宗时，宰相 11 人，其中隋秀才 2 人，唐初进士 8 人。则天称帝期间，仅明经进士出身者就激增到 20 人，占这个时期宰相总数的一半左右。玄宗开元

① [宋]欧阳修：《新唐书》卷四五《选举志》，北京：中华书局 1975 年版，第 1174 页。

元年至二十二年(713—734年),科举出身的宰相共18人,占这个时期宰相总数的三分之二。开元二十四年之后的15年间,门荫入仕的宰相李林甫专权,他和另外三位宰相牛仙客、李适之、陈希烈四人中,无一人是科举出身。玄宗之后的变化情况见下表①:

表1　玄宗之后宰相出身变化表

	肃宗	代宗	德宗	宪宗	穆宗	敬宗	文宗	武宗	宣宗	懿宗
宰相总数	16	12	35	29	14	7	24	15	23	21
进士出身者	4	4	12	17	8	6	18	12	20	17

显然,唐代政治气象的刷新,是与这些科举出身的官僚,特别是进士出身的官僚的努力分不开的。

① 参见吴宗国《科举制与唐代高级官吏的选拔》,《北京大学学报》1982年第1期。

从佛教的“出世”“入世”说到中国古代哲学的“境界”

一

佛教在西汉末、东汉初由印度传入中国，开始和儒、道两家相汇合。

传统说法，儒、道、佛三家，儒家主张入世，道、佛主张出世。

佛教的出世，来源于它的原始出发点。佛教的原始教义认为：人生是苦海，生老病死是苦，相憎者相会是苦，相爱者别离是苦，所求不得也是苦。追求美色和名誉地位，渴望别人吹捧，渴望财富和物质享受，欲火燃烧起来了又得不到满足，就会带来无穷的烦恼和苦闷。

用世俗的观点看问题，人的一生不完全是苦，也不完全是乐，人生有苦有乐。人生有各种各样的需要，人活着离不开需要。人的需要是人的本质属性。马克思说：“他们的需要即他们的本性。”①在好的情况下，人的需要可能比较多地得到满足，但不可能一切需要

① 《马克思恩格斯全集》第三卷，北京：人民出版社 1965 年版，第 514 页。

都得到满足，不可能“万事如意”，多数情况下，只能部分满足。因为人一生下来，就生活在一个既定的社会关系之中，人的一生必须受到社会的支配，也就是说，人的自由是有限度的。想干什么，想过什么样的生活，虽有一定的选择性，但这个选择性始终被客观条件牢牢地制约着。所以，佛教认为人生是苦的说法，虽然是很片面的，是一种唯心主义，是一种悲观主义，但不是完全没有一点根据。

当代著名佛学家、已故中国佛教协会主席赵朴初先生说，佛教教义的基本内容可以概括为“四谛”（谛是真理的意思），上面讲的人生之苦，是“四谛”之一，称为“苦谛”。另外三谛分别是：因谛，指产生痛苦的原因；灭谛，指痛苦的消灭；道谛，指消灭痛苦的方法。①

佛教消灭痛苦的方法是什么？就是出世，用出世的方法达到解脱。出世，也就是出家，离开家庭，脱离常人的生活，以求脱离社会，离开社会矛盾带来的各种烦恼和痛苦。严格地讲，出家是可以的，完全离开社会是不可能的。佛教徒即使住在深山老林之中，他们还是要穿衣吃饭，从社会中得到他们的生活必需品，他们还是处在社会之中。但佛教用各种办法使教徒去过一种与常人不一样的生活，训练他们用佛教的观点去观察和思维。

例如，儒家认为，“食色，性也”。佛教原始教义却把爱欲和男女之事看作是万恶之源，出家后就不能再单独与异性接触。又如出家人求解脱，必须定居一处，不允许积蓄财物，食、宿、眠、禅诵，生活的各个方面都非常清苦、寂寞，必须有坚强的意志和忍耐力。所以要求到寺院出家的人，必须被观察一年以上，僧团认为此人适合出家，才举行正式的剃度仪式，把俗衣换成僧服。

剃度以后，成为正式僧人，就开始修行了。修行的具体内容和

① 参见赵朴初《佛教与中国文化的关系》，《佛教与中国文化》，北京：中华书局 1988 年版，第 3 页。

方法，统称三学，即持戒、修定、证慧三件事。持戒就是坚持佛教的戒律，即五戒：不邪淫、不杀生、不偷盗、不诳语、不饮酒。坚持五戒，就是“诸恶莫做”，以约束教徒的身心，使之不受外界干扰。修定，佛教术语也称禅定，即心要专一，全心全意专注而不散乱，是一种宁静寂然的状态。很明显，做到持戒，才有可能修定。五戒是僧人的底线，修定就进一步了。证慧，是持戒、修定后产生的一种智慧，一种抉择力、判断力、洞察力，一种与常人不同的状态和境界，也就是变得聪明起来。有了聪明智慧，就能够超脱或解脱，就可以消除烦恼和苦闷。这种聪明智慧，佛教术语叫作般若。

用世俗的观点看，佛教的“超脱”“解脱”，就是一种回避，躲开社会矛盾，也可以说是对人间、对社会、对国家民族命运的一种淡漠或冷漠。他们自己通过“练内功”的办法也许在有些方面变得聪明智慧了，但这种聪明智慧的意义，在很大程度上，在于从主观上缓解对人生之苦的感觉，而不是从根本上解决人生之苦的问题。

二

东汉末年，连年战乱，饥荒遍野。在死亡线上挣扎的广大人民容易接受人生是苦海的佛教教义，于是外来的佛教开始在中国广泛传播。但佛教关于“苦”的教义，又容易使人们失去生活的意趣，从而影响民众的信仰，影响佛教本身的存在和发展。所以一些佛教祖师提出改变原始教义。

主张改变原始教义的佛教祖师，把自己的教派称为“大乘”，把坚持原始教义的派别称为“小乘”。大乘认为，原来的否定世俗、脱离世俗的观点，主观上想解脱烦恼，实际上是自寻烦恼，是在自我痛苦中辗转，何必呢？大乘提出：没有众生的解脱，就没有个人的真正解脱，所以主张“普度众生”，要把以个人修行为中心的持戒、修定、证慧，扩大为布施、持戒、忍辱、精进、禅定、证慧“六度”。其中的持戒，五种戒律的第一戒不再是不邪淫，而是不杀生，不偷盗上升为第二位，不邪淫降到了第三位，所禁的范围仅限于不正当的男女关系，不再限制婚姻了。“六度”中布施的意思是要教徒用自己所能在体力、智力、财力方面救助贫困的人们。六度中的“禅定”，也不是静坐沉思，而更强调将“一心”贯穿于一切佛事活动。“六度”的其他内容，基本精神也大体相同。从此，小乘的影响缩小，大乘则迅速发展起来。这个变化发生在公元三世纪。这可以看作是佛教由“出世”到“入世”的开端。

南朝宋末，佛教一派又创立了以专修“禅定”为主的禅宗。禅宗奉弘忍(602—675)为五祖。弘忍之后，禅宗分为南北二宗。北禅的代表者神秀(约606—706)提出“渐悟”的方法，由浅入深地修善断恶，经过长期修行成佛。南禅的代表者慧能(638—713)讲“顿悟”，主张无须长期修行，只要领悟即突然觉悟成佛。慧能把烦琐的佛教教义简易化了。隋至唐初，许多佛学家步汉代经学的后尘，对印度佛教经典进行了烦琐的解释，使人不得要领。生活在唐太宗、唐高宗、武则天、唐玄宗几个皇帝在位时期的慧能提出的顿悟，主张以心传心，不立文字，顿悟成佛，一扫烦琐哲学，使佛学简易明了，下层老百姓和上层统治者都容易接受，使他所代表的禅宗迅速发展扩大，很快超过了神秀北禅和其他各宗，并由此使佛教在中国历史上达到鼎盛时期，慧能本人被称为禅宗六祖。

慧能创立南禅，可以说是中国佛教史上的一次宗教革新。从此，佛教进一步世俗化、社会化以及中国化。世俗化、社会化、中国化，也就是进一步的“入世”。

三

说唐代是中国佛教的鼎盛时期，从根本上来说，是因为佛教有很多和儒家思想、道家思想相通的地方，而唐朝盛世，“有容乃大”，“三教并行”，在相互影响、相互吸收中，它把自己变成了中国传统文化的一部分。宋以后的宋明理学，就是儒家思想吸收佛学思想和道家思想，“三教合流”的成果。

从唐代“三教合流”到宋明理学的形成，是中国佛教更深层次的入世。

一般认为，儒家学说带有强烈的入世精神和伦理色彩。儒学始祖孔子的一个重大贡献，就是“人”的发现。但儒家把人伦道德归于“天”，认为人的善良的美德是一种先天的东西，人们的道德修养是为了保持、发扬或找回这种先天的东西。因此，儒家把主观内省看得十分重要，曾子的“吾日三省吾身”①，孟子的“反身而诚，乐莫大焉”②，都强调反省内求的修养方法。

道教的基本信仰是“道”，其最终目的是“得道成仙”。如何得道呢？也主要是修身养性的“内功”，如清静寡欲、坐忘守一等。

佛教与儒家的“内省”和道教的“内功”相似，认为要求得身心的解脱，必须放弃一切外在的欲望和追求，直悟自己生命的本性，明心见性，见性成佛，也就是启发一种内在的自觉。禅宗讲“了生死”，生死能了，则一切外在的东西都可以看得很轻，都可以放下，没有必要

① [宋]朱熹:《四书章句集注·论语集注》卷一《学而》，北京:中华书局 1983 年版，第 48 页。

② [宋]朱熹:《四书章句集注·孟子集注》卷一三《尽心上》，北京:中华书局 1983 年版，第 350 页。

对自身这个个体的有限性惶惑不安。这样看来,宋明理学的"心性"说,朱熹的"豁然贯通"说,王阳明的"致良知"说,和禅宗的"顿悟",可以说有异曲同工之妙。

中国传统哲学不重分析和思辨,而重直觉,重当下体悟,这显然与儒、佛、道合流密切相关。这种思维方式的特点,是主体直接进入客体,没有中间环节,没有逻辑推理,没有分析,它是一种纯粹的体验或体悟;不是站在生活之外做理智的解析,而是投身于生活之中,与周围环境心灵交融,这种交融暂时地离开了、突破了、忘掉了概念和逻辑推理,使物我一体,消解了主客、内外的界限。这是一种思维方式,也是一种境界,一种智慧。

"境界"一词,本来就是佛教术语。境是心之所知或心之所悟的对象,它分成若干层次,层次不同,境界不同,每个层次都是一种境界。佛教讲境依心起,有什么样的心态,便有什么样的境界。禅宗讲顿悟成佛,但也须经过三种境界。

这三种境界可以用人对大自然的感悟描绘出来。第一种境界:"落叶满空山,何处寻行迹。"人在寻找,在徘徊,尚未进入。第二种境界:"空山无人,水流花开。"虽然没有看到人,但感悟到生命的存在,身心进入大自然,由徘徊到喜悦。第三种境界:"万古长空,一朝风月。"人与大自然融为一体,刹那间的风月,让人体悟到万古的存在,瞬间即永恒,山川日月,大地长空,自古即然,无增无减。到了第三种境界,人就成佛了。

其实,这种物我两忘、主客浑然一体的"顿悟",并不像禅宗讲的那样简单。顿悟,讲的是一种思维状态。这种思维状态是一种直觉的感悟,但感悟中也有逻辑思维参与其中。比如王国维讲古今成大事业大学问者必须经过的三种境界,其第三种境界是:"众里寻他千百度,蓦然回首,那人却在,灯火阑珊处。"冯友兰先生说的人生四种境界,其第四种境界是"天地境界",即体验到人生与天地万物是一体的。这样的境界，没有高度的文化修养，没有对宇宙人生的深刻观察和思索，能达到吗？冯先生在讲到天地境界时说：“人虽本来都是宇宙的分子，但他完全觉解其是宇宙的分子，却又是极不容易的。人都是宇宙的分子，但却非个个人都完全觉解其是宇宙的分子。”①冯先生说的“完全觉解”，应当包括理论上的认识和直觉的体悟，要做到理论认识和直觉体悟的高度结合，是极不容易的。正因为极不容易，所以古来达到那种境界的人，不是很多，也可以说很少很少。

从出世入世的角度说，佛教的顿悟，真正达到“万古长空，一朝风月”那种状态的，那是出世了，但也是一种极高层次的入世。“万古长空，一朝风月”，是对宇宙人生更深刻的理解和体悟，不是一切皆空，而是融入大自然，拥抱大自然，在与宇宙万物的融合中得到永恒。佛教是讲因果报应和生死轮回的，但报应说和轮回说带有浅陋的和迷信的性质；而顿悟说和境界说却具有超越时空、超越死亡的意义，具有深刻的哲理性，使人体悟到经历万古千秋而不衰的永恒，不管哪个时代的人，都会在这种体悟中得到共鸣。

① 冯友兰：《三松堂全集》第四卷，河南人民出版社 1986 年版，第 623 页。

佛教与佛学

我是个学过几年历史也教过几年历史的人。学历史教历史绕不开佛教。著名历史学家范文澜先生说:佛教在中国将近两千年,对中国文化有那么深厚的关系,不懂佛教,就不能懂得中国文化史。[①] 范老的话引导我读了一些有关佛教的书,这里写下的是读书体会,文中有错误和不当之处,欢迎批评指正。

一

佛教是世界三大宗教之一。佛教的教主是释迦牟尼,本名悉达多,姓乔达摩,释迦牟尼是佛教徒对他的尊称。佛教经典浩繁,由于对经典的解释不同,佛教又分为许多的宗派,但其共同信奉的基本教义,用已故佛教协会主席、佛学家、文化史家赵朴初先生的话说是"四谛"。即"苦谛",认为人生是苦海;"因谛",指产生痛苦的原因;"灭谛",指痛苦的消灭;"道谛",指消灭痛苦的方法。[②] 四谛所依据的根本原理称为缘起,缘起论是佛教特有的教义。缘起论不承认有

① 参见赵朴初《佛教常识答问》序,北京:九州出版社 2013 年版。

② 参见赵朴初《佛教与中国文化》,北京:中华书局 1988 年版。

一个独立的创造万物的主宰，万物就是因缘而生，任何现象的产生，都不是无因的，都受因果律的支配。大千世界，万事万物，都是因果相连的，一切事物，或一切现象，它们的产生存在都是相关联着的，都是有条件的。佛教说的因缘，就是关系和条件。离开了关系和条件，一切都无从谈起。赵朴初先生举了个最简单的例子：有老师则有学生，有学生则有老师，无老师则不成其为学生，无学生则不成其为老师。这样说，佛教有点像无神论了，只是后来加入了有神论的成分。

北京西山佛牙舍利塔上刻有经文：

> 诸法因缘生，缘谢法还灭。
> 吾师大沙门，常作如是说。

佛教把一切事物都叫作“法”，“诸法”就是一切事物的意思；“诸法因缘生，缘谢法还灭。”就是一切事物的产生都是有因缘的，因缘没有了，它们就不存在了。“吾师大沙门”，指释迦牟尼。

据说有一天，佛的五个弟子之一马胜念这四句话，婆罗门大学者舍利弗听了很高兴，也归了佛门。而婆罗门教是信奉神祇和生死轮回的。后来，佛教也就逐渐被神化了。

佛教大约在东汉初年由印度传入中国，到了三四世纪，佛经译成中文的逐渐多了起来。这一时期，人们一般认为佛教和道家思想近似。到了五世纪，来自印度的佛经译著大师鸠摩罗什，还继续使用道家的名词术语“有”“无”等来表达佛家的思想。佛教传入中国后，分为小乘佛教和大乘佛教。在中国流传最广的是大乘佛教。

大乘佛教又分成很多宗派。但各宗派有一个共同的观念，叫作“业”。“业”一般解释为人的行为，但实际上其含义要比行为宽广得多，一切有情物的思念、言语都包括在内，人所有的动作，说的话，或心里的动念，都是心的作为，这些作为必然产生后果，不论这后果要等多久才显现出来。这个后果，都是"业"的报应，业是"因"，果是"报"。每个人都是因与果、业与报的无穷链条中的一环。这个链条永无穷尽，这就是"生死轮回"。佛教认为人生是苦海（苦谛），苦的来源是前生的"业"造成的，因此，苦是自作自受。人生遭受的一切不幸，都是自身陷于"无明"（愚昧）和"贪爱"造成的。报应有当世的，叫作"现报"；有来世的，或父母作恶而子孙受报的，叫作"后报"。人的一世是一个"轮回"，只要你不去掉自身的"无明"和"贪爱"，就永远不能超脱这样的"轮回"，生生世世摆脱不了种种苦难，逃离不了苦海。

我们用世俗的观点客观地说，人生不全是苦，也不全是乐。人生有各种各样的需要，在好的情况下，人的需要可能比较多地得到满足，但不可能一切都得到满足，不可能"万事如意"，多数情况下只能部分满足。因为人一生下来，就生活在一个既定的社会关系之中，一生都要受到社会的支配，人的自由是有限度的。人生虽有一定的选择性，但这个选择始终被客观条件制约着。所以人生是苦的说法，虽然是很片面的，但也不是一点根据也没有。

那么，消灭痛苦的方法（灭谛、道谛）是什么？按佛教的说教，唯一的方法就是信佛，就是去修行修炼，经过长期的甚至是多世的修行修炼，启发人的觉悟，就不再贪恋世界，不再有什么欲望，不再执迷不悟了，人就从生死轮回的苦海中解脱出来了，佛教称这个解脱为"涅槃"。

怎样理解"涅槃"？

佛教经典中有大量关于超乎形象的"无""空"的论述。按鸠摩罗什的弟子僧肇在《般若无知论》中的说法，般若是聪明智慧的意思，而聪明智慧并不是知识，而是使人明白世上的一切都是"无"和"空"，人经过修炼懂得了"空"和"无"，并把自己与"空"和"无"融为一体了，这就是"涅槃"。涅槃有时翻译成"圆寂"或死，所以，这里可以理解为超脱生死的那种境界。

二

佛经中“空”的基本思想,是说世界上所有的现象都没有“自性”,没有自性才是唯一的存在。自性,就是一种东西或一种现象特有的规定性。这宇宙间没有自性的唯一存在又无法用语言文字表达出来,只有修炼者自己内心去体会。这个意思,与老子说的“无”大致相同。冯友兰先生解释老子的“无”时说的一段话对理解这个意思有帮助。他说:“有”是最概括的一个名,因为最概括,它就得是最抽象……它只能有一个规定性,那就是“有”。“有”就是存在。一切事物,只有一个共同的性质,那就是存在,就是“有”。……但是,没有一种只存在而没有任何其他规定性的东西,所以极端抽象的“有”,就成为“无”了。这就是“异名同谓”,“有”是它,“无”也是它。①

如果用人心对万物都不执着来解释“空”能说得通吗?万物既然实有,人心怎么能无?强迫自己忘却灯红酒绿佳肴美色,只是自我控制和自我约束,或者说是一种消极的回避,不是真正的解脱或者超越。

冯友兰先生对“无”的解释和佛教认为世界万物都没有自性是相通的。这里触及哲学上的本体和现象的关系问题,世间万物,千差万别,但从本体上讲,它们只是一个存在,而只存在没有自性的事物就等于不存在。(没有自性如何存在?)但又不能认为不存在,不能认为没有,这也就是佛家说的非非无和非非有。一般人从世俗的

① 参见冯友兰《中国哲学史新编》第二册,北京:人民出版社1964年版,第46—47页。

角度讲的有和无、生和灭与佛家的说法不是一个层次，因为这里讲的不是感知生活实际，而是对佛家思维的体悟。生活在公元2—3世纪印度南部的佛教学者龙树说："因缘所生法，我说既是空"，"未曾有一法，不从因缘生，是故一切法，无不是空者"。龙树认为，一切事物，都是因缘和合而生，没有常住不变的单独存在的个体，万事万物都是因缘，都不能离开关系和条件。这是从缘起论的角度理解空。同时，现象都是流动的，都处在流程里，一切永远在变。"自其变者而观之，则天地曾不能以一瞬。"①一瞬是多长时间？是眨眼之间，一眨眼就过去了。佛教讲"刹那"，弹一下手指是六十刹那，天地间的一切刹那间就变了，没有什么东西能够单独存在。上述这样体会，是不是接近了佛教关于"空"的本意？

这种人生无常、诸行无常、刹那生灭的说法，常常使人迷惘困惑，甚至产生随时坠入无底深渊的恐怖感，但也引发人的思维的理趣。14世纪的日本和尚兼好法师说："人生能够常住不灭，恐世间将更无趣味。人世无常，或者正是很妙的事罢。"②生活在18世纪的中国文人钱泳说："生而死，死而生，如草木之花，开开谢谢，才有理趣。"③如果真能长生不老，万事万物常住不灭，一个人生下来老是活着，地球上的人太多了吃喝拉撒睡等问题不用说，他永远活着不会更加感到单调无味空虚无聊吗？

按照古代中国人的说法，生活在世界上的人，他的生命只有一世。"人死者乃尽灭，尽成灰土，将不复见……今一死，乃终古穷天毕地，不得复见自为人也。"④按照佛教的轮回说，"人死后，灵亡神

① [宋]苏轼：《苏轼文集》卷一《赤壁赋》，北京：中华书局1986年版，第5页。
② 周作人：《笠翁与兼好法师》，《雨天的书》，北京：中国文联出版社1993年版。
③ [清]钱泳：《履园丛话·神仙》，上海：上海古籍出版社2012年版。
④ 葛兆光：《死后世界》，《扬州师院学报》1994年第3期。

在，随行转生”。人的形体只是灵魂的载体，人体毁了，只是一个生死的循环。中国人追求解脱的方法是仿效神仙，服食仙丹神药，以求长生。佛教教人从“少欲无为，身心自在”出发，使自己的心灵逐渐达到清静安宁。而要做一个彻底的佛教徒，根本的方法就是出家，离开家庭，脱离常人的生活，以求脱离社会，离开社会矛盾带来的烦恼和痛苦。

出家后定居一处（寺院），生活清苦寂寞，必须有坚强的意志和忍耐力。到寺院去的人必须要观察一年以上，被认为适合出家了，才举行正式的剃度仪式，换上僧衣。

剃度以后，就开始正式修行了。修行的内容和方法，统称为“三学”，即持戒、修定、证慧三件事。持戒就是坚持佛教的戒律，即五戒：不邪淫、不杀生、不偷盗、不诳语、不饮酒。修定也称禅定，即心要专一，专注而不散乱，是一种宁静寂然的状态。五戒是僧人的底线，修定又进了一步。证慧，是持戒、修定后产生的一种智慧，是一种与常人不同的境界，就是佛经中的般若。

诵经、念佛是佛教求得解脱的重要方法，意味着一个信仰者一心向佛的愿望，是求佛保佑、拯救自己的表示。造佛寺、建佛塔、造佛像则是修行者的重大举措。现存的五六世纪华北地区建造的相当多的石窟、佛像，反映了当时佛教传播的盛况。《洛阳伽蓝记》一书，记载了当时长秋寺、景乐寺举行佛教仪式的热闹场景，“观者如堵，迭相践踏，常有死人”。还有乐舞杂艺，“士女观者，目乱睛迷”。

三

但东汉初年佛教刚刚传入中国的时候，并不是那么顺利。当时中国已经确立了儒家思想的传统地位，汉人不允许出家当和尚。西汉武帝独尊儒术后，东汉光武及明、章二帝都崇尚儒学。公元 79

年，章帝采纳杨终建议，召开白虎观会议，会议内容，由班固整理成《白虎通义》。《白虎通义》包括四十三个专题，全部是封建社会上层建筑的内容，核心思想是“三纲五常”。《后汉书·曹褒传》说：“孝章永言前王，明发兴作，专命礼臣，撰定国宪，洋洋乎盛德之事焉。”即汉章帝通过《白虎通义》把儒家思想搞成了“国宪”，具有了法典的性质。

佛教传入中国，面临着强势的儒家。它要站住脚跟，就必须吸收某些儒家思想，在承认儒家思想强势地位的前提下，阐述佛教思想和佛家思维层次的优越性。但儒佛两家的不同点是明显的，不能回避。比如儒家讲孝，佛教讲出家，出家离开父母怎么尽孝？佛家能大声说本教是追求更高的境界，要超越你儒家吗？佛家追求的境界和儒家追求的“立功”“立德”“立言”也是相矛盾的。在这样的背景下，随着时间的推移，佛家经典中也出现了孝的内容①，要求信奉佛教的人“孝顺父母师僧三宝”，出家的佛教徒也不能忘却对父母的感恩。佛教的“因果报应”“生死轮回”思想和儒家的“积善之家必有余庆，积不善之家必有余殃”②有相似之处，也容易互相吸收。这样，佛教在传播中开始向儒家的伦常思想靠近，逐渐填平了与中国主流思想之间的沟壑，虽然终极信仰还有很大的差别，但佛家的立场悄悄地转变了，这为它的迅速传播创造了条件，打通了道路。

当然这只是简单地说，实际上是一个复杂漫长的过程。在这个过程中，儒家也吸收了佛家思想。比如韩愈和他的学生李翱都是反佛的，但李翱在他的著名的《复性书》中却吸收了佛家思想。他认为人有性善性恶两个方面，“性本善，情本邪”。怎样去掉“恶”和“邪”呢？他提出了“不动心”的修养方法，“弗思弗想，情则不生”，使心进

① 葛兆光：《中国思想史》第一卷，上海：复旦大学出版社 2001 年版，第 435 页。

② [清]阮元：《十三经注疏·周易正义》卷一《坤》，北京：中华书局 2009 年版，第 33 页。

入一种虚静的状态，甚至连“虚静状态”也不要去追求，绝对静止了，情欲就不再发作了。这是境界，也是智慧。李翱认为他的说法是对抗佛家的，实际上宣扬了佛教思想。

到了隋唐时期，佛教在修炼方法上也起了很大的变化，那就是“顿悟成佛”。最早论证“顿悟成佛”的是禅宗创始人慧能（638—713）。慧能家境贫困，曾以卖柴为生。信奉佛教后未曾剃发。曾在寺院边做杂役，边苦心钻研佛经。经过艰苦努力，他对佛经体悟精深，有《坛经》一书流传于世。

慧能认为人人都有成佛的本性。他在《坛经》中说：“当知愚人智人，佛性本无差别，只缘迷悟不同，所以有愚有智。”又说“本性即佛性，离性无别佛”，他曾对老师弘忍说：“人有南北，佛性无南北，我的身份和你不同，佛性并无差别。”佛与一般百姓有什么不同呢？慧能认为不同在于觉与不觉，“自性若悟，众生是佛；自性若迷，佛是众生”。不觉悟的人即使终日念经拜佛，也是凡人。

顿悟成佛并不反对修行，而是说修行是成佛的预备，修行是渐进的积累，积累到相当的阶段，出现一个突变的心灵体验，好像是纵身一跳，越过了一条大河或深渊，那一瞬间的体悟，不是昂扬的欢乐，而是平静的解脱快感。比如对世俗的贪恋，修行到忘却贪恋，体悟到世上的一切都是瞬间即逝的，万事万物都是空的，就超越了“有”的状态，达到了“无”的境界，连自己也与“无”融为一体了。其实，佛教讲的“空”也就是破除了对世俗的执着和贪恋，把执着和贪恋排除干净了，大智慧就来了。禅宗还讲“不修之修”，就是用平常心做平常事。这样的修行不是为了达到某种目标，不是为了某种目的，行事为人，无所用心，一切顺其自然。这样，前世的业报耗尽，就不再生出新的业，人就能从生死轮回中解脱出来，达到涅槃。

四

生活在太宗、高宗、武则天、玄宗几个皇帝时代的慧能，创立禅宗后，提倡顿悟，以心传心，不立文字，顿悟成佛，一改过去学习佛经的艰难烦琐，也在一定程度上避开了佛教各宗派之间的矛盾和对佛经的不同解释，使佛教变得简易明了，百姓和上层统治者都比较容易接受。所以禅宗迅速扩大，很快超过了其他各宗，并因此使佛教达到中国历史上的鼎盛时期，慧能被后人称为禅宗六祖。从此佛教变得社会化了，世俗化了，实际上改变了其原始教义中的出世主张，开了近代太虚大师提倡人间佛教的先河。

在唐代佛教鼎盛时期，禅宗之外，其他宗派也很发达。如华严宗、天台宗、唯识宗、中道宗、法相宗、净土宗、密宗等。就说著名的玄奘吧，他到印度学习佛经多年，带回梵经 520 夹，657 部，用 19 年的时间翻译 75 部 1335 卷，创立了唯识宗，培养了众多的弟子，还口述完成了著名的《大唐西域记》。玄奘一生的活动，堪称中国和世界文化史上的伟大壮举。再如华严宗，法藏用十面镜子，在房子的四面各置一面，四角各置一面，上下各置一面，中间放一尊佛像，点上蜡烛，十面镜子里佛像及蜡烛相互辉映，每一面镜子里的佛光都显得无限深远，镜中有镜，佛与光中还有佛与光，无边无际无尽头，使人看了容易领悟一即一切、一切即一的境界，人消失了，超越了时空。法藏还以金狮子为例，给武则天讲本体与现象的关系。他说世界好像是金子做的狮子，金是本，狮子的形象是现象，没有金狮子便没有金，金存在于金狮子之中；世界万事万物都没有自性，世界本身就是空的。这是佛教史上很有名的例子，华严经中专有《金狮子章》。那个时期，佛家高僧还常常参与在皇帝面前举行的有儒家、道家人士出席的辩论会。能参加这样的辩论会被认为是上层人士超越世俗的高雅趣事。唐代已经出现了儒道释三教融合的趋势，这种辩论，实际上交锋的意味已经不多，有时竟成为这些文化人士之间的机锋表演和相互戏弄，带有很明显的取悦皇帝的意思。① 唐玄宗在位时，他为了表达对三教的并重，向全国颁布了他注释的《金刚经》《孝经注》和《道德经御注》，要求士庶普遍阅读。② 三书探究宇宙本原、人心伦理、深层思维的注释，应当是盛唐思想界的一件大事。这一切，都反映了佛教的鼎盛，也说明了唐代文化的高度发达和多元化。

五

东汉以来，大量佛经译著传世。陈寅恪先生说：佛经翻译用了大量佛教术语，又是直译，连译者也未搞通，一般人更是搞不懂。和尚念经只是照念，其实也不懂，所以寺院常由高僧讲经。③ 金克木先生说，古印度人，尤其是佛教徒，特爱争辩，各说各的道理，互相批评。在印度古籍中，这是一个特点。玄奘到印度时还参加过这种辩论会。在讲道理的书中，不明白台词和潜台词就不容易懂，还会越看越糊涂。④

不用说，佛经中含有大量宗教迷信的成分，如生死轮回等，但其中很多内容，也对我们开拓思路、认识周围世界、处理人间事理有一定参考意义。佛教的传播、长期存在和发展也与它的理论思维的发达有一定关系。在各种宗教中，佛教是一种很喜欢辩论、很爱讲道

① 参见葛兆光《中国思想史》第二卷，上海：复旦大学出版社 2001 年版，第 158—159 页。

② 参见葛兆光《中国思想史》第二卷，上海：复旦大学出版社 2001 年版，第 27 页。

③ 《读书》1994 年第 5 期，第 83 页。

④ 《读书》1994 年第 5 期，第 64 页。

理的宗教,其哲学含量很高。所以冯友兰先生说:“佛教不仅是一种宗教,它还是一门哲学,即佛学。”①

佛教还是一门具有开放性的宗教,它与儒、道互相吸收,三教一起融入后来的宋明理学,都说明了这点。了解点儿世界史的人都知道欧洲中世纪那种为了征服异教的惨烈的战争场面。佛教各宗派之间以及它们与儒道之间的争论,都基本上是坐下来谈,坐而论道,或写文章互相批评。冯友兰先生说两晋时期著名学者不少与佛教高僧结为至交,他们相聚时,往往从事所谓“清谈”。当谈到精妙处,即“想入非非”,相视无言而会心微笑。②

由于政治经济上的原因(如寺院占地太多等),有几个皇帝(“三武一宗”:北魏太武帝、北周武帝、唐武宗、周世宗)有过下诏灭佛的事件,但事件过后,很快又恢复了原来的样子,这也是佛教生命力的表现。

佛经中常常出现“如是我闻”的字样,有点类似孔子的“述而不作”,是用佛祖的权威加强说服力的意思。“如是我闻”,是说我听佛经上说,这是要开始讲了,讲了一段以后,又常有“如是应学”的字样。语态平和,字里行间透露着宁静安详,不用激情澎湃的语言,就是佛经辩论也像是耐心地讨论问题。

用今天的话来说,佛教的基本精神,是要求树立一种慈悲的观念、道德的观念、智慧的观念,包括不杀生,对穷人布施帮助,不说谎,不说下流话,不开口骂人,不对一切有生命的东西怀有敌意,以善良的胸怀对待一切众生,“自度度他”“普度众生”等。曾主持赵州柏林禅寺的净慧禅师在《柏林禅话》中说:

---

① 冯友兰:《中国哲学简史》,南京:江苏文艺出版社 2013 年版,第 184 页。

② 参见冯友兰《中国哲学简史》,南京:江苏文艺出版社 2013 年版,第 184 页。

> 我们人生的存在和整个宇宙的存在是同一的，我们的生存有赖于全人类及整个宇宙存在所提供的一切条件，所以我们要正确处理好自己与周围的一切人、一切事的关系。因此，缘起法告诉我们在生活中既要珍爱自己又要关怀他人。①

这些精神，对于我们今天建设和谐社会，抵制很多人鼓起的追求个人物质利益、物质享受的浪潮，是很有帮助的。我们研究文化遗产的指导思想是马克思主义。我们当然是反对宗教迷信的。但佛学经典中对人生、对社会、对思维方法有借鉴意义的部分也是可以参考的。

① 净慧禅师:《柏林禅话》,第 39 页。

《中国古代政治制度史略》前言

中国是世界上历史最悠久的国家之一。中国古代与世界上许多国家一样，经历了原始社会、奴隶社会、封建社会的不同发展阶段。从原始社会解体，阶级、国家的产生，到1840年鸦片战争前夕，在漫长的历史发展过程中，我国不仅产生了灿烂的文化，而且出现过与各个历史时期相适应的政治制度。以马克思主义为指导，研究我国古代的政治制度，总结各个历史时期政治制度的发生和演变的规律，弄清其本质和影响，以便对今天的社会主义政治制度的建设有所借鉴，这是广大政治学和史学工作者的一项重要任务。

但是，长期以来，中国政治制度史并没有形成一门独立的学科。中华人民共和国成立前出过一些叙述中国政治制度史的本子，近年来港台也出了一些。① 它们的共同弱点，是不用历史唯物主义的观点去分析问题，又往往以对官制史的叙述代替对政治制度史的研究。中华人民共和国成立后，我们对中国政治制度史的研究重视不够，很少有人专门研究这方面的问题，也没有建立这方面的研究机

---

① 中华人民共和国成立前出版的如李俊《中国宰相制度》，上海：上海书店出版社1947年版；曾繁康《中国政治制度史》，台北："中国"文化大学出版部1988年版；周道济《中国宰相制度研究》，华冈出版部1974年版等。

构；粉碎“四人帮”以后开始接触了一些，但也仅仅是开始。最近几年，一些同志写了一些研究中国政治制度史的文章，这些文章有真知灼见，涉及中国政治制度史的很多方面，为建立中国政治制度史学科做出了贡献。

中国古代政治制度史的研究对象是什么？毫无疑问是曾经出现在我国古代各个历史时期的各种类型的政治制度。那什么是政治制度呢？我们认为，所谓政治制度，应当是指国家的历史类型（国体）、国家的组织形式（政体）、国家的结构形式（中央和地方之间相互关系的形式）这样三个方面的总和。中国古代政治制度史，应当研究中国古代这三个方面的发展史。当然，大量的材料是讲后两者的，但国体是揭示政治制度本质的方面，不可忽视。根据这样的认识，本书尽量突出中国古代政治制度史作为专史的特点，同时也在必要时注意到经济基础的变化以及重大政治斗争对政治制度变化的影响。因为，按照历史唯物主义的观点，政治制度是一定经济基础的上层建筑，它不可能脱离基础而独立存在，也不可能不受阶级斗争的制约。

和西方国家相比，古代中国的最大特点，是有一个漫长的封建社会，有一个长期存在的封建专制主义中央集权。因此，我们研究中国古代政治制度史，首先和主要的，就是研究我国封建专制主义中央集权的运动规律。本书主张西周封建论，认为西周以前的夏商时期，是一个不发达的奴隶社会；西周春秋是封建主贵族专政的早期封建社会；从战国开始，中国社会内部生长出封建专制主义中央集权赖以存在的条件——封建地主土地所有制和小农经济，并在这个基础上建立了封建专制主义中央集权政体。这个中央集权政体，从战国时代开始，直到1911年辛亥革命，存在了两千多年。

和其他一切事物一样，中央集权的政权体制，也不是一成不变的，它也有一个发展变化的过程。这个过程，本书认为大致可以分为以下四个时期。

一、战国秦汉时期，这是封建专制主义中央集权的形成时期。在战国时期，中国的封建经济形态从封建领主制逐步过渡到地主制；与此同时，各国陆续以官僚制代替世禄世卿制，以郡县制代替分封制。官僚制和郡县制的建立，标志着封建专制主义中央集权政体的初步形成。秦始皇在这个基础上建立了全国统一的中央集权，汉代又巩固了这一政体。在这个政体中，皇帝是国家元首，皇帝下面是被称为宰相的三公，三公下面有九卿，他们组成中央政府。从汉武帝开始，皇权明显加强，相权逐步削弱。

二、三国两晋南北朝隋唐时期，这是封建专制主义中央集权的发展时期。由于加强君主专制的需要，这一时期进一步削弱了宰相权力，加强了从汉武帝以来就一直存在的尚书机构，并把它改称尚书省，还建立了分割尚书省权力的中书省和门下省。隋唐时期正式确立的三省六部体制，是这种变化的完成。

三、五代宋辽金元时期，这是封建专制主义中央集权进一步发展的时期。鉴于唐朝中后期以后藩镇割据的混乱局面，宋朝统治者进一步加强皇权，以二府三司制代替了三省六部制。二府指中书省和枢密院，分掌行政和军事；三司即盐铁司、度支司、户部司，掌握财政。二府三司互不统属，直接对皇帝负责。原来的三省六部依然存在，但没有实权了。元代的一省制在加强皇权方面又有新的发展。

四、明清时期，这是封建专制主义中央集权政体高度发展时期。在这个时期，明代以掌管行政事务的内阁代替了沿用一千多年的宰相；清代更进一步以皇帝的机要班子——军机处，取代内阁，从而形成了绝对专制主义中央集权政体。

上述四个阶段反映了我国封建专制主义中央集权政体发展变化的总趋势——加强皇权。我国封建社会也出现了一些明君贤臣，但他们既然是封建地主阶级的代表人物，其内部争权夺利的斗争就会不可避免；而登上皇位的人为了巩固自己的地位，并安然传之后代，总是认真总结前朝统治的历史经验，千方百计地修补和改进国家机器。皇帝作为国家的元首，往往不信任政府首脑，政府由秦汉时期的三公九卿变为隋唐的三省六部，又变成宋代的二府三司，又变成明代的内阁和清代的军机处，都与这种不信任直接相关，都是围绕着加强皇权、削弱政府权力进行的。

封建专制主义中央集权，毫无疑问是地主阶级对农民的专政。但是，今天的中国是过去的中国的一个发展，我们不应当割断历史，而应当批判地吸收历史上的文化遗产。像汉、唐、明、清这样一些强大的王朝，都统治了几百年的时间，统治者在运用国家机器发展封建政治经济，调整上层建筑和经济基础之间的关系，保持中央和地方的联系，以及对边境地区少数民族的管辖等方面，都积累了不少可资借鉴的经验。我们应当认真总结这些经验，并有选择地运用到今天的政权建设中去。

以上是编写本书的基本想法，作为前言写出来，供阅读本书的同志们参考。

用历史唯物主义的观点编写中国政治制度史，这还是一种尝试。书中的缺点和错误，敬请同志们指正。

（《中国古代政治制度史略》一书，人民出版社 1985 年出版，本书与林代昭先生合著）

《中国古代人事制度》前言

人事制度，简单地说就是用人制度。它主要有两个方面的内容：一是选任，包括官吏的培养、考试、选择、任用；一是管理，包括官吏的使用、考绩、监察、奖惩、俸给、退休等。人事制度在一个国家的政府中占有极为重要的地位，没有它，政府的实体难以构成，国家政权难以想象。

我国古代人事制度历史悠久。特别是秦始皇统一中国之后，中央集权的政权体制统治一个多民族的大国达两千一百年之久，其中一些强大的王朝，如汉、唐、明、清，在维持国家机器的正常运转方面，积累了极为丰富的经验，建立了系统而严密的人事制度。我们应当研究这些封建王朝人事制度的形成、发展、演变及其在国家政权和整个政治生活中的地位、作用，找出一些规律性的东西，以便为我们今天人事制度的改革提供某种借鉴。

宋人苏东坡说："三代以上出于学，战国至秦出于客，汉以后出于郡县吏，魏晋以来出于九品中正，隋唐至今出于科举。"①这是说的官吏选拔制度的演变，实际上划出了宋代以前的人事制度的几个发展阶段。

---

① [宋]苏轼：《苏轼文集》卷五《论养士》，北京：中华书局1986年版，第140页。

“三代以上出于学”，当主要指商周，特别是西周。西周实行世卿制，贵族子弟在继承父亲的封地和权位以前，要在官办的贵族学校受教育。这种制度一直继续到春秋时期。

春秋末年，随着社会的大变动，孔子首创私学，打破了“官学”一统天下的局面。孔子以及稍晚些的墨子培养出来的学生，学生的学生，逐渐形成了一个“士”——知识分子的阶层。战国时期，士阶层多为卿大夫所养，为其所用，称为“家臣”，也就是“门客”。其中不少人当了区域性国家政权的官吏，任官时给印玺，免官时收回，在职期间有俸禄。这一时期战争频繁，各国都无例外地实行军功制，即按战功升迁，以吸引文士为其出谋划策，武士为其领兵杀敌。

秦国商鞅变法后，实行军功制尤为彻底。这就是苏东坡所谓“战国至秦出于客”。

汉兴，出现了长期的安定局面，国家有可能在更广大的范围选拔官吏。汉代主要是通过察举和征辟两条途径任官。皇帝命令郡县官吏察访贤者，推荐给中央，称为察举；皇帝直接下诏征贤，公卿、州郡长官辟举士人为官，称为征辟。这两种任官方法，都要通过郡县官吏办理，所以苏东坡说汉代“出于郡县吏”。汉代继续实行战国以来的俸禄制度，全国官吏，统一颁发。

东汉末年，门阀兴起。魏文帝时所立九品中正制虽有选贤用意，但不能不被门阀左右，出现了“上品无寒门，下品无士族”的现象。这一制度历经三百余年，至隋始废，为科举制度所取代。其背景是门阀的衰落和中小地主的兴起。但九品中正制规定的九个品级却成了以后各朝代颁发俸禄的依据，直到清末。

唐代改进并健全了科举制度，以适应中小地主广泛参加政权的要求。北宋时期，为了加强中央集权，进一步发展了科举制度，使之达到鼎盛时期。

明清时期，封建专制主义中央集权高度发展，我国封建社会进入晚期。表现在选官制度上,很主要的一点,就是实行八股取士,科举制度开始变成禁锢士人思想的工具。

我国古代对官吏的考绩与监察,一般说来,没有上述几个阶段那么分明。比如,战国至魏晋,官吏的考绩制度大体上是以上计为主;唐至清,大体上是分等考绩。至于监察,唐代以前一般是分区进行,类似我们今天所说的“块块”;从宋代开始出现了“条条”的因素,明清是分区监察和部门监察并行。

我国古代的人事制度,经历了一个由简单到复杂的过程。不用说先秦时代,即使到了汉代,也还没有选拔官吏的专职官员,而由三公九卿和郡县官吏兼管察举。魏晋南北朝时,九品中正制规定设立专门负责选官的中正官,比察举制度前进了一步。但九品中正制又远不及后来的科举制度复杂和详备。这个由简单到复杂的过程,反映了中国古代人事制度的不断发展和进步。比如唐代,报考的士人考中进士以后,还要经过吏部试,再从“身”(仪表)、“言”(语言)、“书”(书法)、“判”(判词)四个方面考察一番,才能任官。任职期间,则以“四善”“二十七最”配合成的九个等级,作为升降的标准。这当然比汉魏时期的地方官或中正官凭主观印象举官高明多了。

人事制度,在西方称为文官制度(civil service)。西方文官制度形成于十九世纪中叶的英国,却导源于中国古代的科举制度——这一点早已为国内外政界学术界所公认。① 为什么西方的近代人事制度导源于一个东方的古代国家呢?

从根本上说,在于科举制度具有相当大的开放性和一定程度的竞争性。封建专制制度本来是禁止开放和竞争的,但中国古代有一个强大的统一中央集权,像个别地主破产、个别农民上升为地主不

① 孙中山先生说:“现在的各国考试制度,差不多都是学英国的。穷流溯源,英国的考试制度,原来还是从我们中国学过去的。”(《五权宪法》,民义书局 1927 年版)

但无损于整个地主阶级反而给它带来活力一样，在参加政权问题上，实行开放政策，允许一定程度的竞争，不但不会动摇君主专制政权，反而会加强它，不断给它带来生机。这也是中国封建社会长期存在的一个重要原因。

科举制度的开放性和一定程度的竞争性，主要表现在公开报考、择优取士，“一切以程文为去留”等规定上。这些规定，原则上都适用于除了娼、优、隶、皂、罪户子弟以外的一切人。一个一般的老百姓，只要他努力学习文化，就有考中的希望，希望会鼓舞他去碰碰运气，这就产生了竞争。虽然绝大多数贫苦农民读不起书，不可能报考，但也确有个别穷困的读书人取得了功名。科举制度的开放性和竞争性受到中国封建专制制度的遏制并被纳入了为它服务的轨道，但却适应了近代西方资产阶级竞争的需要。在 1570—1870 年的三百年间，仅用英文出版的介绍中国人事制度（主要是科举制度）的书籍，就有七十种之多。西方资产阶级抓住科举制度的合理的内核并加以发展，形成了西方文官制度。

有些研究者对科举制度否定较多，有失公允。我们认为，科举制度应当是我们的祖先贡献给人类文明的一份优秀遗产。毛泽东同志说过：“中国现时的新政治新经济是从古代的旧政治旧经济发展而来的，中国现时的新文化也是从古代的旧文化发展而来的，因此，我们必须尊重自己的历史，决不能割断历史。”①我国现在正在进行人事制度的改革，我们应当批判地吸收古人的东西，以利于今天的社会主义人事制度的建设。

从近两年读到的一些谈论借鉴古代人事制度的著述上来看，我们觉得有一种一般地谈论“选贤任能”，老干部只要当好伯乐就行了的倾向。我们认为这种倾向是不好的，这样理解借鉴古人是片面的

① 毛泽东：《新民主主义论》，北京：人民出版社 1952 年版，第 57 页。

和不恰当的。从形式上看，这不仅是从近代选举制度的倒退，而且是从科举制度的倒退。隋唐开始实行科举制度，选官就要考考真本领了。无数历史事实证明，由制度作保证，比凭个人主观印象推荐优越多了。一些同志把漫长的古代社会中选贤纳贤的故事集成书本，是一件有意义的工作，但不分社会发展阶段，不分制度的先进与落后，一味地强调选贤，是不科学的。历史规律是从客观事实中总结出来的。当年，西方资产阶级把中国封建社会的科举制度拿过去，发展成为近代文官制度。今天，我们社会主义中国的人事制度借鉴西方资产阶级的文官制度，也应当是历史给予我们的启示。

（原载王汉昌《中国古代人事制度》，劳动人事出版社 1986 年版）

《雄才大略汉武帝》前言

汉武帝是一个相当复杂的历史人物。实事求是地评价他的一生，不是一件容易的事。司马迁的《史记》成书于武帝太初年间①，离武帝去世还有十几年，不可能对武帝有一个全面的评价。班固的《汉书·武帝纪》力求对武帝做出全面评价，实际上主要讲了文事方面。清人赵翼说，《汉书·武帝纪》"专赞武帝之文事，而武功则不置一词。抑思帝之雄才大略，正在武功"②。宋人司马光的评价强调了武帝的过失和他"晚而改过"的英明。③ 两千年来，还有很多著述谈到汉武帝，但至今对他一生的主要活动还有不同的看法。

汉武帝从公元前 140 年即位，到公元前 87 年去世，当了 54 年皇帝。他在位期间，主要做了四件大事：一是打退了匈奴对中原的入侵；二是把儒家学说定为官学，确定了封建地主阶级的统治思想；三是创制，他创立的很多制度为后代所沿用；四是晚年检讨一生所为，改变"内兴功利，外事四夷"的政策，回到休养生息。上述班固、

---

① [汉]司马迁《史记·太史公自序》："太史公曰：余述历黄帝以来至太初而讫，百三十篇。"据此，一般认为《史记》完成于太初年间。

② [清]赵翼：《廿二史札记》卷二，北京：中华书局 2013 年版，第 34 页。

③ 参见[宋]司马光《资治通鉴》卷二二《汉纪十四》，北京：中华书局 1956 年版，第 748 页。

司马光、赵翼等的评价,都是一种总评的架势,但也只强调了四件大事中的一两件。

武帝所做的四件大事,是对他进行评价的四个基本方面。但是,要深入地认识汉武帝,仅仅局限于这些基本方面还是不够的,还应当结合他个人的特点做进一步分析。作为地主阶级政治家,汉武帝不同于一般封建皇帝的地方,可以举出以下几点。

一、雄才大略。汉武帝有强烈的使命感和远大的政治抱负,他常常把自己和大汉帝国的长治久安联系起来,认为自己应当建立前无古人的功业。元光元年举贤良对策,董仲舒上对策三篇,史称“天人三策”。武帝问:

> 三代受命,其符安在?灾异之变,何缘而起?性命之情,或夭或寿,或仁或鄙,习闻其号,未烛厥理。伊欲风流而令行,刑轻而奸改,百姓和乐,政事宣昭,何修何饬而膏露降,百谷登……德泽洋溢,施乎方外,延及群生?①

用今天的话来说就是:夏商周三代受命的根据何在?天地间的灾异是由什么引起的?人寿的长短、人性的善恶是怎么回事?怎样才能做到令行禁止、政事祥和、五谷丰登,使天下百姓都生活得快乐幸福?

他提的这些问题,都是一些根本性的问题,视野极为宽广,遍及自然、社会、历史、现实,甚至哲学。他要求董仲舒不要就事论事地回答,而要把“大道之要,至论之极”讲出来。② 这说明他对如何治

① [汉]班固:《汉书》卷五六《董仲舒传》,北京:中华书局 1962 年版,第 2496—2497 页。

② 参见[汉]班固《汉书》卷五六《董仲舒传》,北京:中华书局 1962 年版,第 2495 页。

理国家考虑得很远很深，是他希望建立功业、流芳百世迫切心情的真实流露。

他制定国家政策，不仅看到现在、联系和对比过去，而且预测将来。他说：

> 汉家庶事草创，加四夷侵陵中国，朕不变更制度，后世无法；不出师征伐，天下不安，为此者不得不劳民。若后世又如朕所为，是袭亡秦之迹也。①

他认为他的“内兴功利，外事四夷”政策，是出于创立制度、为后世留下样板和国家安全的考虑，为此必须劳民；而长期劳民会出现“亡秦之迹”，所以必须适可而止，以免重蹈秦朝速亡覆辙。这是很有远见的。

汉初六十多年的休养生息积累了雄厚的实力，这等于为汉武帝展示才华、释放能量准备好了舞台。他上台后，尊崇儒术，兴建太学，延揽人才，创立制度，北击匈奴，开土定边，“号令文章，焕焉可述”②，把汉朝推向鼎盛时期，充分展现了他的雄才大略。

二、勇于进取。汉武帝是西汉的第五位君主，一般来说应当是一个守成的角色。特别是经过汉初六十多年的休养生息，已经积累了大量财富。他汉武帝坐享其成就行了，还改变什么政策？可是他不。当时比较突出的问题是：匈奴入侵，诸侯王还有相当大的势力，地主豪强兼并土地等。而要解决这些问题，必须加强中央集权，必须改变指导思想。汉初尊奉黄老思想，主张清静无为，对匈奴“和

① ［宋］司马光：《资治通鉴》卷二二《汉纪十四》，北京：中华书局1956年版，第726页。

② ［汉］班固：《汉书》卷六《武帝纪》，北京：中华书局1962年版，第212页。

亲”，对地方势力采取放任政策。这都是汉武帝所不能容忍的，他一上台，便大刀阔斧地干，以儒学取代黄老。他的开拓进取精神很快改变了汉初以来的政治风貌，充分显示了封建社会上升时期地主阶级政治家的虎虎生气。

汉武帝勇于进取的精神是与他求变的思想联系在一起的。儒家思想代替黄老思想后，他仍然反对墨守成规，多次提出要变。如元朔元年(前 128 年)诏书说：

> 朕闻天地不变，不成施化；阴阳不变，物不畅茂。①

元朔六年诏书又说：

> 五帝不相复礼，三代不同法。②

情况变了，政策也要变，“非期不同，所急异务也”③。武帝这里所说的变，主要是根据不同的实际情况，对政策甚至国家制度进行调整。他认为，只有这样，万物才能畅茂，社会才能繁荣，国家才会强盛。

三、胸怀开阔。历史上有作为的君主，一般都能在不同程度上做到知人善任。在这方面，汉武帝高出一般君主的地方，是他具有广阔的胸襟，能够听取不同意见，任用不同思想流派的人才，具有容人的雅量。

比如元朔元年，主父偃、徐乐、严安三人一同上书。当时北击匈奴的大规模战争刚刚开始，三人的上书都没有奉承武帝，而是联系

① [汉]班固：《汉书》卷六《武帝纪》，北京：中华书局 1962 年版，第 169 页。
② [汉]班固：《汉书》卷六《武帝纪》，北京：中华书局 1962 年版，第 173 页。
③ [汉]班固：《汉书》卷六《武帝纪》，北京：中华书局 1962 年版，第 173 页。

秦朝灭亡的历史教训提出批评。主父偃说，秦朝驱使士卒征伐十余年，死者不可胜数，这并不是秦朝人少或武器差，而是违背了大势。秦朝又连年征发天下劳动力转运军粮，人民无法生活，许多人死在道路上，所以才起来反抗。徐乐给武帝讲了一通“土崩瓦解”的道理，说秦亡是土崩，吴楚七国之乱是瓦解，认为眼下对匈奴的战争给老百姓增加了困难，加以连年歉收，人民痛苦，应当看到潜在的危险。严安也认为武帝正在推行的政策“非天下之长策”，应当调整和改变。

三人上书的内容显然与武帝“内兴功利，外事四夷”的政策很不协调，但武帝没有表示反感，而是立即召见了他们，说“公等皆安在？何相见之晚也！”三人都拜为郎中。

武帝否定黄老思想的指导地位，但容纳了黄老学派人物，如汲黯信奉黄老，当面说武帝“内多欲而外施仁义，奈何欲效唐虞之治乎？”[①]武帝听了很生气，但并不加罪于他，还说他是“社稷之臣”，又说他这样的人守成安民最为合适。

武帝之所以能够笼络大批人才为其事业效力，是与他的广阔胸怀和容人雅量分不开的。

四、处事果断。汉武帝是一个独裁皇帝，这是没有问题的，但他处事果断的作风，也常常为史家所称道。早年罢黜百家、独尊儒术需要果断，晚年下轮台诏书，变多欲政治为休养生息，也需要果断；下决心动员全国的力量北击匈奴需要果断，处理宫廷内务也需要果断。所有这些，武帝都做到了。

武帝即位后不久，新任丞相田蚡是他的舅父，此人贪得无厌，一心想操纵大权，接二连三地向武帝推荐他的门客当官，以致朝中很多官员变成了他的势力，甚至有的一跃而成为二千石高级官员。武帝不能容忍，毫不客气地对他说：你还有完没完，还得留下几个位

① [汉]班固：《汉书》卷五〇《汲黯传》，北京：中华书局1962年版，第2317页。

子，我也要任命官吏呢！田蚡的气焰因此有所收敛。

武帝晚年，太子刘据死于巫蛊之祸，武帝决定立小儿子刘弗陵为皇位继承人，他就下决心处死了弗陵的母亲——他十分宠爱的拳夫人，目的是为了防止他死后年轻的拳夫人专权，像汉初吕后专权一样。此事表现出他残忍的一面，但他主观上是为了他刘家的社稷，也能说明他处事的果断。

五、富于文采。著名史学家翦伯赞对汉武帝有一段描写：

> 说到汉武帝，也会令人想到他是长得怎样一副严肃的面孔。实际上，汉武帝是一位很活泼、很天真、重感情的人物。他除了喜欢穷兵黩武以外，还喜欢游历，喜欢音乐，喜欢文学，喜欢神仙。汉武帝，是军队最英明的统帅，又是海上最经常的游客，皇家乐队最初的创立人，文学家最亲切的朋友，方士们最忠实的信徒，特别是他的李夫人最好的丈夫。他决不是除了好战以外一无所知的一个莽汉。①

可以说，才情并茂，富于文采，是汉武帝的又一个特点。

这里，应当特别提到他在汉赋方面表现出来的文采。武帝时代是汉赋的全盛时代。当时很多人都醉心于赋的创作，如司马相如、吾丘寿王、东方朔、枚乘枚皋父子等。武帝本人写的赋，其中《悼李夫人赋》《秋风辞》堪称一流水平。《悼李夫人赋》文辞秀丽，悱恻缠绵，是他真情实感的自然流露。《秋风辞》是一篇非常美的旅游短赋。秋风，白云，衰草，归雁，芳菊，构成了一幅秋天特有的风景画，画中作者携夫人，泛楼船，中流击水，飘逸洒脱，兴致极高。结尾处又抒发了他对少壮几何、人生短促的感叹，寓意深长，情怀悲壮。鲁

① 翦伯赞：《秦汉史》，北京：北京文学出版社 2001 年版，第 288—289 页。

迅先生说，武帝的《秋风辞》《悼李夫人赋》，应当登文学家的大雅之堂。①

以上四件大事和五个特点，都应当给予肯定的评价。

但武帝一生所犯过错也很多，作为封建皇帝，他在冷酷残忍、贪婪无厌、迷信鬼神方面也超过一般帝王，特别在迷恋女色和追求长生不老这两方面，尤为突出。可以说，与宫内众多的后妃纠缠和追求长生不老的迷信活动，构成了武帝一生的重要组成部分。

武帝的多欲政治带来了严重后果，特别是连年征战，光是北击匈奴的战争就打了三十多年。大批农民从征，更多的农民参加运送粮食给养，大量财富被消耗掉了，繁重的徭役和沉重的赋税使农民无法生活，农业生产遭到极为严重的破坏。班固在《汉书·食货志》中说："外事四夷，内兴功利，役费并兴，而民去本……天下虚耗，人复相食。"这是武帝最严重的弊政。

武帝末年，面对越来越尖锐的社会矛盾，毅然下轮台诏书，改变了"内兴功利，外事四夷"的政策，罢兵息民，承认自己过去"所为狂悖"，"使天下愁苦"，从今以后，要"禁苛暴，止擅赋，力本农"。②

轮台诏书的近期效果是避免了社会崩溃，往远说，要影响到昭帝宣帝时期，迎来了"昭宣中兴"。司马光强调汉武帝的弊政和"晚而改过"，"有亡秦之失而免亡秦之祸"③，对我们认识汉武帝有重要意义。把汉武帝一生所做的事情，他的贡献、特点、弊政、过错综合起来看，他应当是历代封建王朝中最杰出的君主之一。人们常常把他同秦始皇、唐太宗相提并论，"秦皇汉武"之说，"汉唐盛世"之说，"汉

---

① 参见鲁迅《汉文学史纲要》，《鲁迅全集》第 9 卷，北京：人民出版社 1991 年版。

② 参见[宋]司马光《资治通鉴》卷二二《汉纪十四》，北京：中华书局 1956 年版，第 741 页。

③ 参见[宋]司马光《资治通鉴》卷二二《汉纪十四》，北京：中华书局 1956 年版，第 748 页。

唐气象"之说,都离不开汉武帝,说明他在中国历史上占有突出地位。

两汉时期还处在封建社会的初期,地主阶级富于朝气,很多人怀着建立功业的欲望,走出家门,走向社会,各方面蓬勃向上。那是一个伟大的时代,汉武帝在那样一个时代统治着当时世界上最强盛的东方大国,建立了无与伦比的文治武功,这应当看成是我们整个中华民族的骄傲。

著名史学家范文澜说:"汉武帝凭借前期所积累的财富和汉景帝所完成的统一,再加上本人雄才大略的特性与在位54年的长久时间,对外用兵,扩张领土,对内兴作,多所创建,把道家思想的无为政治,改变为以儒家学说为装饰的多欲政治。通过汉武帝,农民付出'海内虚耗,人口减半'的代价,造成军事、文化的极盛时期。西汉一朝各方面的代表人物如大经学家、大政论家董仲舒,大史学家司马迁,大文学家司马相如,大军事家卫青、霍去病,大天文学家唐都、落下闳,大农学家赵过,大探险家张骞,以及民间诗人创作并经大音乐家李延年协律的乐府歌诗,集中出现在汉武帝时期,这是历史上非常灿烂的一个时期,汉武帝就是这个灿烂时期的总代表。"①这个评价是符合历史实际的。

以上是本书作者对汉武帝的基本认识。

本书资料主要来源于《史记》《汉书》《资治通鉴》,同时参考了其他古籍和今人的一些有关汉武帝和西汉历史的著作,也引用了些稗官野史、笔记小说中的趣闻轶事。用准确、生动、引人入胜的现代文字表达古籍原意、古人对话,以及古人的思想感情和心理活动,说来容易,做起来就难了。本书在这方面做出了一些努力,效果怎样,就只好请读者评判了。

(原载商炜《雄才大略汉武帝》,河北人民出版社2001年版)

① 范文澜:《中国通史》第2册,人民出版社1978年版,第49页。

附　录

新编历史京剧
《徐福东渡(根据秦汉之际的一个历史故事改编)》

徐福东渡

时间与地点

第一场　始皇二十八年(前 219 年)十一月。——琅邪行在。

第二场　始皇三十五年(前 212 年)初冬。——齐地饶安邑城东。

第三场　始皇三十七年(前 210 年)春。——景同第一场。

第四场　同年六月。——景同第二场。

第五场　翌年春。——日本九州佐贺平原。

第六场　前场半年后。——日本佐贺徐福房前。

第七场　汉高帝五年(前 202 年)十月。——景同第二场。

人物(按出场顺序。年龄均指第一次出场年龄)

秦始皇　41 岁。

赵　高　秦始皇的中车府令,40 岁。

李　斯　廷尉,后为丞相,近 50 岁。

徐　福　齐地方士，近40岁。

荣　花　徐福义女，23岁。

永　和　徐福义子，荣花丈夫，23岁。

阿　旺　永和荣花之子，5岁。

胡　亥　秦始皇第十八皇子，20岁。

卢　生　燕地方士，近50岁。

源　藏　倭地酋长，近50岁。

阿　辰　源藏的女儿，20岁。

韩　信　西汉大将，前203年二月至前202年一月被刘邦封为齐王，约30岁。

其　他　侍卫、武士、能工巧匠、童男童女（实为未婚青年）若干人及渤海郡太守、千童县令、地方官吏等。

第一场

【始皇二十八年（前219年）十一月。

琅邪行在。

始皇帝便殿。正中设御座。御座后面的大幕上，可以看到耸立在海边的琅邪山。海涛声隐约可闻。】

【幕启。六侍卫上，边舞边唱《琅邪石刻辞》：】

六合之内，皇帝之土。

西涉流沙，南尽北户。

东有东海，北过大夏。

人迹所至，无不臣者。

功盖五帝，泽及牛马。

莫不受德，各安其宇。

【歌舞毕，站立两厢，每边三人。】

【李斯、赵高引秦始皇上。】

秦始皇　（念）

扫平六国，
制六合，
(唱)长策在兵革。
【入御座，坐定。】
(念)富有天下履至尊，
自古称帝第一人，
穷奢极欲享不尽，
只求长生不老身。

朕，秦始皇，秦孝公六世传人。我祖孝公据雍州之地，立席卷天下、囊括四海之志；有商君公孙鞅变法，富国强兵。朕即位后继六代先王之威烈，气吞山河，扫平六国，使海内一体，法度统一，此乃华夏众万黔首之幸。朕称始皇，心系子孙万世于帝王之业也。然世代为帝，不如自身永享帝王富贵。近日闻听徐福、卢生者，可到东海仙岛找来长生不老之药。如今，朕已年过四十，长寿之心更切。(目光转向赵高)中车府令①！

赵　高　微臣在。

秦始皇　你前日所称寻找仙药的方士怎么样了？

赵　高　听陛下说要吃仙药，不少自称方士的人都说自己能找到仙药。有一位卢生我已派他到海上去寻找，还有一位徐福，昨天到琅邪，我命他在殿外等候。

秦始皇　朕想见见此人，传他进来。

赵　高　传徐福见驾！

侍　卫　徐福见驾！

【徐福上，跪拜如仪。】

徐　福　小方士徐福叩见皇上。吾皇万岁万岁万万岁！

---

①　掌管皇帝出行时车舆的官员。

【礼毕，跪坐于地。】

秦始皇　你就是徐福？

徐　福　正是。

秦始皇　听说你知道东海仙岛上的情况，那里可有长生不老之药？

徐　福　那东海仙岛之事么……

秦始皇　你站起来讲。

徐　福　（站起来，唱）

晴朗天登琅邪隐约可见，
东海里有琼楼是三座神山。
神山上百鸟鸣鲜花一片，
有芳草有碧树还有那叮咚作响的清泉。
那山里无寒暑也无雷电，
山里人个个是玉女童男。
山腰间生长着一种草药，
人吃了百病消长寿永年。

秦始皇　（开怀大笑，唱）

听他言来精神爽，
仙药总算有了希望。
待我仔细问情况，
采得仙药保安康！

秦始皇　如此说来，你到过那里啦？

徐　福　（唱）

我曾在，
瀛洲岛，
住了很久。

秦始皇　你有多大年纪了？

徐　福　（唱）

　　周武王伐纣时我亲身经历，
　　纣王死商朝灭我刚满三十。
　　那一年六月里我出海打鱼，
　　遭遇了大风浪把我卷去。
　　我只好随波浪不顾生死，
　　漂流了六昼夜早已昏迷。
　　忽然间香风吹我渐渐苏醒，
　　原来是漂到了瀛洲仙地。

秦始皇　那里的仙药吃了确实可以长生不死吗?

徐　福　确实。那儿的那种草药，花茎叶根皮，吃了都可以长生不死。

秦始皇　徐卿，你看什么人可以去呢?

徐　福　什么人都可以去。不过年龄岁月很要紧。我当年去的时候三十岁，去的那年是六月六日。这六字很重要，没有明六，也得有暗六。比如十二、十八、二十四、三十，都是六的倍数。还有更要紧的，是要童男童女。我当年去时虽已三十岁，还是一个童身呢。

【秦始皇的目光转向李斯。】

秦始皇　廷尉，这个方士徐福，离开本土八百多年了，刚从海上归来，就知道本朝以六纪数，应当嘉奖。作为廷尉，你作的《琅邪石刻辞》，都是四字一句，两句一韵，违背了本朝崇尚六的精神。

李　斯　(惶恐地)臣下作的《琅邪石刻辞》，全篇七十二句，七十二是六的十二倍，也包含着尊六的意思。

秦始皇　你的《泰山刻辞》也是四个字一句，但三句一韵，三四一十二，二六一十二，便更合法度。《泰山刻辞》共有……

李　斯　三十六句。六六三十六。

秦始皇　你以后再作诗作辞，还是要注意以六纪数。

李　斯　是。臣遵旨。

【秦始皇又转向徐福。】

秦始皇　方士徐福！

徐　福　小人在。

秦始皇　你刚才讲得很有趣味，你回来的时候，怎么没给朕带点仙药来？

徐　福　那时候我还不知道在位的圣天子需不需要仙药。不过，要去也不难，如果皇上派人与我同去，保证把仙药采回来。

秦始皇　好，朕现在就决定，派六百童男童女与你同去，把那三座神山给我占领下来，把那里的仙药统统地移到我们这里来。你看，六天之内动身如何？

徐　福　要挑选六百童男童女，要造十几条大船，还有衣食准备……

赵　高　陛下，现在是二十八年十一月初①，距十二月底还有近两个月。是不是限他们在十二月把一切准备好，十二月底出发？这也符合尊六的精神。

秦始皇　好，中车府令，此事就由你督办，你要负责到底。

赵　高　是。

秦始皇　今天天气晴朗，方士徐福带路，朕要登上琅邪，看一看东海神山仙境。

【徐福一阵惊慌，旋即平静，别人未发现。】

【六侍卫下。】

【李斯、赵高、徐福随下。】

秦始皇　中车府令转来。

① 秦以十月为岁首，十一月是始皇二十八年的第二个月。

赵　高　(转身)是。

秦始皇　记住,要选六百零六个童男童女,多选六个童女,要最有姿色的。

赵　高　(狡黠地一笑)是。

——幕落。

第二场

【始皇三十五年(前 212 年)初冬。

饶安邑东。

无棣河由西南向东北流去,注入渤海。河上有桥一座,桥头有树一株,树下是一家酒店。远处是城墙和城门,城门上有"饶安东门"四个篆字。①】

【幕启。徐福在酒店门前扫地,此时他是酒店主人,面目已经明显地老了。另有酒保二人,是七年前随他出海生还的一对童男童女,即永和与荣花,他们已为夫妻,生了一个儿子阿旺,与徐福构成一个家庭。】

【徐福扫完地,轻轻摇头叹气。】

【阿旺自酒店跳跃而出。】

阿　旺　(唱)

风萧萧兮易水寒,

壮士一去兮不复返!

【徐福生气,举手要打阿旺。】

徐　福　唱什么唱!

【阿旺跑回酒店。】

【此时,荣花已从城门走出,提着一篮子蔬菜。她见此情形,急

① 据郦道元《水经注·水九》载,无棣河"经千童县故城东入海",长沙:岳麓书社 1995 年版。

步走近徐福。】

荣　花　爹爹，这歌词不是您教给阿旺的吗？您怎么不允许他唱了？

徐　福　你不是知道吗，这歌词是荆轲刺秦王，燕太子丹在易水边为他饯行时他唱的。去年皇上下令焚书后，听说前些日子又下令坑了四百六十个方士和儒生，因为他们对皇上不满。再唱易水歌，不要脑袋啦！

荣　花　是，爹爹，还是小心为好。

徐　福　咱们七年前为皇上寻找仙药，在海上遭遇风暴，十几条船，六百多人，只有咱们三人生还。皇上如果知道咱们在这儿窝着，咱们必死无疑。

【荣花放下菜篮，扶徐福走上桥头，坐在桥栏上。】

荣　花　爹爹，我有一事不明，几年来一直想问爹爹。

徐　福　什么事啊？

荣　花　爹爹呀！

（唱）

齐燕之地多方士，
都说自己太神奇；
能算出人生的祸福，
能看出宅地风水，
能取来仙岛神药，
说服用后长生不死。
看人间，
生老病死是常事，
全不像他们说的。
可皇上他，
却偏偏相信方士，

为寻仙药选什么童男童女，
直弄得老百姓家破人离！
爹爹呀！
长生仙药到底是怎么回事？
人吃了仙药究竟死不死？

徐　福　(唱)
天地间本无有长生不老，
更无那使人不死的灵丹妙药。
人一生活七十古来稀少，
活八十活九十就算寿高。
始皇帝统一业千古光耀，
可是他想不死也有人效劳。
也有人为口饭信口传谣。
秦始皇掌生杀享威福忌讳说死人人知晓，
于是乎方士们骗了他一遭又一遭。

【荣花点头。】

徐　福　唉，我徐福骗皇上实出无奈呀！我从小念过几天《论语》，孔夫子教人忠孝诚信。后来父母双亡，我浪迹江湖，跟着齐燕一带的方士学了些骗术，才敢在七年前搞了一次欺骗。

【此时，忽听狗叫声。荣花慌忙走下桥头，提起菜篮。】

荣　花　爹爹，快回屋！

【徐福起身，环视四周。二人进屋。】

【又一阵慌乱的狗叫声。】

【几名侍卫引赵高持马鞭自城门出。】

赵　高　(唱)
坑杀方士儒生四百六，

皇上派我捉拿卢生和徐福。
卢生骂了皇上就逃走，
徐福寻找仙药一去不回头。

【赵高下马。】

【侍卫左右搜索一遍。】

（赵高接唱）
屈指一算，
徐福出海已七年。
十几条大船，
六百名童女童男，
钱财千千万！
难道他们早已喂了王八？
还是徐福把钱财独占？

【赵高唱完，坐于桥头，手指酒店。】

赵　高　敲门！

【侍卫们使劲敲门。】

【门开，永和跛腿出，打量来人。】

永　和　军爷吃酒么？

侍卫甲　酒也不吃，饭也不吃，我们来抓人！全家都有什么人？统统出来！

永　和　我家共有四人，以小酒店为生，老老实实地做买卖，从不犯王法。

侍卫甲　废话！叫你们统统出来就统统出来！

【荣花手拉阿旺出门，徐福随后出。】

永　和　（介绍）这是我的父亲，这是我的妻子，这是我的儿子，共四人。

【坐在桥头的赵高站起来，走向徐福，围着他左看看，右看看，

站住。】

赵　高　你是七年前奉皇帝之命寻找仙药的徐福吧?

徐　福　官爷,你认错人了。

赵　高　你叫什么名字?

徐　福　我复姓公孙,名叫——

赵　高　什么公孙,带走!

永　和　官爷,不信你去查查户口。

赵　高　查什么户口!你们齐鲁一带,有互相隐瞒的习惯,难以查清。哪里比得上大秦的什伍连坐!什么人都能查出来。我看准你了,你就是徐福,带走!

【侍卫们捆绑徐福,推搡而下。】

【永和、荣花呼叫着去拉,被推倒在地。】

永　和
荣　花　(哭喊)爹爹!

阿　旺　(哭喊)爷爷!

——幕落。

第三场

【始皇三十七年(前210年)春。景同第一场。】

【幕启。秦始皇坐于便殿御座。病态、瘦弱、苍老,在宽大的御座上,他显得比第一场老了许多。】

【两厢站着李斯、赵高和第十八皇子胡亥。他们的后面是六名侍卫。】

秦始皇　(念)

大业垂千古,

自身欠安康。

(叹气,唱)

自登基到如今三十七年,

四海内大一统气象万千。
朕的功过三皇又盖五帝，
叹只叹朕的身大不如前。
太医们也曾经多次来看，
但不知因何故病未好转。
有人说纵欲者体弱命短，
可帝王家享富贵哪个不尽情求欢？
派方士求仙药三番五遍，
但见得求来求去不见仙药白费钱。

赵　高　陛下，前年抓到的那个方士徐福，他承认自己有罪，罪孽深重，白花了皇上那么多钱。他要求再去海上找仙药，保证找到，立功赎罪。

秦始皇　这个徐福，他人在哪里？

赵　高　我从饶安把他抓到咸阳，在监狱里关了一年多。我想皇上也许还用得着他，这次到达琅邪后，就叫人把他解来了。

秦始皇　把他带上来！

赵　高　带徐福！

侍　卫　带徐福！

【一侍卫带徐福上。徐福着赭色囚衣，戴镣铐。】

徐　福　（跪地）有罪徐福叩见皇上，我皇万岁万岁万万岁！

秦始皇　去掉刑具！

【侍卫给徐福打开镣铐。】

徐　福　皇恩浩荡，有罪徐福感激不尽。

秦始皇　方士徐福，九年前的事还记得清楚吗？

徐　福　（唱）尊一声皇上我有罪，我早该伏法身死。九年前我奉命把神药寻觅，到仙岛仙人说我们不知礼仪。

秦始皇　仙人要什么样的礼？

徐　福　(接唱)

宝石要万枚,
黄金要万镒,
大颗的珍珠要万粒,
还要六千名童男童女。

秦始皇　(大笑)哈哈……朕拥有天下珍宝,选最好的献上！六千名童男童女,哈哈……再多也容易,只要能弄到长生不老之药!

徐　福　(接唱)

我本想归来报告皇上,
不料海上遇到风浪。
船翻人死只有三人飘回了故乡,怕杀头我们在饶安把身藏。

秦始皇　朕再命你去仙岛寻找长生仙药,你意下如何?

徐　福　小人愿立功赎罪,一定把神药找来!

秦始皇　好！丞相,中车府令!

李　斯
赵　高　臣在。

秦始皇　你们负责筹备礼物:宝石一万枚,黄金一万镒,珍珠一万颗。六千名童男童女由徐福负责挑选,也由你们二人督办。所需船只,日夜赶制。现在是四月初,三个月内一切准备好,六月底前准时出发。

李　斯
赵　高　臣遵命。

【始皇由李斯、胡亥搀扶下。六侍卫随下。】

【顷刻。胡亥转回,拉住刚要下场的赵高。】

胡　亥　中车府令,父皇本来就快死——

赵 高 (以手掩口)嘘——,皇上禁言死。

胡 亥 本皇子只给中车府令大人一个人说。父皇如果吃了长生不死神药,真的死不了了,我就永远登不了基了?

赵 高 十八皇子,你把心放在肚子里,该发生的事情肯定要发生,该到来的事情一定能到来,你耐心等着吧。不过,你说话要小心。

胡 亥 是。中车府令,你要多多地给我参谋参谋,将来我当了皇帝忘不了你。

【胡亥下。】

【赵高摇头,下。】

——幕落。

第四场

【始皇三十七年(前210年)六月底的一个凌晨,天蒙蒙亮。景同第二场。】

【幕启。无棣河中停泊着若干条崭新的大船,有的船已经扯起风帆。】

【舞台大幕上,可以看到多艘同样的帆船。那是徐福船队在出海口的海面上等待着出发①。】

【荣花左手提着一个包袱,右手拉着阿旺上。】

【永和跛腿随上,他扛着一个行李卷。】

荣 花 (唱)

为皇上寻神药经受了多少惊涛骇浪,
有多少好兄弟好姐妹遇难身亡。

---

① 据南京大学地理系《盐山县浅层地下水调查报告》说,无棣沟古河道宽达800多米,停泊和来往多艘大船没有任何问题。当时的饶安邑离海也近得多。

老爹爹无活路又被逼说谎，
他言说这次出海神药有保障。
他若是说实话早把命丧，
我夫妻并娇儿也必遭祸殃。
为逃生我三人藏在船上，
听天命离故乡随风浪跟爹爹一起漂向他方！

荣　花　哎呀，我说永和呀，天快亮了，咱们赶快上船去吧！

永　和　好，父亲已在船上给准备好了藏身的地方，快走吧。

【三人下。】

【民工运粮上船的过场。其中有若干能工巧匠，所以装扮上和所带的东西要有所区别。】

【徐福着使者华贵服装上。】

徐　福　（唱）黎明前星光淡天蒙蒙亮，
我徐福暗下令多装种粮；
又招来几百名能工巧匠，
儿媳孙也在那大船上藏。
不管吉不管凶我们一同前往，
此一去不再回亲爱的故乡！
遇着凶葬身海浪，
遇着吉活命有望；
六千人开荒种粮，
能工巧匠伐木盖房，
童男童女结为夫妇，
有难同当有福同享。
故乡啊故乡，
不论漂流到什么地方，
只要活在世上，

我们一定要为你增光。

【此时卢生上。他衣服褴褛，蓬头垢面，身体瘦弱。】

徐　福　什么人？

卢　生　徐先生，你瞧瞧我是谁？

【徐福仔细观瞧，摇头。】

卢　生　好你个徐福，你这是欺骗皇上！真有仙药吗？你早该杀头！

徐　福　啊呀，你是卢先生！

【二人高兴，想大笑，但没有笑出来。】

徐　福　我这一套瞒不过你。皇上长生心切，他的要害是怕死，你只要向他保证找到仙药，他就会不惜一切代价。明白事理的大臣不敢说透。我正好利用这一点再骗他一次，带六千多人，到海外找个地方，一个能生活下去的地方。

卢　生　我和侯生逃出来后，一直无处安身，连饭都没得吃。快两年了。混成了这个样子。可怜侯生，他在三个月前就饿死了！

徐　福　快！再待一个时辰，赵高就要代表皇上给我们送行来了。遇上他你就没命了，快，我送你上船，跟我一起去吧！

卢　生　我就是这么想的。

【徐福搀卢生下。】

【徐福转回，身后有十二名童男童女，①他们服装鲜艳，英姿飒爽。对面，正遇赵高带六名侍卫上。】

徐　福　中车府令大人，你昨天命令十二名童男童女呈献歌舞，以壮行威。一切准备就绪，这就开始吗？

赵　高　好，就按我昨天的命令办。

---

① 据专家研究，这里的童男童女指未婚青年男女。

【赵高坐于正中,徐福坐于赵高右手,侍卫站立两厢。

徐 福 歌舞开始!

【十二名童男童女来到舞台正中,边舞边歌:】

六合之内,皇帝之土。
西涉流沙,南尽北户。
东有东海,北过大夏。
人迹所至,无不臣者。
功盖五帝,泽及牛马。
莫不受德,各安其宇。

【歌舞中,送行的亲人(中老年居多)逐渐出现在外围。】

【歌舞毕。】

赵 高 送行之人,一律站在百步之外!

【六侍卫推搡送行者。到百步之外,当然是被推下了舞台。】

【人声嘈杂。】

——幕落。

第五场

【翌年春。日本九州佐贺平原。】

【幕启。属于源藏部落的人们正在稻田里劳动,他们的动作是一种类似插秧的集体舞,远处是绿色的丘陵和茂密的森林。】

【源藏部落酋长和他的美丽的女儿阿辰也在劳动的人群中,突然,阿辰惊喜地叫起来,她望着远方,用手指指画画。】

阿 辰 看,看呀,那儿来了很多人,还打着旗子哪!

【众人直起身子,朝阿辰所指的方向望去,脸上出现惊异的表情。】

源藏酋长 是有很多人来了,不知是吉是凶。我看大家继续干活,我和阿辰上前搭话。

【徐福上,他仍着使者华贵服装,身后几名随从,其中一名扛着篆书“秦”字大旗。可以看出，他们是经过打扮的。他们的样子，明显地高于阿辰等人。因为当时中国已进入封建社会，而日本还处在原始社会后期（弥生时代）。】

【徐福向源藏酋长施礼。源藏也学着徐福的样子弯腰作揖。】

徐　福　酋长老丈（怕对方听不懂，边说边打手势。以后手势逐渐减少），我们是西邻大秦帝国皇上派来寻找一种仙药的，可以治病的药，可以长生不老的药。找不到，回去我们都要被杀死。

源藏酋长　（开始同样用手势）欢迎欢迎。治病的药，容易找到；长生不老的药，没听说过。（转向阿辰）这是我的女儿阿辰。

【阿辰和徐福互相点头。阿辰显得很兴奋。】

徐　福　我们带来了皇上的大礼：黄金、珠宝，来来来，把礼物呈上来。

【随从抬上精致的箱子。】

源藏酋长　皇上送来厚礼，我们万分感谢。可是，长生不老仙药，可真是没听说过，要是有那种仙药，我们的祖先，你们的祖先，不是要永远活着了吗？

徐　福　酋长老丈啊！

（唱）

人人都有生老病死，
这个道理妇孺皆知。
可皇上要永享奢侈，
他命令把仙药寻觅。
我们已经商量一致：
反正回去必死无疑，
不如借贵方一块宝地，

安顿下来定居，
和你们生活在一起，
干活吃饭，繁衍生息。

【阿辰听了，高兴得拍起手来。】

阿　辰　父亲，依女儿看来，请他们留下来定居甚好。

源藏酋长　好，好。可是(转向徐福)，你们来了多少人哪？

徐　福　六千余人。

源藏酋长　啊！和我的整个部落人口差不多。吃的住的都有困难呀！

徐　福　(唱)

我带来巧工匠灵巧无比，
要伐木要盖房没有问题。
我带来上好的水稻种子，
现在种到秋天就有米吃。
我带来六千人一半是男一半是女，
到年龄他们会结为夫妻。
我们垦荒种地，
我们开沟挖渠，
我们饲养猪羊牛鸡，
定会成为你们的好邻居。

源藏酋长　好好，佐贺一带，地面宽广，你们从西海岸一路走来，已经看到还有大片的土地没有开垦，你们就在那里安顿下来吧。

徐　福　(深深地施礼)太感谢了，我们永志不忘源藏老丈的帮助。

源藏酋长　不用谢。我们今天吃的稻米，还是两百年前从你们那里传来的呢①。贵国强大富庶，贵大使带来了能工巧匠，要说帮助，主要是你们帮助我们。

徐　福　互相帮助，互相帮助。

【徐、源二人高兴地大笑。】

【阿辰深情地望着徐福。】

——幕徐落。

第六场

【前场半年后。一个深秋的黄昏。

佐贺徐福房前。几间新盖的简陋的房子。房前有树，树叶在秋风中飘落。】

【幕启。徐福在房前散步，时而停下来沉思。】

徐　福　（唱）

一年来离故里过海漂洋，
到东土幸有那源藏来帮。
六千人好容易吃住有望，
三千对小夫妻成家立业甚是吉祥。
唯有那几百名能工巧匠，
无妻子无儿女寂寞难当。
他们要归故乡人心游荡，
多次劝也不能使他们安身扶桑。
（白）
可也是啊！
（接唱）
哪个人没有家邦？
哪个人没有故乡？

① 参阅王金林《简明日本古代史》第一章，天津人民出版社1984年版。

生我养我的是华夏，
难道就老死在这个地方？
我的亲人哪，
我的爹娘！

【徐福拭泪。能工巧匠甲乙二人暗上。】

二　人　徐大人，闹了半天你也那么想念老家啊？

徐　福　是啊！可是，不能动摇军心呀！你甭看那些小夫妻，提起故乡老家来，他们也是眼泪汪汪的。

二　人　那么，徐大人，你同意我们回去了？

徐　福　不同意。没有同意。(小声)如果真同意，也得仔细策划策划；如果说走就走，漂洋过海，那不是去送死吗？

二　人　也是。

徐　福　我心里正在考虑此事，你们二人一定要保密啊！先休息去吧。

二　人　是。

【二人下。】

【徐福进屋。】

【阿辰上。她显然是经过打扮的。身着新做的被单式衣服①，左右两臂上各有五个贝壳串成的环(镯子)，胸前垂着珠玉，耳朵上戴着兽骨做的耳环。】

【她蹑手蹑脚地走向徐福家的房子，羞涩地张望，又看看自己的打扮。】

阿　辰　(唱)

黄昏时风习习天高云轻，

① 《三国志·魏志·东夷传》倭人条：女子"作衣如单被，穿其中央，贯头衣之"。[晋]陈寿：《三国志》卷三〇《东夷传》，北京：中华书局1982年版，第855页。

深秋里树叶黄散落飘零。
自那日识徐君思绪难定，
半年来我常常想他不停，
父亲说徐君他年龄大别做好梦，
父的话按风俗我可以不听①。
我有情他有意婚姻可定，
今日里我找他再表深情。

【阿辰敲门。】

【荣花出，一愣。】

荣　花　姑娘，你找谁呀？

阿　辰　我找，找你……哥哥。

荣　花　我没有哥哥。

阿　辰　比你丈夫大的那个……徐先生。

荣　花　是我的父亲。

阿　辰　徐先生已经有这么大的女儿啦？

荣　花　我不是他的亲生女儿——

【看见徐福出屋，荣花没有说下去，转身进屋。】

徐　福　噢。是阿辰姑娘来了，找我有事？

阿　辰　徐先生，怎么，你的家有点不同一般呀！

徐　福　我们本不是一家人。十年前我到你们这里来过一次，带着六百人，也是为寻找长生不老的仙药。可是遇到了狂风巨浪，船翻了，绝大部分人都淹死了，只剩下了我和一对男女青年飘回了大陆。我们怕杀头，就隐姓埋名，在一个地方活了下来。那对青年男女成了夫妻，他们认我为义父。刚

---

① 原始社会后期，虽已出现了父权制家庭，但与后来进入阶级社会的家长制还有很大的区别，妇女在婚姻上还是有很大自由的。

才与你说话的是我的义女。三年前我被抓进监狱。去年六月，皇上又命我出海寻找仙药，我们就来到了你们这里。

阿　辰　(感动又多情地)啊呀，徐先生，你，你来到我们佐贺，成为我们源藏部落的好邻居，可真不容易啊！

徐　福　是啊！

阿　辰　这么说，我还要感谢你们皇上呢。

徐　福　怎么，你还要感谢我们皇上？

阿　辰　是啊！皇上不找仙药，你怎么会来到我们佐贺？皇上不抓住你，命令你第二次找仙药，你怎么会来到我们佐贺？咱们俩怎么会认识呢？

徐　福　这倒也是。

【这时，天渐渐暗下来，夜幕降临。二人一时不知道说什么好。】

阿　辰　徐先生，依我看呀，这是咱们俩有缘分，(进一步大胆地)有做夫妻的缘分。

徐　福　啊！不行不行。使不得使不得。你我年龄相差太大。

阿　辰　那算什么？我不怕你年龄大，你怕什么！

徐　福　还有风俗，风俗也不同。

阿　辰　不都是男女结为夫妻，穿衣吃饭，生孩子，一代人一代人好好过日子吗？

徐　福　是。可是——

阿　辰　可是什么？我的心已经许给你了，我已经离不开你了，我不知道没有你怎么个活法！(拉住徐的手)你我今晚就做夫妻……

徐　福　(有些慌张，但并不躲闪)不行不行。即使做夫妻也不能今天夜里就做，我们有我们的风俗，你们有你们的风俗，应当把这两种风俗结合起来。

阿　辰　你答应了！好！好！

【阿辰拍着手转身一周，进一步挨近徐福。】

【徐福动容，双手搭在阿辰肩上。】

【阿辰倒在徐福怀里。】

——幕徐落。

第七场

【汉高帝五年（前 202 年）十月。

景同第二场。无棣河桥头的树下，用木板搭了一个临时高台；上悬隶书“渤海郡奉旨置千童县志贺”的横幅，右边树立着隶书“漢”字大旗。】

【幕启。高台前已经集聚了很多人，正中间有一对男女青年正在唱刘邦作的《大风歌》：】

大风起兮云飞扬，
威加海内兮归故乡，
安得猛士兮守四方！

【同时响着有节奏的锣鼓音乐，似乎在为唱大风歌的人们伴奏。】

【高台上站着千童县令及渤海郡太守等地方官员，他们在等待新封齐王韩信的到来。

【有顷。军乐大作，一队士兵擎“齊”字旗和“韩”字旗步入会场。韩信在另外八名武士的簇拥下来到高台下，郡太守。县令等慌忙下台迎接。郡太守、县令等参见齐王。（其中也有人说“参见大将军”。）】

韩　信　罢了！

【韩信登上高台，站定，音乐停。】

【韩信用封王后特有的目光扫视全场，威风凛凛，气概非凡。】

【随后武士、太守、县令等上台。武士们站立两厢，太守、县令等站在武士的外边。】

【太守走向韩信,弯腰拱手。】

郡太守 禀告齐王,一切准备就绪,请齐王宣布汉王①命令。

【韩信拿出汉王令,展开。】

韩 信 (高声宣读)暴秦无道,祸乱天下,赋役繁苛,民不聊生。又命方士徐福率六千童男童女寻找仙药,人多出自饶安一带。此地人家,毁坏千余,民思亲人,其情甚若。汉王怜恢,特命于饶安邑置千童县,属渤海郡②;又岁岁置酒,以永志焉。(读毕,又说)汉王灭秦除暴,多次宣布:与民休息,不费百姓。各郡守县令等,务必重农爱民,安定农耕,如有违反,重治严惩!

【人群中爆发出长时间的欢呼声:万岁万岁万万岁!】

郡太守 奏乐,唱大风歌!

【锣鼓及军乐声大作,全体高唱:】

大风起兮云飞扬,
威加海内兮归故乡,
安得猛士兮守四方!

【在众人高唱大风歌时,有人将远处城门篆书“饶安东门”四个字换成了隶书“千童县东门”五个字。】

【歌毕,有几个疲倦的中年人上场,我们看出其中有前场向徐福要求回国的工匠甲乙二人。阿辰随后上,她的打扮如前场,只是人显得老练成熟了些。】

【高台上的韩信看到他们,立即下来,走到他们面前。武士及郡

① 西汉初沿秦制,仍以十月为岁首。刘邦在汉五年二月即皇帝位,即位前称汉王。

② 《汉书·地理志》:“渤海郡。户二十五万六千三百七十七,口九十万五千一百一十九。县二十六:浮阳、阳信、东光、阜城、千童……”([汉]班固:《汉书》卷二八《地理志》,北京:中华书局1962年版,第1578页)

太守、县令等紧随其后。】

韩　信　你们是什么人?

【工匠甲乙及来人跪下,阿辰也跪下,他们看上去有些迷糊,但不害怕。】

工匠甲　我们是饶安人,八年前8随徐福大人为秦始皇去寻找长生不老之药,漂洋过海到了倭国,同去的六千童男童女已结为夫妻,在倭地安居乐业,因为找不到仙药回来都要被杀死。可是我们想念故土啊,天下哪儿好也不如家乡好!(他指着阿辰)这位是倭人阿辰,徐福大人的妻子。徐大人在倭国,一直管我们六千人的事,他太累了,后来给累死了。他常说,咱们华夏人到了海外,要有个华夏人的样子,不准做丢脸的事。阿辰也是个大好人。她嫁给徐大人后,带头按照徐大人的要求行事。徐大人死后,我们和当地的倭人一起给他举行了隆重的葬礼,修了大墓,还盖了徐福庙。[①] 我们在倭地听说:家乡变了,汉王举义旗,灭了秦朝,我们就不顾一切地回来了。

【韩信听后,向阿辰施礼,表示敬意。】

韩　信　本王明白了。

(唱)

东土倭人讲义气,
有你这样的好闺女。
本王上前施一礼,
表示我深深的敬意。
倭国是我们的好邻居,
阿辰是华夏的好儿媳。

① 见郑一民主编《徐福千童研究集》,石家庄:河北教育出版社1996年版。

（手指高台横幅）你们看——

徐福方士去求仙，

带走六千童女和童男。

他们是家乡的亲骨肉，

亲人们日夜苦思念；

汉王得知心爱怜，

下令在饶安建立千童县。

【阿辰和甲乙工匠等又拜谢。】

阿　辰　（感动得流泪，唱）

华夏地真真是礼仪之邦，

地广大人勤劳处处辉煌①。

倭国人应学习华夏榜样，

讲仁义讲道德布善施良。

启程时我的父教导于我，

讲友谊讲和好相得益彰。

他还说两国间应常来常往，

请华夏多多地把倭人来帮。

韩　信　（兴奋地）好，今天，我们在这里庆贺汉王命令改置千童县，又迎来了千童县东渡的归来者和徐福先生的妻子阿辰。我们十分高兴地欢迎他们！拿酒来！

【武士们把酒杯分别递给韩信、渤海郡太守、千童县令和阿辰、甲乙二工匠及其他东渡归来者。】

让我们举杯。这第一杯酒，首先为庆贺汉王改置千童县干杯！

---

① 秦汉之际，连年战争，经济凋敝，但在处于原始社会后期的倭人看来，还是辉煌的。

【大家举杯,一饮而尽。武士们又递上第二杯。】

这第二杯酒,应当祭典徐福先生的英灵。

【大家面向东方,双手把酒杯举过头,然后把酒慢慢洒在大地上。武士们又递上第三杯。】

这第三杯酒,应当为华夏和倭国的友谊,干杯!

众　人　(齐声)干杯!

【又一饮而尽。】

【众人长时间欢呼。】

——幕徐落。全剧终。

作者附记:本剧根据《史记·秦始皇本纪》《汉书·地理志》写成。写作过程中,还参考了郭沫若历史剧《高渐离》和郑一民主编《徐福千童研究集》(河北教育出版社 1996 年版)。

后记

退休后翻阅自己过去零零星星写的一些小文章（其中部分发表过），产生了出一本文集的想法。

我的这个想法得到河北大学宋史研究中心姜锡东教授的支持，于是着手做一点整理文稿的工作。

我1959年考入北京大学历史系。回首往事，虽然也算学了一辈子历史，教了一辈子历史，但没有多少成绩可说。历史系毕业后，我曾在北大政治学系主讲"中国政治制度史"，后来到河北大学历史系、历史所（现为宋史研究中心），讲"中国古代思想史""秦汉史专题""古代文化史专题"等课程；先后出版《中国古代政治制度史略》《中国古代人事制度》等书。收集在这里的三十来篇讨论先秦两汉史的文章，可以说是自己忝列史学园地的一些痕迹。这些东西说不上什么分量和水平，但文中所引资料、所谈心得和看法，我觉得对学习和研究先秦两汉史，还是多少有一些参考意义的。新编历史京剧《徐福东渡》从研究史料到构思、写作先后用了将近五年的时间，估计难以发表或上演，但心血在那儿，不想废弃，这里作为附录印在书后。

河北大学宋史研究中心王晓薇博士对本书出版付出很多劳动！贾文龙博士对书稿进行了加工整理，并与我的研究生潘丽霞一起担任了史料校对工作。上述诸君的无私帮助和辛勤劳动使我感动,在此表示深切的谢意。

期待着同行师友的批评指正。

王汉昌

2011 年 10 月